COLLECTION « VÉCU »

sous la direction de Charles Ronsac

DU MÊME AUTEUR

chez le même éditeur

LES MEILLEURS RÉCITS DU MONDE SOUS-MARIN, avec James Dugan, 1962
LE MONDE DU SILENCE, avec Frédéric Dumas, 1978
CALYPSO, avec Sivirine, 1978
LE MONDE DES OCÉANS, 1980
ALMANACH COUSTEAU DE L'ENVIRONNEMENT, avec l'équipe Cousteau, 1981
FRANÇAIS, ON A VOLÉ TA MER, avec Henri Jacquier, 1981
L'EXPÉDITION DU COMMANDANT COUSTEAU EN AMAZONIE, avec Mose Richards, 1985
LA PLANÈTE DES BALEINES, avec Yves Paccalet, 1986
DISCOURS DE RÉCEPTION À L'ACADÉMIE FRANÇAISE, et Réponse de Bertrand Poirot-Delpech, 1989
LE MONDE DES DAUPHINS, avec Yves Paccalet, 1995
NAMIBIE, VOYAGE AU SUD DE L'AFRIQUE, avec Denis Ody, 1996

À paraître

REQUINS, INNOCENTS SAUVAGES, avec Yves Paccalet, 1997

Encyclopédies éditées et diffusées par la V.P.C. Robert Laffont

L'ENCYCLOPÉDIE COUSTEAU « LE MONDE DES OCÉANS », 20 volumes, 1974/1980
LA PLANÈTE OCÉAN, 26 volumes, 1983/1989
LES FICHES COUSTEAU, avec Yves Paccalet, 1984/1988

Jacques-Yves

COUSTEAU

de l'Académie française

SUSAN SCHIEFELBEIN

L'homme, la pieuvre et l'orchidée

ROBERT LAFFONT / PLON

Titre original : MAN, OCTOPUS AND ORCHID

Édition française : Éditions Robert Laffont/Éditions Plon, Paris, 1997
ISBN : 2-221-08523-X

1

LA PASSION D'EXPLORER

À six ans, j'étais fasciné par les locomotives. Mes parents avaient loué pour l'été un appartement dans une petite villa proche des faubourgs de Cannes. Une voie ferrée suivait le rivage de la Côte d'Azur et passait juste derrière notre maison. Je m'émerveillais devant les noires machines à vapeur qui fonçaient en sifflant : pour un petit garçon, c'étaient des dragons d'acier se précipitant dans un bruit de tonnerre vers l'inconnu. Je passais des heures sur la plage à observer les trains qui surgissaient en grondant. Pourtant, ce n'était pas cela au bout du compte qui me captivait. Un petit nuage de fumée flottait perpétuellement au loin, juste au-dessus de l'endroit où les locomotives disparaissaient derrière l'horizon. Se pouvait-il que – là-bas, sous ce lointain panache de fumée – dix ou même vingt des grands monstres de fer se rassemblent, fumant et reniflant, avant d'entraîner jusqu'aux confins de la terre leurs massives caravanes ?

Un jour, je ne pus supporter plus longtemps l'énigme du nuage de fumée magique. J'abandonnai mes jouets sur la plage et me mis à courir entre les rails, suivant les lignes parallèles étincelantes qui me guidaient vers mes rêves. Bientôt hors d'haleine, il me fallut ralentir. Mais l'ardent désir qui s'était emparé de moi ne me permettait pas de faire demi-tour. À bout de souffle, trébuchant sur les cailloux du ballast, je poursuivis mon chemin, n'interrompant ma marche que lorsque le sol tremblait à l'approche des redoutables convois qui jaillissaient derrière moi et à qui je devais en hâte laisser le passage. Jamais je n'avais vu de si près les machines géantes : je sentais mon cœur battre avec les rails martelés par les engins.

Le soir venu, le panache de fumée, dont le soleil mourant soulignait maintenant les contours, paraissait toujours aussi lointain. Désemparé, épuisé, je m'allongeai sur les pierres et j'allais m'endormir quand des gendarmes me découvrirent et, malgré mes furieuses protestations, me ramenèrent à ma mère folle d'inquiétude. Je ne donnai aucune explication à mes parents : je savais, à voir les larmes qui emplissaient leurs yeux, qu'ils ne comprendraient pas ma secrète obsession. Je ne la comprenais pas moi-même.

Durant toute ma jeunesse, je continuai d'être harcelé par ma passion d'explorer, par ce désir troublant, irrationnel, irrésistible et surtout insatiable de connaître l'ailleurs.

Ayant moi-même éprouvé ce besoin, cette incurable inquiétude, je les ai tout de suite reconnus au long des années dans le regard des explorateurs que j'ai eu la chance de rencontrer : Norbert Casteret, le pionnier de la spéléologie, si impatient d'aller s'enfoncer dans les entrailles de la terre que ses collègues le surnommaient le Cavernicole, par référence aux insectes qui ne vivent que dans la totale obscurité des grottes et des gouffres. Haroun Tazieff, l'intrépide vulcanologue qui – planté au bord des cratères en feu, sous une pluie de lave brûlante – hume l'air et observe tranquillement : « Ça sent le soufre. » L'amiral Richard Byrd qui, avec un sourire énigmatique, m'a dit un jour : « Tant que vous ne serez pas allé jusqu'aux calottes polaires, vous ne comprendrez pas pourquoi il faut que je retourne là-bas. » Et Théodore Monod, directeur de l'Institut français de l'Afrique noire, que j'ai rencontré quand nous avons tous les deux participé aux premières plongées dans le bathyscaphe (« bateau des profondeurs ») d'Auguste Piccard. Lorsque j'ai équipé la *Calypso* pour naviguer sur la mer Rouge, je me suis empressé d'inviter Monod à nous accompagner : il a d'abord accepté. Puis il m'a demandé quelles côtes nous allions explorer et j'ai répondu : « Les récifs du Far-San, au large de Lith en Arabie

Saoudite. » Monod déclina mon invitation : sa quête sans fin le poussait à étudier l'Afrique noire. « Un seul continent par vie », m'expliqua-t-il.

En fait, voilà des siècles que la passion d'explorer enflamme l'âme humaine : les premiers marchands voyageurs qui, contrairement aux explorateurs, cherchaient la fortune étaient en quête de butins précis, comme le montrent clairement les noms dont ils baptisaient les rivages découverts : la Côte d'Ivoire, la Côte de l'Or, la Côte du Grain, et même la Côte des Esclaves. Mais qu'est-ce qui inspirait les explorateurs ? Qu'est-ce qui poussait Magellan, battu par ces étranges vents qui balayent le sud de l'Amérique, à maintenir son cap à travers les eaux d'un détroit inconnu sans aucune certitude de déboucher sur une mer que nul encore n'avait traversée ? Pourquoi l'adulte comme l'enfant éprouvent-ils un tel désespoir à l'idée de renoncer à progresser le long de rails étincelants, à traverser des mers scintillantes qui les entraîneront bien au-delà des limites du monde qui leur est familier ? Qu'est-ce qui incite un explorateur à entreprendre un voyage sans destination, à chercher sans but, à voyager sans autre dessein que de s'aventurer dans un pays dont il n'existe pas de carte, sur des eaux qu'on n'a pas sondées, bref à plonger dans l'inattendu ?

Élargir la perspective, accroître les connaissances pour les générations à venir, identifier les dangers et tracer la route vers un monde meilleur : si ce sont là les buts de l'explorateur, alors nous tous – voyageurs, savants, citoyens, parents et enfants – sommes engagés dans cette formidable expédition qu'a entreprise l'humanité.

Quand j'étais petit, je me demandais si la nature dotait toutes les formes de vie – de vie animale, voire végétale – de cet instinct d'exploration. Je remarquais que les pousses de glycine qui grimpaient sur le mur de notre jardin se détournaient de l'ombre et recherchaient infailliblement la meilleure orientation pour se développer. J'écoutais avec fascination mon oncle Joël, qui avait des ruches près de ses vignes et qui approvisionnait la famille en miel, décrire les excursions des abeilles éclaireuses qui exploraient tout notre voisinage.

J'ai grandi dans le petit village de Saint-André-de-Cubzac qui, du temps de ma jeunesse, n'avait pas l'électricité : les enfants attendaient avec impatience les aventures qui ne manquaient pas de surgir avec le déclin du jour. Après le dîner, les adultes se rassemblaient autour de notre grande cheminée pour se lancer dans des conversations qui ne tardaient pas à devenir incompréhensibles pour nous, les cinq malheureux enfants de la famille. Seconde, notre domestique sans âge, éternellement drapée de noir de la tête aux pieds, appelait les jeunes au bas de l'escalier et nous remettait à chacun une petite lampe à essence – une lampe Pigeon. Parfois, au lieu de gagner nos chambres, nous grimpions à pas de loup un étage de plus pour nous glisser dans le grenier. Là, nous nous faisions peur en jaillissant de nos cachettes – coffres poussiéreux et malles cabossées. Dans l'obscurité fantomatique d'un recoin était pendu un squelette, jugé inapte pour les classes d'anatomie après avoir perdu quelques os mais qui possédait encore une magie suffisante pour captiver nos jeunes imaginations. Comme nous déplacions nos lampes, son ombre hantait le grenier : elle se coulait entre les valises et se dressait soudain au-dessus de nous, en travers du plafond. Quand j'étais le dernier à partir, je m'enhardissais parfois jusqu'à me retourner et m'attarder seul une minute : en observant la silhouette spectrale qui dansait gaiement parmi les toiles d'araignée, je regrettais avec un frisson de ne pas trouver le moyen d'accéder à son univers de mystères et de rêves.

Je découvris assez tôt que le monde réel – le mien – offrait bien plus de mystères provocants qu'on ne pouvait en imaginer. Mon père s'arrangea pour m'envoyer, à l'âge de dix ans, passer deux semaines dans un camp d'été américain sur le bord du lac Harvey, dans le Vermont. Le moniteur du camp était un colosse allemand impressionnant. Ma peur de monter à cheval l'exaspérait : pour me punir, il m'ordonna d'ôter les roseaux enchevêtrés en dessous et autour de la plateforme de plongée installée sur le lac. Quelle punition ! Deux semaines durant, je passai chaque jour à plonger, chaque nuit à attendre avec impatience l'heure de recommencer. Vers seize ans, j'entrepris avec enthousiasme de modestes expériences de plongée. Je dévorais les histoires dans lesquelles les premiers aventuriers américains faisaient perdre leur piste aux Indiens en s'immergeant dans les eaux d'une rivière et en respirant par des tiges de roseau.

Mes parents avaient décidé de me mettre pour un an en pension à Ribeauvillé, en Alsace : ce n'était pas le Far West, mais j'étais heureux qu'il y eût là-bas une piscine. J'essayai de m'asseoir au fond en respirant par un tube qui atteignait la surface. Mon expérience se solda par un échec mais me permit de découvrir que les récits des hommes de l'Ouest américain étaient de la pure fantaisie, que sous la pression de quatre ou cinq pieds d'eau un poumon humain n'arrive pas à aspirer l'air de la surface. Les années passant, piscines et lacs ne suffisent plus à étancher ce besoin obsédant d'en voir plus, d'en découvrir plus, d'en apprendre plus. Jeune adulte, je rêvais de naviguer sur les sept mers, de voyager jusqu'à des ports exotiques, jusqu'au Pacifique Sud, jusqu'à l'Orient légendaire. La Marine m'offrait un moyen raisonnable de combler mes désirs : je finis par être admis à la prestigieuse École navale. Pourtant, chaque fois que mon navire était à quai, je brûlais d'envie de poursuivre mon voyage. Même la fascination de Shanghai disparut dès que je fus arrivé là-bas : après tout, voilà des siècles, d'autres Occidentaux voyageant en Orient avaient déjà revendiqué le fabuleux butin que leur offrait toute terre inconnue – la première vision qu'on en avait.

Comme les autres officiers, je ne m'intéressais qu'aux lendemains, aux ports vers lesquels voguait notre navire. Je n'avais jusqu'alors guère songé à ce qui se passait sous l'eau, sous notre quille. Et puis, un jour, en Indochine, nous commençâmes à effectuer des relevés pour dresser la carte de la baie de Cam-Ram. Un indigène nous emmenait à la rame d'un point à un autre tandis que nous notions nos mesures. Peu après midi, alors que la chaleur de la journée arrivait à son comble, l'homme tira ses avirons hors de l'eau, nous fit signe de garder le silence, se coula par-dessus le plat-bord du bateau et glissa sans bruit dans l'eau. Sans masque sur le visage ni rien à la main, il plongea la tête la première et disparut. Un moment s'écoula. Un jaillissement d'eau : il refit surface, un poisson vivant dans chaque main ! Notre magicien vietnamien nous expliqua patiemment à nous autres Occidentaux ébahis, qu'aux alentours de midi les poissons faisaient la sieste. Cette révélation invraisemblable – des poissons faisant la sieste ! – me surprit mais elle me pétrifia aussi. Je jetai un coup d'œil à la surface de la baie, aux vaguelettes qui ondulaient à la proue de notre embarcation : voilà que j'apercevais enfin les portes ouvrant sur la dernière étendue inexplorée de notre planète, sur le monde inconnu où j'avais toujours rêvé de pénétrer, dont les merveilles sans fin, je le découvris plus tard, n'apaiseraient jamais ma passion d'explorer.

Assurément, mon épouse Simone et moi ne pensions pas, en couchant nos fils de quatre et six ans, ce 27 novembre 1942, que le destin s'apprêtait à bouleverser nos existences. Même les événements de la guerre ne nous détournaient pas de notre objectif immédiat : nous comptions quitter Marseille le lendemain matin pour Lisbonne où j'allais prendre mon poste d'attaché naval adjoint. J'avais participé au mouvement de la Résistance : la Marine m'avait affecté au Portugal pour que je puisse servir d'agent de liaison entre Londres et les contacts que j'avais pris à Marseille.

Ce soir-là, Simone et moi étions épuisés après une journée où, par deux fois, un raid aérien avait fait retentir le hurlement des sirènes. Nous nous forçâmes quand même à ignorer notre envie de dormir et nous nous empressâmes d'entasser nos affaires dans des malles et des valises. Tout en faisant nos bagages, nous écoutions d'une oreille distraite les accents grêles d'une mélodie à la radio.

La musique s'interrompit. Un communiqué crépita dans le haut-parleur : pour empêcher ses navires de tomber aux mains des envahisseurs allemands, la Marine française avait sabordé sa flotte à Toulon.

J'éteignis la radio. Simone et moi restâmes assis sans rien dire. Nos visages ruisselaient de larmes. Nous avions perdu notre flotte. Notre orgueil. Notre espoir. L'ultime vestige de l'indépendance de notre pays.

Le lendemain, mon affectation à Lisbonne fut annulée : je resterais à Marseille à poursuivre mes activités clandestines – et à utiliser comme couverture ma carte de plongeur professionnel. C'est ainsi que je devins un explorateur sous-marin.

Si la Marine n'avait pas sabordé la flotte, si elle n'avait pas annulé mon affectation à Lisbonne, aurais-je fini par oublier mon éternelle envie d'explorer ? Ou bien aurais-je sauté sur l'occasion de parcourir les eaux de l'Atlantique au large du Portugal ? J'avais, à vrai dire, savouré d'avance cette possibilité dès l'instant où j'avais reçu mon ordre de mission pour Lisbonne. C'est vrai, personne ne peut absolument contrôler l'orientation que prend sa vie : mais chacun peut l'influencer. C'est sans doute une coïncidence si des événements fortuits préludent à bien des carrières d'explorateurs. Les explorateurs en chambre qui se plaignent de ne jamais avoir eu « leur chance » n'ont certainement jamais été contaminés par l'incurable passion d'explorer. Ceux qui ont le virus... eh bien, ils partent.

Certes, les pousses de glycine qui recherchent le soleil, les abeilles éclaireuses qui reviennent signaler à leur ruche les meilleurs emplacements pour installer un nid représentent bien l'infinie complexité de la nature. Pourtant leur intelligence toujours en éveil met les êtres humains à part. Comme l'a écrit Ovide : « Dieu a levé le visage de l'homme vers le ciel et lui a ordonné de contempler les étoiles. »

On entend souvent demander quel objectif pratique recherche précisément l'explorateur. La réponse est simple : aucun. Harold Edgerton, qui inventa l'éclair stroboscopique pour la photographie à grande vitesse, l'a fort bien dit. Doc Edgerton s'est fréquemment joint à nous à bord de la *Calypso*. Il a plongé directement dans les océans son appareil de photo pour percer les secrets des profondeurs marines en prenant plus de dix mille clichés. Il a envoyé son équipement par plus de huit mille mètres de fond dans la tranchée Romanche. Un jour, un jeune homme, confondu par l'acharnement d'Edgerton, lui a posé des questions. Que vous attendez-vous à trouver ? Un calmar géant ? des villes englouties ? des serpents de mer ? Edgerton l'a regardé, impassible. « Si je savais ce que nous allons trouver, je ne me donnerais pas la peine de le chercher. »

Les bureaucrates n'arrivent pas à comprendre que les explorateurs soient poussés par la simple curiosité et que ce soit pour eux une grande joie que de se donner du mal afin d'acquérir de nouvelles connaissances. Cela exaspérait le grand biochimiste Albert Szent Gyorgyi, qui écrivit : « Le vrai savant, un authentique explorateur, sait seulement dans quelle direction il veut s'avancer vers l'inconnu : il ne sait absolument pas ce qu'il va découvrir là-bas ni comment il va le trouver. »

Cette éternelle curiosité contraint tôt ou tard l'explorateur à ne prendre au sérieux que sa quête et non pas sa personne. Philippe Taillez, mon ami et collègue, même lors de notre premier essai du scaphandre autonome, ne parvenait parfois pas à dissimuler son enthousiasme. Un jour, Taillez et moi avons plongé au large de Saint-Raphaël, curieux d'examiner en détail une roche que nous avions aperçue, couverte de madrépores. Il nous fallut descendre dans des eaux profondes pour parvenir à cet endroit, mais Taillez et moi étions habitués depuis longtemps à veiller chacun sur la sécurité de l'autre et les embûches qu'il pouvait rencontrer. Souvent nous nous mettions en garde en criant dans nos micros : l'eau déforme trop les mots pour une conversation compliquée, mais elle porte bien les bruits quand ils sont assez forts. En arrivant au fond, nous découvrîmes qu'un violent courant balayait le secteur, mais l'intérêt que nous portions à ce magnifique récif l'emporta. Nous étions absorbés par nos découvertes quand Taillez se mit soudain à crier – il n'arrêtait pas : une longue succession de clameurs incompréhensibles. Je lui fis signe de répéter. Non sans mal, il se remit à balbutier des sons qui, se mêlant aux bulles sortant de son appareil, se transformaient en gargouillis, le temps que l'eau les ait portés jusqu'à moi. Je regardai dans son masque. Il avait les yeux globuleux, les joues gonflées : ses lèvres et sa peau avaient des reflets verdâtres. Oubliant que les profondeurs rendaient mon propre visage aussi hideux que le sien, je m'affolai. Je l'empoignai par l'épaule et lui fis signe de remonter d'urgence à la surface. À peine y étions-nous parvenus que je lui demandai ce qui n'allait pas. Taillez, incrédule, me répondit : « Mais rien du tout. Je chantais *La Marseillaise.* »

Ce mélange d'amusement et de curiosité devint une drogue : notre expédition à l'île d'Abou Latt dans la mer Rouge me fit pour la première fois comprendre de quelle ténacité peut être capable un explorateur poussé par la curiosité. Même ceux qui ont vu Abou Latt doivent se demander s'ils n'ont pas rêvé : les plages de l'île, des plages non pas de sable mais de poudre de corail, sont baignées par un lagon peu profond, bordé quant à lui d'une barrière de récifs qui plonge dans les profondeurs de la mer Rouge. Pour notre première plongée en scaphandre autonome dans le secteur, nous battîmes nonchalamment l'eau du lagon jusqu'au récif avant de contempler la vertigineuse falaise de corail. Nous commençâmes à descendre le long de la paroi hérissée et multicolore. Frédéric Dumas, un camarade avec lequel je plongeais depuis mes premières tentatives avec le scaphandre autonome, repéra une profonde crevasse abritant un assortiment d'algues, de gorgones, de madrépores et de poissons. Il s'arrêta, fasciné. Il ne tarda pas à se laisser complètement captiver par l'exubérance de la vie dans les récifs. Je regardai au-dessus de nous : les silhouettes noires de requins se découpaient à la lumière argentée de la surface. Je regardai en bas : des requins glissaient au-dessus du fond sablonneux. Je me tournai vers Dumas, toujours passionné. Puis mon cœur s'arrêta : au loin apparaissait un énorme requin *carcharinus*. Il fonçait en direction de Dumas qui continuait à sonder et à inspecter la crevasse de corail, tandis que le requin tournait autour de lui en lui reniflant l'échine. Je criai dans mon masque. En vain. Dumas poursuivait ses observations, sans se soucier du requin de quatre mètres qui ondulait en décrivant des huit derrière lui. Quand l'animal se retourna et, en un éclair, disparut dans les profondeurs, Dumas ne s'en aperçut même pas.

La vision d'hommes si absorbés par l'étude d'échantillons de coraux qu'ils ne se soucient pas de la présence de redoutables carnivores m'amena à me demander si la passion d'explorer ne nous avait pas rendus fous. Mais la curiosité la plus acharnée que j'eus l'occasion d'observer fut celle qui poussait dans son périple circumpolaire le navigateur David Lewis. La *Calypso* voguait sur les mers de l'Antarctique, cherchant du côté de Hope Bay à se mettre à l'abri des eaux les plus redoutables du monde. Un matin, vers quatre heures, un choc violent contre la coque me réveilla. Sautant à bas de ma couchette, je me précipitai vers le hublot. Un étrange petit yacht fortement endommagé, au mât cassé, dansait sur l'eau glacée et venait heurter notre navire. Je m'aventurai sur le pont. À ma stupéfaction, je vis émerger de l'épave un personnage des plus bizarres : barbe emmêlée et cheveux trempés lui tombant jusqu'aux épaules. Scrutant l'obscurité, je retins mon souffle : il était dans un triste état. Les mains gonflées, les ongles noircis, il pouvait à peine marcher et ne parlait qu'avec difficulté. Ses vêtements étaient trempés d'eau de mer. Nous amarrâmes son épave à la *Calypso*, nous l'aidâmes à monter à bord, et je l'emmenai tout boitillant jusqu'au carré où je l'installai à table et déposai devant lui des aliments chauds. Tous les navires du secteur – y compris la *Calypso* – avaient reçu un avis d'alerte leur demandant de rechercher un navigateur solitaire disparu depuis deux mois. J'envoyai un fax à la NASA pour annoncer que nous l'avions à bord. Le docteur Lewis avait parcouru deux mille cinq cents miles depuis l'Australie à bord de son petit bateau, le *Ice Bird*, quand il avait chaviré et brisé son mât d'aluminium. Il avait improvisé un mât de fortune à partir d'une bôme de secours et avait je ne sais comment survécu huit semaines au milieu d'une mer glacée, sans pouvoir changer ses vêtements trempés ni ôter ses bottes emplies d'une eau glacée. Dès qu'il fut réchauffé, je lui proposai de transmettre par satellite tout message manuscrit qu'il voudrait adresser à ses filles de dix et douze ans. Après avoir rassuré sa famille et lui avoir envoyé son affection, le docteur Lewis – qui avait vaillamment résisté à une épuisante épreuve au milieu d'une mer déchaînée et d'icebergs menaçants – décrivit ses projets : « Le bateau est un peu endommagé, mais ça ira. » Il répara le *Ice Bird* et reprit sa route vers le cap de Bonne-Espérance.

La détermination du docteur Lewis à poursuivre sa navigation est assez proche de mon acharnement à plonger toujours plus profond. Les obstacles auxquels nous nous sommes heurtés depuis les premiers jours – les convulsions provoquées par le fait de respirer de l'oxygène pur à une profondeur supérieure à dix mètres ; la menace d'embolie et les attaques des requins ; l'ivresse des profondeurs, qui provoqua la mort de Maurice Fargues –, tout cela nous a affligés, nous a rendus plus prudents, mais ne nous a pas découragés. Pas plus que la joie triomphante d'atteindre un nouveau palier n'a fait taire l'appel des sirènes vers des eaux plus profondes encore.

Aussi, en 1953, alors que la Marine française procédait aux essais de son bathyscaphe FNRS3, pour lesquels je faisais office de conseiller technique, je sautai sur l'occasion de descendre jusqu'à des domaines où le scaphandre autonome ne permettait pas d'accéder. Comme je pénétrais dans le bathyscaphe, le capitaine de corvette Georges S. Huot, son commandant, me désigna le sommet lointain du mont Faron, qui s'élevait majestueusement à six cent quatre-vingt-dix mètres au-dessus de la rade de Toulon. Nous allions, m'expliqua-t-il, parcourir en descendant sous la mer une distance supérieure à celle nous séparant de la crête qui s'élevait dans le ciel. Je m'installai à bord de l'engin et regardai par le hublot où nous avions fixé un des appareils à flash électronique du docteur Edgerton. L'engin s'enfonça dans les ténèbres, tous les risques d'accident s'évanouirent alors devant les éblouissantes réalités. À cent vingt mètres sous l'eau : les milliards d'organismes minuscules qui constituent la mystérieuse couche profonde *Scatterina*, que le docteur Edgerton avait si souvent photographiée pour nous. Puis à trois cents mètres : des poissons bizarres, aux yeux globuleux, des calmars qui éclairaient la nuit éternelle de l'océan de leurs nuages d'encre lumineuse.

La sirène qui m'avait appelé plus bas ne me déçut pas, mais elle ne me lâcha pas non plus. C'est ainsi que le 24 juillet 1954, sans me laisser arrêter par le plâtre que me valait une fracture au pied – le navigateur résolu de l'Antarctique, le docteur Lewis aurait-il ri ? –, je repris place en boitillant dans le bathyscaphe. Le spectacle continuait. Ce qu'on aurait pu prendre pour une neige surnaturelle « tombait » des profondeurs vers la surface : de minuscules créatures, flottant dans l'eau, dont l'apparente ascension n'était qu'une illusion due à notre mouvement de descente. Finalement, à peine visible à la lueur du faisceau de notre projecteur, je distinguai une silhouette amorphe, couleur de boue. Déjà le fond ? Je demandai à Huot de ralentir pour que nous nous posions. Notre chaîne d'ancre qui pendait s'enfonça dans la vase : la vue que j'avais par le hublot me stupéfia. Nous étions ancrés non pas au fond, mais sur une corniche instable de boue glissante qui faisait saillie sur la paroi verticale de la plate-forme continentale : notre jauge de profondeur indiquait que nous étions descendus à mille quatre cent soixante-quinze mètres. La falaise plongeait à la verticale jusqu'à un canyon encore plus profond.

Bien décidés à atteindre le fond, nous nous apprêtions à piloter le bathyscaphe au bord de la corniche. Huot mit le moteur en marche. Quelque chose coinçait. Notre chaîne d'ancre était bloquée dans la boue. L'engin s'efforçait par secousses de vaincre cette résistance puis la chaîne soudain se libéra, arrachant un gigantesque bloc de boue qui bascula au bord de la corniche pour dégringoler dans l'abîme. Dans sa chute, il ne cessait de heurter la paroi de boue, en détachant de nouveaux blocs. Un nuage de vase d'un brun jaunâtre jaillit en volutes du fond de la mer.

« Huot, nous avons déclenché une avalanche ! »

Nous restions à rôder dans le bathyscaphe, en espérant ne pas avoir plongé pour rien et que nous pourrions quand même prendre des photos dès l'instant où la boue serait retombée. Vingt minutes s'écoulèrent. D'épais nuages jaunâtres continuaient à monter du fond et à s'épanouir. Pourrions-nous trouver de l'eau claire si nous naviguions au compas, en traversant directement les nuages qui envahissaient le canyon pour gagner l'autre versant ?

Nous dirigeâmes le bathyscaphe au-dessus de l'abîme, les nuages roulant toujours au-dessous de nous, parfois même nous enveloppant. De temps en temps, entre les nuées, des débris en suspension dans l'eau claire semblaient filer devant notre hublot. Nos moteurs ronronnaient. Il s'était écoulé largement assez de temps pour nous permettre d'atteindre l'autre paroi du canyon.

Nous fîmes alors une découverte qui nous serra le cœur : les particules avaient cessé de défiler devant nous. Le hublot était obstrué, couvert d'une couche épaisse de boue d'un brun-jaune. Ni Huot ni moi n'osions dire tout haut ce que nous nous demandions tout bas. Avions-nous heurté sans la voir la paroi opposée, en la faisant s'écrouler, et, à mille cinq cent soixante-quinze mètres au-dessous de la surface, étions-nous enterrés vivants ?

Ou bien se pouvait-il simplement que de nouveaux nuages se fussent développés autour de nous ? Peut-être la boue allait-elle se déposer. Nous attendîmes une heure.

Rien.

Nous voulûmes tenter de refaire surface. Huot lâcha tout le ballast qu'il fallait pour nous faire remonter.

Le bathyscaphe demeura immobile.

Pour économiser l'oxygène, nous ne parlions pas beaucoup, mais nos pensées se précipitaient. L'idée nous vint : durant l'heure interminable où nous avions attendu dans les profondeurs glacées et sans soleil, notre essence s'était-elle refroidie et était-elle devenue plus lourde ? Huot largua encore du ballast.

Nous nous élevâmes vers le haut. Notre « retour » donnait un sens à notre passion.

Les voyageurs s'émerveillent ; les explorateurs rentrent avec des récits de leurs pérégrinations qui enrichissent leur patrie et repoussent plus loin l'horizon de l'humanité, même pour ceux qui sont restés en arrière.

L'Odyssée, le grand poème épique, fut transmis oralement de génération en génération. Darwin prenait ses notes avec une plume et de l'encre. Le XXe siècle a offert à l'humanité un langage universel : le cinéma. Bientôt, les résultats d'expéditions réussies seront diffusés au monde entier *on line*. Pour ma part, afin de témoigner de ce que j'ai vu, j'ai toujours utilisé une caméra comme je me serais servi d'une plume voilà un siècle.

Il nous semblait naturel d'enregistrer les merveilles que nous avions découvertes et, avec la *Calypso*, de filmer nos explorations. Nous avions tout simplement envie de partager les secrets cachés de la nature avec ceux pour qui ils seraient sans cela restés inaccessibles.

C'est ainsi que nous avons pris conscience de formidables bouleversements naturels, par exemple les changements considérables de niveau de la mer sur la planète à travers les âges. En Méditerranée, à l'est de Carthagène, en Espagne, nous avons plongé le long du flanc d'une montagne sous-marine, et découvert une grotte inondée, creusée voilà longtemps par les remous des eaux de surface. Sur une corniche à l'entrée se trouvait un entassement bien aligné de coquilles d'huîtres – abandonnées, fort probablement, par les humains qui jadis s'étaient attardés là. Une plage fossile, à cent cinquante mètres au-dessous de la surface de la mer.

Les anthropologues nous mettaient en garde contre l'anthropomorphisme, cette erreur qui consiste à attribuer aux animaux des qualités humaines : nous découvrîmes en revanche que nous avions beaucoup à apprendre sur les humains en observant les caractéristiques des animaux. Quand l'île de la Guadeloupe se trouva surpeuplée par les éléphants de mer, les animaux constituèrent une véritable banque du sexe et du lait. Les mâles s'accouplaient sans discernement avec les femelles disponibles : les mères nourrissaient chaque petit qui approchait d'une tétine. Dans la pénurie, les phoques s'étaient pliés à de strictes lois régissant sévèrement la société : dans l'opulence, tout ordre se désintégrait.

Comme les sociologues soulignaient le besoin de camaraderie chez les humains, nous fûmes témoins de l'importance de la camaraderie chez les dauphins. Souvent nous avons été fascinés par le spectacle de milliers de dauphins, sautant, bondissant et tournoyant, exécutant un véritable ballet nautique, leurs corps soyeux glissant les uns contre les autres, leurs nageoires se touchant souvent. Je me suis trouvé à bord d'un croiseur de la Marine, d'où j'ai regardé des dauphins jouer ensemble dans les vagues qui se brisaient à notre proue, puis m'abandonner en laissant derrière eux mon navire qui filait. Nous avons vu des dauphins soulever leurs petits jusqu'à la surface et même leur compagnon blessé, pour les soutenir pendant qu'ils aspiraient de l'air par leurs évents.

La camaraderie semble être pour les dauphins un élément aussi vital que l'oxygène. Pendant des années, je n'ai jamais vu un dauphin seul. Et puis un jour, alors que nous traversions la Méditerranée pour nous rendre de Corse en Sicile, nous avons rencontré un dauphin solitaire, flottant presque immobile sur une mer d'un calme plat. Je demandai que la *Calypso* s'approche de lui, à petite vitesse. Le dauphin ne réagit pas : il se contenta de garder les yeux au-dessus de l'eau pour nous observer. Nous tendîmes la main pour le toucher : il ne broncha pas. Estimant qu'il devait être gravement malade, le médecin du bord nous demanda de le hisser sur le pont et de le placer dans notre réservoir d'eau afin de pouvoir l'examiner et de lui prodiguer tous les soins que nous pouvions offrir. Le docteur constata que l'animal avait une respiration absolument normale, tout comme l'étaient sa température et son pouls.

Le lendemain matin, le dauphin était mort. L'autopsie révéla que tous ses organes étaient sains. Diagnostic du médecin : mort de solitude après sans doute avoir été chassé de sa bande. Ce n'était pas le corps de l'animal qui était brisé : c'était son âme.

Tandis que les industriels, les défenseurs de la technologie et ceux de l'environnement discutent des risques et des bienfaits du progrès, nous enregistrons sur la pellicule les changements qu'une seule espèce, l'espèce humaine, a imposés à toutes les autres. En 1946, les pêcheurs nous racontaient, à mes amis et à moi, d'extraordinaires histoires à propos d'un rocher appelé le Veyron, autour duquel la vie marine foisonnait. Nous allâmes en canot jusqu'à cet emplacement, nous passâmes par-dessus bord pour plonger, nous refîmes surface et nous nous trouvâmes au milieu d'un miracle. Ce domaine luxuriant dépassait même les jungles marines que nous avions vues : il s'étalait devant nous avec toute la somptuosité d'un jardin anglais impeccablement taillé. Le paysage marin lui-même n'était pas de la roche ordinaire, mais un complexe de grottes, d'arches de pierres, d'étroits passages qui sinuaient entre des parois aux pentes abruptes. Chaque surface exposée était tapissée d'algues calcaires colorées, de buissons verts quadrillés d'oursins et d'amas d'ascidiens en forme de pomme de terre. Les écrans de gorgones rouges et jaunes, de fragiles bryozoaires d'un rose pâle, jaillissaient des rochers qui jonchaient le fond. Le labyrinthe des compartiments de pierres fournissait un habitat encore mieux adapté qu'une épave. Des pieuvres rôdaient dans les crevasses, des raies paressaient à l'ombre de piliers. D'énormes mérous d'une trentaine de kilos pointaient leur museau à l'entrée de leur tanière et fixaient sur nous le regard curieux de leurs yeux globuleux. Nos caméras tournaient, nous étions pris de vertige, nos yeux se rassasiaient de ce spectacle grisant.

Une trentaine d'années plus tard, je revins au Veyron avec mon équipe de la *Calypso*. Nous plongeâmes à la même profondeur, vers les mêmes grottes, à la même époque de l'année. Les grottes étaient vides. Pas un seul poisson n'évoluait parmi les rochers. Disparus les jardins verdoyants. Quelques éponges, de rares touffes de varech apparaissaient çà et là, comme des pierres tombales éparses. Les humains avaient pollué l'eau de la mer, détruit au bulldozer la côte voisine : tout cela pour arriver à anéantir toute forme de vie.

Souvent, dans les aéroports, sur les trottoirs, dans les restaurants, adultes ou enfants s'arrêtent pour me poser des questions sur les barracudas et les requins, sur les cachalots, sur le redoutable maléfice du Triangle des Bermudes, sur le monstre du Loch Ness. Quand j'ai vu le Veyron, j'ai pensé que la force la plus monstrueuse de la mer ne vit pas dans les eaux du Loch Ness : elle vit en nous.

Peu après que j'eus quitté le Veyron, le gouverneur de Californie m'invita à prendre la parole à l'occasion d'une prière matinale. Mon rôle d'explorateur, jusqu'à cette époque, s'était borné à faire de moi le témoin des miracles de la création et à les faire partager. Une prière matinale ne me semblait guère l'occasion de maudire les ténèbres.

Montant les marches du podium et me trouvant face à mon auditoire, je compris que, malgré la diversité des croyances parmi les nombreux assistants, nous partagions tous une foi commune – une foi dans l'infinie capacité des hommes à affronter un défi, une foi dans l'humanité, la seule espèce sur terre capable de respect pour la vie. Il me semblait indigne de l'intelligence humaine de me lamenter sur un problème au lieu de lui trouver une solution, de condamner le progrès, la technologie, l'industrie, tous les développements conçus, après tout, pour améliorer la condition humaine...

Ce fut alors que ma vie d'explorateur m'amena à faire une découverte personnelle : les absurdités de la logique, j'en prenais conscience, empêchaient la communauté humaine de concevoir des utopies raisonnables.

J'avais entendu des industriels prétendre qu'ils ne pouvaient pas se permettre le luxe d'utiliser des méthodes ruineuses pour éliminer les déchets toxiques : une déclaration logique en apparence, mais néanmoins absurde dans la mesure où elle laisse entendre que nous améliorerons l'économie en déversant des poisons mortels dans nos rivières, nos lacs et sur nos terres. Et pourquoi ne pas épargner à la communauté les charges accablantes de réparer les dommages en augmentant les prix des produits en question ? On pourrait ainsi payer l'élimination convenable des déchets que laisse leur fabrication... Raisonnable, mais utopique.

Je songeais à d'autres problèmes de société et d'environnement que j'avais rencontrés, et la liste s'allongeait. Absurde logique des pêcheurs qui réagissent au déclin des populations de poissons en redoublant d'effort pour les pêcher, épuisant ainsi le stock et passant d'une perte d'argent cette année à la faillite l'année suivante. L'absurde logique de croire que nous devons trouver une application à toutes les découvertes scientifiques, d'estimer que le progrès impose la subordination des intérêts des hommes à de nouvelles technologies au lieu d'utiliser ces technologies nouvelles dans l'intérêt des hommes. L'absurde logique des prophètes militaires qui se proposent de compenser les risques que représentent les énormes stocks de plutonium et de bombes en augmentant leurs propres stocks. L'absurde logique de vouloir donner un coup de fouet à l'économie mondiale en institutionnalisant les marchés de masse, en enrichissant les riches et en appauvrissant les pauvres. L'absurde logique des dirigeants qui prétendent soutenir les droits de l'homme alors qu'ils ne tiennent aucun compte des droits des générations à venir.

Au cours des quelques décennies précédentes, bien des savants ont prétendu que l'âge d'or de l'exploration était fini. Casteret, Tazieff, Hillary, Piccard et Amundsen, les Vikings, et en remontant même jusqu'à Pythéas – tous, comme moi, sont nés, estime-t-on, à une époque particulière, une époque où les explorateurs pouvaient être des aventuriers, où de grandes découvertes pouvaient être l'œuvre d'un individu solitaire et déterminé ou d'une petite équipe. Aujourd'hui il n'y a pratiquement plus de tache blanche sur la carte de la Terre ; l'exploration scientifique et celle de l'espace exigent des instruments tels que des fusées, des machines à briser les atomes qui coûtent des milliards de dollars : un simple individu ne peut plus, dit-on, espérer devenir un explorateur.

En regardant les visages attentifs des assistants rassemblés pour la prière matinale, je compris que l'âge de l'exploration n'était pas terminé : simplement le rôle de l'explorateur avait changé. Ces gens cherchaient aussi. Ils cherchaient l'espoir. Ce n'était pas ma sombre litanie qui les décourageait. Ils savaient que la solution, c'est de cesser de considérer la tragédie comme inévitable et de trouver un moyen de rendre l'Utopie réalisable.

Nous, les nouveaux explorateurs de l'âge moderne, nous devons compter à fond sur le meilleur atout dont puisse disposer l'explorateur traditionnel : l'esprit humain. Contrairement aux autres espèces, les hommes ont la possibilité de regarder en arrière et d'apprendre. Ils connaissent les forces des grandes civilisations d'autrefois, de même que les erreurs catastrophiques qui ont fait s'écrouler les empires. C'est l'explorateur traditionnel qui a ouvert la voie de ce passé. Les nouveaux explorateurs – c'est-à-dire nous tous autant que nous sommes – doivent emprunter cette voie pour trouver le chemin de l'avenir, pour tracer pour nous et pour nos enfants la route vers l'inconnu qui nous attend.

L'âge révolu de l'explorateur solitaire s'est ouvert à une période où les cartographes médiévaux ne plaçaient pas le nord en haut de leurs cartes. Sur la marge supérieure de leurs parchemins, ils préféraient tracer un point mystérieux qu'ils imaginaient à l'est : le Paradis, où nul être humain n'avait jamais pénétré. Les moines, en quête de ce jardin « où la Terre rejoint le Ciel », devinrent les premiers explorateurs ; les pèlerins ensuite s'aventurèrent pour retrouver ce lieu saint ; les Croisés après eux envahirent des terres nouvelles au nom de Dieu ; et enfin, des missionnaires s'infiltrèrent plus loin au long des couloirs inconnus de la Terre – tous repoussant les frontières de leur monde dans cette quête du Paradis.

Au cours d'un de mes voyages, je crois bien l'avoir trouvé.

La *Calypso* explorait les eaux des Aléoutiennes, dans l'Alaska. Nous voguions vers un monde d'un bleu argenté : le ciel, la glace, l'eau, tout cela baigné par cette incroyable lumière qui, à la saison du soleil de minuit, ne permet plus de distinguer le crépuscule de l'aube. Nous avions jeté l'ancre au large de l'île d'Unalaska quand notre chef plongeur, Raymond Coll, prit place dans notre soucoupe de plongée et descendit explorer les profondeurs de la mer. Raymond, qui restait en contact avec moi par téléphone sonar, décrivit des hordes de linules, de vastes champs roses de krills : des eaux glacées grouillantes de vie.

Là-haut, à bord de la *Calypso*, l'équipe se passionnait pour une tout autre entreprise : la NASA venait de poser un module sur la Lune. Tout l'équipage de la *Calypso* était massé sur la plage arrière, l'oreille collée à la radio, attendant l'annonce qu'un être humain, Neil Armstrong, avait posé le pied sur la surface de notre satellite.

À bord, l'ambiance était électrique. C'était à peine si on respirait. Et puis la voix d'Armstrong. Des acclamations montèrent du pont et retentirent dans l'air cristallin. Je branchai ma liaison sonore avec Coll. « Raymond ! une nouvelle historique ! Armstrong marche sur la Lune ! »

J'éprouvai ce jour-là un sentiment d'orgueilleuse fraternité avec les explorateurs de la NASA qui atteignaient les recoins éloignés de l'espace au moment même où notre petite équipe explorait les profondeurs de la mer. J'avais aussi l'impression de jouir d'un privilège qui n'avait rien à voir avec les astronautes, mais avec cette planète bleue, la Terre, qu'ils contemplaient. Là-bas, dans l'espace, un être humain foulait la poussière desséchée du sol lunaire. Mais Raymond évoluait parmi des myriades d'êtres vivants, dans des mers qui baignaient la seule planète du système solaire à avoir de l'eau.

Quelques années plus tard, l'astronaute Alan Bean me parla de son expérience spatiale. Depuis la Lune, il regardait la Terre passer en tournant par cycles de nuit et de jour. Quand la face sombre de la Terre était tournée vers lui, notre planète lui semblait entourée d'une ceinture d'étincelles. Il lui fallut un moment pour comprendre que ces lueurs minuscules étaient des éclairs provenant des orages qui encerclent de façon quasi permanente l'équateur. Il me dit, émerveillé : « La Terre avait l'air d'un joyau scintillant. »

C'était cela, la raison même qui fait que c'est une telle nécessité et une telle joie que de chercher des chemins vers le salut. Après tout, comme dit le proverbe espagnol, la route du paradis, c'est le paradis.

2

SEULS DANS L'UNIVERS

Les bras et les jambes peinant sous le poids supplémentaire de trois énormes bouteilles d'air, je descendis en trébuchant, marche par marche, l'échelle de plongée de la *Calypso*. Quand je me fus immergé jusqu'à la poitrine dans la fraîcheur de la mer Égée, je sentis la poussée de l'eau contrebalancer mon chargement et je nageai pour rejoindre Falco, le capitaine de mon navire, qui s'était mis à l'eau avant moi. Nous attendîmes tous deux que Bernard Delemotte, un plongeur de notre équipe, vienne nous rejoindre. Puis, serrant mon embouchure entre mes dents et mes lèvres, je donnai le signal à mes deux collègues : prêt à plonger. Ensemble, nous nous enfonçâmes dans la mer.

L'eau, ce matin-là, était d'une pureté sans défaut : au-dessus de nous, la surface vitreuse semblait s'empaler sur d'étincelantes épées de lumière qui plongeaient dans le bleu marine des profondeurs. Instinctivement, je consultai mon chronomètre de plongée. Onze heures cinq. Je réglai le marqueur sur onze heures vingt. En raison de l'extrême profondeur et des rigoureuses exigences de décompression de la plongée, nos horaires étaient inflexibles. Nous aurions exactement quinze minutes pour descendre et filmer l'épave du *Britannic*, un paquebot qui avait coulé alors qu'il faisait office de navire-hôpital durant la Première Guerre mondiale.

Notre chambre de décompression immergée était suspendue bien en dessous, attachée à la *Calypso* par un solide cordon de nylon tressé. Nous empoignâmes aussitôt tous les trois le filin et commençâmes à descendre, une main sous l'autre, nous halant vers le bas aussi vite que nos oreilles nous le permettaient. Nous dépassâmes la chambre avec sa promesse d'un retour sans risque et bientôt nous nous trouvâmes assez loin pour affronter le premier obstacle de la mer : les ténèbres. Delemotte braqua notre projecteur vers le bas et nous continuâmes à glisser. À cent quatre-vingts pieds, nous rencontrâmes le second obstacle : le froid. Un frisson parcourut nos combinaisons humides, notre peau, notre esprit. Nous n'avions pas de temps à perdre : nous plongeâmes résolument vers le fond.

Enfin, les pâles contours de la coque du navire commencèrent à prendre forme dans la pénombre gris foncé, par soixante brasses de fond. L'eau était si claire que nous distinguions à une trentaine de mètres devant nous la silhouette fantomatique : pourtant, même cette visibilité exceptionnelle ne nous permettait de voir qu'un fragment de ce géant foudroyé de deux cent soixante-dix mètres de long, *sister ship* de l'insubmersible *Titanic*, conçu d'après le même rêve et voué au même fatal destin.

À trois cent soixante-dix pieds, nous touchâmes le fond. Mon chronomètre poursuivait son tic-tac impitoyable : onze heures onze. Six minutes de passées : il n'en restait que neuf. La coque du navire se dressait au-dessus de nos têtes, éventrée par une torpille ou par une mine. Un orifice en dents de scie ouvrait devant nous son piège béant : nous nous y engouffrâmes sans hésiter.

Autour, au-dessus, au-dessous de nous, des plaques d'acier déchiquetées étaient tordues, formes bizarres sculptées par l'explosion. Falco filmait, Delemotte réglait l'éclairage, et je fonçais en avant, glissant d'une crevasse à une autre, ne songeant qu'à inspecter ces ruines hantées avant que notre temps ne soit écoulé. Je remarquai vaguement que mes compagnons s'étaient arrêtés loin derrière moi, mais je continuai quand même, évoluant dans la pâle périphérie du faisceau de ma lampe, m'enfonçant de plus en plus dans le labyrinthe de l'épave.

Bientôt, je m'étais aventuré jusqu'au cœur de l'explosion. Il ne me restait que cinq minutes de plongée. Je décrivis un cercle complet : j'étais presque enfermé, entouré d'un kaléidoscope cauchemardesque de parois d'acier, de planches pourries, d'enchevêtrements de fils électriques dénudés. À cet instant, les lumières s'éteignirent.

Je me rendis compte que j'étais seul.

Ma réaction fut de me cramponner à un tuyau gauchi. Comme mes bouteilles me fournissaient un mélange d'hélium au lieu d'air, mes sens n'étaient pas émoussés par la narcose qui, souvent, provoque une griserie chez les plongeurs. Le danger pour moi était clair. Tout comme la peur. Quelques instants auparavant, là-haut, au soleil, mes amis auprès de moi, j'étais parfaitement serein. Maintenant, j'étais seul, terriblement seul, dans la nuit sans fin au sein de la mer. Pendu aveuglément à un tuyau d'acier au milieu de structures affaissées, à des centaines de pieds au-dessous de la surface, je me pris à songer tristement à une phrase de Paul Valéry : « Un homme seul est en mauvaise compagnie. »

Bientôt la lampe se ralluma ; Delemotte et Falco apparurent ; nous terminâmes notre inspection ; et après deux heures et quarante-cinq minutes dans la chambre de décompression, nous retrouvâmes l'animation de la *Calypso*, où les membres de l'équipage nous expliquèrent qu'un générateur avait eu une défaillance momentanée. L'obscurité n'avait duré que quelques secondes. Mon isolement m'avait paru une éternité.

La peur d'être seul est un sentiment obsédant, insidieux, déroutant. Sa présence oppressante plane sur l'imagination humaine et l'on passe de l'angoisse à l'affolement quand on entend le claquement d'une porte, le déclic d'un verrou, le cri d'un enfant dans la nuit. La solitude est si étrangère à la nature humaine qu'on l'impose comme un châtiment, en considérant qu'une peine d'isolement vient juste après une peine de mort. L'isolement d'ailleurs n'est rien moins qu'une lente exécution : car l'homme est un animal social, et le priver de compagnie, comme le priver de nourriture ou d'eau, menace son existence même.

Le besoin de compagnie est inné ; l'envie de le satisfaire, irrésistible. Les hommes qui imaginent les vaisseaux spatiaux partagent l'obsession des prisonniers qui font des plans pour s'évader. Désespérément en quête de compagnie au-delà de l'espace confiné où nous sommes seuls, nous débarquons sur de lointaines planètes, en quête de la moindre goutte d'eau, le signe dans le cosmos que la vie existe. Pourtant les sondes spatiales terminent leur existence dans la sécheresse, la désolation, la poussière.

Nous persistons pourtant. Même si la vie, telle que nous la connaissons, n'existe pas dans notre système solaire, il se peut qu'elle existe au-delà, dans notre galaxie ou dans une autre, quelque part dans l'Univers. Compte tenu des probabilités cosmiques, il peut y avoir – quelque part en dehors de la Voie lactée – des millions de planètes avec de l'eau et assez éloignées de leur soleil pour bénéficier d'une température convenable ; on y trouve peut-être des volcans en activité qui auraient pu déclencher la chaîne de réactions chimiques aboutissant à la vie, et sur une durée assez longue pour qu'une seule et simple cellule ait pu évoluer jusqu'à donner une population d'êtres intelligents.

Des millions de chances de compagnie ! Déjà les savants travaillent sur des antennes, des récepteurs et des fréquences radio pour communiquer au-delà de notre système solaire. Sans doute une information voyageant à la vitesse de la lumière mettrait-elle plusieurs siècles avant d'atteindre un destinataire. Il faudrait encore un chapelet de siècles pour que les réponses puissent nous parvenir à travers l'espace. Nous pouvons envoyer le message : « Salut, là-bas ! Vous nous entendez ? », et peut-être, dans deux mille ans, notre postérité, les survivants de la vingt-sixième guerre mondiale recevront-ils enfin une réponse de créatures extraterrestres et la décoderont-ils pour lire : « Bien reçu. Qui êtes-vous ? »

Nous savons que la vie exige la rare et précise combinaison d'hydrogène et d'oxygène sous forme liquide. Afin de rechercher la vie, nous avons ainsi obstinément – et naïvement –

fouillé l'infini pour trouver de l'eau. Nous ne serions pas si ignorants ni si aveugles si nous cherchions simplement l'eau – l'eau de la terre – nécessaire pour vivre. Cela me rappelle un dicton que ma mère me citait quand j'étais petit. Me voyant chercher quelque objet que j'avais sous le nez, elle me serrait dans ses bras en disant : « Tu n'arriverais même pas à trouver de l'eau dans la rivière. » Obsédé par l'improbable, nous sommes restés aveugles à l'évidence. Nous cherchons de l'eau sur de lointaines planètes desséchées, mais nous négligeons celle qui coule à nos pieds. Nous nous berçons de l'espoir qu'une forme avancée de vie existe peut-être dans des contrées de légende à des années-lumière de nous, mais nous refusons de voir qu'elle existe tout à côté de nous. Les rivières et les mers de notre propre planète abritent des baleines et des dauphins – les cétacés –, des créatures si douées, si complexe, possédant des talents si variés qu'il semble superflu d'en rechercher l'équivalent dans le cosmos.

Nous ne pouvons pas avoir la certitude que ces animaux si évolués pourraient être pour nous des compagnons : nous savons très peu de chose sur eux, pour les avoir étudiés surtout en captivité plutôt que dans l'océan où ils déploient toute la gamme de leurs capacités. Pourtant, nous sommes seuls dans l'univers, condamnés sur terre à la solitude. Les baleines et les dauphins nous offrent peut-être le seul moyen d'évasion dont nous puissions disposer.

Ce n'est que récemment que nous avons découvert de petits indices susceptibles d'expliquer la suprématie des cétacés. Le secret de leur pouvoir tient à l'odyssée de l'évolution qui les a conduits de la mer jusqu'à la terre pour les faire revenir à la mer. Quand leurs ancêtres reptiliens ont commencé par se traîner hors de l'océan et sur les rochers, ils n'avaient plus la poussée de l'eau pour les soutenir, et il leur fallait des forces et un courage nouveaux pour lutter contre la pesante attraction de la gravité terrestre. L'évolution trouva une réponse : du sang chaud. Avec des températures centrales plus élevées, le rendement des moteurs à combustion interne de l'animal s'est amélioré : la vie animale sur terre explosait d'un pouvoir tout neuf.

Après des millions d'années passées à s'adapter à la terre, certaines de ces puissantes bêtes ont regagné l'eau pour des raisons que personne ne connaît avec certitude. Là, elles ont retrouvé la quasi-apesanteur du monde aquatique ; et le surcroît d'énergie qu'elles avaient développé pour échapper à la gravité sur terre s'est révélé superflu quand, dans la mer, elles se sont trouvés libérées de la pesanteur. Dans un domaine peuplé, à part elles, de créatures à sang froid, la vitalité que leur conféra leur sang chaud les a rendues inattaquables.

Aujourd'hui, les cétacés demeurent les héritiers royaux de l'évolution. Comme ils sont retournés à la mer plus tôt que les autres mammifères marins – les phoques, les lions de mer, les otaries, les lamantins –, ils se sont mieux adaptés : les os des pattes en forme de main sont maintenant enveloppés de palmes, et ce qui leur reste d'os des jambes demeure suspendu dans la chair de l'arrière-train, détaché du squelette, fantôme inutile de membres faits pour la terre et absorbés maintenant dans des corps dessinés pour évoluer dans l'eau. Même un poisson aussi rapide que le marlin ne peut espérer l'emporter dans une course prolongée avec une orque ; même un poisson aussi robuste que le requin attend timidement que le dauphin ait terminé son repas et laissé quelques miettes. Avec leur agilité et leur force, les cétacés ont tôt fait d'apaiser leur vorace appétit et passent le reste de leurs loisirs en impressionnantes démonstrations de vitesse, de force et de ruse. Car, quelque cinquante millions d'années avant qu'une créature simiesque capable de se tenir debout ait pris le titre d' *Homo erectus* – l'homme primitif –, ces patriarches de la mer développaient, raffinaient et perfectionnaient leurs prodigieux talents.

La question la plus lancinante pour ceux qui ont considéré les cétacés comme des compagnons possibles concerne le point jusqu'auquel leur évolution complexe a développé leur intelligence. Les humains ne veulent pas se contenter d'une simple compagnie : ils veulent une compagnie intelligente. Cette préoccupation cependant est réellement dénuée de sens et sans raison d'être.

Qu'est-ce après tout que l'intelligence ? L'étymologie définit ce terme comme étant simplement la capacité générale de comprendre. Avec notre égocentrisme prétentieux, nous nous sommes approprié le mot *intelligence* pour ne caractériser que les facultés humaines. Appliquer à quelqu'un l'« étiquette » d'intelligent a commencé avec les méthodes d'éducation chinoises, qui ont donné la hiérarchie mandarine. Ceux qui obtenaient les meilleures notes étaient déclarés les plus intelligents, et c'est à eux qu'on confiait le pouvoir politique. Cette structure sociale purement scolaire a infiltré le monde occidental moderne, même si l'accumulation des diplômes n'a que bien peu à faire avec la créativité. Les psychologues ont fini par se sentir contraints de libérer l'« intellect » de l'érudition et ils ont mis au point le test du QI. Le test lui-même a préparé le terrain à la parodie actuelle de l'« intelligence ». On mesure aujourd'hui à la même aune des gens passés par des milieux culturels ou des systèmes d'éducation différents, effaçant ainsi la prodigieuse diversité des esprits humains.

L'échec des efforts tentés pour standardiser des personnalités qui resteront à jamais incomparables ne sert qu'à démonter que nous ne savons pas ce qu'est l'intelligence. Les diplômes avec mention et les tests de QI sont à peu près aussi significatifs que la possession d'une Ferrari ou d'une Porsche : ces dernières sont des mesures visibles de l'argent dépensé, les premiers sont des mesures visibles de la connaissance acquise – mais pas nécessairement de la sagesse ou de l'intelligence.

En dernière analyse, est-ce vraiment l'intellect après tout qui donne à l'être humain une place à part ? Les signes tangibles que nous choisissons pour indiquer l'intelligence – la technologie, les livres, les émissions de radio et de télévision – témoignent autant des réussites manuelles de l'homme que de ses réussites intellectuelles : c'est avec ses mains qu'il a conçu des outils et gardé la trace de découvertes pour ses descendants, édifiant une échelle de valeurs culturelles sur laquelle chaque génération s'est élevée au-dessus de celles qui l'ont précédée.

Une grande part de ce que nous attribuons à l' « intellect » est en fait le produit de la société. Un enfant humain ayant grandi à l'état sauvage devient à peu près aussi « intelligent » que les animaux qui l'ont adopté. Le potentiel d'intelligence d'un individu se réalise de façon directement proportionnelle à la société dans laquelle il est élevé. Plus ses structures sociales sont complexes, plus la société est élaborée, plus l'évolution mentale d'un animal est poussée.

De toute évidence, il manque aux cétacés les mains grâce auxquelles les humains ont noté des idées et bâti leurs rêves. Mais le fait qu'ils n'aient ni édifices ni livres d'histoire a moins d'importance pour le poids de notre solitude que leur capacité de communication. Longtemps avant de savoir écrire, l'homme primitif se fondait sur la tradition orale pour transmettre l'information de génération en génération. On a récité pendant deux cents ans les épopées d'Homère avant de les coucher par écrit. Il est tentant de rêver que certains cétacés ont leur propre tradition orale. Leur évolution dure depuis des milliers de millénaires de plus que celle de la famille humaine. Ont-ils eux aussi développé des structures sociales sophistiquées et un comportement associatif? Peuvent-ils élargir leur propre expérience en utilisant les leçons des générations précédentes ? Peuvent-ils communiquer avec leurs congénères ? Pourraient-ils communiquer avec nous, ou nous avec eux ? Et surtout : sont-ils avides de camaraderie ? Privés de compagnons, sont-ils privés d'une nécessité vitale ? Et, si l'on peut nous persuader du besoin de nous allier à eux, pourraient-ils jamais ressentir la nécessité de se joindre à nous ou y être poussés par le besoin ?

Contrairement à des créatures à sang froid plus avancées, dont la maternité commence et s'achève avec la ponte de centaines d'œufs, les mammifères marins n'engendrent que peu de descendants – souvent un seul petit par grossesse – et consacrent leur temps et leur attention à les élever. Les cétacés pourtant sont connus parmi les mammifères marins – et cela les distingue aussi de la plupart des mammifères terrestres – non seulement pour l'affection apparente qu'ils prodiguent à leur progéniture, mais pour le temps qu'ils consacrent à sa formation. Un lionceau ne reste avec sa mère que moins d'un an : même si personne encore ne sait combien de temps exactement le jeune dauphin passe avec sa bande, on estime que pendant au moins trois ou quatre ans il dépend de ses aînés. Voilà qui dépasse le simple devoir des parents : il s'agit de donner aux jeunes un apprentissage, de leur inculquer l'esprit de meute. Alors que les renards et les ours abandonnent leur progéniture lorsqu'ils s'en vont chasser, les dauphins emmènent leurs petits avec eux, leur permettant ainsi d'exercer leurs talents et d'acquérir habileté et ruse pour capturer une proie. C'est la chasse en fait qui a élevé les cétacés à dents – cachalots, orques, baleines pilotes, dauphins et marsouins – au-dessus même des baleines à fanons, ce qui souligne les avantages dont bénéficient dans l'évolution les carnivores sur les végétariens. Il ne faut guère de talent à une baleine à fanons pour ouvrir sa gueule et filtrer dans l'eau les minuscules particules alimentaires ; mais traquer une proie dans l'immensité de l'océan est une entreprise compliquée et astreignante. Les cétacés à dents et les dauphins, en chassant ensemble avec leur unité familiale, ont mis au point des structures sociales plus élaborées.

C'est chez l'orque que le lien social entre les familles est le plus évident. À la tête d'une petite bande pouvant aller de quelques individus à une cinquantaine de bêtes, un mâle dominant, sa nageoire dorsale dressée au-dessus de la surface comme un étendard tribal, entraîne son harem de femelles et toute sa progéniture âgée de moins de trois ans. À un moment de sa vie, un jeune mâle l'emportera sur son père, s'emparant du pouvoir familial par le parricide. Ce qui n'empêche pas la bande, en attendant, d'opérer en parfait synchronisme. On compare souvent ces bandes à des meutes, en raison de la complicité inventive dont elles font preuve pour chasser le gibier. Elles exécutent avec une précision d'horloge les manœuvres de meute et se répartissent les tâches lors de l'assaut. On a vu des orques ainsi guidées capturer une proie à proximité d'une plage, puis la renvoyer le long d'une chaîne d'orques jusqu'au moment où elle parvient au petit affamé ou à la femelle qui attend au large.

Si les mammifères marins constituent des unités familiales, cela ne permet pas d'affirmer qu'ils peuvent avoir entre eux des relations sophistiquées. Après tout, les abeilles et les fourmis vivent au sein de sociétés fortement organisées. Les biologistes marins s'empresseraient de souligner une caractéristique qui une fois de plus distingue des autres les cétacés à dents. Ces animaux ont un cerveau remarquable : on a même comparé leur système nerveux au nôtre. Certaines mesures fondamentales du tissu cérébral viennent d'ailleurs renforcer cette ressemblance. Si l'on déduit chez le dauphin le poids de la graisse, la proportion entre le poids du cerveau et le poids du corps est légèrement plus grande que chez l'homme. Le cortex cérébral de l'orque – le cortex cérébral est le centre chez l'homme du langage, de la raison et de la perception – constitue une grande partie du poids total de son cerveau, et on peut d'ailleurs le comparer au cortex humain. Le tissu néocortical du dauphin est même plus compliqué que celui de l'homme.

Il faut le dire, tout cela semble bien compliqué, non seulement pour le profane mais pour le spécialiste. Les sciences du cerveau, même si elles ont fait de remarquables progrès ces dernières années, manquent de précision quand on les applique aux humains et n'ont certainement pas encore atteint le point où l'on peut faire des comparaisons entre espèces. Une conclusion toutefois semble s'imposer : il est peu probable que des mammifères, dont le sang chaud exige déjà des quantités importantes de nourriture et d'oxygène, aient développé un cerveau complexe et consommant autant de calories sans qu'il ait une fonction.

En fait, selon certains biologistes marins, le développement du cerveau du cétacé serait peut être consacré davantage au décodage des signaux sonores qu'au raisonnement abstrait. Il me semble douteux que l'envoi et l'interprétation de sonogrammes puissent exclure la pensée. De fait, les cétacés à dents sont doués non seulement d'un sonar mais aussi d'une faculté de communication : ces deux capacités réunies permettent une chasse en groupe plus efficace, une organisation sociale plus avancée et peut-être la pensée : autant de qualités qui désigneraient ces animaux comme des partenaires éventuels.

La variété et la précision des vocalisations chez le cétacé sont incontestablement remarquables. Dans la mer, où les turbulences viennent s'ajouter aux distorsions visuelles provoquées par l'eau, les cétacés complètent leur vision grâce au son. L'eau porte le bruit plus efficacement que l'air ; et les dauphins, ainsi que certaines baleines, ont acquis un don extraordinaire de « voir » grâce à un sonar. Leur faculté bien connue de repérer par échos – qu'on affirme être plus précise que le radar – fonctionne grâce aux cliquetis qu'ils émettent peut-être depuis leurs fosses nasales. En émettant ce son dans la direction désirée et en écoutant les échos, les animaux sont capables de localiser des objets, de distinguer des formes et de balayer le relief du fond.

Nous avons découvert, à notre grande surprise, que certains cétacés utilisent leur sonar non pas pour simplement repérer mais pour identifier une cible. Nous avons distribué du poisson à un groupe d'orques nageant sous l'eau bien au-delà de leur champ de visibilité. Chaque fois que nous avons lancé un saumon, un des aliments préférés de l'orque, elles se sont précipitées pour s'en emparer. Mais quand nous avons jeté un petit brochet, elles ont constamment dédaigné notre offre.

Parmi les bancs de boue de Caroline du Sud, nous avons filmé un exemple encore plus perfectionné de repérage par écho. Les dauphins, pour attraper leur nourriture, utilisaient en commun un certain nombre des talents qui leur sont propres : coopération sociale, acuité mentale, cliquètements de sonar et autres méthodes.

En naviguant dans les bras où ils évoluent, nous avons vu des dauphins sauter hors de l'eau et bondir sur les rivages en pente douce des bancs de boue. Après quelques secondes, ils se laissaient glisser jusqu'au bras de mer. En général, les cétacés attrapent leur pâture grâce à un relais œil-oreille. Ils écoutent les cliquètements qui résonnent dans leur tête jusqu'à la dernière minute, jusqu'au moment où la proie est si proche que – comme avec n'importe quel sonar – les échos qui se mélangent ne sont plus lisibles. À cet instant capital, les animaux se fient alors de nouveau à leurs yeux et s'emparent de leur proie. Dans les eaux troubles des bancs de boue, la vision était impossible : le relais ne fonctionnait pas. Alors plusieurs dauphins coopéraient, utilisant les cliquètements pour repérer et cerner un groupe de poissons. Un dauphin émettait un sifflement pour alerter les autres, et tous chargeaient à la fois, poussant leur proie en direction du rivage. Les poissons débordaient de la rivière sur les bancs de sable comme des fruits déversés par une corne d'abondance : échoués sur le sol, incapables de s'échapper, ils étaient happés l'un après l'autre par les dauphins qui se tortillaient sur les bancs de boue. Si les poissons s'étaient rassemblés dans l'eau près d'un banc jonché de coquilles d'huîtres acérées comme des rasoirs – un danger redoutable pour la peau fragile des dauphins qui sautaient en l'air et retombaient lourdement sur le sol –, ceux-ci se contentaient d'agiter les eaux avec leur queue pour faire fuir le fretin encerclé vers des pentes boueuses plus lisses.

Si raffiné que puisse être le système d'écho-repérage par cliquètements, un système supplémentaire est nécessaire au sein d'une société évoluée afin d'échanger des renseignements utiles. Pour communiquer des pensées, on a besoin d'un langage aux modèles vocaux bien définis. Si notre langage s'articule en mots, les cétacés peuvent moduler une autre forme de langage reposant sur un large registre de sifflements. Orques et dauphins ont tous leur sifflement personnel et, à ce qu'on affirme, ils possèdent un si vaste répertoire de sons que les bruits qu'ils peuvent émettre dépassent le nombre des mots utilisés dans les tragédies de Shakespeare. Il est impossible, à ce stade de notre expérience humaine bien fragmentaire, de savoir si *tous* ces sons servent à communiquer – autrement dit s'ils influencent le comportement animal. Nous avons pourtant la certitude que c'est le cas pour certains d'entre eux. Les cétacés eux-mêmes nous proposent de séduisants indices concernant la nature de leurs intentions : des experts aussi reconnus que Roger Pain aux États-Unis et René Busnel en France les ont étudiés. À bord de la *Calypso*, nous sommes souvent tentés de croire que nous écoutons un langage quand nous enregistrons les dauphins et les baleines.

Un jour où nous étions en train d'étudier les cachalots, ceux-ci nous semblèrent non seulement siffloter dans le vent, mais bel et bien utiliser les sons qu'ils émettaient pour un véritable échange de messages. Nous voulions explorer leurs possibilités de plongée : ces gigantesques créatures, comptant parmi les animaux marins qui plongent le plus profondément, sont capables de retenir leur respiration pendant parfois deux heures. Nous réussîmes à fixer dans la graisse de l'un d'eux un petit harpon court, mais solide : l'engin était conçu pour bien tenir en place sans causer ni douleur ni blessure. Il était fixé à une longue ligne au bout de laquelle nous avions attaché un ballon effilé. Étant donné la longueur de la ligne et la feuille d'aluminium fixée au ballon, nous pouvions tout à la fois estimer la profondeur à laquelle le cachalot plongeait et le suivre, en maintenant notre radar braqué sur la plaque d'aluminium.

Toute la journée, les autres animaux du troupeau restèrent à une distance d'environ trois milles. La mer retentissait des appels de notre cachalot et des réponses de ses congénères. Pendant tout l'après-midi, la soirée et la nuit, ces échanges de cris se poursuivirent. Puis, quelques heures avant le lever du jour, au moment où la visibilité était le plus mauvaise, quelques-uns des plus grands cachalots se mirent à quitter le troupeau pour approcher du navire. Les cris de l'animal harponné s'accentuèrent. Il y eut un bouillonnement à la surface : quelques instants plus tard, notre cachalot était libre. Il nous semblait inconcevable que les cachalots eussent bel et bien réussi à arracher le harpon : nous en fûmes pourtant presque persuadés quand, plus tard, un autre troupeau de cachalots répéta presque exactement la manœuvre.

Je fus témoin d'une remarquable démonstration de communication chez les cétacés en observant de la cabine d'un hélicoptère la réaction d'orques aux manœuvres de la

Calypso. Le mâle de tête était prêt à risquer sa vie : il attirait notre navire vers lui tandis que sa famille plongeait et disparaissait. Grâce à notre hydrophone, nous entendions ses sifflements qui semblaient guider sa petite tribu vers un lieu sûr. Au bout d'un moment, il plongeait à son tour et, en scrutant la mer du haut de mon hélicoptère, je le retrouvai auprès de sa meute à quelques milles de là. La scène se répéta toute la journée. J'amenai la *Calypso* à un nouvel emplacement : le groupe répétait son numéro de disparition, et l'orque de tête, après s'être efforcée de brouiller les pistes pour le navire, retrouvait immanquablement sa famille.

L'idée que des sifflements puissent constituer un langage complet et permettant de s'exprimer n'est pas totalement étrangère à l'imagination humaine. Si c'est une absurde perte de temps que d'envisager le langage des cétacés en termes de vocables humains, il est intéressant d'examiner la communication entre humains dans le contexte du comportement animal. Sur les pentes volcaniques des îles Canaries, les habitants qui veulent communiquer avec des amis éparpillés sur les flancs abrupts et dans de lointaines vallées n'ont ni l'énergie de monter et de descendre ces escarpements, ni une voix assez puissante pour lancer des phrases qui se perdraient dans le vent. Le docteur Busnel a étudié leur langage sifflé – non pas un code, mais un véritable langage – composé de cris semblables à ceux des oiseaux, et portant jusqu'à dix kilomètres. Dans un village de l'une de ces îles, nous avons enregistré un homme tandis qu'il transmettait – par l'intermédiaire d'un ami dans les collines – un message destiné à sa femme dans une vallée encaissée, lui demandant de rapporter une miche de pain à la maison.

Ce qu'il y a de plus fascinant, c'est que Busnel a établi que les sifflements de ce langage sont modulés dans la même gamme que les cris des dauphins.

Les capacités du cerveau, la faculté de communiquer et l'organisation sociale ne suffiraient cependant pas à faire d'eux des compagnons si nos partenaires éventuels ne ressentaient pas eux-mêmes le besoin de compagnie. C'est ici qu'intervient le signe le plus encourageant : la plupart des cétacés recherchent apparemment la camaraderie.

C'est un spectacle courant, en pleine mer, que de rencontrer un millier de dauphins exubérants, sautant, bondissant et tournoyant dans l'air. Ils semblent rechercher le contact. Ils nagent, sautent et plongent à l'unisson comme dans un ballet, leurs corps se frôlant, leurs nageoires se touchant : ils semblent même parfois chercher à se rapprocher les uns des autres. Comme leur respiration n'est pas commandée par un réflexe – ils doivent prendre la décision consciente de respirer –, ils soulèvent jusqu'à la surface les dauphins blessés et affaiblis pour les aider à aspirer de l'air. En vérité, la compagnie pour eux semble aussi vitale que l'oxygène.

Mais comment les cétacés réagissent-ils à la présence de l'homme ? De chacune de nos rencontres avec eux, nous avons rapporté des réactions mêlées : nous nous sommes trouvés impressionnés par leurs dimensions, reconnaissants et même un peu surpris de leur douceur. Un rhinocéros ou un éléphant en colère n'hésitent pas à charger un humain qui vient les déranger : c'est là une attitude bien éloignée du comportement habituel du cétacé. Alors que notre Zodiac, un jour, bourdonnait en agitant frénétiquement l'eau au-dessus d'un groupe de baleines à bosse, une baleine femelle jaillit de la mer pour fixer du regard – droit dans les yeux – nos hommes avant de replonger. De même des baleines franches – dont l'aspect même vous incite à l'humilité, car elles ont à peu près la taille d'un remorqueur de haute mer – sont restées pratiquement immobiles tandis que nous nous affairions autour d'elles avec nos caméras. Seuls leurs yeux gigantesques – gros comme des oranges – tournaient de temps en temps pour nous lancer un regard. Mon fils Philippe se trouva ainsi par inadvertance sur la route d'une baleine : s'écarter de son chemin aurait été à peu près comme tenter d'éviter une avalanche en train de déferler sur lui. Même sur le film que nous avons tourné de l'incident, il apparaît qu'elle a délibérément soulevé ses gigantesques nageoires pour éviter de heurter la créature humaine se trouvant devant elle. Nous eûmes une assez bonne idée de la force dont elle était dotée quand les turbulences provoquées par ses nageoires firent culbuter Philippe dans la mer.

Lorsque ces animaux géants nous laissent jouer à côté d'eux, font-ils montre de douceur, ou bien ne sommes-nous que des mouches humaines, bourdonnant autour du nez de Gargantua ? Quand ils viennent se frotter contre nos canots de caoutchouc, est-ce une marque d'affection... ou bien se grattent-ils, tout simplement ? Quand ils écartent leurs nageoires d'un être humain, s'abstiennent-ils de l'écraser ou bien veulent-ils éviter un choc à leur peau sensible ?

Il est plus que probable que, dans tous les cas, la seconde hypothèse soit plus vraisemblable que le rêve de la première. À chaque fois pourtant que j'ai regardé des dauphins depuis la chambre d'observation sous-marine de la *Calypso* – où il est difficile de ne pas songer au *Nautilus* du capitaine Nemo –, j'ai eu la certitude qu'ils s'efforçaient d'établir et de garder avec moi un contact visuel.

Les vieux contes – et, qui sait, peut-être l'Histoire – regorgent d'évocations de contacts plus précis encore entre des mammifères marins et l'homme. Les Grecs étaient si impressionnés par la noblesse et l'affection visible que leur portaient les dauphins qu'ils ont fait de cette créature le héros d'un de leurs mythes les plus importants. C'est un dauphin, disaient-ils, qui a sauvé le fils d'Ulysse ; ils furent persuadés que leur oracle s'installait sur les collines dominant le golfe de Corinthe quand Apollon – le dieu redouté des autres dieux – prit la forme d'un dauphin, sauta hors de l'eau à bord d'un navire crétois et obligea l'équipage à l'emmener jusqu'au mont Parnasse, où il donna à son sanctuaire le nom de l'animal dont il avait pris la forme : Delphes, le dauphin. Voilà deux mille ans, Plutarque a décrit le dauphin comme « la seule créature qui porte à l'homme un amour désintéressé ».

Que le mythe soit un reflet de la vie – que les dauphins aient effectivement noué des liens avec les hommes – s'est révélé être une vérité dans le monde moderne. Un des gestes d'amitié les plus extraordinaires que nous ayons observés fut celui d'un dauphin nageant dans les eaux au large de Lorbes, près de La Corogne, dans le nord-ouest de l'Espagne. Nous avions entendu dire qu'un dauphin de la région s'était lié d'amitié avec un plongeur du nom de Luis Salleres, qui avait pour métier de ramasser des moules dans l'océan. Quand nous arrivâmes, nous plongeâmes dans le secteur où travaillait Luis. D'énormes chaînes pendaient, chargées de leurs récoltes marines, et montaient jusqu'à des bouées de surface comme des arbres dans une forêt enchantée. Salleres ramassait des moules sur les chaînes quand le dauphin Mina apparut dans l'eau verte auprès de lui. Tout comme le premier jour où Luis l'avait vu – et comme chaque jour ensuite –, il tendit la main pour caresser l'animal, et elle vint se blottir plus près de lui.

Les habitants de La Corogne entendirent parler de Mina, et bientôt toute l'Espagne. Des milliers de touristes affluèrent sur la petite plage du village : les eaux grouillaient de baigneurs avides de toucher sa peau sensible, de lui tirer la queue. Mina néanmoins s'empressait de revenir semaine après semaine : reprenant le mythe à son compte, elle offrait des promenades à des enfants turbulents qui se hissaient sur son dos souple et doux. Le conseil municipal fit ériger une statue de Mina pour symboliser le lien entre l'homme et le mammifère marin.

Pourquoi Mina était-elle venue à La Corogne ? Peut-être sa famille l'avait-elle bannie ; peut-être une caresse humaine était-elle le remède dont elle avait désespérément besoin pour dissiper sa solitude. Mais, là encore, peut-être elle et les villageois n'avaient-ils fait que redécouvrir des plaisirs oubliés depuis longtemps, quand les Grecs avaient emporté dans leurs tombes leurs récits d'amitié avec les dauphins – et le secret de ces liens.

Les Anciens décrivaient les dauphins comme des compagnons, mais ils évoquaient aussi leur rôle d'aides. Voilà près de deux mille ans, Pline l'Ancien parlait d'un rivage où les hommes n'avaient qu'à psalmodier le nom de *Simon* – le mot qui veut dire « dauphin » – pour que la silhouette luisante des animaux jaillisse à proximité de la rive, poussant des bancs de poissons dans les filets des pêcheurs locaux : ceux-ci partageaient leur butin avec ces cohortes de mammifères marins et leur offraient ensuite des pains trempés dans du vin.

Même sous la plume d'un naturaliste grec de l'Antiquité, ce récit paraît invraisemblable : nous avons pourtant vu pareil épisode se dérouler sous nos yeux quand nous avons rendu visite aux indigènes Imragen, en Mauritanie.

Tous les ans, nous avait-on raconté, les dauphins aidaient la tribu à attraper leur réserve annuelle de mulets, mais, quand nous débarquâmes sur les sables d'un blanc éblouissant des plages de Mauritanie, il n'y en avait pas un en vue. Les indigènes se mirent à agiter en mesure leurs lourdes massues dans l'espoir de les attirer. Là-dessus, Falco et le cinéaste Yves Omer virent poindre à l'horizon la nageoire dorsale de l'orque, l'ennemi mortel du dauphin. Les deux hommes se précipitèrent à bord de leur Zodiac pour éloigner l'orque, et l'on aurait dit qu'ils avaient comme par magie évoqué Pline : peu après, les eaux se mirent à grouiller de dauphins qui s'agitaient, poussant les mulets à coups de nageoires. Les Imragens bondissaient dans l'écume, en halant leurs filets gonflés pour ramener sur le sable une récolte de poissons bien plus abondante qu'ils n'auraient jamais pu en obtenir seuls.

Nul ne peut affirmer avec certitude si les dauphins cherchaient réellement à aider la tribu ou s'ils se repaissaient simplement d'un festin. L'eau était trouble : Omer, qui filmait la mêlée sous l'eau, pouvait même entendre les cliquètements d'écho – repérage des dauphins qui se guidaient dans ces tourbillons boueux, se frottant au passage contre ses jambes et se faufilant entre les hommes et les mulets. Sans doute ces animaux avaient-ils le même problème de relais œil-oreille que les dauphins de Caroline du Sud : il se trouvait simplement que leur méthode de pêche impliquait des humains. Ceux qui refuseraient d'admettre ce comportement en affirmant que les dauphins ne font là que « se servir » de l'homme pour se nourrir doivent reconnaître que l'homme utilise les dauphins exactement pour la même raison. Parler de coopération mutuelle semble une vérité plus significative que l'exploitation réciproque que l'on invoque parfois avec désinvolture.

Les humains ont tenté de développer cette coopération en dressant les cétacés. C'est un pas dans la mauvaise direction : il existe en effet une énorme différence entre un dauphin qui coopère librement avec un humain et un dauphin à qui on impose d'obéir à des ordres. Nous avons pourtant vu une seule fois l'exemple d'un dauphin qui combinait les deux mondes : il recevait des ordres... mais parce qu'il le voulait bien.

Au début des années soixante-dix, une équipe de la *Calypso* se rendit en avion jusqu'aux Keys de Floride pour rencontrer Jean Asbury et sa famille qui possédait une propriété au bord d'un des nombreux chenaux de la région. Un dauphin femelle avait, on ne sait comment, réussi à pénétrer dans l'un de ces chenaux et avait adopté la famille : elle demandait qu'on s'occupe d'elle en pleurant chaque matin au bord du bassin, ne se calmant que quand Jean venait la caresser et la dorloter. L'animal se faisait alors un plaisir d'exécuter pour les enfants Asbury et leurs amis son répertoire de superbes tours.

Les Asbury ne tardèrent pas à découvrir que le dauphin qu'ils avaient baptisé Dolly était une dame au long passé. Elle avait été dressée par la Marine américaine, et une grande partie de son histoire était classée top secret. Ses anciens dresseurs expliquèrent qu'ils lui avaient appris, entre autres, à patrouiller les chantiers de constructions navales à la recherche d'hommes-grenouilles ennemis. Dolly apparut bientôt aux yeux de ses maîtres militaires comme un chef-né : elle apprenait très vite, disaient-ils, les tâches qu'on lui confiait et n'hésitait pas à réprimander sévèrement les autres dauphins quand ils commettaient des erreurs. Mais quand on changea le programme de Dolly pour lui remettre une mission dans laquelle elle était privée de nourriture, elle se lança tout simplement dans des expéditions personnelles de pêche. Pour la punir, on l'enferma près d'un an et on finit par démobiliser cette recrue incorrigible. Cinq jours plus tard et à cinquante milles de là, Dolly apparut chez les Asbury.

Le comportement de Dolly révélait manifestement l'entraînement secret qu'elle avait suivi pour repérer les hommes-grenouilles. Elle ne cessait de ramener jusqu'au quai nos plongeurs qui tentaient de la filmer sous l'eau. Elle accomplissait des tours où l'on retrouvait la marque dénuée d'imagination du dressage humain : elle pouvait retrouver et rapporter des poignées de pièces de monnaie du fond boueux des chenaux, aller chercher des anneaux en plastique et les passer à un crochet fixé à la jetée, distribuer d'innombrables baisers. Il y avait pourtant un autre aspect chez Dolly qui trahissait son héritage sauvage et sa crainte de la solitude. Elle semblait ravie quand elle filait le long du Zodiac des Asbury, jouant à elle toute seule le rôle des bandes qui escortent des navires en mer. Quand l'embarcation approchait de l'extrémité des canaux où une bouée se dressait comme un panneau indiquant le grand large, Dolly refusait de nager un centimètre de plus, malgré les supplications de Jean, de ses enfants ou de nous. Parfois, même, elle faisait demi-tour et rentrait seule à la maison. Peut-être craignait-elle que nous cherchions à nous débarrasser d'elle : elle ne voulait manifestement pas quitter ses amis humains. Elle était avide de contacts et surtout de la présence et l'approbation de Jean. C'était un animal qui avait un besoin désespéré de compagnie. Même si ses tours évoquaient les spectacles auxquels on peut assister en achetant son billet pour le Moulin-Rouge, Dolly était différente. Ses numéros étaient un cadeau qu'elle faisait de son plein gré. Elle avait une double liberté : elle était libre de partir et libre de rester.

Des histoires comme celles de Mina et de Dolly forcent l'émotion. Toutefois, au moment où les observateurs humains sont sur le point de céder aux charmes du cétacé tout prêts à les adopter comme compagnons, alors que la camaraderie allait soigneusement et précisément s'établir sur des bases rationnelles, voilà que toute l'argumentation bute sur d'indéniables contradictions. On a salué comme un comportement altruiste cette habitude qu'a le dauphin de se précipiter à l'aide des malades ou de leurs blessés, de les soulever jusqu'à la surface pour qu'ils puissent respirer ; on en a même parfois vu soutenir dans l'eau des humains blessés ou épuisés. Mais ce postulat semble s'écrouler chaque fois qu'on voit un dauphin faire flotter un poisson mort ou soutenir soigneusement à la surface de l'eau les bûches détrempées.

De même, nombre de ceux qui se sont pris d'affection pour des dauphins sont touchés par le refus apparent de ces animaux de rejoindre leurs congénères. Ils s'imaginent que des créatures comme Mina et Dolly ont abandonné leur troupe et « choisi » de rester avec leurs nouveaux amis humains. Hélas, l'orgueil que les humains éprouvent à se voir ainsi l'objet d'une telle affection s'envole rapidement quand ils se rendent compte que, contrairement aux baleines, qui attendent tout membre du troupeau retenu en captivité, les bandes de dauphins poursuivent leur chemin. D'autres groupes refusent d'accepter les traînards qui, pour une raison ou pour une autre, se sont trouvés séparés de leur famille ou, pis encore, en ont été chassés. Quand les dauphins ont l'air de « jouer » avec des bandes de passage avant de revenir auprès des humains, il se pourrait que – brutale réalité de la nature – les animaux ne jouent absolument pas, mais qu'à coups de tête, ou de museau, la bande repousse les étrangers.

Une des énigmes qui ont laissé le plus perplexes les observateurs de cétacés, c'est que ces animaux puissants, rapides et rusés sont manifestement incapables d'utiliser leurs dons dans des situations dangereuses qu'ils ne rencontrent pas dans la nature. Du haut du pont de la *Calypso*, j'ai été surpris par le spectacle de milliers de dauphins bondissant en mesure jusqu'à près de cinq mètres au-dessus de l'eau. Quand Dolly filait auprès du Zodiac, elle sautait bien au-dessus de nos têtes. Les dauphins que nous gardons un moment prisonniers, pour les examiner rapidement, dans notre piscine marine en filet, devraient donc pouvoir facilement sauter pardessus les bouées flottantes. Pourtant, ils n'essaient jamais de s'évader.

Cette capitulation immédiate met les pêcheurs de thons face à un dilemme frustrant : un véritable scandale de l'avis de ceux qui veulent préserver les animaux. Les thons nagent fréquemment sous les bandes de dauphins, comptant peut-être sur l'habileté de ceux-ci à trouver une pâture, à éloigner les requins ou cédant à quelque autre attrait inconnu de la vie sauvage. Les pêcheurs entreprenants ont constaté qu'ils peuvent attraper d'énormes quantité de thons en se contentant de repérer les bandes de dauphins, en les entourant avec des « filets tournants », puis en halant simplement les filets qui se sont refermés pour capturer les thons en dessous. Si athlétiques qu'ils soient, les dauphins ne sautent pas par-dessus les bords des filets : même quand les pêcheurs font reculer leurs bateaux de façon que les mailles s'enfoncent assez profondément dans l'eau pour que les dauphins puissent s'enfuir, les animaux sombrent dans la torpeur et suffoquent dans ces redoutables linceuls à mailles.

En raison des lois sur la protection des mammifères, de nombreux pêcheurs ont conçu diverses méthodes pour libérer les animaux : ils utilisent des filets à mailles fines où les dauphins ne risquent pas de s'empêtrer et emploient même des plongeurs pour aider les animaux à se dégager. Malgré cela, des dizaines de milliers de dauphins meurent encore chaque année quand les caprices des vents et des courants font effondrer les filets. Ces dauphins, ainsi guidés vers la liberté, s'éloignent à toute vitesse : ils manifestent aussitôt leur joie de retrouver l'eau libre en bondissant en l'air et en cabriolant au-dessus de la mer.

Toutes ces apparentes contradictions dans le comportement des cétacés pourraient amener les observateurs à en conclure que ces animaux manquent cruellement d'intelligence. Ce serait là une conclusion incomplète. Ce qui importe surtout, c'est que ces animaux sont dotés d'une intelligence qui leur est propre, adaptée à la vie sauvage et qui ne peut s'adapter aux interventions humaines, aux machines humaines, aux menaces des hommes. Après tout, c'est nous, les humains, qui sommes déconcertés. Le fait que nous soyons incapables de les comprendre ne plaide pas en faveur du manque d'intuition ou d'intelligence chez les dauphins, mais plutôt chez nous...

Les habitudes quotidiennes des orques sont également tout à fait déconcertantes pour les êtres humains. D'un côté, on les tient pour les plus redoutables adversaires qu'on puisse rencontrer en mer : à part l'homme, elles sont, dit-on, les seules ennemies des autres cétacés. Munies de cinquante dents coniques qui s'entrecroisent quand leur mâchoire se referme pour découper d'énormes morceaux de chair, les orques font non seulement leur proie de gros poissons, mais s'octroient parfois de sanglants festins de lions de mer et de dauphins. Les baleiniers parlent d'orques attaquant de puissants cachalots, des baleines à bosse et même des baleines bleues.

Pourtant, l'orque semble tout aussi sympathique dans certaines situations qu'elle peut être redoutable dans d'autres. Au fonds d'une baie au large de Seattle, dans l'État de Washington, nous avons découvert quatre orques qui avaient été isolées de leur troupeau par des marchands qui s'apprêtaient à les vendre à un parc marin. En attendant, ils avaient bloqué les eaux avec des filets et laissé les orques dans un vaste enclos naturel. Nos hommes se glissèrent avec précaution dans la baie, approchèrent des orques et ne tardèrent pas à se trouver câlinés par les puissants « prédateurs » dont le seul sifflement fait se disperser dans l'affolement toutes les créatures marines. Les orques rivalisaient d'ardeur pour attirer l'attention des plongeurs : les seules fois où l'une d'elles montrait ses dents de façon menaçante, c'était quand nos hommes accordaient plus d'intérêt à une orque qu'à une autre. Un soir, Louis Prezlin, un plongeur qui avait un certain talent de guitariste, se mit à pincer les cordes de son instrument près de notre feu de camp, sur la rive de la baie. Il fut bientôt abasourdi de voir surgir de l'eau, devant lui, les quatre têtes des orques venant écouter rêveusement ses berceuses. Et dire qu'il s'agit du monstrueux meurtrier des océans !

Dans certaines eaux, les orques se nourrissent auprès du rorqual de Minke ; dans d'autres, elles le dévorent. Certains appellent l'orque la « baleine tueuse », alors que d'autres disent que le nom n'est qu'une traduction erronée de l'espagnol « tueur de baleines. » Les équipages qui se trouvent en mer trouvent l'orque terrifiante ; les spectateurs qui assistent à leur numéro dans les parcs d'attractions marins les trouvent drôles. Notre anthropomorphisme est inconséquent : nous sommes tout disposés à prêter à ces animaux des caractéristiques humaines quand ils distraient les enfants en exécutant des numéros de cirque, alors qu'en réalité ce sont de puissantes créatures qui n'ont mis leur force de côté que de façon provisoire et imprévisible. Et puis, quand ils s'alimentent pour survivre, nous les qualifions de « tueurs » ; nous refusons de reconnaître qu'ils ne diffèrent pas des humains qui « se jettent » sur un hamburger et dînent de la carcasse ensanglantée d'une vache.

Si nous jugeons les cétacés sur leurs contradictions, nous serions bien avisés d'en faire autant en ce qui nous concerne.

Dès l'instant où nous avons découvert que les cétacés sont capables d'exécuter des tâches complexes, nous les avons utilisés pour des patrouilles militaires. Les seuls mammifères à faire la guerre contre leur propre espèce, les êtres humains, forcent aujourd'hui d'autres animaux à partager leur folie.

Poussés par tout un ensemble de mobiles – moitié par amusement, moitié par peur –, les humains tirent sur les orques à vue, les attaquent à la mitrailleuse, les mutilent à la grenade sous-marine et on en a même vu les utiliser comme cibles d'exercices. Notre espèce explique ces abominables actes de sauvagerie en prétendant que l'orque est une abominable bête sauvage.

Fascinés par l'altière maîtrise des cétacés de haute mer, nous avons systématiquement entrepris des recherches sur les cétacés en captivité. Désireux de nouer des liens avec les animaux, les hommes les ont emprisonnés, les séparant de leur famille, les tirant brutalement hors de l'eau, les enfermant dans des enclos pour les dresser, leur injectant des vitamines et des antibiotiques, les soumettant à des semaines de séances de lavage de cerveau, les contraignant à vivre dans des prisons de béton où les sons qu'ils émettent ricochent sur les murs, et se répercutent en tous sens : et pendant tout ce temps, tirant des conclusions sur le comportement « normal » des cétacés.

C'est une guerre unilatérale que nous avons menée. Contrairement à la lionne qui mettrait en pièces un être humain faisant intrusion sur son territoire, les cétacés ne ripostent pas. Nous combattons et nous occupons le territoire d'animaux qui ne contre-attaquent pas. Les baleines et les dauphins que nous sommes parvenus à connaître, ce sont ceux qui ont été chassés, capturés, terrifiés, blessés ou rejetés par les leurs. Inversement, les seuls compagnons à l'esprit développé que nous pourrions avoir sur la planète ne nous connaissent que par les harpons que les baleiniers plantent dans leur cœur ou par les balles que les pêcheurs tirent dans leurs flancs.

Il faut le reconnaître, étudier les cétacés en liberté est une entreprise formidable. Au royaume des baleines, même notre virtuosité technologique ne nous met pas en brillante posture. Les appareils électroniques fixés à leurs corps nous donnent des informations essentielles, mais d'ordre strictement biologique. Le scaphandre autonome nous permet de pénétrer dans leur royaume : grâce à lui, nous pouvons au moins évoluer et observer librement. Néanmoins, en pleine mer, nous sommes handicapés par le froid, par la pression, par les limites que nous imposent notre vue, notre ouïe et notre vitesse de déplacement. Ceux qui tentent d'observer les animaux avec des sous-marins de poche extrêmement maniables sont frustrés quand les créatures fuient ces machines étrangères. Ceux qui cherchent à attirer les animaux avec de la nourriture découvrent seulement que ces puissantes créatures n'ont que faire de malheureux poissons morts quand elles peuvent sans effort s'octroyer un festin de pâture fraîche. Ceux qui plongent avec ardeur au milieu d'une bande de dauphins en migration sont aussitôt laissés à la traîne. Quand les dauphins filent entre deux eaux, vaquant à leurs affaires, ce n'est assurément pas encore le bon moment pour se mêler à eux.

Nous n'avons pour notre part pas ménagé nos efforts – les ballons, le réservoir en pleine mer, même un échafaudage installé à la proue de la *Calypso* auquel était fixée une caméra braquée vers le navire afin de nous permettre de prendre les rares images de dauphins jouant autour de notre étrave. Pourtant, après toutes ces années, je ne conçois qu'une seule façon de contacter les cétacés : en leur permettant de nous contacter.

Si les humains pouvaient trouver un endroit où les baleines à dents seraient abondantes et relativement sédentaires – susceptibles de rester là pendant de longues périodes et de revenir fréquemment –, on pourrait interdire la pêche et la navigation dans ces zones et en limiter l'accès à de pacifiques plongeurs spécialisés qui vivraient vingt-quatre heures durant dans des habitats sous-marins. Ils passeraient 90 % de leur temps sous l'eau pour rien : mais 10 % pour de fabuleuses découvertes. Je suis convaincu que les créatures marines finiraient par les approcher : par curiosité, et, ce qui est plus important encore, spontanément. Nous apprendrions bien des choses sur la personnalité des cétacés et sur ce qu'ils sont capables de faire dans leur monde à eux.

3

LA GESTION DU RISQUE PERSONNEL

C'est tout à fait par hasard que j'ai découvert le danger mortel du risque inutile. Durant l'été 1952, je n'avais même pas envisagé la possibilité que la tragédie pût frapper mon équipe : j'étais totalement absorbé par notre plus récente découverte. Un ami plongeur s'était un jour vanté devant nous du nombre de homards qu'il avait pris près d'un amoncellement de « vieilles jarres » coulées à une dizaine de milles au large de Marseille. Les mots « vieilles jarres » résonnaient à nos oreilles. Nous savions que les vestiges de vaisseaux antiques, encore chargés des élégants récipients dans lesquels ils transportaient leur cargaison, gisaient, épars, sur les fonds de la Méditerranée. Ces « vieilles jarres » pourraient-elles être d'origine grecque ? Nous nous précipitâmes, à bord d'un canot, sur les lieux, entraînant avec nous un expert en antiquités. À peine avais-je récupéré quelques pièces du fond de l'eau et les avais-je rapportées à la surface que le professeur m'arracha des mains les poteries ruisselantes. Son diagnostic : Grèce antique ! Des pièces vieilles de plus de deux mille ans.

J'avais du mal à maîtriser mon excitation quand je remontai à bord du bateau et que je décrivis l'extraordinaire spectacle rencontré à quarante mètres sous l'eau. Des centaines d'amphores étaient là, enfouies jusqu'à leur col, leur orifice ainsi révélé, bien alignées en rangées qui dessinaient la forme d'un navire, et des fragments de vaisselle étaient répandus alentour. Le site marquait assurément l'emplacement d'un très ancien vaisseau marchand – une balise surgie de l'Antiquité – à n'en pas douter plus vieux que tout navire de haute mer jamais retrouvé dans des fouilles.

Nous accueillîmes avec entrain les formidables exigences que demandait cette grande opération de récupération : peiner dans une eau dangereusement profonde, descendre la conduite pour aspirer les tonnes de sédiments qui recouvraient ces précieux vestiges, remonter les objets façonnés à la surface pour les chercheurs qui nous attendaient au musée de Marseille. Nous travaillâmes sans relâche tout cet été-là, à récupérer ces trésors archéologiques jadis destinés aux Romains qui faisaient commerce de ces articles entre les villes de la Méditerranée : nous remontâmes ainsi des calices, des lampes à huile, un lacrymatoire – petit flacon censé être conçu pour recueillir les larmes humaines –, sept mille amphores, dont l'une était scellée et contenait encore du vin (qui, nous le constatâmes, était imbuvable).

Nous trimâmes ainsi jusqu'à l'automne où les tempêtes soulevées par le mistral ne me parurent qu'un phénomène irritant venu nous arracher à nos obsessions. Un jour, les bourrasques furent si fortes qu'elles déchirèrent en deux notre lourde chaîne d'ancre, entraînant à des centaines de mètres notre bouée d'amarrage et laissant notre ancre sans marque à près de soixante-dix mètres sous la surface d'une mer démontée. Et nous dûmes interrompre nos recherches pour nous réamarrer, en commençant par retrouver l'ancre.

Cet après-midi-là, deux robustes jeunes gens, plongeurs de combat de la Marine, de retour d'opérations amphibies dans la guerre que les Français menaient en Indochine, montèrent à bord du navire pour se présenter à moi. Jean-Pierre Servanti et Raymond Kientzy voulaient tellement travailler sur notre projet, qui connaissait des difficultés financières, qu'ils déclarèrent être prêts à le faire bénévolement. Ils nous firent une démonstration tous les deux de leur savoir-faire en plongeant sur le site où nous avions retrouvé la bouée d'amarrage. Servanti proposa même une solution pour dénicher notre ancre : dans la tempête, la bouée avait traîné des débris de la lourde chaîne sur les sables du fond. Il nous suffirait d'en suivre la trace pour arriver jusqu'à notre ancre. Dans son enthousiasme, le jeune homme nous proposa aussi de déjouer les restrictions de temps de plongée imposées par de telles fouilles en eau profonde – où les hommes doivent se limiter strictement à un séjour n'excédant pas dix minutes –, cela en descendant non pas en groupe, mais individuellement, par relais. Dans les hurlements du vent, au milieu du pétrin dans lequel nous nous trouvions, je me sentis conquis par sa proposition et Servanti, désireux de m'impressionner encore davantage, demanda aussitôt à plonger le premier.

Le lendemain, quelques-uns d'entre nous ramenèrent un canot sur le site où nous avions retrouvé la bouée d'amarrage. Servanti plongea et disparut.

Il ne revint jamais. Dans les profondeurs traîtresses où gisait l'ancre, son cœur s'arrêta.

On pourrait sans doute mesurer en minutes la durée de mes conversations avec ce jeune homme : je lui avais serré la main, en disant « Bienvenue dans notre famille », et il avait disparu. J'avais bel et bien payé d'une vie humaine une pile de vieilles jarres : ç'avait été *ma* décision d'accepter les exigences insensées d'une fouille, *ma* décision d'admirer Servanti dans la brillante démonstration de ses capacités, *ma* décision de le laisser plonger seul. C'était ma faute. Il me fallait maintenant aller trouver sa mère pour lui annoncer que son fils était mort.

Nous procédâmes aux dernières et sinistres dispositions. On ramena le corps à Hyères, la ville natale de Servanti. On enterra le jeune homme. Et je regagnai mon bord, me pris la tête à deux mains et jurai que je n'étais pas fait pour ce métier. Je décidai de dissoudre la société Calypso Expéditions.

Je remâchais tout cela dans l'angoisse quand je reçus un câble d'un plongeur qui avait travaillé durant les week-ends sur notre projet mais qui était parti en vacances juste avant la mort de Servanti. Ce n'était pas de simples mots de condoléances, songeai-je avec tristesse, qui allaient pouvoir arrêter le flot de mes remords. Mais la dernière ligne de son message me prit de court :

Puis-je avoir l'honneur de remplacer Servanti pour faire avancer vos travaux ?

Signé Besson.

Les dangereux travaux que j'avais entrepris – ma quête obstinée pour retrouver ces fichues vieilles jarres – avaient coûté la vie à un homme. Voilà maintenant qu'un autre homme attachait assez de valeur à ces poteries pour me proposer spontanément de reprendre la mission où le premier avait trouvé la mort. N'étaient-ce vraiment que de « vieille jarres » après tout ? De vieilles jarres pour lesquelles des hommes étaient prêts à *mourir* ? ou bien l'offre intrépide de Besson signifiait-elle que ces débris au fond de la mer étaient plus que des fragments fragiles : que c'étaient des vestiges, des morceaux d'un mode de vie disparu, des messages de notre passé susceptibles de nous renseigner sur notre avenir ? Je lui câblai de venir. J'allais continuer. Il y a des risques qui valent la peine d'être pris : parce qu'il y a des buts qui méritent d'être atteints.

Mon passé tout entier tourne autour de cet accident : tout est arrivé avant ou après cet événement. Quand j'ai commencé à plonger, en tant qu'individu, j'avais le droit de choisir tous les risques qui me plaisaient. Seul, j'avais été un aventurier. Mais, en tant que chef d'une équipe, je compris, après l'épisode de Servanti et de Besson, que je n'aurais pas de marge pour la négligence. Je devrais changer. Je devrais devenir un aventurier *raisonnable.* Besson m'avait enseigné qu'on peut avoir de bonnes raisons de risquer une vie ; Servanti, qu'il n'existe *aucune* raison de gaspiller une vie.

À eux deux, les deux hommes ont influencé les règles que j'ai par la suite décidé de suivre concernant les prises de risque : dans nos expéditions, nous ne rechercherions pas le risque ; nous l'éviterions. Se mettre en danger serait une erreur. Avant de nous lancer dans une entreprise hasardeuse, nous passerions des heures à tenter d'en prévoir toutes les redoutables possibilités ; nous nous efforcerions ensuite systématiquement de les éliminer. Certes, c'était inévitable, un risque subsisterait néanmoins. Il y a toujours une inconnue, c'est l'essence de l'exploration. Cet unique pari – le risque calculé au sens littéral – serait le seul que j'autoriserais mes hommes à prendre. En outre, je ne les laisserais courir ce risque calculé que pour atteindre un but valable. Tous ceux pour qui le frisson n'était qu'une drogue, tous ceux qui seraient avides d'affronter le danger pour le seul plaisir du danger, ceux-là n'auraient pas de place à bord de la *Calypso*.

Toutefois, la stricte adhésion à ces principes n'a rien à voir avec le sens de « responsabilité » que j'ai envers mon équipe. Pour moi, un chef motivé par ses « responsabilités » se soucie moins dans ses actes de ses camarades qu'il ne se préoccupe de ses propres intérêts : il est anxieux des répercussions sur sa carrière que pourrait avoir un grave accident survenu sous son commandement. La *responsabilité* implique l'*obligation*. Mais comment un chef pourrait-il être « redevable » de la vie d'un être humain ? Comment pourrait-il payer ? Au lieu d'avoir la *responsabilité* de sauvegarder mes hommes, j'ai le *privilège* de le faire. Je m'efforce d'éviter des risques imprudents pour la même raison que j'accepte les risques calculés. La vie – améliorer la qualité de toute vie, sauvegarder une seule vie –, voilà la priorité suprême.

Quels sont alors les « buts valables » qui justifient vraiment qu'on se mette en danger ? Quels acquis pour la vie vaudraient-ils qu'on risque la mort ? Les réponses ne sont pas si évidentes qu'on puisse les trouver d'emblée ou dans quelque ouvrage de référence. Je n'avais que vingt-six ans quand j'ai identifié le premier objectif qui me ferait accepter le risque : j'ai choisi de prendre un risque si cela pouvait me donner l'occasion de vivre, non pas seulement de survivre.

Je poursuivais à cette époque un vieux rêve : devenir pilote de la Marine française. Un soir de permission, alors que je fonçais sur des petites routes de campagne tortueuses pour aller retrouver ma fiancée dans le village de Champagnat, ma voiture se retourna, fit un tonneau. Je fus écrasé au sol puis mon corps fut propulsé à huit mètres de là au milieu d'un champ. Je repris à demi connaissance, cloué au sol, le bras gauche éperonné par le frêle tronc d'un arbrisseau. Je cassai la branche au ras du sol et me traînai jusqu'à une maison proche. Le fermier qui habitait là, entendant mes appels au secours, me trouva allongé devant sa porte. Il fit venir un médecin qui aussitôt me transporta d'urgence à l'hôpital de la ville voisine de Bourganeuf.

J'avais douze fractures. Quatre côtes cassées m'avaient perforé les poumons. Mes deux bras étaient en bouillie ; le droit pendait, inerte : j'avais le nerf radial endommagé. Les médecins étaient dans l'impossibilité de dire si le nerf allait cicatriser ou si je pourrais jamais retrouver l'usage de mon bras droit. L'arbre m'avait fracassé le bras gauche, me laissant avec quatre coudes, sans parler des éclats d'os qui pointaient par une plaie ouverte. Les chirurgiens m'opérèrent immédiatement et me posèrent des broches pour maintenir ensemble les os fracturés.

Deux jours plus tard, le bras gauche rafistolé donna d'inquiétants signes d'infection, provoquée par la branche d'arbre. Mon médecin voulait intervenir immédiatement : si la gangrène s'installait, cela me tuerait trop vite pour qu'il ait le temps d'intervenir. Il m'offrait un choix qu'il considérait comme fait d'avance : l'amputation du bras ou la mort.

Je ne voyais que deux risques et aucun avantage. Pour moi, choisir l'amputation, ce n'était pas choisir la vie. Mon rêve de devenir pilote avait déjà commencé à s'éloigner quand j'avais appris le pronostic incertain concernant mon immobile bras droit. L'amputation du gauche ne me laisserait aucune chance. La vie avec un bras paralysé et l'autre disparu – la vie sans espoir d'atteindre mon but –, ce n'était pas une existence que je pouvais accepter docilement. Ce n'était pas la crainte de la mort qui me harcelait : c'était la peur de mener une vie qui n'en serait pas une.

Je voyais une troisième solution. Aux possibilités envisagées par le médecin – que je me laisse amputer ou que la gangrène s'installe et que je meure –, j'ajoutai les faibles chances que la gangrène pourrait peut-être ne pas s'installer et que je pourrais vivre. Attendre de voir si l'infection disparaissait, c'était le plus grand risque, mais celui aussi qui me promettait le plus : ma seule chance de lutter pour l'avenir que je voulais avoir. Je ne pouvais pas renoncer. Je refusai l'amputation.

Pendant les trois jours suivants, j'avais le cœur battant d'appréhension chaque fois que le médecin examinait ma plaie. Pendant les dix années suivantes, j'exerçai mes bras : je retrouvai le plein usage des deux.

J'avais eu de la chance. Mais je m'étais donné l'occasion d'en avoir. Bien des gens refusent les risques qui pourraient leur donner une vie plus pleine parce qu'ils ont peur. En s'isolant par crainte du risque, ils se cantonnent dans le secteur le plus risqué de tous : les accidents survenus dans le voisinage de la maison sont responsables de plus de décès que ceux qui surviennent partout ailleurs en voiture. Pour quelle raison ? Les existences vides comme celles-là regorgent de risques mais ne permettent aucun enrichissement personnel.

Si améliorer la qualité de la vie mérite qu'on prenne des risques, alors sauver bel et bien la vie de quelqu'un devrait imposer qu'on en prenne. Pourtant la logique, si claire sur le papier, n'est pas toujours aussi évidente dans la réalité : je l'ai appris aussi bien en observant les réactions instinctives devant le danger qu'en découvrant les règles non écrites du risque dans les cultures étrangères. En 1933, je me trouvais en Chine, jeune enseigne de vingt-trois ans, à bord du croiseur français *Primauguet* : dans le cadre de mon service, j'avais à piloter un canot entre le navire et la rade de Shanghai. Un jour, comme je me rangeais le long du quai, je vis des centaines de coolies massés passivement au bord du bassin, qui regardaient d'un œil peu intéressé un homme se noyer. Quand je sautai à l'eau pour ramener à terre le malheureux, les coolies éclatèrent de rire en me voyant ! Je n'ai compris que plus tard pourquoi mon geste leur semblait si ridicule : une vieille tradition veut que celui qui sauve un homme devienne le père de la victime et qu'il veille à jamais au bien-être de son « fils ». Selon le code particulier de ces gens, la perte que constitue la mort d'un homme n'est rien auprès des problèmes qui se posent s'il survit.

Ce fut seulement treize ans plus tard que j'eus la poignante occasion de voir ce que je ferais si je me trouvais moi-même en train de mourir auprès d'un autre homme – et si m'acharner à vouloir lui sauver la vie voulait dire que j'acceptais la possibilité de périr avec lui. Je me trouvai confronté à cet ultime et redoutable choix risque-avantage le jour où je plongeai dans une grotte inondée du Vaucluse, un puits rempli d'eau qui s'enfonce sous cent quatre-vingts mètres de roches calcaires dans les falaises proches d'Avignon.

Quelques collègues et moi avions décidé de découvrir le siphon naturel, dissimulé quelque part dans les profondeurs de la falaise, qui inonde d'eau la grotte : c'est une expédition que j'ai longuement racontée dans *Le Monde du silence.* En résumé, je comptais plonger dans la grotte avec Frédéric Dumas – Didi –, un de mes amis les plus proches. Je le connaissais depuis l'époque où il était déjà un plongeur connu ; nous avions essayé ensemble les premiers modèles de scaphandre autonome. Didi et moi devions descendre dans la grotte comme des alpinistes, attachés l'un à l'autre par dix mètres de cordage. À l'orifice du gouffre, un membre de l'équipe avait laissé un câble de guidage lesté par une gueuse de fonte tomber aussi profondément dans les eaux de la grotte que le permettait son poids. Didi et moi devrions retrouver notre chemin dans l'abîme en suivant ce câble jusqu'à la gueuse ; nous pousserions ce poids au bord de la corniche sur laquelle il s'était posé pour l'envoyer dans des profondeurs plus grandes de façon à pouvoir nous aventurer plus bas. Nous indiquâmes deux signaux aux hommes qui allaient tenir le bout du câble de guidage à l'entrée de la grotte : trois tractions sur la corde signifiait « donnez-nous du mou », et six « remontez-nous ». Chargés de torches électriques supplémentaires, d'une bouteille d'air de secours et même d'un piolet d'alpiniste, nous nous étions méticuleusement préparés à toute éventualité – sauf à celle qui risquait de nous tuer. À notre insu, on avait utilisé pour remplir nos bouteilles un compresseur défectueux. De notre embouchure sortait en sifflant un flux mortel contenant de l'oxyde de carbone.

L'air empoisonné nous avait brouillé les idées lorsque nous arrivâmes auprès de la gueuse. Didi, encore plus désorienté que moi, bringuebalait maladroitement contre les parois de la grotte derrière moi. Je me surpris à agir comme un automate, poussant la gueuse dans les profondeurs comme nous en étions convenus. Nous poursuivîmes notre descente, notre épuisement nous contraignant à aspirer de longues et profondes goulées de gaz.

Il nous fallut atteindre une profondeur de plus de soixante mètres – à cent vingt mètres dans le tunnel en pente de l'entrée de la grotte et dans les entrailles tortueuses de la falaise – pour que je comprenne vaguement que quelque chose n'allait pas. L'horrible angoisse que j'éprouvais n'était pas naturelle. Je continuai pourtant obstinément, poussé par l'illusion qu'il nous fallait trouver le siphon secret avant de pouvoir remonter. Didi, s'acharnant sur sa combinaison mouillée qui s'emplissait d'eau, était pour sa part presque inconscient. Affolé, je lui fis signe qu'il devait se cramponner au câble qui nous reliait à la surface tandis que je faisais le tour des parois du gouffre en quête du fameux siphon.

À peine m'étais-je éloigné que Didi lâcha le câble. Notre lien avec la vie disparut dans les ténèbres. En un instant, Didi desserra les dents : son embouchure se décrocha. Tandis qu'il tâtonnait pour remettre en place son tuyau d'arrivée d'air, je voyais ses yeux rouler dans leurs orbites, le blanc de l'œil brillant d'un étrange éclat dans le faisceau de ma torche.

Je luttai contre la brume qui envahissait mon cerveau. Le temps d'un éclair, j'imaginai le cauchemar qui nous attendait dans cette eau qui nous ensevelissait, si nous épuisions nos réserves d'air. J'agitai désespérément la lampe pour retrouver le câble de guidage. De précieuses secondes s'écoulèrent.

Je le retrouvai enfin. Comment maintenant allions-nous pouvoir nous échapper ? J'essayai de grimper le long du câble, avec Didi traînant derrière moi au bout de la corde qui nous liait l'un à l'autre, mais notre compagnon là-haut interpréta mes trois premières tentatives comme un signal demandant qu'il me donne du mou, et nous descendîmes quelques mètres de câble.

Didi maintenant était pratiquement un poids mort. J'étais au bord de l'épuisement. J'essayai une nouvelle fois d'escalader les parois du gouffre, en cherchant désespérément une prise : mes doigts ne rencontraient que le vide et, alourdi par Didi, je dégringolai encore plus bas.

Je me rendis vaguement compte que j'étais moi-même en train de mourir. Jamais je ne pourrais remonter à la surface, pas tant que j'étais attaché à Didi. La corde et son corps étaient comme une chaîne et un boulet m'entravant dans cet enfer liquide alors qu'il ne me restait que quelques instants. Je pouvais me libérer. Je cherchai à tâtons mon poignard. Mes doigts se refermèrent autour du manche. Je tâtai la corde qui m'attachait à mon ami.

Je ne parvins pas à me décider à la trancher. Je tirai de nouveau sur le câble de guidage : ce n'était plus un signal, c'était maintenant une supplication. Là-haut, ils comprirent. Ils nous remontèrent.

Les récits de gens qui ont connu ce genre de situation ne sont jamais très précis. Ceux qui sont pris au piège et qui sont en train de mourir auprès de leur compagnon doivent toujours se sentir déchirés entre deux instincts tout aussi puissants – tout aussi compréhensibles – mais contradictoires : sauve tes amis ; ne t'en va pas trop tôt. Sauve ta vie ; ne t'attarde pas trop longtemps. Il serait très satisfaisant pour l'esprit de pouvoir évoquer une philosophie compliquée qui aurait exercé sur moi son influence tandis que nous étions ensevelis dans ce gouffre du Vaucluse. Mais mon esprit intoxiqué par l'oxyde de carbone n'était guère capable sur le moment d'aucune grandiose logique. Qu'est-ce qui m'a fait choisir de prendre le risque de rester auprès de Didi ? Simplement le dégoût de la mort.

De toutes les raisons susceptibles de justifier le risque, une des plus étonnantes est aussi l'une des plus controversées : c'est de se battre pour ses convictions. Durant la Seconde Guerre mondiale, j'eus bien des occasions de voir de simples citoyens prendre des risques insensés pour défendre leurs idéaux. Pendant les jours sombres de l'Occupation, je travaillais sous un pseudonyme au service de renseignements de la Marine où j'assurais la liaison avec la Résistance marseillaise. Les hommes de Mussolini nous incitaient régulièrement à pratiquer l'espionnage : ils ne nous causaient pas trop de dommages sur le plan militaire, mais ils le faisaient sur le plan économique : ils mettaient systématiquement au pillage nos stocks de matériel stratégique, ils compensaient leurs coûteux efforts de guerre en dépouillant la France de son avenir.

Un jour, mon assistant intercepta des télégrammes militaires qui énuméraient une série de chiffres. Nous estimâmes tous les deux que les diverses « commissions d'armistice » italiennes réparties dans tout le sud de la France occupée échangeaient des renseignements codés concernant des plans détaillés pour faire main basse sur de nouvelles ressources de la France.

Étant donné que le télégramme que nous avions entre les mains était destiné à la commission de Sète, j'en conclus que le bureau là-bas avait sans doute mis à l'abri dans un coffre les documents permettant le décodage. Je savais que mes supérieurs ne m'autoriseraient jamais, moi, un officier français, à cambrioler en personne les bureaux de la commission. Mais j'étais convaincu que je n'aurais aucun mal à trouver à Marseille des résistants français prêts à prendre tous les risques pour nous aider à nous procurer le contenu du coffre.

Je ne me trompais pas. La Française qui faisait le ménage dans les locaux de la commission risqua l'emprisonnement pour complicité en faisant un croquis du bureau, indiquant avec précision l'emplacement d'un gros coffre-fort Fichet. Un politicien qui était également l'avocat du milieu marseillais me présenta à un gangster qu'il avait défendu devant le tribunal : ce bandit n'était pas seulement un Français patriote, il parlait couramment l'italien. Il accepta de tenir le rôle crucial dans notre cambriolage : celui d'un officier italien. Il pourrait ainsi pénétrer dans le quartier général fasciste avec des hommes que je lui trouverais.

Même la maîtresse du gangster était disposée à se faire complice de notre conspiration. Elle séduisit le vrai capitaine italien commandant le quartier général de Sète. Pendant qu'il dormait, elle fouilla ses poches et prit un moulage en cire de la clé de son coffre. Je recrutai un serrurier de chez Fichet pour me confectionner une clé à partir de notre moulage.

Toutefois, ouvrir le coffre exigeait non seulement une clé, mais aussi de connaître la combinaison. Le serrurier accepta de participer à notre fric-frac pour pouvoir personnellement, en manipulant les cadrans appropriés, tenter de persuader le coffre de se laisser ouvrir. Un quartier-maître de la Marine française accepta le troisième rôle de l'opération : celui de photographier le contenu du coffre. Je leur trouvai une Citroën noire, exactement comme celle que conduisait l'officier italien, et je me procurai des copies de la plaque minéralogique et des laissez-passer officiels collés sur son pare-brise. Je fixai une date en prévoyant que le cambriolage commencerait à minuit.

Le jour de l'opération arriva enfin. Le matin, le gangster vint me trouver. Il ne pouvait pas marcher avec nous. Il était déchiré entre un ardent dévouement à notre cause et la peur qui le mettait presque au bord de la nausée. « Je ne peux vraiment pas le faire. J'aurais une crise cardiaque. » Il jura qu'il était prêt, si on le lui demandait, à tuer quelqu'un en pleine rue – il ferait n'importe quoi, n'importe quoi, mais pas un cambriolage.

Après toutes ces semaines de préparatifs ! maintenant, à la dernière minute... ! Que pouvais-je faire sinon y aller moi-même.

Les heures, ce jour-là, me parurent s'écouler bien vite. Pariant sur le fait que la sentinelle de garde ne demanderait pas de papiers si notre groupe lui semblait familier, je décidai d'imiter le capitaine italien qui dirigeait la commission : je revêtis un costume gris clair, me coiffai d'un feutre à large bord comme il le faisait la plupart du temps. Je déguisai mon quartier-maître en lui faisant enfiler le costume voyant d'un *guardia di finanza*, avec sa célèbre *piuma sul capello*. J'espérais que le spécialiste de chez Fichet, petit et mince, passerait inaperçu.

Il ne nous manquait plus qu'un dernier accessoire : une arme. Je m'opposai au pistolet. Si les fascistes nous capturaient et constataient que nous n'avions pas d'arme à feu, ils nous enverraient peut-être dans un camp de concentration au lieu de nous exécuter sur place. Je distribuai donc des matraques, des bouts de tuyau de caoutchouc lestés de plomb qui nous permettraient d'assommer tout intrus et de nous échapper.

Juste avant minuit, dans un silence total, nous traversâmes tous les trois Sète à bord de la Citroën pour venir nous arrêter juste devant le quartier général. Si quelque chose devait nous permettre de nous en tirer ce soir-là, ce serait l'insolence et l'ostentation, et pas des manières furtives. Un air nonchalant figé sur le visage, le cœur battant, nous approchâmes d'un pas désinvolte de la porte où un authentique membre de la *guardia di finanza* montait la garde.

Si nous devions lui parler, nous étions fichus. Aucun de nous ne savait assez d'italien. Sans un mot, je fouillai dans ma poche et trouvai la clé de la porte que j'avais empruntée à mon amie, la femme de ménage. Je l'introduisis dans la serrure en priant qu'elle m'eût donné la bonne clé. Le pêne tourna dans la serrure. J'ouvris la porte. La sentinelle, reconnaissant des officiers, présenta les armes.

Nous pénétrâmes sans hâte dans le bureau en claquant délibérément la porte derrière nous. Notre serrurier se précipita sans bruit vers le coffre et essaya la clé que nous avions fabriquée d'après le modèle de celle qui se trouvait dans la poche de l'officier italien. Elle fonctionnait. Le serrurier, alors, colla son oreille contre le verrou à combinaison. Pendant quarante-cinq minutes – oh ! quelles quarante-cinq minutes ! – nous écoutâmes les déclics de ce cadran qui tournait.

La lourde porte métallique s'ouvrit enfin. Un code. Mon quartier-maître, avec son déguisement d'Italien emplumé, s'en empara et entreprit aussitôt de le photographier, page par page. J'examinai plus attentivement les profondeurs du coffre. Il y avait une pile d'enveloppes à l'intérieur, l'une ouverte et les autres cachetées : les clés du chiffre ! Les Italiens ne se contentaient pas de coder des messages, ils les chiffraient, les brouillant une seconde fois suivant des clés qu'ils changeaient chaque mois. Si nous voulions faire échec au futur raid que projetaient les fascistes, il nous fallait photographier la clé du mois en cours, qui se trouvait dans l'enveloppe ouverte, ainsi que les clés des mois à venir dans les enveloppes cachetées – et tout cela sans laisser de traces.

Nous n'avions évidemment aucun moyen de savoir que, pendant ce temps, notre copain gangster et sa petite amie avaient quelques problèmes avec les rôles qu'ils avaient proposé de jouer pour la soirée. Pour divertir le véritable officier italien commandant le quartier général, ils lui faisaient faire la tournée des boîtes de nuit locales. Celui-ci annonça qu'il en avait assez. Nos deux complices lui demandèrent ce qu'il aimerait faire ensuite.

Il voulait passer à son bureau.

Pourquoi, proposa la femme en battant des paupières, ne pas plutôt la raccompagner chez elle ?

Il n'était pas intéressé.

L'officier sortit de la boîte de nuit, ses deux compagnons le suivant consternés. Ils revinrent jusqu'à la Citroën noire de l'Italien et s'entassèrent dans la voiture. L'officier chercha ses clés dans sa poche, mit le moteur en marche, sortit du parking puis s'engagea sur la route. Mon ami le gangster poussa un gémissement. Brusquement, sa main se crispa sur son côté. Puis il se plia en deux. D'une voix étranglée par la souffrance, il dit en haletant qu'il devait avoir une crise d'appendicite. « Conduisez-moi à un hôpital », murmura-t-il.

Son habile numéro nous fit gagner du temps. À quatre heures du matin précises, après quatre heures passées à l'intérieur du bureau toujours gardé par la sentinelle, il nous fallut affronter la dernière épreuve : quand nous ouvrîmes la porte, nous sortîmes d'un pas autoritaire en claquant la porte derrière nous. Une sentinelle nous présenta les armes. Nous pûmes remettre nos photos du code et des clés au service de renseignements de la Marine française. On ne nous dit jamais comment – ni même si – on les avait utilisées.

Ce genre d'escapade permet facilement de négliger un point crucial quand on discute des risques que l'on prend par conviction : le risque est raisonnable dans la mesure où les convictions le sont. Un homme fidèle à une patrie peut dans une autre être considéré comme un kamikaze ; le martyr d'une religion est pour une autre un terroriste. Que l'effet de nivellement du temps puisse gâter un idéal, on le voit bien dans le cas de ces fanatiques médiévaux qui étaient persuadés que le chemin le plus court vers le paradis était de tuer quelqu'un qui pratiquait une religion différente. Aujourd'hui, on évoque encore le nom de leur secte, mais non pour faire allusion à une foi fervente : c'étaient les Assassins.

Pourtant, si le fait d'avoir des masses prêtes à mourir constitue pour un tyran son arme la plus terrifiante, la résolution des gens de risquer leur vie pour leurs croyances représente aussi l'arme la plus redoutable *contre* la tyrannie. Les grandes religions ont survécu non pas parce que des fanatiques répandaient le sang de quiconque résistait à leur foi, mais parce que les fidèles étaient prêts à verser le leur pour aider leurs frères, conformément à leur croyance.

Si tout ce que Jean Mermoz recherchait était le plaisir de faire la une des journaux, il aurait pu cesser de prendre des risques en 1930, lui qui était l'idole de la jeunesse française pendant mon enfance, le premier à assurer la liaison aérienne sans escale de France en Amérique du Sud. Au contraire, Mermoz a, pendant les six années suivantes, transformé cet exploit unique en un acte de courage hebdomadaire pour finir par disparaître au-dessus de l'océan. Pourquoi ? Pour livrer le courrier, pour permettre à des gens habitant un continent lointain de rester en contact avec leur famille.

Roald Amundsen n'avait pas besoin d'ajouter à sa gloire quand il a risqué sa vie pour sauver le général Umberto Nobile, l'aviateur italien perdu quelque part dans les immensités de l'Arctique. Amundsen avait déjà acquis une célébrité mondiale pour avoir été le premier à atteindre le pôle Sud, puis encore pour avoir été le premier à diriger une expédition aérienne au-dessus du continent arctique, accompagné de Nobile. Nobile, qui avait conçu leur dirigeable, enviait âprement les honneurs que tout cela avait valu à Amundsen : en 1928, il prit la tête d'une mission piètrement préparée pour effectuer son propre survol de l'Arctique. Quand l'Italien s'écrasa au sol, ce fut Amundsen, alors au bord de la faillite, qui vendit ses biens pour financer le sauvetage de l'homme qu'il estimait avoir poussé vers les glaces. Ce fut en fin de compte un pilote russe qui sauva Nobile ; un brise-glace soviétique qui sauva par la suite huit des seize hommes que Nobile avait abandonnés en mer. Personne ne revit jamais Amundsen : un pêcheur solitaire vit l'avion condamné disparaître dans le brouillard tandis que le célèbre explorateur partait pour sauver la vie d'un homme qui le méprisait.

De même, James Carroll et Jeff Lazear n'étaient motivés que par l'altruisme lorsqu'ils suivirent le bactériologiste Walter Reed dans l'infirmerie de la prison de La Havane lors d'une épidémie de fièvre jaune à Cuba. Comme personne ne savait comment la fièvre se transmettait, Carroll prit délibérément le risque de se soumettre à des piqûres de moustique et ne tarda pas à tomber gravement malade. Lazear, lui aussi, prit délibérément le risque de soigner les malades atteints de la fièvre jaune dans les infirmeries infestées de moustiques. Lui aussi fut piqué. Il mourut. Le sacrifice de ces deux hommes confirma que c'étaient les insectes qui propageaient la fièvre jaune : les autorités pulvérisèrent des pesticides et, en tout juste quatre-vingt-dix jours, l'épidémie cessa.

Symbole d'altruisme, mère Teresa qui soigne des lépreux, abrite des victimes du sida que d'autres repoussent, affronte la mousson de Calcutta, patauge dans la boue des égouts engorgés pour aller sauver les malheureux habitants des taudis. Des commentateurs lui ont demandé pourquoi elle se donnait tout ce mal, alors que les risques qu'elle prenait ne mettraient jamais un terme aux souffrances du monde. Elle a répondu qu'elle avait peut-être ainsi apaisé les souffrances d'un seul individu.

Est-ce de l'héroïsme ? Ceux qui acceptent de tels risques appelleraient sans doute cela un comportement convenable. Je doute que Mermoz, Amundsen ou Lazear auraient attaché beaucoup d'importance au fait qu'un jour ils mourraient pour leurs convictions. Ce qui était important, estimaient-ils, c'était de *vivre*, pour elles.

Se fixer un but qui en vaut la peine ne justifie toutefois pas en soi le risque : les moyens d'accomplir une mission dangereuse doivent également être fiables.

Je n'irais pas délibérément courir un danger alors que les chances s'accumulent contre moi et pourtant je l'ai malheureusement fait à mon insu : j'ai été victime de la première catégorie de risques inacceptables, ce que j'appelle les risques par ignorance, les dangers qu'un aventurier prudent ne devrait jamais choisir intentionnellement mais qu'il ne peut éviter simplement parce qu'il s'avance en territoire inconnu.

C'est une erreur de ce genre que mes hommes et moi avons commise, sans nous en douter, en plongeant parmi les atolls de l'île Clipperton, au large de la côte Pacifique du Mexique. Un volcan sous-marin qui n'est pas en activité se dresse au fond du lagon de Clipperton, son cratère béant sous la surface de la lagune. Nous utilisâmes notre sondeur à échos pour mesurer la profondeur de la gueule du cratère : vingt mètres plus bas, indiquaient nos instruments, l'orifice était bouché par une sorte de « faux » fond qui flottait étrangement au-dessus d'un gouffre encore plus profond.

Un de mes cinéastes effectua une brève plongée dans le cratère : il signala que l'eau se réchauffait de façon inexplicable à mesure qu'il descendait. Extrêmement intrigué, j'organisai une expédition de plongée, en prenant la précaution de demander à tous de revêtir nos combinaisons polaires étanches – qui recouvriraient le visage, les mains et les chevilles – pour nous protéger non pas du froid mais de la chaleur, et peut-être contre des produits chimiques inconnus.

En effet, en plongeant, nous sentîmes l'eau se réchauffer nettement. À vingt mètres, nous résolûmes le mystère du « faux » fond fantôme que nous avait signalé notre sonde. Les débris végétaux en décomposition, qui depuis des années étaient tombés de la surface et s'étaient putréfiés, avaient formé une couche qui recouvrait toute la largeur du cratère. En approchant, nous agitâmes les eaux dormantes et la couche de pourriture se gonfla comme une énorme boursouflure. L'un après l'autre, chacun de nous plongea à travers cette pellicule de matières en décomposition. En dessous, nous découvrîmes des enfers où aucune créature visible ne survivait. Les vapeurs caustiques pénétraient nos masques et nous piquaient les yeux. Nos gants avaient des fuites et l'eau contenait un produit qui nous brûlait les mains. Je compris tout de suite : nous nagions dans de l'hydrogène sulfuré, cet acide qui se crée quand la putréfaction consomme tout l'oxygène de l'eau. Comme nous remontions, les lois inflexibles de la plongée nous imposaient d'attendre, aveuglés et harcelés par des brûlures, à des paliers de décompression. Nous émergeâmes avec les mains écorchées et les yeux larmoyants d'avoir été exposés à un acide qui avait fait virer au vert olive la peinture jaune vif de nos bouteilles d'air.

Si ne rien savoir constitue un risque dangereux, en savoir un peu est absolument redoutable. Quand j'eus acquis quelques connaissances – mais bien modestes – à propos des requins, je me lançai dans la seconde et mortelle catégorie de risques déraisonnables : le risque par excès de confiance.

La première fois que je me trouvai confronté à un requin, en 1939 près de l'île de Djerba, en Tunisie, le choc de voir le monstre juste devant moi me fit éviter tout geste stupide. Mais, à mesure que nous poursuivions nos voyages dans des mers tropicales infestées de requins, nous nous habituâmes bientôt à plonger parmi ces carnivores, admirant même l'élégante beauté d'animaux que tant de gens trouvent hideux.

Grisés par autant de victoires remportées sans effort, nous nous montrâmes arrogants : nous n'avions pas tardé à découvrir qu'il nous suffisait de nager d'un air décidé vers ces énormes bêtes pour qu'elles tournent casaque et s'enfuient. Seule la réputation du grand requin blanc, que les spécialistes considèrent comme le plus redoutable des mangeurs d'hommes, continuait à nous inquiéter – jusqu'à notre première rencontre. Quand une créature de six mètres de long, le monstre de nos cauchemars, surgit devant nous, l'animal tout d'abord ne nous remarqua pas. Mais, à peine eut-il enregistré notre présence qu'il vida ses intestins et fila, nous laissant rire nerveusement dans une nuée d'excréments.

Notre arrogance se transforma en un joyeux mépris. Ces brutes impressionnantes – si vigoureuses qu'elles peuvent parcourir des milles sans paraître bouger un muscle –, nous étions plus forts qu'elles ! Notre expérience bien limitée nous inspirait une témérité tout à fait ridicule. Quand nous voulions filmer des requins « en action », nous leur tirions la queue. Nous échangions des plaisanteries aux dépens de ces imposteurs craintifs. À l'époque où nous étions plus timides, nous avions construit une cage anti-requins : nous la considérions maintenant avec dédain, l'appelant par dérision un « zoo humain ».

Il ne nous avait pas fallu beaucoup d'années pour devenir des plongeurs péchant par excès de confiance. Un jour, à bord du navire de plongée de la Marine *Élie Monnier*, alors que nous revenions de notre première expédition en bathyscaphe à Dakar pour regagner les îles du Cap-Vert, nous rencontrâmes toute une bande de baleines à bosse. Le temps était magnifique, l'océan d'un calme plat, les baleines d'une exceptionnelle placidité. Dumas et moi décidâmes de plonger pour filmer les baleines quand elles s'enfoncent à la verticale, disparaissant dans le grand bleu pour capturer leur proie invisible. Le temps de nous équiper et le groupe de baleines s'était clairsemé, les monstres commençaient à se disperser. L'équipage mit à l'eau une corde lestée à titre de sauvegarde et Didi et moi sautâmes à l'eau.

Sans nous soucier du câble de guidage, nous nous éloignâmes rapidement dans l'espoir d'approcher un des traînards parmi les cétacés. Nous filmâmes son gracieux plongeon ; puis il disparut, nous plantant là, deux hommes qui flottaient dans une eau claire comme du cristal. Tout en bas, la mer transparente était d'un bleu foncé. Fascinés, nous nageâmes vers le fond pour nous retrouver au milieu d'un grand banc de superbes thons. Au bout d'un moment, nous remontâmes vers la surface. Le navire avait perdu de vue les bulles que nous laissions dans notre sillage et nous ne tardâmes pas à nous rendre compte que nous n'étions pas seuls.

Une forme se matérialisait, émergeant des ténèbres des profondeurs : la forme d'un requin que nous n'avions encore jamais vu. Nous l'appelâmes plus tard le « Seigneur aux Longs Bras », d'après son nom latin de *Longimanus*. Contrairement aux requins gris et effilés comme des torpilles que nous avions rencontrés auparavant, cette créature – avec ses longues nageoires déployées comme les ailes d'un avion de chasse – planait littéralement. La tentation était trop forte : sans nous soucier du câble de guidage, ni même de notre navire, nous nous précipitâmes tout simplement en direction du nouveau venu, bien décidés à mettre en fuite un fanfaron de plus.

Nous nous enfonçâmes à la poursuite du seigneur *Longimanus*. Il se mit enfin à décrire un large cercle. Je filmais tandis que Dumas faisait le clown, nageant auprès du requin, tendant même la main pour le pincer.

Mais l'animal ne faisait pas mine de battre en retraite. Il tournait toujours en nous fixant tous deux d'un regard sans expression.

Le cœur serré, nous comprîmes que ce tournoiement inlassable n'avait rien d'un comportement sans objet : c'était sa danse de mort.

Nous réussîmes à remonter brièvement à la surface pour constater que notre navire, qui suivait les baleines, s'éloignait de nous. Nous étions à des centaines de milles de toute terre, dérivant loin de notre base, en suspension dans un univers à trois dimensions, exposés de tous côtés aux attaques.

Soudain, le *Longimanus* fonça sur moi : je compris que ma caméra était la seule arme dont je disposais. Instinctivement, je la lançai en avant, le frappant au museau. Nullement démonté, il reprit ses grands cercles inexorables. Deux requins bleus de cinq mètres de long, jaillis de nulle part, étaient venus le rejoindre. Avec leurs réseaux de nerfs allant du museau à la queue, ils pouvaient percevoir même un frisson de peur faisant onduler les eaux. Les requins bleus vinrent se joindre à l'incessant carrousel du *Longimanus*, tandis que Dumas et moi pivotions vertigineusement sur place, faisant de vains efforts pour les surveiller tous.

Nous remontâmes à la surface, jaillissant au-dessus de l'eau pour faire des gestes frénétiques en direction du navire : mais l'*Élie Monnier* était maintenant à trois cents ou quatre cents mètres. Un requin surgit des profondeurs et se précipita, avec l'intention de croquer une de ces jambes qui pendaient de la surface comme des bananes. Nous l'esquivâmes. Affolés, nous formâmes une roue humaine, chaque homme tournant son visage de façon à pouvoir surveiller les pieds de son compagnon tandis que nous faisions des sauts à la surface pour lancer à tour de rôle des appels à l'aide. En bas, les monstres tournaient, infatigables, attendant de nous voir gagnés par un épuisement fatal.

Soudain, ce fut le salut : un dinghy arriva. Des amis nous tirèrent de l'eau et nous ramenèrent à bord du navire.

Au cours des années suivantes, plus j'acquérais d'expérience avec les requins, plus la confiance excessive que j'éprouvais jadis devant eux s'en trouvait ébranlée. À deux reprises, enfermé dans notre cage à requins, j'ai assisté au carrousel auquel ils se livrent avant de fondre sur leur proie. J'ai observé aussi des *Longimanus* qui suivaient des troupes de baleines, les poursuivant systématiquement, bien décidés à dévorer les faibles ou les malades. J'ai vu un jour un requin planter ses dents dans une baleine et arracher au gigantesque animal un morceau de chair gros comme un seau. Me rappelant mon orgueil insensé lors de ma rencontre avec un *Longimanus*, j'ai senti mon sang se glacer.

Il s'est glacé aussi au cours d'un épisode dramatique où mon ami Luis Marden a failli perdre la vie entre les dents acérées de requins enragés : mais, aujourd'hui encore, je ne sais pas si ce qui m'a le plus fait trembler c'était Luis ou les requins. Nous filmions *Le Monde du silence* dans la mer Rouge ; la *Calypso* était ancrée près des îles Farasan. La National Geographic Society nous avait envoyé Luis comme photographe pour les vues sous-marines. Un jour, la mer soudain se mit à bouillir autour de notre navire. Des douzaines et des douzaines de gros requins, pris d'une frénésie terrifiante, mordaient tout ce qui flottait, allant même jusqu'à planter leurs mâchoires béantes dans notre coque en bois et jusqu'à couper en deux un des leurs. Nous étions là, bouche bée et écœurés devant ce déchaînement de fureur, quand Luis s'empressa de passer son scaphandre autonome, de préparer sa caméra et se dirigea vers l'échelle de plongée. Je me précipitai vers la plage arrière, pour lui barrer le chemin. Luis se mit à m'invectiver. Tremblant d'horreur, je refusai toute discussion et j'appelai pour qu'on m'aide à le neutraliser. Il hurlait : « C'est la photo de ma vie ! la photo de ma vie ! »

Ç'aurait été la dernière photo de sa vie.

De tels risques pris par excès de confiance peuvent au moins donner aux téméraires l'occasion de tirer la leçon de leurs erreurs – à condition qu'ils y survivent. L'excès de confiance n'est malheureusement pas le seul facteur à caractériser le risque absurde. Au cours d'une vie passée en mer, j'ai rencontré des hommes prêts à prendre des risques pour de l'argent ; pour épater ; pour se faire remarquer. Avec chaque succès remporté par hasard, l'attrait du risque se fait plus grand. Trop souvent, celui qui en prend finit par ne le faire que pour le seul plaisir du risque : ainsi le célèbre aventurier corse, le pêcheur de coraux Toussaint Recco.

Nous commencions à tourner un documentaire sur les coraux de profondeur en Méditerranée quand les Corses se mirent à nous raconter des histoires sur Recco, leur plus intrépide risque-tout. Son prénom, Toussaint, signifie littéralement « Tous les Saints », une congrégation dont tout le monde était persuadé que Rocco ferait de bonne heure la connaissance, étant donné les risques insensés qu'il prenait.

Des plongeurs avaient déjà, dans tous les bas-fonds, arraché à coups de marteau et de pinces le corail rouge, une espèce précieuse convoitée par les joailliers ; incités par les prix toujours plus élevés de ce butin qui se faisait de plus en plus rare, ils plongeaient sans cesse plus profond. Recco acquit sa réputation – en même temps qu'une coquette fortune – en allant chercher des branches de corail qui se trouvaient dans les fonds les plus redoutables.

J'ai constaté que la plupart des accidents n'arrivent pas aux débutants, qui utilisent pour la première fois des scaphandres autonomes, mais qu'ils frappent des hommes d'expérience, qui s'imaginent avoir maîtrisé l'art de la plongée. Je ne fus donc pas surpris de découvrir que Recco, plongeur accompli, avait commencé par acquérir son goût du risque par excès de confiance. Il était persuadé d'avoir déjoué les lois de la nature : il se vantait d'avoir même surmonté la « narcose de l'azote », cette griserie provoquée par l'absorption d'azote, un des principaux éléments de l'air que nous respirons, sous la pression des profondeurs. Lors de nos premières plongées en profondeur avec le scaphandre autonome, nous avions connu cette euphorie qui ressemble à celle causée par le chloroforme, et nous en avions peu à peu respecté les perfides dangers : nous l'avions baptisée « l'ivresse des profondeurs ». Cette ivresse ne vous tue pas sur-le-champ, elle agit de façon insidieuse : elle incite le plongeur à aller encore plus bas tout en lui faisant perdre la raison. À douze mètres de profondeur, j'éprouve pour ma part un joyeux vertige ; à soixante mètres, une insouciance trompeuse. Dans certaines plongées expérimentales, au-delà de soixante mètres, l'azote m'a tellement embrouillé les idées que j'ai perdu tout sens du haut et du bas et que je me suis senti vaguement près de perdre mon instinct de conservation : lors des premiers essais de plongée dans la Marine, un de nos collègues y a même laissé la vie. Remonter à la surface met un terme à cette ivresse : mais il suffit d'ajouter la dose d'hélium appropriée au mélange d'air pour l'empêcher complètement.

Recco – qui n'avait sans doute jamais entendu parler de l'hélium et n'avait que mépris pour nos folles complications – non seulement plongeait jusqu'à près de cent mètres avec seulement de l'air dans ses bouteilles, mais restait dans cette zone dangereuse le temps qu'il fallait pour rapporter toutes les branches de corail qu'il voulait. Il se moquait aussi des règles de décompression : en remontant à la surface, il improvisait son propre code de plongée. Lors des brefs paliers de décompression qu'il acceptait de respecter de mauvaise grâce, il s'arrangeait pour retrouver la styliste aux courbes intéressantes d'un institut de beauté qui aimait plonger pendant ses vacances; ils passaient leur temps à partager l'embouchure de Recco. Tout d'abord, j'étais confondu de voir comment Recco avait échappé aux effets paralysants de ce qu'on appelle le mal des caissons, puis je m'aperçus qu'en fait il n'y avait pas échappé du tout. De retour sur la terre ferme, il boitait. Pour se donner encore plus de temps dans des profondeurs dangereuses, il augmentait la pression de ses bouteilles d'air qu'il transformait en bombes miniatures. Il faisait fièrement admirer les restes d'une bouteille qu'il avait fait accidentellement exploser : sa gaine métallique avait éclaté comme un ballon trop gonflé, projetant autour de lui une pluie d'éclats d'acier acérés.

Qu'est-ce qui pouvait donc pousser un homme vers le désastre ? Durant le tournage de notre documentaire, un courtier en corail qui avait fait fortune en achetant et en revendant les trouvailles de Recco m'affirma que, pour sa part, il ressentait une grande affinité pour ce qui lui semblait être la motivation du plongeur : l'argent. Plus Recco prenait des risques, plus il s'enrichissait. Je vis pourtant l'insatiable appétit de Recco se développer : d'abord c'était l'argent qu'il convoitait, puis le corail. Il passait des heures à inspecter la tonne et demie de sa collection de coraux qu'il avait abritée dans un hangar. Recco appréciait tellement les profondeurs qu'à mon avis il recherchait même les plaisirs de la narcose à l'azote. Je crois qu'en fait l'ivresse des profondeurs était devenue pour lui une drogue. Et enfin, le risque lui-même, le pauvre frisson de risquer sa vie – le risque pour le risque – était devenu son opium.

Des années plus tard, ses amis nous racontèrent l'ironie du sort qui avait marqué sa fin. Il était mort de mort violente, mais pas en plongeant. C'était son beau-frère qui l'avait abattu au cours d'une discussion à propos d'un tuyau d'arrosage. Pour moi, je ne vois aucune ironie dans le meurtre de Recco. Je le trouvais charmant – les risques qu'il prenait me fascinaient même –, mais je continue à penser qu'il est mort comme il avait vécu : pour rien.

La fascination du public devant tant de témérité me semble déplacée. Le vantard, qui déclare dans les journaux :

« Le danger, c'est mon métier », affiche une enseigne au néon qui proclame : « Ma spécialité, c'est la stupidité. » Un casse-cou ne fait montre ni de talent ni d'intelligence quand, juste pour voir s'il peut frôler la mort en l'évitant, il se lance à tâtons dans une entreprise hasardeuse. C'est se fixer un objectif plus exigeant que d'oser sans danger ; atteindre un but en vaut la peine en réduisant systématiquement les risques et par là même en les maîtrisant.

Quels sont alors les principes qui doivent nous guider quand il s'agit de prendre un risque raisonnable ?

Je découvris de bonne heure ce qui est essentiel pour affronter le risque en le calculant : supprimer la peur. Le risque en soi n'est qu'une menace. La peur est un ennemi. Devant un danger qui exige la réaction d'un esprit lucide, la peur obscurcit le jugement.

Même si la peur n'est pas un sentiment noble, c'est un sentiment normal. Je n'ai jamais pu m'en débarrasser, mais j'ai découvert que je pouvais du moins la maîtriser à condition de pouvoir exercer un certain contrôle sur la situation. Ainsi, j'étais paralysé par la peur lorsque les Américains bombardaient la gare de la Chapelle à Paris pour tenter de neutraliser le transport de matériaux stratégiques à travers la France occupée. Je n'avais aucun moyen de nous protéger, moi, ma femme et mes fils. Les bombes tombaient partout et n'importe où. Pourquoi la prochaine ne serait-elle pas pour nous ? Je ne pouvais que rester blotti chez moi avec ma famille, malade de terreur. Pourtant, le souvenir que je garde d'avions italiens piquant pour essayer de toucher mon navire, le *Dupleix*, au mouillage avec la flotte française à Toulon, n'est associé pour moi à aucune notion de peur. Là encore, les bombes pleuvaient en hurlant et explosaient tout autour de moi. Mais je servais les canons antiaériens et ainsi j'exerçais du moins un certain contrôle sur mon destin. Le feu de l'action ne me laissait pas le temps d'avoir peur.

La menace que constitue la peur dépasse son pouvoir paralysant. Elle attise aussi l'agressivité d'un assaillant. Les animaux la sentent : ils réagissent à sa présence en y voyant une invitation à attaquer sans tarder. Un calme apparent détourne souvent comme par magie un prédateur.

Je ne me fierais pas à la sérénité comme seule défense contre un carnivore mais, au début des années trente au Cambodge, elle a fait office au moins de dernier ressort. Un camarade officier de Marine et moi faisions une excursion dans la jungle, nous frayant un chemin parmi la végétation touffue qui en quelque cinq cents ans avait englouti la cité perdue d'Angkor, orgueil de la dynastie khmère. Nous tombâmes sur les vestiges d'un petit temple : sur ses pierres étaient gravés les symboles qui, espéraient les souverains du Sud-Est asiatique, allaient comme par magie les transformer en dieux. Mon ami s'attarda dans le petit sanctuaire mais je poursuivis mes déambulations, fasciné par la beauté d'une jungle qui avait fini par triompher d'une civilisation jadis brillante.

Je ne m'attendais certes pas à tomber sur la panthère noire qui déboucha devant moi. Dans cette jungle, on le savait, les panthères avaient tué des chiens, du bétail, même des humains – au cours d'attaques où elles faisaient montre d'une telle agilité qu'on avait retrouvé des restes de chair et d'os parmi les lianes dans la voûte de la forêt. Je me coulai contre un arbre, pour me protéger au moins d'une attaque par-derrière. Puis je fixai mes yeux droit sur ceux de la panthère. Elle me regardait, en faisant jouer ses muscles. Je continuai à la fixer. Elle s'éloigna d'un pas majestueux. Bien sûr, j'avais eu peur. Mais je suis persuadé que, si elle l'avait senti, je ne serais pas là un demi-siècle plus tard pour raconter cette histoire.

Les risques les plus courants que nous affrontons, mon équipe et moi, impliquent justement des rencontres avec des animaux au comportement aussi imprévisible. Quand il s'agit de gérer ces risques, l'intrépidité nous aide à garder l'esprit clair, mais ce serait folie que de compter sur la seule témérité. Comme nous ne pouvons pas réduire la fréquence des surprises que nous réserve la nature, nous renforçons la minutie de nos préparatifs.

Ce sont nos expériences passées qui ont inspiré le luxe de précautions que nous prenons aujourd'hui. L'incident de la panthère noire me donna une idée pour nous protéger des requins. Quand un plongeur flotte en suspension en pleine mer, les requins peuvent l'approcher sous tous les angles. M'adosser à un arbre au Cambodge réduisait le champ où j'étais exposé à une attaque de la panthère : cela nous suggéra l'idée de placer deux plongeurs dos à dos pour mieux inspecter les eaux infestées de requins.

L'épisode du *Longimanus* d'ailleurs nous inspira une autre utile précaution. Quand, sans y réfléchir, je frappai avec ma caméra le requin qui fonçait sur moi, c'est *moi* que le choc fit trébucher en arrière. Pendant un moment au moins, je m'étais mis hors d'atteinte. Après cet incident, nous fabriquâmes la « matraque à requins », un simple bâton à l'extrémité hérissée de pointes de clous. Les clous ne font pas mal à un requin mais ils empêchent la matraque de glisser sur sa peau tandis que nous reculons. Ainsi armés, deux plongeurs dos à dos peuvent affronter deux requins.

Mais un groupe de plongeurs armés de je ne sais combien de matraques peut se trouver quand même incapable de résister à plus de deux requins. Dans les eaux où ils abondent, nous immergeons des cages à requins, ces caisses aux barreaux d'aluminium ou d'acier que Dumas et moi avions un jour baptisées des « zoos humains ». Les plongeurs n'ont pas nécessairement à en faire usage ; mais si sans crier gare l'humeur des requins passe de la méfiance à la fureur, les hommes peuvent battre en retraite dans les cages et en claquer les portes. Nous pouvons ensuite à l'aide d'un treuil remonter les plongeurs pour les mettre à l'abri. À titre de précaution supplémentaire, nous installons souvent dans une des cages un hydrophone sous-marin et une caméra de télé, ainsi que des moniteurs en circuit fermé avec notre salle des cartes sur lesquels nous pouvons suivre les confrontations qui se déroulent au fond et réagir immédiatement à toute menace qui se présente.

Ce genre de préparatifs m'a permis de voir mon fils Philippe revivre ma rencontre d'autrefois avec le seigneur *Longimanus* : il manifesta les mêmes vives émotions que j'avais connues mais sans faire montre en rien de ma témérité. Nous avions décidé d'étudier la migration des requins autour du récif de l'île de Dahl Ghab, au large du Soudan, en marquant les bêtes avec des plaques d'identité numérotées que nous planterions dans leurs ailerons comme des banderilles au moyen d'une longue lance.

Nous descendîmes deux cages. Dans la première, un plongeur avait sa lance à marquer et un sac de morceaux de poissons pour attirer les requins. Dans la seconde, où j'avais installé le téléphone, Philippe avait pris une caméra pour filmer notre corrida sous-marine.

En bas, Philippe annonça d'une voix forte dans l'interphone : « Arrivée d'un *Longimanus*. » Nous ne devions plus entendre de nouveau sa voix au cours de la plongée. Nous observâmes la scène sur les moniteurs en circuit fermé : voilà que s'avançait le monarque, grand, majestueux, insolent, entouré d'une cour de six poissons pilotes. Le seigneur *Longimanus* contourna la foule, sûr de lui, indifférent, nullement disposé à se mêler au *vulgum pecus*. Soudain, avec la rapidité de l'éclair, un requin de taille moyenne à pointe blanche s'empara d'une grosse tête de poisson que les plongeurs offraient en appât : le carnivore aussitôt fut attaqué par des requins plus gros.

En un instant, avec une telle rapidité que c'était à peine si nous pouvions suivre la scène, le *Longimanus* chargea, dispersa cette cohue et engloutit ce qui restait de l'appât. D'un seul coup de nageoire, il pivota alors, fonça sur l'hydrophone qui pendait de la coque de la *Calypso*, l'avala puis le recracha ; il s'attaqua ensuite rageusement à la petite cage d'aluminium de Philippe, saisissant les barreaux dans ses mâchoires et secouant violemment l'équipement, Philippe ballotté à l'intérieur comme une bille humaine dans une boîte en fer-blanc.

Suivant la scène sur notre moniteur, je vis le requin s'acharner sur le câble par lequel la cage de Philippe était accrochée au navire ; je donnai aussitôt l'ordre de remonter les deux cages à bord. Quand mon fils tremblant parvint à s'extraire de son abri, il sortit en trébuchant sur le sol pour me voir secoué d'un rire inextinguible. Le *Longimanus* l'avait terrorisé tout autant que son ancêtre l'avait fait jadis avec moi. Mais la tragédie avait tourné à la comédie car, grâce à nos précautions, l'expression mélodramatique de Philippe n'était qu'un réflexe et non pas le résultat d'un risque déraisonnable.

Évidemment, même la prévoyance ne peut protéger qu'en partie contre l'imprévisible : nous le découvrîmes très tard un soir quand Falco et moi prîmes la soucoupe de plongée équipée d'un téléphone à ultrasons pour descendre le long des falaises abruptes du récif de Shab Arab, dans le golfe d'Aden. Comme nous nous immergions, des douzaines de petites lumières vertes vinrent percer le noir de l'eau : les yeux de requins qui brillaient dans le faisceau de nos phares. Ces lueurs sinistres et scintillantes proliféraient de tous côtés. Bientôt plusieurs douzaines de requins se pressaient autour, au-dessus, au-dessous de nous. L'un après l'autre, ils passaient devant nous, menant leur danse chargée de tension au cœur de la nuit. L'étroitesse de nos hublots nous empêchait de filmer la sarabande dans son ensemble : nous appelâmes donc le navire par téléphone en demandant à quelques opérateurs de plonger et en leur recommandant de faire descendre une cage.

Le temps pour deux plongeurs de se préparer et les requins étaient devenus fous, s'attaquant rageusement à tout et n'importe quoi. Les hommes pénétrèrent dans une cage à bord, avant même qu'on la descendît par le treuil dans le pandémonium qui se déchaînait au fond. De notre soucoupe, Falco et moi regardions la cage, avec ces deux hommes en sécurité à l'intérieur, descendre au milieu de la meute affolée. Nous fûmes absolument abasourdis par le spectacle qui suivit. Les deux plongeurs, pourtant à l'abri à l'intérieur de leur cage, avaient lâché leurs caméras et s'étaient mis à tourner sur place, à agiter les bras, à s'administrer sur les pieds des claques frénétiques. Je contemplais bouche bée les deux derviches tourneurs. On remonta la cage : les plongeurs de toute évidence avaient actionné l'alarme. Très étonnés, Falco et moi suivîmes à bord de notre soucoupe et nous amarrâmes au bord de la *Calypso* pour débarquer sur un pont tout couvert de sang. Nous nous précipitâmes au carré des officiers où notre médecin soignait les deux plongeurs, allongés sur une table, les chevilles enveloppées de bandages maculés de taches de sang qui ne faisaient que s'élargir. À l'abri des requins qui s'agitaient autour de leur cage, les hommes s'étaient trouvés attaqués à l'intérieur par des nuées de taons de mer presque invisibles. Des milliers de minuscules crustacés hérissés de griffes, voraces comme des piranhas, avaient lacéré sans pitié la seule chair non protégée des plongeurs, à la hauteur des chevilles entre le bas de leur combinaison étanche et leurs palmes. Une fois de plus, un danger imprévu était venu menacer nos hommes. Mais du moins une précaution – notre système d'alarme – leur avait-elle permis d'y échapper.

Inlassablement, ce genre de périls inattendus vient démontrer que, quelle que soit notre expérience, nous n'en savons jamais assez sur la nature. Même des animaux que nous avons appris à connaître comme paisibles ont pu, quand ils sont traqués, faire montre d'une violence inattendue. À la Guadeloupe, nous avons campé pendant des semaines en toute tranquillité au milieu des centaines d'éléphants de mer qui viennent se reproduire dans ce sanctuaire protégé. Nous savions que les mâles se battent farouchement entre eux pour les femelles en utilisant leurs formidables défenses, dont ils se servent comme d'une épée pour découper en lambeaux le museau de leur adversaire. Un seul coup de défense, appuyé par la masse de trois tonnes d'un éléphant de mer, pourrait tuer un homme sur le coup. Mais, comme nous nous promenions sur la plage, il devint évident que le seul poids de ces géants maladroits les rendait incapables de donner la chasse aux humains. Même quand ils manifestaient une colère un peu ensommeillée, ils ne nous « chargeaient » qu'en se dressant sur leur arrière-train et en se poussant en avant, traînant leur masse comme des chenilles, jusqu'au moment où l'effort les épuisait.

Ce que nous n'avions pas vraiment prévu, c'était la suprématie de ces animaux dans l'eau où leur poids devient puissance et leur molle torpeur agilité. Croyant pouvoir filmer les éléphants de mer en train de s'accoupler si nous les surprenions dans une mare peu profonde, nos plongeurs s'approchèrent furtivement à la nage d'un couple, bloquant ainsi le goulet qui constituait la seule sortie de la mare. Le mâle ainsi acculé se retourna dans l'eau avec une facilité stupéfiante et se précipita avec rage vers les plongeurs, écrasant d'un seul coup une caméra pourtant à l'épreuve de la pression. Puis il disparut avec sa compagne. Il ne restait comme trace de leur passage qu'un nuage de semence provenant de l'accouplement interrompu, sa traînée laiteuse se dissipant dans le courant.

Nous pensions avoir maîtrisé le caractère imprévisible de l'animal le jour où nous commençâmes un documentaire sur les hippopotames dans la rivière Luang Wa, en Zambie. Nous dressâmes notre camp non loin de là, les énormes bêtes qui barbotaient dans les parages ayant un comportement parfaitement conforme à leur réputation : les hippopotames ensommeillés paressaient dans l'eau, se laissant flotter, tout ravis de se décharger de leur masse accablante. Cette fois nous prîmes garde aux risques de la saison des amours qui transforme un hippopotame mâle en trois tonnes de chair et de fureur. Ses deux dents du bas et ses deux dents du haut, qui s'emboîtent l'une dans l'autre comme les lames d'un sécateur, pourraient sans doute scier un homme en deux.

Rendus prudents par nos expériences précédentes, nous construisîmes un radeau pour une caméra télécommandée, dans l'espoir de pouvoir filmer à distance un groupe d'hippos, près du lac Tanganyika. Nous fixâmes une caméra au fond de l'embarcation, pour filmer sous l'eau, et une autre sur le dessus, pour enregistrer ce qui se passait à la surface. Deux hommes alors prirent chacun un des deux cordages que nous avions attachés au radeau et avancèrent chacun sur une rive opposée, guidant le radeau suivant le cours de l'étroite rivière qui les séparait. Pendant plusieurs minutes, cette installation fonctionna parfaitement. Mais plus les hommes avançaient, plus ils coinçaient deux hippos dans un étroit cours d'eau. L'un d'eux réagit en plongeant sous les cordages pour regagner la partie plus large de la rivière. Le second, toujours prisonnier, brûlait de rage : faute de pouvoir la passer sur quelqu'un, il se précipita vers notre petit radeau et plongea. Empêtré dans les cordages, il jaillit de l'eau et fracassa notre matériel. Quand nous ramenâmes les débris sur la rive, nous constatâmes qu'il avait mis en pièces une caméra faite pour supporter une pression de plus de dix kilos par centimètre carré. Cette crise de fureur m'obligea à remplacer encore un autre coûteux appareil. Mais une vie humaine, vaut plus qu'une caméra.

La gestion du risque exige une qualité rare : savoir décider quand ne pas oser. Lorsqu'on a investi du temps, des efforts et des ambitions, il peut s'avérer tentant mais fatal de ne pas démordre des plans qu'on a faits. Un jour que je n'oublierai jamais, les membres de notre équipe annulèrent brusquement leur mission : la menace qu'ils ne pouvaient pas raisonnablement affronter ne venait pas du caractère imprévisible d'un animal sauvage mais – pour la seule et unique fois de ma carrière – du côté imprévisible des hommes eux-mêmes.

Nous avions passé deux ans à explorer le bassin de l'Amazone, suivant les eaux du fleuve de l'embouchure jusqu'à la source, filmant les mines d'or, les barrages, les effets d'une civilisation envahissante sur les régions sauvages. Pour parachever mon enquête, je décidai d'envoyer mon fils Jean-Michel et quatre membres de l'équipe jusqu'au cœur d'une jungle encore intacte. Ils devraient enregistrer des sons et des images de créatures qui commençaient déjà à disparaître d'une des dernières forêts vierges à exister encore sur terre.

Nous avions tous entendu des histoires abominables sur certaines des tribus indiennes de la jungle. Quelques mois à peine avant notre arrivée, l'une d'entre elles, réputée être la plus impitoyable – les Yanomami –, avait capturé et massacré quatre mineurs qui prospectaient sur des terrains de chasse indiens. Des gens vivant dans des villes du Brésil citaient des tragédies de ce genre pour illustrer la « sauvagerie » des indigènes : pour moi, ces récits témoignaient au contraire d'une forme d'intégrité. Les Indiens défendaient plus que leur existence : ils défendaient leur mode de vie.

Autant par respect pour les Indiens que pour la sécurité de mes hommes, j'engageai un *sertanista* bien connu, un homme ayant pour mission d'assurer le contact avec les Indiens. Employé jadis par le gouvernement brésilien pour communiquer avec les tribus avant la construction prévue d'une grande route traversant la jungle, notre *sertanista* parlait plusieurs dialectes indiens. Quand je lui demandai de trouver un lieu de campement pour notre équipe cinématographique, j'avais une telle confiance dans ses connaissances que je le laissai pratiquement libre de son choix, en ne précisant que deux critères auxquels je tenais : le site du camp devait être loin de tout village indien, en aucun cas nos hommes ne devaient entrer en contact avec les Indiens.

Patrouillant la région avec moi à bord d'un avion amphibie puis d'un hélicoptère, le guide proposa de dresser le camp sur un îlot sablonneux du rio Paduaari, près de la frontière qui sépare le Brésil du Venezuela. J'acceptai sa suggestion. Cet emplacement nous offrait une possibilité que nous n'aurions pas ailleurs : si nos hommes devaient s'installer sous la voûte d'une jungle touffue et inconnue, en cas d'urgence nous ne les aurions jamais retrouvés. Mais s'ils s'installaient sur une rivière, ils pourraient battre en retraite en suivant le cours d'eau : nous n'aurions qu'à suivre la rivière et en deux jours nous les retrouverions.

Le site présentait quand même des risques. Les hommes se trouveraient trop éloignés pour avoir un contact radio fiable avec la *Calypso*. Il nous fallait deux pilotes pour conduire les hommes jusqu'au camp : l'un pour amener un appareil amphibie jusqu'à un plan d'eau assez droit pour y poser le petit hydravion ; l'autre pour piloter notre hélicoptère et transporter nos hommes sur le restant du chemin afin de les déposer sur le petit îlot. Chaque voyage représentait le survol d'une forêt trop touffue pour nous permettre même de retrouver l'épave en cas d'accident. Nous compensâmes ces inconvénients en prenant toutes les précautions imaginables. Nous équipâmes l'appareil de gilets de survie de l'Air Force, de matériel de premiers secours, de torches, de machettes et de vivres pour six jours. Nous convînmes que le pilote de l'hydravion survolerait tous les deux jours le camp pour communiquer avec les hommes par walkie-talkie. Quand ils furent installés, le *sertanista* promulgua deux autres règles de sécurité : personne ne devait s'aventurer seul dans la jungle ; chaque groupe qui pénétrait dans la forêt devait avoir une machette et un fusil.

La première erreur fatale ne parut sur le moment qu'un geste d'irritation. Le *sertanista* contraria un jour Jean-Michel en abattant un tapir. Non seulement mon fils fut déçu par cette tuerie inutile ; il s'inquiétait aussi à l'idée que les échos de la détonation n'aient fait fuir précisément les animaux sauvages que l'équipe était venue filmer. Dans les jours qui suivirent, on voyait régulièrement tomber à travers les branches des arbres des corps d'oiseaux : le guide ne tenait aucun compte des interdictions de Jean-Michel et s'obstinait à chasser.

Les jours passèrent. Les hommes une nouvelle fois s'enfonçaient dans la jungle avec le guide quand ils tombèrent sur un camp indien abandonné, ravagé par les intempéries et délabré par le passage du temps. Le guide affirma que jamais les Indiens ne reviennent utiliser un camp une seconde fois. Il était évident qu'ils avaient abandonné ce site voilà longtemps, mais les vestiges n'étaient pas totalement rassurants. Jean Michel remarqua que le camp avait été dressé à la façon bien reconnaissable des Yanomami. Mon fils gardait en mémoire le souvenir des bruyants atterrissages de l'hélicoptère, du matériel de pêche qu'ils avaient apporté – et, plus grave encore, des coups de feu, des animaux que notre guide avait tués. Ou bien était-ce du braconnage ? Sur un territoire yanomami ? Dès cet instant, Jean-Michel eut le sentiment qu'on les surveillait.

Le neuvième jour de leur séjour – prévu pour deux semaines –, les hommes une nouvelle fois s'enfoncèrent dans les broussailles, écartant les lianes et guettant les bruissements imperceptibles des animaux qu'ils voulaient filmer. Ils découvrirent de nouvelles entailles sur les arbres. Le guide examina le bois : certaines traces étaient vieilles d'une semaine. D'autres de trois jours. Les hommes gardaient le silence. Le bois vert et pulpeux mis à nu par la dernière entaille luisait encore d'un filet de sève fraîche : cette marque-là datait de la veille.

La seule façon de gérer le risque qu'annonçaient ces entailles, c'était de l'éviter purement et simplement. Jean-Michel décida l'évacuation immédiate. Les hommes passèrent une nuit d'énervement à lever le camp, en s'efforçant de ne pas sursauter à chaque craquement de branchage. Dès le matin, l'hélicoptère commença ses navettes pour les ramener vers l'abri du petit village le plus proche. Le pilote ne pouvait transporter que deux hommes à la fois. Quand l'hélicoptère aurait effectué son avant-dernière rotation puis son trajet de retour, un homme devrait attendre seul une heure sur le site. Dominique Sumian, le solide mais doux géant de notre équipe, semblait parfaitement qualifié pour ce rôle. Il sait ce que c'est qu'un fusil. Et il sait ce que c'est de résister à la peur. En attendant le retour de l'hélicoptère, Dominique approcha du bord de la rivière, se dépouilla de ses vêtements et alla prendre un bain. Un homme nu nageant dans une rivière, estima-t-il, s'était débarrassé de tout signe menaçant – et de tout signe annonçant qu'il redoutait quelque chose. Dominique était l'image même du calme. Tandis qu'il flottait sur l'eau tiède, il entendit le sinistre sifflement des machettes tailladant la jungle.

Rien n'est plus éprouvant que les risques auxquels on ne peut pas échapper. Pour ma part, une seule expérience m'a montré ce qu'est ce risque extrême exigeant les précautions les plus méticuleuses : plonger dans un des innombrables gouffres qui s'enfoncent dans des couloirs insondables communiquant entre eux sous la mer des Caraïbes, aux Bahamas.

Toute mon équipe était persuadée qu'une plongée réussie dans une grotte rapporterait une moisson de trésors inestimables. Ceux qui osaient pénétrer dans ces casernes pourraient lire le récit de la Création écrit dans la pierre. Le docteur Robert Benjamin, ingénieur chimiste de profession, explorateur de grottes sous-marines par passion, excitait notre appétit avec ses récits à propos d'une crevasse si profonde qu'il avait été incapable d'en sonder tous les mystères. Un de ses amis et lui s'étaient glissés dans une fissure du fond de la mer et s'étaient trouvés dans un tunnel qui s'enfonçait à la verticale : ils étaient descendus jusqu'à une profondeur dangereuse quand leur principale lumière s'était éteinte. Ils improvisèrent : ils utilisèrent le flash électronique de leur appareil photo pour scruter un instant l'abîme. Ce fut seulement quand la pellicule fut développée qu'ils constatèrent que la crypte en dessous d'eux contenait des stalactites ! Celles-ci ne peuvent se former qu'à l'air : ce qui voulait dire que les cavités qui s'entrelaçaient sous le fond de l'Atlantique formaient autrefois des tunnels traversant les collines au-dessus de l'océan. Nous voulions atteindre cette extraordinaire caverne ; nous discutions avec excitation de la perspective d'en authentifier l'existence en la filmant.

Toute exploration de grotte sous-marine présente des risques redoutables. En eau libre, en cas d'urgence un plongeur peut remonter à la surface juste au-dessus de lui ; dans une grotte sous-marine, sa seule issue est de refaire tout le chemin jusqu'à l'entrée. Une grotte voue un plongeur à la réussite – ou le condamne à mort. Des labyrinthes sous-marins ont déconcerté et pour finir coûté la vie à bien des plongeurs. François de Roubaix, un jeune compositeur de talent à qui j'avais envisagé de confier la musique de quelques-uns de mes films, s'est noyé dans une grotte des îles Canaries. Mon ami Conrad Limbaugh, un excellent plongeur, se trouva pris au piège de la rivière souterraine de Port Niou, en France. Falco faisait partie du groupe qui partit à sa recherche dans ce dédale envahi par les eaux et retrouva son corps : Limbaugh avait à n'en pas douter connu une mort affreuse, survenant seulement après qu'il eut compris avec horreur avoir perdu son chemin.

Les grottes des Bahamas présentent des dangers particuliers. Benjamin nous annonça que, durant la seule année précédant notre arrivée, plus de vingt plongeurs y avaient trouvé la mort. Des centaines d'orifices de grottes qui parsèment le fond de l'océan autour des Bahamas donnent sur un réseau de tunnels qui transforment le fond de la mer en une gigantesque éponge. La marée montante provoque un tel afflux de courant au sein de ces couloirs qui s'entrecroisent que les eaux littéralement bouillonnent et jaillissent des orifices, pendant parfois six heures d'affilée. En revanche, la marée descendante déclenche à l'entrée de la caverne un formidable tourbillon dont l'infernal bruit de succion semble annoncer aux plongeurs téméraires qu'ils vont être engloutis dans les entrailles de la terre. Si nous parvenions à concevoir un plan pour déjouer ces périls, il nous faudrait en outre le mettre en œuvre avec des esprits engourdis par la narcose de l'azote : la caverne que nous désignait Benjamin se situait juste au niveau où l'ivresse des profondeurs entame son flirt redoutable avec le cerveau humain.

C'est ainsi que, pour une plongée qui durerait quelques minutes, nous nous préparâmes pendant des jours. Afin de mesurer les courants tout au long de la journée, nous installâmes des instruments à l'entrée de la grotte, une étroite fente dans le fond de l'océan, à trois mètres à peine au-dessous de la surface. Nous repérâmes un intervalle entre les marées – qui ne durait que vingt minutes – au cours duquel nous pouvions plonger sans risque. Chacun des quelques jours suivants, de petites équipes profitèrent de ces périodes où la mer était étale pour préparer notre jour de tournage. Le premier après-midi, un groupe de plongeurs entreprit de dérouler un épais câble de guidage pour jalonner le chemin d'accès et de sortie dans le dédale des couloirs de la grotte. Ils inspectèrent l'entrée du gouffre : une cheminée presque verticale qui descendait à cinquante mètres de profondeur. Le lendemain, une équipe continua à dérouler le câble tout en explorant la section suivante de la grotte, en partie bloquée par des glissements de terrain : un tunnel horizontal qui s'étendait sur deux cent cinquante mètres. Enfin une équipe, déroulant toujours le câble, suivit ce couloir presque jusqu'à son extrémité, en laissant des bouteilles d'air supplémentaires près de l'entrée de la salle de Benjamin.

Notre chemin ainsi tracé jusqu'au bout, nous savions que nous ne pouvions pas nager assez vite pour atteindre la salle, puis la filmer durant le bref intervalle de calme entre deux marées. Il nous faudrait profiter des faibles mouvements au début et à la fin des marées pour nous attirer vers la grotte, puis nous propulser à l'extérieur. Nous nous accordâmes exactement dix minutes pour atteindre la salle, cinq pour la filmer et dix pour revenir. Nos calculs étaient serrés : même un bref délai pouvait nous coûter la vie.

Le jour du tournage, nous étions tous installés dans notre Zodiac, avec notre équipement, occupés à effectuer le compte à rebours. Je donnai le signal du départ. Chacun de nous à son tour se glissa la tête la première par la fente qui s'ouvrait dans le fond de l'océan. Nos bouteilles frottaient et bringuebalaient contre les parois de l'étroite cheminée tandis que nous effectuions les cinquante mètres de descente. Nous ne pouvions pas nous permettre un instant de claustrophobie : il nous fallait poursuivre notre course contre la marée. Le temps d'arriver au passage horizontal, et deux minutes s'étaient écoulées. Il nous en restait huit pour traverser à la nage les deux cent cinquante mètres de couloir. Nous fonçâmes.

Nous agitions nos palmes suivant un rythme régulier tout en progressant dans un monde étrange, dispersant avec le faisceau dansant de nos torches des siècles de ténèbres. Avec cinquante mètres de roches au-dessus de nous, et l'étroit tunnel parsemé de pierres qui s'allongeait devant nous, nous luttions alternativement contre des vagues d'ivresse des profondeurs et une appréhension bien compréhensible. Ce qu'il fallait, c'était accepter la peur : se dire : « J'ai peur ; et alors ? » Une fois qu'on est dans une grotte, on y est. Pas question de rebrousser chemin alors que vous avez toute une file de plongeurs dans un couloir trop étroit pour laisser passer plus d'un homme à la fois. Nos huit minutes prévues pour la traversée du couloir s'écoulèrent : nous avions suivi le tunnel jusqu'à son extrémité.

Sur un signal du cameraman, chacun de nous alluma une torche au magnésium à haute intensité. Les voûtes d'une cathédrale se déployèrent soudain devant nous. Les torches projetaient dans l'eau des langues de feu fantomatiques qui tremblaient sur les parois de la salle, révélant les hautes voûtes du plafond qui se dressait à une quinzaine de mètres au-dessus de nous. Le dôme tout entier ruisselait de pierres : des stalactites ! Elles frôlaient presque les stalagmites qui s'étaient formées sous chacune d'elles, comme des ruisselets de roches façonnés par le temps, testament d'une époque où des chauves-souris plutôt que des poissons avaient peut-être cherché refuge ici.

La réalité nous tira de notre rêverie quand le grondement des flammes s'arrêta. Nous torches s'étaient éteintes, emplissant la caverne de fumée. Nous restâmes un long moment dans la confusion ; puis, comme un fil d'Ariane, nous suivîmes le câble de guidage pour remonter le tunnel, la cheminée, le puits. Nous atteignîmes juste à temps notre premier palier de décompression, à six mètres au-dessous de l'orifice. La marée descendante commençait à refouler vers le haut ses eaux bouillonnantes. Cramponnés au câble, nous flottions dans le jaillissement déchaîné, comme les pavillons de la *Calypso* claquant dans la tempête. Nous n'éprouvions aucune peur. Seulement l'enthousiasme d'avoir accompli la plongée la plus passionnante de notre vie.

L'autre face du risque – quand les précautions les plus minutieuses s'effondrent comme un château de cartes – mettent plus sévèrement à l'épreuve l'esprit et le courage. Les vies sacrifiées à ce genre de risque ne sont pas le signe d'un échec mais la marque du destin. C'est ce genre d'adversité que l'équipe de la *Calypso* rencontra dans les mers bloquées par les glaces de l'Antarctique.

Nous n'étions pas partis pour l'Antarctique dans une totale innocence. Nous savions que ses hivers impitoyables avaient coûté bien des vies et causé la perte de dizaines de navires célèbres, parmi lesquels le *Belgica* – avec à son bord le jeune Amundsen – resté tout l'hiver prisonnier d'une mer prise par les glaces : trois hommes devinrent fous et un autre, mort et immergé en mer, resta durant toute la longue nuit polaire à hanter le groupe isolé, sous la glace que foulaient leurs pieds ; l'*Antarctique*, perdu à la fin de février, au début de la saison hivernale, dans des eaux qui n'étaient même pas aussi proches du pôle Sud que celles où j'avais l'intention de naviguer ; l'*Endurance* d'Ernest Shackleton, bloqué par les glaces dans la mer de Weddell, un vaisseau fantôme immobile sur un champ de glace jusqu'au moment où la banquise vint écraser comme une noix le vaisseau de bois.

La *Calypso*, avec sa coque en bois, n'était pas un navire fait pour l'Antarctique. Mais c'était le seul vaisseau dont je disposais. C'étaient des raisons impérieuses qui m'avaient amené à relever le défi de l'Antarctique. On avait chassé des baleines presque jusqu'à l'extinction de l'espèce, et il me fallait mieux comprendre leur triste sort si je voulais me battre pour les protéger. On avait rarement eu recours à la plongée pour étudier la faune marine tout à fait particulière des mers antarctiques, et aucun sous-marin d'exploration n'avait encore sondé en profondeur les eaux entourant le continent glacé. La NASA vint jouer les sirènes en nous demandant de rassembler des éléments sur la chlorophylle de surface et sur les courants océaniques. L'agence spatiale fournissait aussi à la *Calypso* des instruments qui nous permettaient d'accéder directement à trois satellites en orbite : premier navire à être muni d'un pareil équipement, la *Calypso* pourrait surveiller les informations météorologiques et recevoir des photographies sur l'étendue de la banquise.

Pendant les mois de décembre et de janvier, l'Antarctique nous révéla plus de merveilles encore que nous l'avions imaginé. Nous déchiffrâmes l'histoire des éruptions volcaniques gravée dans les parois d'un glacier brisé. Sous la glace, nous écoutâmes les chœurs des phoques de Weddell. Nous découvrîmes les fossiles d'arbres et de plantes arrachés à l'Inde par la dérive des continents. Nous observâmes des espèces inconnues d'oursins, cramponnés à des falaises en eaux profondes, qui déployaient un interminable tentacule gluant pour attraper des crevettes et les porter ensuite jusqu'à une bouche informe. Nous errâmes parmi les cimetières de baleines éparpillés au milieu de prairies liquides. Et nous regardâmes avec une ferveur presque religieuse les pingouins pratiquer leur rituel de procréation, indifférents au vol plané des flocons de neige et aux attaques en piqués des mouettes ravisseuses.

Le 12 février, comme nous approchions de la date prévue pour notre départ, nous passâmes une matinée magnifique. Nous comptions quitter cette terre désolée mais éblouissante dans une semaine, bien avant que ne survienne le temps hivernal qui devait commencer à la fin du mois. Nous arrivâmes dans la baie de l'Espoir, en pleine mer de Weddell, à l'extrémité nord-ouest du continent antarctique, sur des eaux étincelant sous un ciel clair. Mon fils Philippe et son équipe profitèrent du temps calme pour plonger le long d'un iceberg géant. Séduits par la splendeur de cette montagne d'une blancheur éblouissante, ils se glissèrent dans une grotte de cristal, pénétrant au cœur de l'iceberg où ils filmèrent les coins et les recoins qui se reflétaient à l'intérieur de ce château de glace sous-marin. Les renseignements que nous recevions constamment par satellite nous signalaient qu'une dépression allait amener une tempête le lendemain. Je ne m'en inquiétai pas pour le moment : la vélocité du vent était alors de zéro. Mais la nature avait dupé les satellites. Les plongeurs revenaient à peine de leur escapade dans le château de glace que la neige commença déjà à tomber, à gros flocons humides qui réduisaient la visibilité à cinquante mètres.

En quelques secondes la tempête s'abattit sur nous : le même genre de brusque ouragan qui avait fracassé jadis des navires d'exploration et contraint leurs équipages à se réfugier sur la banquise. Nous n'eûmes même pas le temps de remonter notre ancre : une grêle de blocs de glace balayée par le vent s'abattit sur nous, soumettant le navire à un véritable bombardement. Les glaçons frappaient si vite et avec un tel acharnement que nous ne vîmes même pas le gigantesque iceberg, qui pesait dix fois le poids de la *Calypso*, heurter notre coque, lui faire un trou à soixante centimètres au-dessus de la ligne de flottaison et fracasser notre hélice de tribord – une des deux seules hélices du navire –, la faussant gravement. La *Calypso* frémit sous le choc, puis les vents continuèrent à se déchaîner, poussant vers l'orifice de la baie des fragments de banquise. Il ne s'était écoulé que quelques minutes. Le vent était passé de zéro à soixante-cinq nœuds : du calme plat à l'ouragan. Et je compris que nous allions devoir affronter un blizzard antarctique.

Notre ancre nous maintenait sur la trajectoire des glaces flottantes comme une main malfaisante empoignant par en dessous la cheville d'un nageur dans un cauchemar. Nous ne pouvions pas rester mouillés là, même dans la baie de l'Espoir. Un énorme glacier se dressait dangereusement à son extrémité. Nous avions vu ces parois monumentales s'effondrer sous leur propre poids par temps calme, des montagnes colossales s'écroulant sous nos yeux. Si cette falaise de glace ne pouvait pas tenir sous l'effet de ces vents impitoyables, si elle se fragmentait, il nous fallait absolument nous écarter de la trajectoire des blocs qui allaient dégringoler. Nous ne pouvions pas non plus quitter l'abri de la baie : en pleine mer, la situation serait encore pire. Là, les cohortes de gigantesques icebergs nous disloqueraient en quelques minutes. Nous ne pouvions que remonter notre ancre et éviter les glaces flottantes tout en restant relativement à l'abri dans la crique où nous nous trouvions. Ce n'était pas pour rien qu'une âme perdue l'avait baptisée « baie de l'Espoir ».

Nous partageâmes à trois la tâche épuisante des veilles vingt-quatre heures sur vingt-quatre : le commandant de la *Calypso*, Alain Bougaran, mon ami Roger Brenot, un camarade officier de marine de mon âge, et moi. Avec une seule hélice en bon état et l'autre faussée, nous nous efforçâmes de garder la *Calypso* suffisamment manœuvrable dans l'étroite baie au cas où le glacier s'écroulerait et où sa masse exploserait comme du shrapnel.

En moins d'une heure, les vents atteignirent une vitesse de quatre-vingt-cinq nœuds, celle d'un ouragan, avec des pointes à cent nœuds. Nous étions maintenant aveuglés. Nous ne pouvions même pas distinguer la proue du navire, rien que la neige dont les flocons poussés à l'horizontale par le vent transformaient le jour en nuit. Mais notre calvaire ne faisait que commencer. Je passai les vingt-deux heures suivantes sur la passerelle, ne la quittant de temps en temps que pour me précipiter au mess afin de me réchauffer en avalant une tasse de café. Personne ne se rappelle quand le premier jour se termina et que le second commença.

J'enfilais précipitamment des vêtements secs dans ma cabine pendant le quart de Brenot quand j'entendis un CCLUNGGG retentissant. Je téléphonai à la passerelle. Bruno me répondit brièvement : il poussait les machines de bâbord, mais l'hélice intacte ne réagissait pas et le navire ne tournait pas. L'arbre de bâbord, l'axe cylindrique qui assure la transmission de la machine à l'hélice, avait dû se briser. Nous ne devions maintenant compter que sur la machine de tribord, actionnant l'hélice gravement endommagée. Nous ne pouvions virer que dans une direction. Nous en étions réduits à affronter la tempête déchaînée en tournant en rond.

Nos vies maintenant dépendaient du radar et de la résistance au vent de l'immense falaise de glace. Si notre radar nous lâchait dans ce blizzard aveuglant, nous serions incapables de distinguer la côte et, sans aucun doute, notre navire irait s'échouer et coulerait. Si la paroi de glace s'écroulait, la lame de fond que cela provoquerait ainsi que l'avalanche de blocs de glace enverraient notre navire par le fond : nous n'aurions que le temps de lancer un SOS probablement sans espoir, avant de nous entasser dans les canots de caoutchouc et de nous abandonner à une mer déchaînée et à demi glacée où aucun navire de secours ne pourrait jamais nous retrouver. Personne à bord n'évoquait tous ces périls. Personne même n'y pensait. Les mécaniciens surveillaient désespérément les cadrans, s'occupaient du moindre détail dans l'espoir de maintenir les machines en marche ; ma femme Simone préparait inlassablement des litres de café, des piles de sandwiches et nous donnait des gants chauds pour remplacer ceux trempés d'eau qu'elle faisait sécher sur le poêle. À la seconde nuit succéda le troisième matin.

L'après-midi du troisième jour, le blizzard se calma. La *Calypso* tanguait, sous trente tonnes de glace. Ne sachant pas combien de temps le calme allait durer, nous nous empressâmes d'attaquer la glace à coups de pique et de réparer provisoirement la brèche de notre coque au-dessus de la ligne de flottaison. Je contactai par radio nos amis de la Marine chilienne en demandant qu'on nous envoie un escorteur. Nous prévînmes la NASA que nous allions profiter de cette accalmie pour tenter de sortir de là, de quitter la baie de l'Espoir pour contourner la pointe nord de l'Antarctique et gagner un mouillage plus sûr auprès de l'île du Roi-George. Nous y parvînmes.

Maintenant qu'il ne nous restait plus qu'une hélice endommagée, nous étions devenus vulnérables : la rupture du second arbre nous laisserait paralysés dans le passage de Drake, connu pour ses tempêtes. Notre escorteur, le *Yelcho*, nous prendrait alors en remorque.

L'Antarctique nous accorda un répit. Les eaux tristement célèbres du détroit demeurèrent d'un calme parfait. Nous atteignîmes sans encombre l'Amérique du Sud et nous mîmes la *Calypso* en cale sèche à Punta Arenas pour examiner la partie immergée de notre navire endommagé. Comme nous nous y attendions, l'arbre de bâbord, reliant la machine à l'hélice, était brisé en deux. Ce à quoi nous ne nous attendions pas, c'était que sur l'autre, sur l'arbre de tribord, quatre des cinq boulons avaient disparu. Nous avions affronté la tempête avec une seule hélice faussée ne tenant que par un unique boulon : s'il avait cédé dans le blizzard, mes hommes, Simone et moi... nous y aurions tous laissé la vie.

Si je devais revivre cet épisode, je referais la même chose. Exactement. Nous avions fait tous les préparatifs possibles. Nous avions utilisé des méthodes raisonnables pour parvenir à un but raisonnable. Mes hommes, Simone et moi, quand nous évoquions ces jours-là, nous ne perdions pas notre temps à raconter comment nous avions failli périr. Nous ne mentionnions que la façon dont nous étions parvenus à survivre.

« L'utilité du vivre n'est pas dans l'espace, elle est dans l'usage, a écrit Montaigne. Tel a vécu longtemps qui a peu vécu [1]. » La pièce la plus dangereuse de la maison, c'est la chambre à coucher, le principal théâtre des plus fréquents accidents domestiques fatals : décès par chute, par incendie, par empoisonnement et par suffocation. Un autre endroit périlleux, c'est la salle de bains où par centaines les gens se noient dans leur baignoire et sous leur douche : il doit y avoir une meilleure façon de mourir.

Assurément, il y a de meilleures façons de vivre.

1. *Essais*, Livre I, 20.

4
PÊCHE À TOUT VA

Le vieux Jamaïcain que je voyais, dansant tout seul au gré des vagues à bord de son frêle esquif, était l'incarnation même du pêcheur malchanceux de Hemingway, s'obstinant malgré sa fatigue à lutter contre la mer. Sa peau brune était ratatinée comme l'écorce d'un fruit, cuite par soixante-dix années passées sous l'impitoyable soleil des Caraïbes. Le temps n'avait pas plus ménagé son corps que sa barque délabrée. Il travaillait pourtant avec acharnement, ne cessant de remonter et de lancer depuis son bateau de grandes nasses, mais sa silhouette amaigrie était celle d'un homme qui ne mange pas à sa faim. Il avait les côtes saillantes et sa peau parcheminée drapait les creux de ses joues comme la peau d'un tambour fatigué.

Je le repérai pour la première fois en retournant avec mon Zodiac d'une plongée au large de la côte nord-ouest de la Jamaïque. Nous avions exploré les récifs spectaculaires de la baie de Montégo, filmant les contours et les nuances des coraux qui fleurissaient parmi le labyrinthe du fond. Il ne m'avait pas fallu longtemps pour me rendre compte que nous nagions au-dessus d'un superbe désert : bien que festonnés de vers, d'oursins et de coquillages, il manquait étrangement à ces récifs cette profusion de poissons qui en général s'épanouissent au milieu des coraux. Les pêcheurs connaissent bien leurs eaux : aussi, quand je vis le vieil homme revenir à la rame et tirer son bateau sur la grève, j'échouai mon Zodiac et m'approchai pour lui parler.

Il s'appelait Moïse et il pêchait dans la baie depuis plus d'un demi-siècle. Le poisson avait-il toujours été si rare ? demandai-je. « Oh, non. » Moïse désigna son équipement. « Autrefois, je ramenais de grosses prises dans mes filets... »

Je savais que la Jamaïque, qui n'était jamais parvenue à remonter des prises appréciables de ses fonds rocailleux – mauvais secteur pour la pêche à la traîne –, n'en n'avait pas moins on ne sait comment doublé en dix ans tout juste ses résultats. J'avais entendu dire que la demande accrue de poisson avait abouti à une surexploitation des principales espèces commerciales, comme les serrans et les mérous. Je voyais d'ailleurs, en ce moment même, des pêcheurs installés loin au large, qui, sur de vieux bateaux récemment motorisés, luttaient en haute mer pour attraper des poissons migrateurs. Ceux qui ne pouvaient compter que sur leurs efforts, comme Moïse, avaient eu recours au long des années à des filets aux mailles de plus en plus serrées, et ramenaient ainsi des poissons de plus en plus petits. Je regardai les nasses que Moïse avait préparées avec du grillage. Les mailles avaient à peine un centimètre de diamètre.

« Avec des mailles aussi serrées, vous ne laissez au poisson aucune chance de grandir. Bientôt, dis-je, vous n'attraperez rien du tout. » Le visage décharné de Moïse demeura impassible. De ses doigts noueux il dégagea sa prise : une douzaine de poissons de rochers de cinq centimètres, plus décoratifs que comestibles – toute une journée de travail pour deux bouchées. Il finit par relever la tête. Une tristesse poignante brilla un instant dans ses yeux creux. « Je sais que c'est mal... » Le vieil homme ramassa au creux de sa main sa pitoyable pêche. « Mais il faut bien que je mange. »

Depuis cette mémorable rencontre, j'ai vécu un demi-siècle sur, autour de et sous la mer, et j'ai été témoin de bien des erreurs commises par les hommes quand ils décident d'exploiter les océans. L'ignorance, l'insouciance, la cupidité, même sans aucune intention malveillante, ont eu des conséquences désastreuses : la pollution de la pluie, de la neige, des rivières, des lacs calcaires et des mers où des pêcheurs en foule s'efforçaient de trouver leur pitance... Les ressources limitées du monde marin étaient tout aussi malmenées par les communautés de pêcheurs. Résultat : les pêches abusives et l'épuisement des ressources naturelles qui ont déclenché une escalade des cours du poisson ; les populations côtières dans le besoin ne peuvent plus assurer leur alimentation traditionnelle alors que seuls les nantis des nations riches profitent de cette situation. Parmi les victimes, la tragédie de Moïse a rapidement pris les proportions d'un problème à l'échelle du globe. À travers le monde, des bateaux de plus en plus nombreux traquent des poissons de plus en plus rares. Non seulement de médiocres zones de pêche comme les eaux au large de la Jamaïque se sont réduites : les secteurs les plus poissonneux de la terre se sont tour à tour épuisés pour donner ces déserts sans poisson que Hemingway imaginait voilà bien longtemps dans son *Vieil Homme et la Mer*. Ceux qui dépendent de la mer pour vivre – ou même, comme Moïse, pour subsister – ne sont pas des criminels mais des victimes mises à l'écart, et dont on peut plus facilement se passer dans un régime de pêche international où seules survivent les grosses compagnies. Des navires de cinq mille tonneaux, équipés d'une technologie de pointe pour améliorer leurs prises, suffisent à éliminer la plupart des bancs de poissons en un ou deux passages le long d'une côte. Les industriels de la pêche commerciale adhèrent à ce *credo* de la pêche à tout va, en estimant plus avantageux de faire disparaître tout un domaine de pêche que d'entretenir le poisson comme une ressource fragile mais renouvelable.

Dans cette poursuite acharnée du dernier poisson, ce sont les flottes industrialisées qui font la plus grosse pêche : mais personne ne sort de là vainqueur. Notre vorace façon de pêcher épuise les réserves de protéines du monde.

Les porcs et les poulets se gobergent de plus d'un tiers des poissons pêchés dans le monde : ils sont maintenant de si petite taille ou de si piètre qualité qu'on les broie afin d'en faire des aliments pour le bétail. En vérité, la pêche n'apporte plus de contribution significative à l'économie mondiale : le gaspillage social de flottes suréquipées, sans parler du chômage ni des faillites qui ponctuent les hauts et les bas du marché du poisson, viennent épuiser le revenu net des nations alors que seules quelques sociétés en tirent profit.

Moïse ne peut pas faire de conserves pour demain, sinon il mourrait de faim aujourd'hui. La communauté mondiale des pêcheurs ne devrait pas se voir imposer ce choix à court terme. Pourtant, alors même que Moïse a conscience des conséquences que peuvent entraîner les abus de la pêche et qu'il est le premier à en pâtir, le reste du monde ne s'en soucie apparemment pas. Confronté à la nécessité de gérer les stocks de poissons qui errent à travers le monde sur la base d'une coopération planétaire, chaque pays tout au contraire a institué des domaines côtiers de deux cent milles qui attribuent à chaque nation un permis de pêcher sans contrôle dans « sa » mer. Face à des gouvernements manipulateurs et sans véritable autorité, les organes régulateurs internationaux préfèrent se montrer indulgents avec les industries de la pêche plutôt que de les contrôler. Devant le besoin d'amortir leurs navires équipés à prix d'or, condamnées à recourir sans cesse à des prêts bancaires et à des subventions gouvernementales, ces industries de la pêche n'ont elles-mêmes d'autre choix que de perpétuer le chaos. Ces intérêts particuliers réclament en chœur moins de règlements et des soutiens aux prix toujours accrus : davantage de prêts gouvernementaux, de navires subventionnés, une technologie de plus en plus poussée. Ils parlent tous de prises encore plus monumentales tout en prodiguant de vaines promesses sur l'abondance qui est toujours pour demain. Rares sont ceux à prendre le parti du consommateur qui paie maintenant des sommes exorbitantes pour les produits de la mer. Bien peu défendent les populations de poissons, alors même que les réserves totales d'espèces comestibles continuent à se réduire. Bien peu aussi prennent la défense des mers, alors que les eaux côtières ne cessent de s'appauvrir au bord d'un océan lui-même appauvri. On ne pense qu'au présent. Rares sont ceux qui évoquent l'avenir. Chacun plaide sa propre cause. Et presque personne ne plaide celle de Moïse.

Il n'y a pas si longtemps, les espoirs que l'on fondait sur l'abondance de l'océan – ces visions d'une mer semblable à un supermarché débordant de produits en promotion – paraissaient justifiés. À la fin du siècle dernier, Thomas Huxley s'extasiait encore sur les « stocks inépuisables » des mers : et, pendant des décennies, les prises qui ne cessaient de croître à travers le monde semblaient justifier ses propos. En 1950, les pêcheurs débarquaient chaque année vingt et un millions de tonnes de poissons. Leurs prises avaient encore doublé en 1960, pour atteindre en 1970 un total de soixante millions de tonnes. Exultant, les responsables des organismes de pêche envisageaient pour 1985 le chiffre de quatre-vingts millions de tonnes pour atteindre un plafond – qui sait ? – peut-être même de cent millions de tonnes ! En fait, les prises totales en 1991 ont été de quatre-vingts millions de tonnes, dont quatre millions ne venaient pas de la pêche mais de l'aquaculture !

Les projections enthousiastes ne se sont pas réalisées. La croissance des prises mondiales s'est pratiquement arrêtée et, il n'y a pas longtemps, la prise annuelle de l'Europe occidentale a bel et bien chuté. Confrontés à la preuve ainsi faite que l'océan a tout de même un fond, les organismes mondiaux de pêche, incorrigibles, continuent à prédire qu'un jour et on ne sait comment les pêcheurs remonteront dans leurs filets cent vingt millions de tonnes de poissons.

D'abord, en incluant dans ces chiffres d'énormes tonnages d'espèces « non conventionnelles » – un euphémisme pour désigner le poisson inexploitable –, le chiffre de la prise mondiale totale camoufle le fait que d'innombrables réserves de certaines espèces de poissons ont diminué. Le grenadier à nez rond, par exemple – qui n'a guère la réputation d'un mets délicat –, ne figurait même pas dans les statistiques de prises de l'Atlantique Nord jusqu'en 1967 ; il représentait trente et un mille cinq cents tonnes en 1986 pour tomber à seulement neuf mille tonnes en 1991.

Sous ces chiffres se dissimule la certitude que dans le monde entier les réserves n'ont cessé de diminuer : on a épuisé le haddock du Canada et des États-Unis ; les harengs de Norvège et du Japon ; le flétan a disparu de Nouvelle-Angleterre et du Groenland ; les carrelets se font rares sur les Grands Bancs ; le homard dans l'Atlantique occidental ; le saumon au large du Japon, de la Russie et de l'Alaska ; la crevette au large de l'Inde et de l'Indonésie, et aussi de l'Alaska ; et dans toutes les eaux du monde, la morue, le colin, la sardine, l'anchois, le pilchard, le maquereau et le thon à ailes jaunes survivent difficilement.

Le chiffre pour l'ensemble des prises mondiales a encore un autre côté trompeur : il masque le fait que, tout en maintenant à peine notre niveau de pêche, nous avons dû déployer de nouveaux efforts pour y parvenir. Entre 1971 et 1983, par exemple, l'effectif des pêcheurs américains a gonflé de cent trente-six mille cinq cents à deux cent vingt-trois mille. En même temps que le nombre des pêcheurs et des navires doublait presque, le total des prises américaines de poissons comestibles a bel et bien chuté.

Les prises mondiales actuelles ne reflètent pas non plus l'intensification des aménagements technologiques auxquels on procède sur les flottes de pêche. Voilà quelques décennies, des nations développées ont commencé à engloutir des sommes considérables dans des « navires-usines » – véritables installations industrielles flottantes, équipées des appareils nécessaires pour décapiter, désosser, découper en filets et congeler des blocs de poissons méconnaissables pour les stocker. Ces bateaux n'ont pas besoin de revenir à terre, même pour déposer leurs prises : ils s'acharnent pendant des mois à poursuivre inlassablement de nouvelles proies. D'énormes « chalutiers » draguent le fond de l'océan avec des sacs en filet conique, dont l'orifice est maintenu ouvert par une porte d'acier de deux tonnes et demie, raclant le poisson du fond tout en détruisant l'habitat. Des bateaux de pêche à la traîne croisant à petite vitesse lâchent chaque jour plus de quatre-vingts kilomètres de lignes, soutenues par des bouées : tous les soixante-dix mètres environ le long de cette ligne principale, des lignes annexes, avec appâts et hameçons, plongent dans l'espoir de tomber sur les créatures des profondeurs.

Pour escorter ces navires géants, il y a des flottes de petits « bateaux ramasseurs ». Leurs cales sombres, humides, exiguës et mal entretenues grouillent de travailleurs qui triment jour et nuit par équipes successives, pour décrocher sans cesse les prises des lignes. Même si leur triste réputation les avait précédés, l'équipage de ces bateaux ne m'en stupéfia pas moins quand j'en rencontrai un pour la première fois dans les années cinquante. La *Calypso* avait traversé la mer Rouge, débouché par le détroit de Bab El-Mandeb et franchi la mer d'Oman. Faisant route vers les îles Seychelles, dans l'océan Indien, nous avions vogué sur des eaux si sereines que la mer, scintillante de salpes bioluminescentes, se confondait avec le ciel parsemé d'étoiles : notre sillage semblait lacérer le tissu d'une aurore boréale inversée. Voilà que le lendemain matin, émergeant de ce calme brumeux, apparut un bateau de pêche japonais tout rouillé, plus petit que la *Calypso*, et surchargé d'ouvriers. Ceux-ci évoluaient comme s'ils étaient à moitié homme et à moitié chat, grimpant sur le gréage, courant sur les ponts. Quelques-uns se glissèrent dans un canot et ramèrent jusqu'à la *Calypso*. En un instant, de jeunes corps agiles surgirent en nombre sur notre bateau, regardant par chaque hublot, fouillant chaque ouverture. Nos envahisseurs ne comprenaient ni le français ni l'anglais : ils n'avaient pour tout moyen de communication que le même sourire silencieux et figé, collé sur chaque visage. La puanteur du poisson gagna tout notre bord. Juste au moment où je me remettais de ma surprise, les silhouettes furtives et sombres disparurent. Leur curiosité satisfaite, les hommes-chats avaient regagné leur canot et s'en étaient repartis à force de rames pour recommencer à trimer dans les entrailles de leur sinistre petit bagne.

Extrêmement intrigué, je décidai de leur rendre visite à mon tour : mais à bord de leur abattoir flottant, on n'avait pas la place de vagabonder, pas le temps de répondre à nos questions formulées par gestes. Les postes d'équipage déversaient partout leurs occupants : la vie à bord n'était rien de plus qu'une incarcération. Ce vieux rafiot était surchargé d'ouvriers, bourré de poissons : des carcasses argentées de thons, de marlins, de squales et de requins pèlerins ruisselaient sur nous de tous côtés, aussi vite que les ouvriers pouvaient remonter les lignes, décrocher les prises, réappâter les hameçons et les rejeter à la mer.

De retour à bord de la *Calypso*, nous suivîmes les bouées qui soutenaient leurs lignes principales : nous parcourûmes une vingtaine de milles avant même de distinguer la silhouette massive de leur navire-usine, entouré d'une demi-douzaine d'autres bateaux de pêche comme celui que nous venions de visiter. Même aujourd'hui, quand la *Calypso* traverse le Pacifique, l'Atlantique ou l'océan Indien, à n'importe quelle latitude, partout où nous allons, notre route coupe des centaines de lignes interminables, qui enserrent les océans comme une toile d'araignée planétaire. Mais ce qui est plus étonnant encore que le tonnage total de poissons que ces navires débarquent, c'est le tonnage qui leur échappe. Alors que l'ensemble des prises mondiales de thon rouge augmentait de quelque deux cent soixante-dix pour cent, les prises japonaises de ce même poisson *à l'hameçon* diminuaient presque de moitié.

Récemment, une technologie de pêche de « prise à tout va » a envahi les océans : le filet dérivant, un instrument barbare, aveugle et antiéconomique, engloutit jour et nuit toute créature marine, comestible ou non. La plupart des prises seront broyées et transformées en aliments pour les porcs ou la volaille si on ne les jette pas au rebut comme impropres même pour cette forme de commercialisation. Ces aveugles pièges dérivants sont encore plus efficaces que les célèbres « longues lignes ». Il n'est pas un secteur de l'océan qu'ils laissent sans danger pour les migrations. Des dauphins, des phoques, voire des baleines sont pris au piège tout comme les thons ou les poissons-lunes. Je me trouvais en Australie quand le gouvernement se demandait s'il allait utiliser en force sa marine de guerre pour faire cesser le scandale des flottes venues du Nord qui utilisent ces gigantesques filets dérivants dans les mers du Sud.

Aujourd'hui, on est parvenu à un compromis peu satisfaisant. La plupart des pays ont accepté de limiter la longueur des filets ! Une fois de plus, les bureaucrates, fiers de leur ignorance, décident des solutions, comme si le vaste problème en question était un des nombreux points insignifiants qu'ils ont l'habitude de traiter. Même si au cours des vingt dernières années le public dans son ensemble a pris conscience de la nécessité de protéger notre environnement, des fonctionnaires, des politiciens et des dirigeants à courte vue continuent à chanter « Tout va très bien, madame la marquise ».

Les nouvelles prouesses technologiques n'ont fait qu'aggraver cette exploitation abusive. Utilisant des navires à « filets tournants », les pêcheurs encerclent de vastes nuées de poissons avec un filet de quinze tonnes long de mille mètres : en tirant un cordon qui resserre le fond du filet et finit par le fermer, ils exterminent d'un coup tout un banc de poissons. En outre, ces navires utilisent des satellites qui surveillent la température de la mer en surface et prédisent ainsi les routes qu'emprunteront les poissons migrateurs ; ils ont recours aussi au sonar, qui repère avec précision les bancs de poissons ; et même à des traceurs vidéo informatisés qui positionnent avec précision l'immense filet, ne laissant pas la moindre chance aux bancs de poissons. Si, dans le passé, l'utilisation de techniques électroniques aussi sophistiquées a augmenté les prises, elle épuise les mers pour l'avenir. En même temps que la technologie doublait le rendement de la flotte des pêcheurs de menhadens au large de la côte est des États-Unis, les prises annuelles tombaient en fait de sept cent douze mille tonnes à cent soixante et un mille. Le hareng de la mer du Nord a pendant deux siècle fait vivre une industrie de la pêche : deux ans après que la Norvège eut fait passer dans cette zone sa flotte de bateaux à filets tournants de seize à deux cent trente-six navires, les réserves de frai printanier de harengs se sont complètement effondrées. Quand les bateaux pêchant aux filets tournants se sont attaqués à l'anchois péruvien, les prises ont monté en flèche de pratiquement rien à plus de douze millions de tonnes : un cinquième de tout le poisson pêché chaque année dans le monde. L'énorme flotte de pêcheurs d'anchois ramenait chaque jour un tonnage moyen qui rivalisait avec les prises de la flotte thonière américaine tout entière. Trois ans après ce chiffre record des prises d'anchois, la plus grande réserve de poissons du monde était pratiquement vidée.

Certes, les pêcheurs ont anéanti des réserves de poissons sans l'aide de la technologie bien avant que l'industrie n'ait chargé leurs bateaux d'enregistreurs à sonar panoramique et de repéreurs de poissons à flash. Les progrès de la technologie n'ont fait qu'accélérer la dévastation : alors qu'il fallait des décennies pour épuiser des réserves, on peut aujourd'hui accomplir cet exploit en quelques saisons seulement.

Voilà quelque onze mille ans, des tribus primitives ont lentement commencé à comprendre qu'elles pourraient se procurer davantage de nourriture en plantant des graines, en élevant des animaux, bref en renouvelant leurs réserves de nourriture plutôt qu'en chassant. Elles abandonnèrent les bâtons et les pierres dont elles s'étaient servies pour assommer les oiseaux; elles renoncèrent à la vie nomade qui les avait fait passer d'une région privée de ressources à une autre. Elles s'installèrent; elles cultivèrent la terre; et elles créèrent une civilisation. Cent dix siècles plus tard, les sociétés modernes de pêche industrielle s'abattent encore sur la mer pour chasser les poissons. Alors que l'homme du néo-paléolithique percevait les risques d'épuisement des ressources, le pêcheur industriel moderne reste littéralement aveugle aux leçons du passé : car il est le seul chasseur qui ne peut pas voir sa proie.

S'il pouvait – si le monde de l'eau était aussi visible que de vastes étendues de terre –, le pêcheur aurait sous les yeux un spectacle qui le dégriserait. Dans sa quasi-totalité, la mer « inépuisable » de Huxley – les vastes immensités d'eau de l'océan – est au mieux un désert biologique. Seule une mince couche de la mer peut produire du phytoplancton, l'aliment de base dont dépend toute vie marine. Les pâturages de phytoplancton abondent, et les poissons qui s'en nourrissent prolifèrent, seulement là où tout à la fois le soleil pénètre et où les substances nutritives abondent : plateau continental peu profond, secteurs à l'abri d'une île, falaises sous-marines abruptes au pied desquelles de rares jaillissements rejettent vers la surface ensoleillée le riche bouillonnement des profondeurs. Rien qu'un hectare de ces eaux fécondes produit une récolte moins abondante de produits végétaux qu'un hectare de terre : ensuite, chaque stade supérieur de la vie marine, en passant du végétal à l'organisme animal plus complexe, voit cette moisson se réduire. La morue, le saumon et le flétan qui sont la récompense du pêcheur occupent les échelons supérieurs de la chaîne alimentaire : tout en haut, c'est le thon qui préside. Il suffit de dix livres de grains pour produire une livre de bœuf, l'océan doit fournir quelque dix mille livres de végétaux – relativement rares en milieu marin – pour nourrir toutes les créatures qui, en dernier ressort, serviront d'aliment pour donner une livre de thon.

C'est dans ce fragile univers marin que déboule l'industrie de la pêche moderne, avec sa technologie sophistiquée et sa mentalité primitive. Elle traque les rares créatures de la mer avec des avions légers, des hélicoptères, des satellites.

Aucun chasseur n'irait traquer des lapins au radar : pourtant, dans la mer, des armadas industrielles utilisent l'équivalent de chars blindés et d'armes automatiques pour éliminer l'équivalent d'une population d'écureuils.

Dans quel but ?

Le poisson ne peut aujourd'hui – et ne pourra jamais – nourrir le monde.

Les produits de la mer ne fournissaient en moyenne que 10 % de toutes les protéines que les hommes consomment chaque jour. Aujourd'hui, ce pourcentage est tombé à 7 % : il sera moindre encore quand la population du globe aura doublé... d'ici quarante-cinq ans !

Beaucoup de nations puisent dans la mer une proportion plus faible encore de leurs protéines : les Américains ne retirent du poisson que 2 % de leurs protéines ; les Français, 3,9 % ; les Italiens, 2,8 %. Même les pays qui dépassent la moyenne – notamment l'Espagne (10,6 %) et le Japon

(17,8 %) – mangent des fruits de mer plutôt par goût que par nécessité. Parmi les pays développés qui fournissent des rapports sur leur consommation alimentaire à l'Organisation pour la coopération et le développement économique, aucun ne risquerait un déficit en protéines même si on supprimait complètement le poisson de leur régime : les Français, les Espagnols, les Anglais et les Américains sont en fait si rassasiés de protéines que, s'ils devaient renoncer complètement au poisson, leur régime moyen leur fournirait encore deux fois la quantité de protéines nécessaire. Le Japon a beau protester avec insistance que toute restriction sur la pêche compromettrait son ravitaillement, le Japonais moyen absorbe 100 % de ses besoins quotidiens en protéines, en disposant même d'un excédent de 68 %, avant même qu'on prenne en compte un gramme de sa consommation de poisson.

De nombreux organismes s'efforcent de justifier les efforts déployés pour intensifier la pêche en prétendant que la pêche « nourrit » les pays pauvres beaucoup plus que les pays riches. C'était le cas autrefois : ce n'est plus vrai aujourd'hui.

Certains responsables déclarent : « Dans le tiers-monde, quatre personnes sur dix, des gens qui vivent entre des rations tout juste suffisantes et la sous-alimentation, tirent du poisson 30 % de l'ensemble de leurs protéines animales. Pour certains, la proportion est de 70 % », et un directeur général adjoint de la FAO a déclaré récemment : « Le poisson, c'est la viande du tiers-monde. »

D'autres font chorus en débitant une litanie de chiffres choisis pour justifier leurs espoirs.

Le poisson fournit plus de 50 % de leurs protéines animales aux populations du Tchad, de la Côte-d'Ivoire, de la Jamaïque, de la République de Corée, de la Malaisie, du Mali, du Sénégal et de l'Ouganda ; celles du Congo, du Viêtnam et de l'Indonésie dépendent du poisson pour au moins 60 % de leur apport en protéines animales.

Comment ces déclarations impressionnantes exploitent-elles la triste condition des pauvres ? C'est dans leur assiette que se trouve la tragique vérité. Le poisson apporte une part si importante de protéines au régime des gens sous-alimentés non pas parce qu'ils ont beaucoup de poissons à manger, mais parce qu'ils n'ont rien d'autre à se mettre sous la dent. C'est vrai : l'Indonésien dépend du poisson pour plus de 50 % de son approvisionnement en protéines animales ; mais cet important pourcentage ne représente que 9 livres de poisson pour toute une année : alors que le Japonais moyen se goberge chaque année de 71 livres de poisson, le Russe de 23 et l'Américain de 12 – ainsi que de 117 livres de bœuf.

L'argument selon lequel nous devons nourrir ceux qui ont faim, même si cela nous oblige à pêcher trop de poissons, semble d'autant plus creux si l'on jette un coup d'œil à ce que l'on trouve d'autre dans l'assiette d'un habitant du tiers-monde. D'après les estimations des savants, un adulte moyen a besoin de 41 grammes de protéines pour remplacer les tissus qui se détériorent chaque jour. Les habitants du tiers-monde ne disposent en moyenne que de 11,5 grammes par jour de protéines animales – dont 2,4 grammes seulement proviennent du poisson. S'ils ne trouvent pas le reste dans les légumes et les céréales – ou si, faute de ne rien avoir d'autre à manger, leur corps ne peut utiliser le poisson comme protéine pour reconstruire les tissus perdus mais doit au contraire le brûler pour obtenir de l'énergie –, ils vont littéralement dépérir, victimes de cette déficience en protéines qu'on appelle le syndrome de Qwashiorkor. Beaucoup d'entre eux en mourront.

Quel est en réalité le sort d'un grand nombre de ceux que les lobbies de la pêche affirment être les premiers bénéficiaires de la nourriture fournie par le poisson ? Les habitants de la Jamaïque – de « gros » consommateurs de poisson qui tirent de cet aliment plus de la moitié de leur apport en protéines – comptent parmi les populations dont les enfants de moins de quatre ans ont été le plus sévèrement touchés par la carence en protéines. Alors que les fonctionnaires de l'office des pêcheries prétendent qu'une douzaine de nations africaines au sud du Sahara tirent du poisson l'essentiel de leurs protéines, quelque quatre-vingt-trois millions d'Africains souffrent de malnutrition. Chaque année, cinq millions d'enfants africains meurent de faim.

Malgré tous ces brillants pourcentages, malgré les chiffres optimistes, malgré la manipulation des statistiques, ce ne sont pas les poissons qui nourrissent le tiers-monde parce que le tiers-monde reste sous-alimenté. Les statistiques affirmant que certaines populations tirent du poisson 50 % des protéines qu'ils consomment sont scandaleuses : 50 % de rien, cela fait toujours rien.

D'ailleurs, la communauté des pêcheurs est incapable de nourrir ceux qui ont faim : les preuves s'accumulent pour indiquer qu'il n'y a chez eux *aucune intention* de nourrir les affamés.

Si nous voulions vraiment nourrir le monde avec du poisson, alors pourquoi en rejette-t-on de telles quantités à la mer ? On affirme de source officielle que chaque année des pêcheurs rejettent à la mer quelque cinq millions de tonnes de poissons afin de faire de la place dans leurs cales pour les prises qui atteindront les cours les plus élevés. Quand la *Calypso* naviguait au sud de Terre-Neuve, nous avons suivi la *Croix de Lorraine,* un grand chalut traînant son filet au-dessus des Grands Bancs. Des poissons de trop petite taille et dont les pêcheurs ne voulaient pas emplissaient la moitié de son filet plein à craquer : l'équipage en retirait les poissons « commercialisables » puis sans cérémonie jetait par-dessus bord ceux qui ne rapporteraient pas suffisamment sur le marché. Presque tous les poissons ainsi rejetés meurent : s'en délester ne profite généralement qu'aux mouettes, charognards qui picorent la chair avant que les corps ne coulent au fond de la mer. Mais, ce jour-là, d'autres « charognards » accompagnaient les mouettes : des plongeurs de la *Calypso* sautèrent dans un Zodiac et se précipitèrent pour récupérer une centaine de livres de diables de mer de bonne taille avec lesquels notre cuistot nous prépara une délicieuse bouillabaisse.

Si nous voulions vraiment nourrir le monde affamé avec du poisson, alors pourquoi en donnons-nous de telles quantités en pâture au bétail ? Les porcs et la volaille consomment plus d'un tiers des prises mondiales. Certains pays nourrissent même leurs animaux de ferme avec des proportions plus grandes encore de poissons : aux États-Unis, où l'Américain moyen consomme douze livres de poisson par an, on en donne annuellement cinquante-deux livres par tête à la volaille et aux cochons : soit plus de vingt fois la quantité que consomme l'habitant moyen de l'Inde pour survivre.

Pourquoi les fermiers se livrent-ils à un si prodigieux gaspillage : en utilisant la protéine pour créer de la protéine ? Les producteurs d'aliments à base de poisson prétendent que leurs produits fournissent au bétail des « aliments essentiels » qu'on ne trouve pas dans les céréales. Pourtant, quand les stocks de produits à base de poisson ont diminué après l'effondrement catastrophique des réserves d'anchois péruvien et que ces produits sont devenus coûteux, les fermiers ont aussitôt eu recours à des aliments à base de soja pour compenser la différence. En fait, les fermiers nourrissent de poisson leurs porcs et leurs volailles quand le poisson ne coûte rien.

Quant à savoir si les gens peuvent manger le poisson que nous donnons aux animaux, voilà une question à laquelle il n'est pas facile de répondre. Une partie du poisson pêché pour l'alimentation animale peut être consommée par des humains et, d'ailleurs, quelques pays ont commencé à dérouter une partie de ces poissons qu'ils pêchent pour en faire des conserves destinées à la consommation humaine. Les agences de pêche et les organisations d'aide alimentaire se sont également livrées à des expériences sur une farine de poisson broyé et desséché – « du concentré de protéine de poisson ». On pourrait la fabriquer en partant des produits à base de poisson qui sinon ne seraient pas comestibles et qui pourraient venir fortifier le pain, les céréales et le lait du tiers-monde. Embourbée dans les marécages de la politique, l'idée du concentré de protéines de poisson a finalement échoué devant le simple fait que même des affamés ne voulaient pas en manger. « Dire aux gens qu'un aliment est bon pour eux et leur demander de ne pas faire attention au goût qu'il a, ça n'a pas l'air de marcher », déplorait un responsable d'une de ces organisations.

Les produits alimentaires à base de poisson posent en outre un problème moral : si l'on comprend facilement pourquoi les habitants du tiers-monde refusent de se laisser nourrir comme des porcs, il est néanmoins choquant de savoir que, pendant que les pêcheries d'anchois péruviennes produisaient à elles seules le plus grand approvisionnement en poisson du monde, qu'on transformait presque intégralement en aliments pour la volaille, au Pérou même des enfants souffraient et mouraient de carences en protéines. En fait, une industrie qui destine un tiers de sa production aux animaux de ferme ne peut pas dire qu'elle se consacre à nourrir les gens. La vérité, c'est que *les pays industrialisés sont en train d'épuiser les eaux d'un monde affamé*. Deux petites phrases récemment prononcées par un fonctionnaire de la FAO en disent plus que des volumes sur nos véritables intentions. « Six millions de tonnes de poissons ont été prises dans les pêcheries du continent africain », a-t-il fait observer dans un discours prônant une intensification de la pêche. « Je devrais mentionner en passant que seulement un million huit de ce total l'a été par des pêcheurs africains. »

« *Je devrais mentionner en passant* » : il y a dans ces cinq mots toute la chronologie des trois dernières décennies de pêche. Au moment précis où les pays riches commençaient à trouver peu poissonneuses leurs eaux septentrionales, ils se sont tournés vers les mers du Sud pour constater que les plus riches zones de pêches existant encore sur terre n'étaient exploitées que par les indigènes, sans navire-usine, sans stockage en chambre froide, sans installation de conserverie, sans même de moyens d'acheminer le poisson jusqu'aux populations de l'intérieur. Les pays industrialisés ont officiellement proposé leur « aide ». Bientôt, une flotte internationale de bateaux à filets tournants et de chalutiers s'est abattue sur les bancs au large de l'Afrique du Nord-Ouest, de la Namibie et de l'Afrique du Sud. Des armadas en provenance de pays développés ont traqué les bancs de maquereaux, de calmars, de colins, de sardines et de pilchards, pour s'empresser d'arracher leurs prises aux eaux africaines et de les rapporter jusqu'aux somptueux marchés domestiques.

Ensuite, les responsables de la pêche ont incité les pays industrialisés à équiper leurs super-chalutiers de l'océan

Indien des plus modernes « dispositifs automatiques de repérage » – pour aider, bien sûr, « des populations ayant grand besoin de protéines ». En 1969, les habitants du Kenya – qui avaient « grandement besoin de protéines » – n'étaient parvenus à arracher à l'océan Indien que sept mille tonnes de poissons, alors que les Soviétiques en pêchaient trois fois autant et les Japonais quinze fois plus.

Durant les années mêmes où la FAO incitait les chalutiers industriels à fondre sur l'océan Indien avec leurs « dispositifs automatiques de guidage », la *Calypso* naviguait dans les parages. Nous tombâmes sur un groupe de pêcheurs des îles Maldives qui tiraient leur nourriture de la mer grâce à leurs élégants voiliers construits à la main, comme leurs ancêtres le faisaient depuis des générations. À bord de leurs embarcations, ils avaient aménagé des compartiments pour garder des appâts vivants : en perçant des trous en dessous de la ligne de flottaison ! Ce procédé certes maintenait les appâts en vie, mais il ne contribuait guère à faire flotter leurs bateaux. Ils avaient mis au point une ingénieuse méthode de pêche : les indigènes ne cessaient d'écoper. En vidant leurs seaux d'eau, ils agitaient la surface de la mer. S'ajoutant aux coups de pagaie, ces éclaboussures imitaient les ébats frénétiques de petits poissons, ce qui attirait des bonites de plus grande taille. Les hameçons brillants et sans ardillon des insulaires, étincelant dans l'eau comme de la petite friture argentée, jouaient à la bonite un dernier tour. Certains de ces pêcheurs nous récitèrent consciencieusement leur antique loi : « Ne prends pas plus à la mer en un jour qu'il n'y a d'habitants dans ton village. Si tu agis ainsi, tu trouveras de nouveau la bonite en abondance demain. »

Ce sont ces pêcheurs oubliés qui doivent rivaliser avec les chalutiers de cinq mille tonnes des pays industrialisés, non seulement en ce qui concerne les prises, mais aussi la qualité, le traitement des poissons et les cours. Il n'y a plus de concurrence sur grand-chose. Quand l'URSS, l'Espagne et le Japon se sont attaqués aux réserves de pilchards de Namibie, deux ans plus tard ces réserves avaient quasiment disparu. L'abondance des bancs de colins qui attiraient les flottes d'Union soviétique, d'Espagne, du Japon et d'Afrique du Sud était surexploitée. Après ces pêches excessives, les prises de sardines du Sud-Ouest africain chutèrent brusquement de moitié.

Comme si cela ne suffisait pas d'ignorer les populations du tiers-monde tout en pêchant dans leurs eaux, les magnats de la pêche, du haut de leur passerelle, ne se souviennent des indigènes que quand les eaux sont soudain épuisées. Chose incroyable, ce sont les artisans, les malheureux Moïse et pagayeurs des Maldives, tous ces désespérés sur lesquels les armateurs des pêcheries pointent un doigt accusateur. Ces indigènes, à en croire l'opinion des experts, « ont besoin aujourd'hui d'être soumis à une réglementation ».

Après cinq ans d'« assistance » du monde industrialisé, des millions de petits pêcheurs sont aujourd'hui confrontés aux « risques d'être de plus en plus marginalisés et appauvris ». Ils ne disposent pas d'installations frigorifiques, ni d'entrepôts, ils ne disposent de rien. Et on ne leur a pas laissé de poisson.

L'épuisement des eaux du tiers-monde, le poisson vendu afin de produire des aliments pour les cochons, le gaspillage de poissons dont la vente ne rapporte pas assez : tout cela souligne le fait que nous dépeuplons les eaux du monde non pas en quête de nourriture, mais en quête de profit.

La pêche pourtant ne soutient pas – pas plus qu'elle n'a jamais soutenu – l'économie. Dans la plupart des pays, la pêche représente moins d'1 % du produit national brut. Les pêcheurs français contribuent pour à peine un dixième de pour cent au PNB ; les fermiers rapportent trente-neuf fois autant. Aux États-Unis, la pêche fournit à l'économie tout juste huit centièmes de pour cent du PNB : les fermes fournissent dix fois plus d'emplois.

Voici qui est plus menaçant encore pour l'économie : un pêcheur qui perçoit aujourd'hui un revenu ne peut pas compter dessus pour demain : l'industrie de la pêche a bâti pour notre société un petit château de cartes économique. À mesure que les zones de pêche s'épuisent, les économies locales fragilement construites sur ces bases s'effondrent aussi, entraînant dans leur chute les emplois dans les usines et toutes les activités annexes. Alors qu'elle régnait sur l'économie de la mer du Nord, la flotte de chalutiers britanniques, avec tous les emplois qu'elle offrait aux équipages, a cessé d'exister quand le hareng a disparu. Lorsque la morue a déserté l'Islande, il en a été de même des emplois de pêcheurs jusque dans le lointain Yorkshire, en Angleterre. La disparition des bancs de saumons du Pacifique a ruiné aussi des centaines de pêcheurs de Colombie britannique, au Canada. Quand nous filmions là-bas un documentaire, nous avons observé les dégâts causés par les excès de la pêche sur les rives des Grands Lacs : la folle ruée sur la truite avait laissé des traces aussi obsédantes que les villes-fantômes de l'Ouest américain évoquant la démence de la ruée vers l'or.

Les pays en voie de développement n'ont pas échappé non plus aux répercussions économiques de la pêche à outrance. Quand les pêcheurs péruviens ont anéanti leur industrie de l'anchois jadis sans pareille, leur pays a perdu quelque 340 millions de dollars, près d'un tiers de ses revenus annuels en exportation. Cet effondrement a déclenché une série de conséquences qui ont ébranlé tout le reste de l'économie du Pérou – et même du monde. La pénurie d'aliments à base de poisson sur l'ensemble des marchés a fait s'envoler les cours du soja, propulsant les prix absolument hors de portée des pays qui comptent sur cette denrée pour nourrir leur population.

Pourtant, les coûts immédiats de ce genre d'effondrement – en terme de chômage, de re-location et de nouvelle formation professionnelle – ne sont pas le seul prix que l'industrie de la pêche a fait payer à notre économie. Un simple fait montre à quel point les pêcheries épuisent l'économie d'une nation : *la majorité des industries mondiales de la pêche, tout en dégageant à peine une marge bénéficiaire, ne subsistent que grâce à une forme ou à une autre de subventions gouvernementales.*

Sans les subventions qu'ont dû tirer de leur poche les contribuables en 1985, l'Allemagne de l'Ouest aurait dû vendre à la Corée du Sud et à la Chine sa flotte moderne certes, mais financièrement en difficulté. Les contribuables américains supportent les charges budgétaires supplémentaires dues aux remises d'impôts sans pénalisation et aux prêts à intérêt zéro que le gouvernement consent aux pêcheurs. En raison de la quasi-disparition du hareng en mer du Nord, la pêche ne peut plus entretenir l'énorme flotte de navires à filets tournants que possède la Norvège : c'est le contribuable norvégien qui garantit maintenant un salaire minimum hebdomadaire aux pêcheurs. Afin de protéger, dans les conserveries, les vingt mille emplois menacés par la pêche excessive dans leurs eaux, les contribuables canadiens ont réglé une addition de quatre cent vingt-cinq millions de dollars pour racheter et réorganiser les compagnies : on a déversé ainsi dans l'industrie de la pêche environ un tiers du montant total des exportations. Malgré cela, les entreprises s'embourbent dans de graves difficultés financières.

Les subventions les plus déraisonnables sont assurément celles que les contribuables versent pour financer des campagnes de publicité en vue d'accroître la consommation de poisson malgré des eaux qui se dépeuplent. L'industrie retire de l'eau de moins en moins de poissons tandis que les contribuables y jettent de plus en plus d'argent. Le consommateur paye maintes et maintes fois le même poisson. Personne ne pourrait refuser sa compassion au pêcheur menacé de perdre son bateau, sa maison, et de se trouver au chômage : on recule donc ces échéances. En même temps, on provoque ces catastrophes : des eaux dépeuplées, incapables aujourd'hui d'entretenir une industrie de la pêche, ne la soutiendront assurément pas quand, dans quelques années, on les aura encore plus dépeuplées grâce aux subventions.

Les tentatives officielles pour arrêter ce flux de dollars – en limitant les efforts des pêcheurs par des quotas – ont échoué. Pourquoi ? Confrontés aux quotas, les pêcheurs subventionnés achètent tout simplement de nouveaux bateaux. Les quotas deviennent une ligne d'arrivée ; la saison de la pêche, une course où les armateurs se hâtent de remonter au moins leur juste part, ou au mieux la plus grosse part de l'ensemble des prises autorisées. L'armateur qui possède une flotte trop nombreuse amasse dans les délais les plus rapides un stock trop important de poisson. Quand les autorités se mettent à accorder des permis aux navires – en limitant le nombre de bateaux qui peuvent accéder à une zone de pêche –, les armateurs se lancent alors dans une compétition encore plus acharnée : ils s'équipent d'une technologie plus sophistiquée, entassant pour quarante mille dollars d'électronique sur des bateaux qui n'en valent que dix mille. Chaque « gagnant » constate que sa victoire n'est qu'éphémère, car d'autres bientôt achètent davantage de bateaux et davantage d'équipement et le dépassent tout simplement.

Avec leurs navires chargés de sonars perfectionnés, les pêcheurs qui en 1980 opéraient au large de la côte ouest de l'Écosse atteignaient régulièrement leur quota de toute une semaine en une seule nuit : il leur restait six jours sans rien à faire, rien à prendre, rien à gagner. À terre, les conserveries, qui se sont multipliées pour faire face au tonnage massif de poissons qui déferlent au début de la saison, n'ont, quand elle se termine, rien à traiter : elles doivent néanmoins garder leurs machines. Plus chacun perd de l'argent, plus chacun achète davantage d'équipement. Les lois de l'offre et de la demande – selon lesquelles les coûts exorbitants des efforts déployés pour accroître la pêche devraient mettre hors de combat certains armateurs – ne s'appliquent pas à une industrie où les subventions encouragent sans cesse de nouveaux investissements. L'industrie continue sa chevauchée, prisonnière d'un carrousel de cauchemars, entraînée inlassablement dans le même cycle d'erreurs. L'argent gaspillé dans la pêche représente pour la société une perte scandaleuse. Si l'apport de la pêche au produit national brut est faible, son produit national net – les bénéfices réels, déductions faites des prix de revient – est infinitésimal.

Si la pêche abusive épuise l'économie – sans réussir pour autant à sauver ceux qui ont faim –, alors quel pressant besoin pousse donc les pêcheurs à tuer la baudroie aux œufs d'or ? Pourquoi saboter ainsi tout ce qu'à long terme la société peut y trouver comme avantages économiques ?

Même si elle est justifiée, la question est mal posée. Le pêcheur industriel ne pêche pas « pour notre société ». Il pêche pour lui-même. Le malheur de tous fait le bonheur d'un seul homme. La seule attitude profitable s'est révélée être l'opportunisme.

Chaque pêcheur refuse de se limiter pour les autres, certains qu'eux ne le feront pas pour lui. Sur le quai de Yarmouth, le biologiste David Cushing demanda au patron d'un bateau de pêche ce qu'il ferait si on lui donnait tout pouvoir pour sauver son affaire alors que la traditionnelle pêche au hareng à l'est de l'Angleterre s'effondrait. Le vieux loup de mer grommela : « Je ferais brûler toutes ces saloperies de bateaux sauf le mien. »

C'est donc aussi une illusion de croire que le pêcheur moderne pêche pour un profit à long terme. Il pêche pour avoir de l'argent liquide. L'industrie de la pêche, en réalité, met simplement en balance le bénéfice potentiel du poisson pris et vendu aujourd'hui en face de ce que peut représenter le renoncement à des bénéfices immédiats afin de permettre à des poissons de se reproduire pour demain. Par une ironie du sort, plus une espèce de poissons prolifère, plus il est lucratif d'empocher l'argent et de filer.

De toute évidence, cette méthode de pêche anarchique exigerait des directives, une autorité quelconque qui pourrait mettre un terme à ce désordre. Une fois encore, les observateurs raisonnables s'étonnent : pourquoi une industrie qui apporte si peu à la société jouit-elle d'une influence aussi disproportionnée ? La réponse est simple : les pêcheurs exercent une grande influence parce qu'ils représentent des enjeux qui ne sont pas négligeables. Les politiciens locaux harcelés ne pensent pas en termes de saisons de pêche à venir : ils pensent aux élections qui approchent. Le poisson ne vote pas, mais les pêcheurs, si. Qu'importe l'ampleur des profits à long terme qu'apporterait la réglementation : ce sont les récriminations des pêcheurs sur leurs épreuves à court terme qu'entendent les politiciens et leurs auteurs de règlements locaux.

Le chaos qui caractérise la réglementation locale se retrouve dans la réglementation à l'échelle mondiale. Quelque trente-neuf agences internationales différentes, dont les responsabilités présentent autant de lacunes que de chevauchements, président aux destinées de l'unique zone de pêche du monde dans l'unique océan du monde. Quel pouvoir les nations fondatrices confèrent-elles à ces agences? Aucun. En désarmant ainsi les groupes, les nations membres transforment les agents de réglementation en agents de publicité : on s'attend à les voir semer la confusion dans les problèmes de pêche et porter aux nues les possibilités de développement même les plus improbables. Sans beaucoup d'autorité, mais avec de grands trémolos, les agences ne peuvent au mieux que produire des « gentlemen's agreements » qui ne lient personne. James Joseph, directeur des enquêtes pour la Commission interaméricaine du thon tropical, a, sans se décourager, soigneusement examiné les innombrables agences qui parsèment l'horizon de la réglementation pour en arriver à la brutale conclusion qu'elles sont incapables de résoudre les problèmes d'épuisement des réserves de poissons par absence d'initiatives coordonnées, « manque d'autorité suffisante », et surtout « absence de la volonté politique » de voir ce travail effectué.

Les vrais motifs pour lesquels des règles raisonnables n'ont jamais l'air de marcher ne sont pourtant pas difficiles à comprendre. Comme les vêtements neufs de l'empereur, les imperfections sont faciles à voir, mais il est interdit de les montrer du doigt.

Tout d'abord, les agences de « réglementation » ne réglementent pas : elles ne font qu'arbitrer. Les États membres mettent si longtemps à négocier que, pendant ce temps, les populations de poissons – victimes d'une pêche intensive durant toutes ces années de discussions – sont décimées; pour reprendre la formule d'un savant, les biologistes de l'agence sont obligés de consacrer leur temps et leur talent non pas à éviter le désastre mais à pratiquer « des autopsies sophistiquées ».

Ensuite, quand les politiciens finissent par agir, ils fixent des quotas qui sont plutôt des permis d'épuiser. Les savants n'ignorent pas qu'un certain degré de pêche incite en fait les populations de poissons à se développer plus rapidement et à se reproduire plus souvent. Ils savent déterminer le « rapport maximum supportable », la limite absolue des prises que les pêcheurs peuvent faire sans laisser trop peu de poissons derrière eux pour assurer la reproduction. Bien souvent les quotas restent sans effet, car les nations adhérant aux agences de pêche calculent les prises permises non pas sur des recommandations biologiques mais sur des considérations politiques. On a décrit non sans euphémisme leur méthode comme de la « gestion passive » : ils fixent des quotas si élevés qu'ils conviendront à tous les pêcheurs.

Cette tragi-comédie des pays membres qui discutaillent pendant que la pêcherie brûle a pour plus frappant exemple les zones de pêche au hareng de la mer du Nord. A. C. Burd, un biologiste qui a soumis ses découvertes aux agences de pêche intéressées, a évoqué l'interminable succession de leurs manœuvres d'atermoiement : dès 1956, la Commission internationale pour l'exploration de la mer (CIEM) a tenu la première une réunion scientifique pour discuter de la baisse des prises de harengs. Les délégués politiques n'ont pu parvenir à « aucun accord » mais ont décidé d'entreprendre une étude. Quatre ans plus tard, la CIEM a mis sur pied un « groupe de travail » pour déterminer les effets de la pêche ; « l'objectif n'a pas été atteint », et un second groupe a été créé pour étudier le problème. Encore quatre années plus tard, le second groupe a présenté un rapport : « malgré un accord appréciable sur les éléments recueillis, on n'a pas considéré qu'on avait là des preuves suffisantes pour indiquer quelles mesures prendre ». Un an plus tard, les membres de la CIEM sont convenus que seule une réserve de harengs bénéficierait de mesures de réduction de la pêche – mais que « la raison du déclin » d'une autre réserve avait des causes naturelles. Deux ans plus tard, le CIEM a discuté de la fermeture de certaines zones de la mer du Nord à « toute pêche au hareng », mais « certaines délégations ont exigé davantage de preuves scientifiques... d'autres ont affirmé qu'il fallait tenir compte de considérations économiques ».

Au cours de ces années, les prises puisées dans la réserve surexploitée de harengs ont chuté de 98 % après avoir atteint des sommets sans précédent. Burd conclut : « On a perdu une importante zone de pêche tandis que la direction cherchait à établir avec une certitude absolue la cause de ce déclin. » Les pays membres de la CIEM – soucieux de protéger leur industrie – avaient en fait réussi, par leurs extravagances, à les détruire.

La troisième raison dont on ne parle jamais et qui fait que les « réglementations » sont inopérantes, c'est celle-ci : tandis que les politiciens édictent des règlements absurdes, l'industrie de la pêche elle-même les réduit à néant en faisant tout ce qui est en son pouvoir pour donner aux savants des informations erronées sur lesquelles fonder leurs recommandations. Les représentants des pêcheurs n'hésitent pas à truquer même les statistiques fondamentales : ils falsifient les rapports de prises en sous-estimant grossièrement leur tonnage et en ne tenant que rarement compte, sinon jamais, des quantités de poissons qu'ils rejettent à la mer, pour donner aux savants une idée exacte du massacre total.

De façon à garder ouvertes le plus longtemps possible les zones de pêche côtières, où fraient les poissons, on soupçonne les pêcheurs californiens d'avoir faussement déclaré que l'essentiel de leurs prises d'anchois provenait de la haute mer. De nombreux pêcheurs vont même jusqu'à refuser purement et simplement de déclarer leurs prises. Les pêcheries pratiquent l'art raffiné d'éluder les questions aussi bien sur les marchés qu'en haute mer. Peu après la guerre, j'ai pris à cinq heures du matin le *Mistral* de Paris à Marseille. Vêtu d'un costume sombre et un porte-documents à la main, j'arrivai plusieurs heures avant mon premier rendez-vous : pour tuer le temps, j'allai me promener sur le marché au poisson du Vieux-Port. Avec son activité débordante, ses marchandages incessants, la halle retentissait de cris comme une bruyante cage à perroquets. Soudain une femme corpulente, qui s'était postée à l'entrée, m'aperçut : aussitôt elle porta les mains à sa bouche et imita le hurlement d'une sirène. Le silence s'abattit soudain sur le marché. Les pêcheurs allumèrent des cigarettes, se dandinèrent d'un pied sur l'autre, les poings sur les hanches, le regard au plafond. Un peu gêné, je continuai ma promenade dans un silence pétrifié. Je fis tout le tour du marché – au milieu de pêcheurs si immobiles qu'on les aurait dits figés dans le temps – jusqu'au moment où je me retrouvai devant l'imposante silhouette de la grosse femme, toujours installée à l'entrée : je passai devant elle en sortant. Aussitôt elle porta les mains à sa bouche et hurla : « Fin de l'alerte ! » Le brouhaha du marché reprit de plus belle. J'avais compris : cette imposante dame, assurément la sentinelle du marché, m'avait pris, avec mon costume sombre, pour un contrôleur des prix !

L'imagination que déploient les professionnels pour faire des entorses à la réglementation sur les prix et les quotas semble presque un gaspillage d'énergie créatrice étant donné les raisons pour lesquelles les règlements ne servent à rien : quand on finit par mettre en place une réglementation déformée, de toute façon personne ne lui obéit. Dans la Baltique, les biologistes recommandèrent pour 1981 un quota maximum de morues de cent quatre vingt-dix-sept mille tonnes : les pays membres de l'agence concernée fixèrent à leur tour un « quota » de deux cent soixante-douze mille tonnes ; les pêcheurs ignorèrent allègrement ce chiffre et ramenèrent une prise totale de trois cent quatre-vingt mille tonnes. « Contourner les règles devenait un jeu. » Les Canadiens accusèrent l'Espagne d'avoir « largement dépassé » son quota de morues sur le Grand Banc, fixé par l'Organisation des pêcheries de l'Atlantique du Nord-Ouest (OPNO) ; l'OPNO refusa alors à l'Espagne tout quota pour l'année suivante. Étant donné que cet organisme n'a aucun pouvoir pour faire respecter les décisions – et que de toute façon l'Espagne n'en n'a jamais été membre –, les pêcheurs espagnols réagirent en ne tenant purement et simplement pas compte de cette interdiction.

À en croire les fonctionnaires furieux des autres pays, les Espagnols ont déployé alors des trésors d'invention. En 1985, j'effectuais souvent le trajet entre Paris et les chantiers de construction navale de La Rochelle où je faisais bâtir le voilier *Alcyone*. Au cours d'un de ces voyages, je me trouvais assis dans l'avion auprès d'un avocat représentant un navire espagnol. Le bateau avait fait à l'époque la une des journaux : il avait été saisi par les autorités françaises pour avoir pêché illégalement dans les eaux françaises. L'avocat me fit un récit de première main de toute l'aventure, en soulignant la méthode habituelle des Espagnols : tandis que des douzaines de bateaux espagnols, expliqua-t-il, foncent sur une zone de pêche interdite, leurs équipages scrutent l'arrivée de la marine française. Dès qu'une vedette de la police se profile à l'horizon, tous les bateaux à l'exception d'un seul filent vers la haute mer. Les pêcheurs qui se trouvent à bord du bateau restant s'empressent de jeter leurs filets dans leurs hélices : quand les vedettes de patrouille arrivent, les Espagnols plaident l'innocence : leur intrusion, précisent-ils, est due au fait que, ayant perdu le contrôle de leur navire, ils dérivaient. Les autorités françaises confisquent les filets et la prise et perçoivent une amende. Pendant ce temps, les centaines de pêcheurs espagnols qui attendent juste au-delà de l'horizon répartissent entre eux le montant de l'amende qui entre dans les frais d'exploitation, chacun payant une somme négligeable pour dédommager leur complice de sa perte. La réaction du gouvernement espagnol ? Il annonce maintenant officiellement, dans l'élégant jargon de la diplomatie, qu'il accordera à ses pêcheurs une subvention spéciale pour couvrir « les dépenses qu'ils doivent assumer afin de se mettre en conformité avec les conditions imposées par un gouvernement étranger pour continuer d'admettre la flotte espagnole sur ses zones de pêche ».

La tromperie parfois s'effectue avec moins de finesse. Dans le Maine, où les pêcheurs de homards capturent tant de crustacés que plus de 90 % de ces malheureuses créatures n'ont même pas l'occasion de se reproduire une fois, les exploitants désespérés s'assurent de leurs prises en tranchant les lignes fixées à la bouée de leur concurrent, en laissant ainsi leurs bateaux partir à la dérive. De l'autre côté de la frontière, dans le sud de la Nouvelle-Écosse, la situation sur les lieux de pêche au homard n'est pas meilleure, pas plus que le sort des agents de contrôle des pêches. Des fonctionnaires ont déclaré que, dans leurs efforts pour prendre les coupables au piège, deux agents ont dû fuir les pêcheurs de homards qui les ont poursuivis, éperonnés, et qui ont fini par incendier et couler leurs bateaux.

Tandis qu'au cours des années soixante et soixante-dix, les prises et les revenus diminuaient, la rancœur des pêcheurs locaux visait de plus en plus non seulement leurs fonctionnaires, mais aussi les pêcheurs de nations étrangères. Le contentieux entre les industries de la pêche d'Espagne et de France a fini par faire couler le sang : lorsque des chalutiers espagnols ont pénétré illégalement dans les eaux françaises, la France a envoyé des navires de guerre qui ont utilisé leurs canons pour les chasser. Les Canadiens et les Américains réunis s'en sont pris à « la communauté flottante internationale » qui avait mis au pillage leurs industries du haddock et du flétan de l'Atlantique. Les pêcheurs américains ont accusé les Soviétiques de naviguer au milieu de flottes de petites embarcations américaines et de détruire leur matériel, en allant jusqu'à faire semblant de vouloir éperonner les embarcations. Le Chili, l'Équateur et le Pérou ont fixé unilatéralement des limites territoriales pour empêcher les étrangers de prendre les thons qui émigrent au large de leurs côtes : ils ont saisi les thoniers américains qui les provoquaient en franchissant ces lignes, jetant leur capitaine en prison, bombardant d'ordures les équipages, allant même jusqu'à incendier les bateaux. À l'autre bout du monde, l'Islande et la Grande-Bretagne se livraient leur âpre « guerre de la morue ». Quand l'Islande a tenté d'interdire aux étrangers de pêcher à moins de deux cents milles de ses côtes, pour protéger les réserves presque anéanties de morues de ces eaux, les pêcheurs britanniques se sont précipités dans la zone interdite. Plus tard on a porté plainte devant la Cour internationale de justice : les unités navales du Royaume-Uni, qui voulaient permettre aux pêcheurs britanniques de continuer à traîner leurs chaluts, avaient éperonné un navire garde-côte islandais ; les Islandais avaient braqué le canon d'un de leurs navires sur la passerelle d'un bateau britannique et avaient à plusieurs reprises ouvert le feu avec d'autres armes à courte portée. Les États-Unis se sont empressés d'intervenir en apprenant que l'Islande – site crucial d'une base d'alerte des missiles intercontinentaux – avait claqué la porte de l'OTAN tant cette affaire de pêche l'avait mise en rage. Voilà maintenant que l'industrie de la pêche menaçait même la paix internationale.

Dans un contraste étonnant avec les sordides querelles du monde de la pêche, Arvid Pardo, délégué de Malte aux Nations unies, a stupéfié la communauté internationale en faisant une noble proposition. En 1967, il a demandé aux Nations unies de proclamer la mer et ses ressources « patrimoine commun de l'humanité », qu'aucune nation ne devait s'approprier pour l'exploiter elle-même mais que tous les pays devaient plutôt protéger pour le bien de tous. Touchés par son discours, les membres de l'assemblée générale des Nations unies approuvèrent à l'unanimité la déclaration de Pardo et la création d'un Comité des fonds marins chargé de proposer des lois s'inspirant de son idée généreuse. Hélas, si des idéaux peuvent sans mal passionner un auditoire, un comité a tôt fait d'étouffer ces mêmes idéaux quand ses membres tentent de se mettre d'accord sur des moyens pratiques de les appliquer. Les visions de Pardo étaient condamnées dès le départ. Tous ceux qui s'intéressaient à la mer regardaient, le cœur serré, sa proposition s'effriter peu à peu. Les manœuvres avaient déjà commencé pour tuer dans l'œuf le noble projet d'Arvid Pardo.

Je fus naïvement satisfait d'apprendre qu'une conférence sur « le droit de la mer » allait se tenir à Caracas. Mais quand j'obtins la liste des participants, je vis que la plupart étaient des diplomates et dirigeants politiques sans aucune connaissance des problèmes maritimes ou océanographiques. Les diverses nations réagirent finalement à l'idée de créer une autorité internationale unique en proposant que chaque pays exerce sa propre autorité. Lorsque se réunit la première séance de la conférence sur le « droit de la mer », soixante-seize pays s'étaient déjà précipités pour affirmer qu'ils « étaient propriétaires » de leurs eaux côtières. Les textes préliminaires de la conférence de 1975 reconnaissaient officiellement cette idée de la propriété de l'océan : ils proposaient la création d'une « zone économique exclusive », une région incluant toutes les eaux et le lit de la mer jusqu'à deux cents milles du rivage de chaque nation côtière, où le pays est libre d'autoriser ses pêcheurs à ramener toutes les prises qu'il veut. L'État peut aussi vendre ou négocier des droits de pêche supplémentaires à des navires étrangers. Aujourd'hui ces revendications formulées par les nations côtières comprennent les eaux d'où proviennent 99 % des prises totales du monde.

Les lobbies de la pêche exultèrent à l'idée de voir créer la ZEE. En empêchant les nations étrangères de mettre les premières la main sur les prises domestiques, les industries locales de la pêche s'estimaient parvenues au nirvana économique. Pour sa part, la FAO prédit que cette nouvelle proposition pour le contrôle de l'industrie de la pêche allait se révéler préférable à toutes les précédentes et que la ZEE de deux cent milles allait nous « donner le temps de tout régler ».

Bien des années ont passé depuis que les nations ont commencé à revendiquer la propriété de leurs zones respectives. Il n'en n'est pas sorti grand-chose de bon.

Le nouveau régime, loin d'atténuer, n'a fait qu'aggraver la pêche abusive aussi bien que la surexpansion. Les flottes nationales ont considéré le droit de la mer non pas comme un mandat pour protéger leurs ressources mais plutôt comme une large invitation à les piller. Enfin débarrassées de toute compétition étrangère, elles ont interprété la loi de la mer comme une sorte d'appel de la forêt.

J'en veux pour preuve le bourgeonnement des flottes. En 1977, dans l'élan de la revendication des deux cent milles sur les plates-formes continentales, j'avais eu un avant-goût de ce qui nous attendait. Comme la *Calypso* opérait au large de la Tunisie, j'invitai le ministre des pêcheries de ce pays à venir à bord. Il me parla avec empressement du moyen sûr grâce auquel les Tunisiens allaient doubler leurs prises. En doublant leur flotte de pêche. Le ministre n'était pas le seul à commettre cette erreur.

Même si bien des pays protègent les statistiques concernant leur flotte avec la même détermination que s'il s'agissait de secrets militaires, quand les renseignements sont disponibles, ils n'augurent rien de bon. Dans l'enquête approfondie menée par la presse américaine, tous les grossistes soulignaient l'attitude des pêcheurs sur les moyens de « sauvegarder » les eaux qu'ils venaient de s'approprier. « CEUX QUI SONT DISPOSÉS À PRENDRE DES RISQUES PEUVENT S'ENRICHIR RAPIDEMENT. » « LA PERSPECTIVE DES BÉNÉFICES DÉCIDE LE MAINE À TIRER PROFIT DU DÉVELOPPEMENT DES PRISES. » « LES PÊCHEURS ENTHOUSIASTES PRÉDISENT L'ABONDANCE. » En 1979, juste deux ans après que les États-Unis eurent revendiqué leur zone de deux cents milles, quelque huit cents nouveaux navires étaient en construction, tandis que les pêcheurs se jetaient sur les équipements électroniques du dernier cri et sur des machines plus puissantes. L'industrie proclamait avec entrain qu'elle pourrait peut-être même tripler ses prises en Nouvelle-Angleterre en moins de cinq ans.

Huit ans plus tard, devant la pêche abusive qui se poursuivait, J.L. McHugh, directeur des ressources maritimes américaines, examinait l'état de la pêche en Nouvelle-Angleterre et déclarait : « Le plan de gestion des zones de pêche est en plein chaos. »

Les pêcheries des autres nations ont accueilli l'extension de leurs eaux territoriales avec le même enthousiasme bien injustifié. L'URSS et le Japon – les deux pays à posséder déjà les plus grandes flottes de la terre – se sont tous deux mis aussitôt à construire un nombre extraordinaire de bateaux. Les Pays-Bas et l'Italie ont grossi les effectifs de leurs flottes et ont subventionné la construction de nouveaux navires, même si les réserves des espèces qu'ils visaient s'amoindrissaient régulièrement. La Suède aussi passait commande de nouveaux navires tandis que ses prises diminuaient. Si le présent est sombre, l'avenir l'est davantage encore.

Les nouvelles ZEE n'ont pas protégé les eaux du tiers-monde des nations industrialisées : elles ont plutôt renforcé la tentation de les épuiser. Les Nations unies ont fait des beaux rêves en s'imaginant que la nouvelle limite des deux cents milles allait doter les pays en voie de développement de zones de pêche « représentant à peu près un milliard neuf cents millions de dollars par an ». Les pays industrialisés se sont aussitôt bousculés aux portes du tiers-monde, en promettant avec entrain « d'aider les États côtiers ne possédant pas la capacité de stocker le total des prises auxquelles ils ont droit ». Les pays en voie de développement, semble-t-il, ont déjà entendu ce genre de promesses : elles se sont toujours révélées vaines. Il pourrait bien en aller de même cette fois.

L' « assistance » a maintenant pris la forme d' « entreprise en participation », un accord aux termes duquel un pays peut obtenir le droit de pêcher dans les eaux d'un autre en payant une redevance, en se mettant d'accord sur un compromis politique, en employant les habitants du pays côtier, en leur apprenant à pêcher et en leur offrant une assistance technique. Les pays industrialisés ont trouvé ce genre d'arrangement plus que satisfaisant : rien qu'en 1982, l'Espagne avait cent quatre-vingts gros navires lancés avec entrain dans des entreprises en participation, et le gouvernement subventionnait une expansion de la flotte pour que ces pêcheurs puissent continuer à s'acharner sur le thon, déjà abusivement exploité, des eaux africaines. Les États-Unis et la France, qui ont subventionné une nouvelle flotte de bateaux à filets tournants avec plates-formes pour hélicoptères, visent aussi à augmenter leurs prises de thon.

D'un autre côté, les pays du tiers-monde eux-mêmes, jadis séduits par l'illusion des ZEE, n'ont pas tardé à constater que le trésor promis pourrait bien être mythique. La Mauritanie, où l'on trouve les plus riches zones de pêche, a récolté en une seule année plusieurs millions de dollars de redevances pour des entreprises en participation, mais ces sommes sont bien loin des possibilités qu'offre la pêche dans cette région. Pis encore, quand les pays développés ont offert aux pays pauvres assistance et formation, ils leur ont fourni davantage de bateaux et les ont entraînés à commettre toutes les erreurs classiques de la surexploitation qui a épuisé tant de zones de pêche du Nord. Les projets « d'aides » ont fourni par exemple de nouveaux moteurs aux indigènes tout le long de la côte de l'Afrique de l'Ouest : les artisans, avec leurs canoës gonflés, ont augmenté quelque temps leurs prises, mais pas pour longtemps.

Le nouveau régime n'a pas apaisé mais seulement excité l'inimitié entre nations. Comme les dispositions de la ZEE permettent à chaque pays d'attribuer à son gré des droits de pêche à des étrangers, sans tenir aucun compte de considérations biologiques, le poisson est devenu un simple jeton qui s'échange dans la partie de poker internationale. La Nouvelle-Zélande et les États-Unis ont supprimé leurs attributions de pêche à l'Union soviétique, non pas dans l'intérêt des poissons, mais en représailles contre l'intervention en Afghanistan. Les stratèges européens et américains se sont opposés à l'accord de pêche de la Norvège avec l'URSS simplement parce qu'ils redoutent la concentration de forces militaires soviétiques dans la mer de Barents. Minuscule État du Pacifique, le Kiribati a signé un traité de pêche avec Moscou au moins en partie pour embêter les États-Unis accusés de braconner le thon dans ses eaux. Une autre minuscule nation du Pacifique Sud, le Vanuatu, a même demandé de l'aide à Kadhafi. Un sénateur américain, furieux de voir le Japon se précipiter avidement sur des poissons que l'industrie des États-Unis considère comme « américains », a déclaré que le Japon était « le sida » des hautes mers. La marine irlandaise a ouvert le feu sur un chalutier espagnol qui pêchait illégalement du poisson « irlandais »; le chalutier a coulé et il a fallu repêcher seize hommes d'équipage espagnols. Quand la Grande-Bretagne a imposé à un pêcheur danois une amende de cinquante et un mille deux cents dollars pour avoir pris un unique sprat dans ses « eaux », la cour de justice du marché commun a dû intervenir pour finalement déclarer l'amende illégale.

Longtemps après que la plupart des pays ont adopté la loi de la mer, l'anarchie règne encore sur les océans. Seulement aujourd'hui nous avons une anarchie égoïste : une anarchie de nations individuelles qui ne pensent qu'à elles; plus de cent trente-cinq pays côtiers, tous États souverains, chacun promulguant sa propre loi, chacun prisonnier du désordre qu'il a créé.

Aujourd'hui les organisations de pêche s'affairent à identifier de nouveaux boucs émissaires, à lancer de nouvelles propositions. Elles disent aujourd'hui que tout le mal vient de la notion de « rendement maximum acceptable » qui fonde les quotas sur la capacité de reproduction des poissons. La nouvelle solution miracle que proposent tous les bureaucrates, c'est « le rendement optimum acceptable » – des quotas fixés compte tenu des « besoins économiques des communautés des pêcheurs côtiers », comme si « les nécessités économiques » n'avaient pas été auparavant la seule considération envisagée. Les responsables en ont aussi contre la limite des deux cents milles. Avant l'établissement des zones côtières, disent les porte-parole des pêcheries, tous les océans du monde étaient rabaissés au rang de « propriétés communes » ; les flottes internationales se conduisaient sur les mers comme des vandales dans un jardin public, détruisant les ressources pour leurs bénéfices personnels en sachant que ce serait les autres qui en supporteraient les frais. Mais aujourd'hui, déplorent les experts, la zone de deux cents milles elle-même est devenue une version réduite du jardin public victime du vandalisme des pêcheurs du pays « propriétaire » tout comme elle l'était jadis des flottilles internationales. Voici alors la solution miracle que proposent les responsables : attribuer des droits de propriété encore plus détaillés, fixer des quotas non seulement pour chaque zone de pêche mais pour chaque bateau qui s'y trouve. Grâce à ces « quotas fixés par navire », ils sont certains de pouvoir apporter un remède à cette bagarre à laquelle le sociologue Garret Harbin a donné le nom – repris avec empressement par les responsables de l'agence – de « tragédie des domaines communaux ».

Certains d'entre nous, pour avoir vu la débâcle de la pêche se dérouler sous leurs yeux, ont une nouvelle à annoncer aux responsables. Il y a en effet une tragédie dans nos pêcheries, mais ce n'est pas une « tragédie des domaines communaux ». Elle tient au fait que nous avons obstinément refusé de respecter les zones de pêche en tant que domaines communaux. Les océans autrefois n'appartenaient à personne : au lieu de les décréter aujourd'hui propriété de *tout le monde*, nous en avons fait le domaine de *quelqu'un*. Il y a peu de chances que le système des « quotas fixés par navire » fonctionne. Les quotas ont échoué dans le passé parce que nous n'en avons jamais eu : les quotas qu'on n'impose pas n'existent pas.

Nous ne sauvegarderons notre industrie de la pêche que si nous commençons à respecter un petit nombre de lois de la nature, si nous renonçons simplement à notre obsession de règlements conçus pour ne protéger que les pêcheurs, et si nous nous mettons à respecter des règles qui protègent aussi le poisson.

Nous devrions pêcher au chalut par rotation, comme les fermiers cultivent par rotation : quand les énormes chaluts raclent le fond, ils détruisent la faune là où les poissons se reproduisent. Si les pêcheurs utilisaient leur chalut dans un secteur une seule année, puis le laissaient en jachère pendant plusieurs années, la faune pourrait revivre.

Nous devrions limiter l'emploi des filets tournants. La pêche à la traîne au moins ne prend que quelques individus sur un banc, alors que les filets tournants anéantissent un banc de poissons tout entier, sans laisser un seul traînard pour se reproduire.

Nous ne devrions jamais pêcher là, où et quand les poissons se rassemblent pour frayer. En ravageant constamment et systématiquement les réserves au fur et à mesure qu'ils se reproduisent – simplement parce qu'il est facile de les prendre quand ils sont absorbés par leurs cérémonies nuptiales –, les pêcheurs coupent la branche même sur laquelle est perchée leur industrie tout entière. Nous avons emmené la *Calypso* dans le sud-est des Caraïbes, nous sommes tombés sur des pêcheurs de sardines. La sardine, nous racontèrent-ils, leur avait joué un drôle de tour : le poisson jadis grouillait dans la baie de Cumana en telle abondance que des investisseurs avaient construit sur le rivage une vaste conserverie : puis, au bout de quelques années, nous dirent les pêcheurs intrigués, les sardines, pour on ne sait quelle raison, « étaient parties ». Cette disparition n'avait pour moi rien de mystérieux : si un pêcheur ramène des filets entiers de femelles chargées de laitance, il doit se dire qu'il intervient dans la procréation, qu'il empêche donc le renouvellement des réserves. Les pêcheurs ne pouvaient pas admettre qu'ils avaient gaspillé leurs propres avoirs. C'était le poisson le responsable ! Les sardines, disaient-ils, avaient « choisi » un nouvel emplacement pour leur crèche, et maintenant quiconque voulait ramasser des tonnes de sardines devait aller dans les eaux au large de l'île de Margarita. En fait, après avoir ravagé une frayère, ils recommençaient avec une autre au large de Margarita.

Si on ne peut pas toujours accuser le poisson, les innocents pêcheurs doivent bien trouver un responsable. Quand la célèbre abondance d'anchois péruviens s'effondra à la suite d'une pêche abusive et irresponsable, quelques savants avancèrent obligeamment que le méchant c'était « El Nino », un courant de haute mer de l'océan Pacifique. Toujours facile de trouver un bouc émissaire...

Les savants, sans y prendre garde, se sont faits les complices de l'éradication des bancs concentrés en publiant leurs découvertes sur les migrations ou sur l'emplacement des frayères. Malheureusement, quand on les fournit à une communauté irresponsable, des révélations sur les découvertes biologiques aboutissent trop souvent à des abus d'ordre biologique. Pendant des années les pêcheurs ne pouvaient attraper le saumon du Pacifique que dans les rivières. Les agents de pêche pouvaient au moins tenter de réglementer les prises. L'itinéraire du saumon en haute mer – où, hors de vue, les pêcheurs peuvent piller en toute impunité – demeurait un mystère. Là-dessus, les spécialistes japonais, américains et canadiens de la biologie marine ont réussi à suivre à la trace les migrations du saumon et ont publié leurs découvertes par l'intermédiaire de la Commission internationale des pêcheries du Pacifique Nord. L'ironie du sort : quel est aujourd'hui le principal objectif de l'agence ? Elle s'efforce d'empêcher les pêcheurs japonais de faire des ravages parmi les bancs de saumons lors des migrations en haute mer que l'agence elle-même a révélées. Il ne s'agit pas, bien sûr, de censurer la connaissance : il faut donner à un organisme les moyens de s'assurer qu'il ne sera pas fait mauvais usage de cette connaissance.

Afin de protéger les ressources, il faut aussi commencer à respecter les subtiles dépendances qu'ont les poissons vis-à-vis des autres créatures de leurs communautés. Lorsque des pêcheurs ignorent les complexités de cette interaction et épuisent une réserve, d'autres réserves – et parfois la pyramide de la vie tout entière – viennent s'effondrer aussi.

En 1979, alors que la *Calypso* suivait des baleines à bosse en migration vers le nord au large de Terre-Neuve, nous avons vu comment les baleines devenaient littéralement victimes des malheurs provoqués par la pêche au capelan. Le petit capelan s'était jadis développé en telle abondance au large des grands bancs du Canada qu'il servait de nourriture à tous les principaux poissons commercialisables : morue, saumon d'Atlantique, flétan du Groenland, haddock et diverses espèces de carrelets. Lors de leur rude voyage depuis les zones tropicales où elles étaient nées jusqu'aux zones arctiques où elles allaient se nourrir, les baleines à bosse affamées subsistaient elles aussi sur le capelan. Quand les grandes flottes internationales s'abattirent sur ce poisson au large des côtes canadiennes, les réserves de capelans s'effondrèrent en six ans à peine.

Instinctivement, les baleines affamées se déroutèrent de leur trajet habituel afin d'apaiser leur faim sur les réserves de capelans qui survivaient encore près de la côte. Malheureusement, les pêcheurs côtiers à cet endroit pêchaient la morue au même moment : ils disposaient de plus d'équipement que jamais dans les eaux côtières du Canada. En doublant Terre-Neuve, il nous fallut avec la *Calypso* nous faufiler entre des murs de filets à morue longs de plusieurs kilomètres, posés par centaines. Zigzaguant, nous eûmes la chance de passer à travers : mais toutes les baleines en quête de leur ration de capelan n'eurent pas la même chance. Durant cet été, des baleines à bosse avaient été noyées par des filets ou blessées dans des collisions avec du matériel de pêche. Furieux de perdre des milliers de dollars en matériel endommagé et en temps perdu pour la pêche à chaque fois qu'une baleine venait se prendre dans leurs filets, les pêcheurs que nous rencontrions entonnaient tous le même refrain furieux : « On aurait envie de les tuer, vous savez. » « La première réaction, quelquefois, c'est qu'on a envie de tirer sur ces sacrées baleines. » Parfois, à ce qu'on nous raconta, ils le faisaient. Les baleines à bosse pourtant n'étaient pas les seules victimes de cette incompréhension de la pêche où des créatures autres que les humains dépendaient du poisson. Le saumon d'Atlantique, privé de sa pâture de capelan, diminuait aussi, comme bien d'autres grandes espèces commercialisables.

Chaque année voit se dérouler un nouvel épisode de la tragique saga de la baleine. Au début des années quatre-vingt, plusieurs nations, membres de la commission baleinière internationale, proposèrent un moratoire raisonnable : on arrêterait la chasse à la baleine aussi longtemps que les diverses populations de baleines demeureraient au-dessous du fameux « rendement acceptable »... À cette époque, le nombre de baleines que l'industrie baleinière avait laissées en vie était de moins de 10 % de la population originale. Selon les estimations des experts, il suffirait d'un demi-siècle d' « armistice » pour ramener le nombre des grands mammifères marins à 80 % du fameux « rendement ». Ce moratoire était une nécessité : à plusieurs reprises, il ne parvint pourtant pas à obtenir une majorité à la commission baleinière internationale. Je décidai de comprendre pourquoi. J'analysai les scrutins et je découvris que trois années de suite il ne manquait qu'une voix ! Celle du Canada ! Mais le Canada n'a jamais pratiqué la chasse à la baleine. Je me rendis à Ottawa pour rencontrer Trudeau, le Premier ministre. Je lui demandai pourquoi le Canada votait régulièrement contre le moratoire. Trudeau m'assura qu'il n'était pas au courant mais qu'il allait se renseigner. À mon immense satisfaction, le Canada finit par voter pour protéger les baleines, et le moratoire prit effet en 1986.

Depuis lors, bien des pays essaient de tricher. Deux d'entre eux ont trouvé de mauvaises raisons de reprendre la chasse à la baleine. La France s'est efforcée de donner satisfaction aux pays activistes en proposant de créer dans l'Antarctique un sanctuaire où l'on ne pratiquerait pas la chasse à la baleine. La possibilité de pratiquer une telle politique pourrait être fatale à plusieurs espèces de baleines.

Toute destruction en dominos souligne la vérité la plus évidente. Si nous voulons sauvegarder nos ressources en poissons, nous devons arrêter notre inexorable progression qui nous fait anéantir les baleines après les poissons, et une zone de pêche après l'autre, en croyant toujours que de nouvelles réserves de poissons vont apparaître comme par magie au coin du prochain cap, dans la prochaine baie.

Aucun échec dans le domaine de la chasse ne montre mieux notre course au néant que la saga de la chasse à la baleine. Après avoir écumé les mers septentrionales, décimé les populations de la lente baleine grise, de la baleine franche et de la baleine du Groenland, les baleiniers se sont attaqués à la puissante baleine bleue, la plus grosse créature qu'on ait jamais vue sur terre. Les baleiniers ensuite se sont concentrés sur l'Antarctique, où là encore des troupeaux de baleines bleues ont été sévèrement touchés, et les canons à harpon braqués sur les balénoptères. Quand le rorqual de l'Antarctique était sur le point de disparaître, la commission baleinière internationale – encore un organisme miné par la politique et dépourvu de toute autorité – a insisté auprès des baleiniers pour qu'ils s'attaquent au rorqual boréal et à la baleine à bosse : alors en route vers le Pacifique Nord où les Soviétiques quadruplèrent leurs expéditions de chasse à la baleine en haute mer et où les populations de baleines bleues et de baleines à bosse commencèrent à décliner. Ce fut ensuite le tour du cachalot. Dans un marché qui s'effondrait, Britanniques, Norvégiens et Hollandais se débarrassèrent de leur flotte au profit des Japonais, et le processus d'amortissement et d'exploitation reprit de plus belle. En 1973, quand la *Calypso* naviguait dans l'Antarctique, nous utilisions très souvent notre hélicoptère en quête de toute baleine à filmer. Nous opérions dans une zone que le CBI cette année-là déclarait être une réserve pour les mammifères géants : s'il y avait des baleines à voir, c'était là. En survolant les domaines pélagiques les plus riches pour les baleines, nous avons, en plus de deux mois et demi, enregistré plus de trois cents heures de vol : nous n'avons vu que deux baleines à bosse et peut-être deux dizaines de cachalots. Pas une seule baleine franche. La seule grosse baleine bleue que nous ayons vue était celle que nous avons construite. À partir d'énormes ossements décolorés par les intempéries, abandonnés sur le rivage par des baleiniers qui considéraient la graisse et la chair comme seuls produits intéressants, la baleine elle-même n'étant qu'une carcasse, nous nous fîmes paléontologues amateurs, assemblant sur le sol des ossements. Il fallut tout l'équipage pour mettre en place le rostre géant. Le squelette terminé mesurait plus de vingt-cinq mètres. En contemplant la longueur interminable de l'épine dorsale, je songeais que l'industrie qui a commencé à exterminer ce colosse se prépare aujourd'hui, n'ayant nulle part ailleurs contre quoi se tourner, à lancer son dernier assaut : le krill de huit centimètres.

Lors de nos survols en hélicoptère, nous aperçûmes des taches rouges à la surface de la mer : signe que grouillaient là des millions de ces créatures couleur carotte qui ressemblent à des crevettes. Principale source de nourriture des baleines, les populations de krills – débarrassés de leurs principaux prédateurs depuis qu'on a massacré les réserves de baleines – ont connu une véritable explosion.

Les têtes d'œuf se sont mises alors au travail et se sont livrées à de savantes estimations. Elles ont calculé que onze cent mille baleines à fanons – quarante-cinq millions de tonnes de biomasse – dévoraient jadis cent quatre-vingt-dix millions de tonnes de krills ; en 1973, les baleines survivantes, avec une biomasse de seulement neuf millions de tonnes, n'ont sans doute pas englouti plus que quarante trois millions de tonnes de krills. Il doit donc rester un énorme surplus annuel d'au moins cent cinquante millions de tonnes de krills : deux fois les prises actuelles de poissons à travers le monde !

Pourtant, même quand des navires sillonnent l'Antarctique pour récolter des krills, personne n'a la moindre certitude qu'il existe vraiment un « surplus » de krills. Personne ne sait quelles conséquences une chasse massive au krill aurait sur l'étroite et fragile pyramide de la vie de l'Antarctique, dont la fondation repose sur ces krills. Quel avenir pour le cachalot, les baleines, les oiseaux et les phoques qui se nourrissent de calmars, lesquels se nourrissent de krills ? Quel avenir pour les phoques, pour les pingouins, pour les poissons, pour les phoques à fourrure de l'Antarctique, tous jadis surexploités, qui aujourd'hui se multiplient lentement grâce à la bénédiction équivoque des limites de la chasse à la baleine qui font qu'il y a davantage de krills ? Quel avenir pour les océans de toute la planète, nourris des produits alimentaires libérés à la mort des krills, qui sombrent jusqu'au fond pour être entraînés par les courants circulant en profondeur à travers le globe ?

Alors que nous plongions dans l'Antarctique, éblouis par la diversité des étranges créatures que nous filmions au-dessus et au-dessous de la surface de la mer, je me disais que peut-être le dernier continent exploré par l'homme pourrait être le premier continent qu'il ne mettrait pas au pillage. Je me trompais. Déjà les chalutiers sont arrivés. Les prises de krills sont passées de trois mille trois cents tonnes en 1976 à peut-être bientôt plus d'un million de tonnes, pour l'essentiel à cause du Japon et de la Russie, les deux dernières grandes nations baleinières qui, après avoir réduit les baleines à un niveau qui n'est plus profitable, pourraient maintenant empêcher leur retour en récoltant leur nourriture. Le porte-parole des pêcheries exultait : avec le krill, nous pouvons tripler nos prises ; avec le krill, nous pourrons nourrir les affamés. Je leur souhaite bonne chance. Dans l'Antarctique, nous avons pêché du krill frais, nous l'avons frit, mangé, et avons aussitôt été pris de diarrhée.

La pêche moderne a dépeuplé les cours d'eau, puis les baies, les golfes et enfin les mers : d'un océan, les pêcheurs sont passés à un autre jusqu'à aujourd'hui où ils en sont arrivés au dernier recours, épuiser l'ultime zone de pêche, l'océan du globe. Et nous continuons à dire que cela n'a pas d'importance, que la mer sans limite abrite d'innombrables espèces nouvelles, que les dernières réserves intactes de la terre – qui nagent sous les glaces de l'Antarctique – parviendront on ne sait comment à supporter le choc industriel imminent sans s'effondrer comme d'autres avant elles. Les porte-parole des pêcheries continuent à répéter qu'il y a de la place pour l'expansion. Où donc ? Je doute que nous trouvions beaucoup de maquereaux sur la lune.

Afin de tirer profit du présent, les pêcheries ont sacrifié l'avenir. Mais l'avenir, c'est maintenant : les pertes sont pour nous. Elles sont inutiles. Si nous respections les lois biologiques de la pêche, après quelques années nous pourrions même doubler notre récolte, parvenir à des projections de prises qui ne sont aujourd'hui que chimériques. Le mécanisme existe déjà pour mettre en vigueur ces mesures : il nous suffit de modifier notre perspective. Nous pouvons transformer nos fameuses ZEE, les zones nationales d'exploitation, en ZNR, zones nationales de responsabilité. Nous pouvons cesser de proclamer que les ressources sont là pour être pillées par toutes les nations et commencer à comprendre qu'il appartient à toutes les nations de les protéger.

Cette solution est théoriquement à notre portée, mais la question reste de savoir si nous aurons la volonté de l'adopter. C'est peu probable si nous nous comportons dans l'avenir comme nous l'avons fait dans le passé. Pour ma part, j'ai senti mon optimisme s'évanouir peu après que l'ambassadeur du Venezuela aux Nations unies m'eut invité à prendre la parole à la séance d'ouverture de la conférence sur la loi de la mer à Caracas. L'ambassadeur m'a demandé de lui exposer les observations que j'allais faire. À cette époque, l'idée de déclarer la mer héritage commun de l'humanité avait déjà commencé à s'émousser, devant une pléthore de nations qui chacune revendiquaient comme sien un bout de l'océan. « Personne ne peut " posséder " de l'eau qui ne cesse de circuler d'une rive à l'autre, déclarai-je à l'ambassadeur. Je dirai que, pour mettre un terme à l'anarchie de la pêche, nous devons créer une *Autorité mondiale de l'océan* qui instaurerait des règles nationales que chaque pays côtier – assumant la responsabilité de sa zone de deux cents milles – devrait alors faire appliquer. »

Deux semaines plus tard, l'ambassadeur me rappela, extrêmement embarrassé. Il avait transmis mes projets aux responsables de la conférence et ceux-ci lui avaient demandé d'annuler mon invitation à prendre la parole.

J'ai continué ma route. Les responsables ont suivi la leur. Et, pas très loin de là, de l'autre côté d'eaux sans poissons, Moïse est allé se coucher, après une nouvelle journée sans rien manger.

5

CHAQUE GOUTTE COMPTE

Dévalant au flanc des montagnes, se frayant un chemin dans la roche, les rivières sans âge du monde poursuivent leur cours désordonné jusqu'aux océans. Elles mènent à la mer, comme les artères partent du cœur ou comme les racines d'un arbre mènent au tronc, leurs eaux indispensables à la vie circulant tout autour du globe, alimentant la vie sauvage, les villes, les nations et les civilisations éphémères qui s'épanouissent le long de leurs rives. La contre-pression de la marée – le pouls des mers – se fait sentir loin en amont, donnant le rythme des jours, des années et des millénaires.

Chaque mois, le soleil, la lune et la terre s'alignent pour exercer sur les mers leur plus forte attraction. Chaque année, au printemps et à l'automne, ces forces poussent depuis l'Atlantique des vagues déchaînées qui vont déferler dans le fleuve Amazone.

Du haut de l'hélicoptère de la *Calypso*, je filmais ce phénomène que les Brésiliens appellent *Pororoca,* le « grand rugissement ». Ce jour-là, une très forte marée envahit les bas-fonds, faisant se dresser une énorme vague – un mascaret –, un ressac qui s'élève jusqu'à trois mètres avant de s'abattre sur les rives. Dans un rugissement assourdissant, les vagues venaient frapper les rives, abattant des arbres et démolissant des maisons. Un fermier m'a confié : « J'ai dû abandonner ma demeure aux vagues. » Un autre m'a dit : « La *Pororoca* a dévoré ma terre comme une bête affamée... » Peu après, le fleuve et ses affluents avaient débordé de leur lit, et la tache argentée de l'eau s'étendait sur plus de cent cinquante kilomètres dans les terres, inondant la forêt avoisinante. J'observais le paysage depuis mon hélicoptère : les grands arbres de la jungle qui surgissaient au-dessus des cinq mètres d'eau de la crue semblaient jaillir d'un miroir. Aussi loin que pouvait porter le regard, l'épaisse voûte de feuillage étincelait d'éclats de soleil qui se reflétaient sur les étendues d'eau.

Nous posâmes l'hélicoptère sur la plate-forme de la *Calypso*, et un groupe d'entre nous, désireux de voir tout cela de plus près, s'entassa dans des canots. Puis, en un petit cortège, nous disparûmes, engloutis par la végétation luxuriante.

Là, l'air était doux, légèrement parfumé par la forêt en fleurs. Autour de nos canots, l'eau dansait dans le crépitement constant des fourmis et des araignées qui tombaient des gros rameaux au-dessus de nos têtes. Des insectes bourdonnaient, des perroquets jacassaient, des singes lançaient leur cri, tout cela se fondant dans une mélopée de la jungle qui finissait par s'éteindre dès l'instant que nos oreilles s'y étaient habituées. Bientôt les seuls bruits que nous remarquions, c'était le clapotis rythmé de nos pagaies et le bref sifflement quand les dauphins roses de rivière venaient chasser l'air par leurs évents, pointant leurs museaux de brontosaures avant de replonger pour s'en aller nager parmi les arbres submergés.

Le temps semblait être revenu en arrière. Nous nous sentions ici étrangement déplacés, un peu gênés d'être habillés, de porter des montres, de savoir qu'un navire climatisé et bourré d'équipement électronique nous attendait à l'écart de ce monde privé et primitif. Nous nous étions aventurés sur un fleuve nouveau-né, puissant, pur, brut et grouillant de vie, comme tous les fleuves l'avaient été jadis. Nées il y a seulement quelques dizaines de millénaires, les eaux vierges de l'Amazone foisonnent de plus de deux mille espèces de poissons, dans une telle abondance qu'ils sautaient parfois du fleuve pour venir tomber au fond de nos embarcations. Le riche contenu minéral du fleuve, arraché au flanc des montagnes, fertilise le sol de la forêt inondée; mais en même temps il épaissit à tel point l'eau couleur chocolat que le soleil ne peut pénétrer qu'à un mètre de profondeur, ce qui ne laisse guère de place à la photosynthèse. Les poissons affamés viennent améliorer le maigre repas de plantes qu'ils trouvent en bas grâce à des produits qui ont mûri là-haut, et ils bondissent de l'obscurité des profondeurs pour attraper des noix, des feuilles et des fruits tombés des branches surchargées. Le fleuve nourrit la forêt ; la forêt nourrit le fleuve. Radieux symbole de l'interdépendance vitale entre les animaux, la terre et l'eau douce, la voie royale de l'Amazone conduit non pas au cœur des ténèbres de la jungle mais au secret de la vie sur la terre.

Quand l'équipe de la *Calypso* explora le lac Titicaca dans les Andes et qu'à une altitude d'environ quatre mille mètres nous découvrîmes des fossiles de créatures marines sur les rives du lac, je compris clairement combien les systèmes d'eau douce et d'eau salée de notre planète s'étaient trouvés liés au cours de son histoire. Plus tard, lors de notre expédition au lac Tanganyika et aux fleuves d'Afrique qui y prennent leur source, je me rendis compte à quel point la concurrence était analogue entre l'homme et les animaux pour l'accès vital aux rives des lacs, des fleuves et de l'océan lui-même.

Même si nous ne pouvons pas dater la naissance des fleuves, nous pouvons les utiliser pour dater la naissance de la civilisation. Les vallées de l'Euphrate et du Tigre ont été le berceau de ce qui semble bien avoir été les premières communautés agricoles quelque sept mille ans avant Jésus-Christ. Les humains peu à peu découvrirent qu'ils pourraient dompter le fleuve tout comme ils domptaient ses animaux. Mais le fleuve, lui, ne se laissait pas facilement passer le joug. À travers les âges, les canaux d'irrigation réussirent à augmenter la surface de terres fertiles. Mais les barrages construits le long des rives pour protéger fermes et villages des inondations sont des obstacles à la fertilisation croisée entre terres et cours d'eau. Dans l'Antiquité, on construisait des digues pour empêcher les inondations, mais l'édification de grands barrages n'a proliféré qu'au cours du siècle dernier, avec une nouvelle raison d'être : la production d'électricité. Ils se sont révélés avoir leurs bons et leurs mauvais côtés et surtout n'ont apporté que des avantages temporaires.

Quand nous avons étudié le Nil depuis sa source au Burundi, et son épanouissement dans le lac Victoria, sur tout son cours jusqu'à la Méditerranée, nous avons rencontré l'exemple le plus frappant d'échec technologique : le barrage d'Assouan et le père nourricier qui y est associé, le lac Nasser. Cette entreprise monumentale et sophistiquée devait au début être un cadeau de fiançailles de l'Union soviétique à l'Égypte. Mais les ingénieurs communistes ne voyaient pas plus loin que leurs homologues occidentaux.

« L'Égypte, a écrit Hérodote, est un cadeau du Nil. » Mais, pour les Égyptiens d'aujourd'hui, c'était en vérité un piètre cadeau : un étroit ruban de terre arable, les seules terres fertiles dont disposait le pays pour faire vivre une population en pleine expansion. Le barrage d'Assouan devait retenir les crues du Nil et fournir de l'énergie aux industries naissantes du pays. De l'eau et de quoi manger : voilà ce que réclamait le peuple, et voilà ce que le barrage lui a retiré.

Traditionnellement, la vie des fellahs dépendait des changements d'humeur du fleuve selon les saisons – de sa bienveillance ou de sa colère –, mais la crue elle-même n'en était pas moins célébrée comme « l'arrivée de Hapi », le dieu fleuve dont l'eau ondulante « nourrit, ravitaille et apporte sa provende à l'Égypte, semant l'abondance sur son passage, apportant la nourriture au bout de ses doigts. Si fertiles étaient les sédiments ainsi répandus que les femmes dévoraient des poignées de terre, persuadées que le dieu qui fécondait la matrice de la terre mère pouvait en faire autant pour la femelle humaine. Avant le barrage, des millions de tonnes de limon venaient chaque année enrichir les terres. Aujourd'hui, ces alluvions vitales se déposent au fond du réservoir d'Assouan.

Privées de leur pâture annuelle, les récoltes doivent maintenant être traitées avec des engrais chimiques qui appauvrissent encore davantage les sols. La production d'engrais, en outre, exige de l'énergie : par une ironie du sort, il faut puiser celle-ci dans la capacité en kilowatts du nouveau barrage. On annule ainsi une partie des bienfaits que devait apporter cet ouvrage, et l'on ajoute à la lourde charge que représente pour le fellah le coût de la vie. Plantés sur les rives du Nil, nous voyions les Égyptiens piloter leurs embarcations sur le lac Nasser, plonger des seaux dans l'eau et remonter leur charge de sédiments qu'ils répandraient ensuite sur leurs sols épuisés. Non pas que les paysans ne pouvaient pas se passer des méthodes primitives de l'agriculture d'autrefois : ils n'avaient simplement pas l'habitude de payer l'engrais que le fleuve leur dispensait gratuitement.

La vallée du Nil est aujourd'hui marbrée de tourbillons de sel. Les flots déchaînés qui jadis purifiaient les sols et entraînaient ensuite les déchets jusqu'à la mer ont été remplacés par des bassins d'irrigation dont l'eau s'évapore dans les canaux.

En poursuivant notre voyage jusqu'à l'embouchure du Nil, nous aperçûmes des poteaux téléphoniques plantés sur les hauts-fonds juste au bord de la côte. La Méditerranée rongeait le delta fertile de l'Égypte, corrodant la terre au rythme de plusieurs mètres par mois. Rien d'étonnant, nous dit notre hôte égyptien : les eaux du Nil sont presque totalement entravées par le barrage : il s'écoule moins d'eau jusqu'à la mer et il n'y a pratiquement plus d'alluvions. La rivière déposait des tonnes de sédiments à son embouchure, renforçant les rives du delta : ces sédiments restent désormais prisonniers du barrage. Aujourd'hui où on la laisse agir, la Méditerranée érode la côte. Lentement le delta est envahi par des eaux saumâtres, et la superficie de ses terres fertiles se rétrécit.

Quand on eut reconnu le véritable fléau que constitue le barrage d'Assouan, j'en discutai avec le docteur Abou el-Azm, directeur de l'Académie des sciences d'Égypte. Le problème le plus menaçant pour son pays, m'expliqua-t-il, c'était que sa population s'élevait à quarante millions d'habitants. Dans cent ans, les démographes s'attendaient à voir tripler la population égyptienne en pleine expansion. Où, se demandait-il, tous ces gens allaient-ils trouver de quoi se nourrir ?

« Nous dépendons à cent pour cent du Nil pour vivre, fit observer un jour Anouar el-Sadate. Si à un moment quelqu'un songe à nous priver de cette vie, nous n'hésiterons pas à partir en guerre. » Le Nil aujourd'hui est en train d'être manipulé d'une façon qui menace bel et bien l'avenir des Égyptiens. Et ils n'ont d'autre ennemi à combattre qu'eux-mêmes.

Toujours sur le Nil, à dix-huit cents kilomètres en amont du lac Nasser, on construisait péniblement dans le sud du Soudan le canal Jonglei afin de drainer le gigantesque marécage du Bahr el-Ghazal, une région qui a presque la surface de l'Angleterre, pour l'ouvrir à la culture. Les pays voisins dont le sol aride ne produit que du pétrole financent ce projet, car ils rêvent de trouver là une corne d'abondance pour leur population. Les décideurs ont affirmé que le canal augmenterait le débit du Nil et compenserait ainsi l'évaporation du lac Nasser. Il permettrait aussi la navigation fluviale plus en amont sur le Nil. Mais les planificateurs préfèrent ignorer le fait que leur projet anéantirait aussi la faune riche et variée qui prospère dans les marais et, après dix ou vingt ans d'abondance, transformerait sans doute toute la région en un véritable désert. Bien entendu, tout le monde se fiche éperdument de voir le Jonglei éliminer de façon tout aussi inévitable les cultures tribales locales. Malgré tout l'argent déjà investi, les travaux du canal miracle ont été arrêtés et sans doute pour une période indéfinie.

Le détournement des cours d'eau – un autre exemple des graves dommages causés par la recherche irréfléchie de nouveaux approvisionnements en eau – a souvent représenté une méthode efficace pour soulager la pénurie en apportant l'eau de régions à faible densité de population vers des terres agricoles et des villes. Malheureusement, les bienfaits que pourraient apporter ces détournements se trouvent souvent annulés par la faute d'ingénieurs fanfarons qui se considèrent chargés d'une mission sacrée : modifier le cours de la nature et bouleverser les voies fluviales, tout cela dans la plus grande impunité et avec infiniment peu de prévoyance.

La Durance en est un exemple frappant. Une partie des dégâts causés par le détournement de son cours nous apparut quand nous étudiions l'étang de Berre près de Marseille. Au départ, les ingénieurs assuraient à tous les intéressés que transformer une rivière d'eau douce en étang d'eau salée ne causerait aucun dégât : de nouveaux apports d'eau douce, disaient-ils, donneraient simplement un abri aux poissons d'eau douce. Mais c'était ne pas tenir compte du fait que la Durance a un débit plus important juste après la fonte des neiges au printemps. Au premier dégel, les eaux de la rivière réduisirent en effet la salinité de l'étang : des espèces vivant en eau douce remplacèrent bien leurs prédécesseurs vivant en eau salée. Mais rares furent ceux qui survécurent. En été, l'eau de mer se réinfiltra dans l'étang, et l'environnement qui changeait rapidement se révéla inhabitable pour la plupart des espèces de poissons, qu'ils vivent en eau salée ou en eau douce. Les réserves de poissons se trouvèrent décimées.

Malgré la longue liste de cours d'eau dévastés par des projets de détournement mal conçus, d'autres projets de ce genre déferlent comme des nuées d'orage. Des technocrates proposent de détourner le cours du Yukon ; du Fraser et de l'Athabaska ; du Mackenzie, qui traverse l'Arctique ; de l'Ob et du Ienisseï, les deux plus grands fleuves du nord de l'Asie ; et même de l'Amazone. « On ignore encore, note un spécialiste dans son rapport, quels effets une intervention d'une telle ampleur dans le cycle de l'eau pourrait avoir sur l'environnement de l'Arctique ou sur le climat du globe. » Plus ça va, pire c'est. Aujourd'hui, une de ces erreurs dues au manque de prévoyance des décideurs de l'Union soviétique, une de celles dont on a le plus parlé, c'est l'exemple de la mer d'Aral, condamnée à mort quand on a détourné de leurs cours naturels ses tributaires et qu'on l'a asséchée.

Les fleuves, les lacs, les glaciers, les nappes souterraines, les icebergs, la pluie, la neige, la grêle, le brouillard, le Groenland et l'Antarctique combinés ne contribuent que dans une faible part à l'apport d'eau des océans. On pourrait appeler cette récente sublimation des mers « des gouttes d'eau », mais cet « élément minime de la nature » est celui-là même sans qui toute vie est impossible.

L'eau sous forme liquide est rare dans l'univers : elle est si précieuse que le chameau et le cactus en font des réserves ; si pure qu'on lui a conféré le pouvoir de laver les hommes de leurs péchés ; si capricieuse que sa vapeur adoucit le climat quand c'est une brise qui l'apporte et qu'elle frappe durement la terre quand elle arrive avec le tourbillon d'un ouragan. Les hommes ont besoin d'eau douce pour remplacer le liquide que leur corps perd chaque jour – sinon ils meurent. Les hommes doivent arroser leurs récoltes pour assurer leur nourriture – sinon ils mourront. La vie doit boire et la vie doit respirer : l'air et l'eau sont les fluides de la vie. Ce n'est pas pour rien que les gouttes de rosée brillent d'un éclat plus vif que les diamants.

Ce précieux liquide, naturellement abondant, est devenu rare au point que les sociologues doutent que, dans cinquante ans, nous soyons en mesure de fournir assez d'eau à dix milliards d'habitants pour leur permettre de boire, d'assurer leur hygiène et l'irrigation des terres. Ce sont la pollution et les gaspillages qui ont créé cette situation. Dans tous les fleuves que nous avons étudiés – l'Amazone, le Mississippi, le Saint-Laurent et les Grands Lacs, le Nil, et autres cours d'eau de moindre importance –, nous avons découvert une eau plus ou moins empoisonnée, mais déjà impropre à la consommation humaine normale. Les divers organismes des Nations unies estiment qu'aujourd'hui au moins un milliard d'êtres humains (un sixième de la population totale) n'ont pas accès à de l'eau potable. Les conséquences sont terrifiantes : dans les pays en voie de développement, pour plus d'une famille sur quatre, une des filles a chaque jour la charge de marcher plusieurs kilomètres pour rapporter aux siens un seau d'eau potable. Conséquence : près de 35 % des filles dans les pays en voie de développemment ne vont pas à l'école alors que leurs frères y vont. Cette ségrégation sexuelle, due à une mauvaise gestion de l'eau, réduit le niveau d'éducation des futures mères, et le contrôle des naissances devient plus que jamais l'affaire des hommes. En Haïti, mais aussi dans le Montana, j'ai été témoin de graves émeutes pour obtenir le précieux liquide dès l'aube ou lors des longues files d'attente afin d'atteindre les rives d'un affluent du Missouri. La pénurie d'eau est responsable de certaines formes d'infériorité dans la condition féminine, de l'accroissement excessif de la population et de la perte de dignité d'un être humain sur six.

Mais, polluée ou non, l'eau est gaspillée quand on la disperse dans l'air pour arroser des terres cultivables, quand on la pompe abusivement dans des nappes souterraines, quand on alimente en eau potable les machines à laver et les toilettes.

On peut considérer aussi l'eau douce comme un concentré d'énergie. Il faut plus de cinq cents calories pour que le soleil fasse évaporer de la mer un gramme d'eau douce. Cette petite goutte, quand il pleut, libère une partie de cette énergie sur les terres ou sur les rivières. Quand l'eau douce rencontre l'eau de mer, à l'embouchure d'un fleuve, une quantité substantielle d'énergie se trouve libérée et perdue, comme si la rivière se terminait sur une chute d'eau d'environ cent mètres de haut.

Nos « gouttes d'eau » ont tout à la fois un passé formidable et un avenir imprévisible. La situation aujourd'hui semble assez stable : les lacs, les cours d'eau, les glaciers et l'Antarctique représentent environ 2,6 % du volume des océans, mais ça n'a pas souvent été le cas. Nous savons qu'il y a dix-sept mille ans le niveau de la mer se situait cent soixante-dix mètres plus bas qu'aujourd'hui. Cela veut dire qu'il y avait alors beaucoup plus d'eau douce (environ 7 % du volume des océans), mais cela signifie aussi que, si les glaciers du Groenland et du continent antarctique s'avisaient de fondre, le niveau de la mer monterait de quatre-vingts mètres, ce qui serait un désastre pour l'humanité. Malgré toute sa science et sa technologie, l'espèce humaine ne dispose d'aucun moyen pour intervenir dans les épisodes de cette aventure de l'eau douce que sont les périodes glaciaires.

L'Antarctique est un immense continent, d'une blancheur éternelle, où la vie se cramponne aux limites de la vie. L'air, d'un froid glacial, est léger aux poumons et doté d'une transparence magique. Des heures de calme ensorcelant et de soleil absolu sont balayées par des blizzards déchaînés qui ne pardonnent que rarement aux intrus.

L'immense région du pôle Sud est ensevelie sous les montagnes de neige qui se sont entassées et ont glacé au cours de dizaines de millions d'années : des fossiles, les vestiges d'importants chapitres de l'histoire de notre planète, dorment encore dans leurs linceuls immaculés. Alentour circule un carrousel silencieux d'icebergs géants, arrachés de ses rives. Des lichens nains parsèment la glace côtière de timides taches de couleur. Une frange de glace salée s'étire et disparaît avec la saison plus chaude, tandis que sur terre la glace fraîche ne fond que pour mieux se renforcer. La mer parfois rougit avec l'invasion de petites crevettes – les krills – dont pingouins, thons et baleines se rassasient pour survivre. Des phoques nagent sous la banquise où ils chantent d'étranges mélodies ; des « poissons des glaces » finissent par injecter des protéines dans leur sang incolore, comme de l'antigel dans le radiateur d'une voiture, des orques dressent leurs imposantes nageoires dorsales, leur haleine se mêlant à la brise du matin.

L'Antarctique, ce continent du bout du monde, m'avait révélé sa fragilité, due à l'extrême simplicité de ses écosystèmes ; mais la terrible rigueur de son environnement n'a pas découragé diverses revendications territoriales que le traité de 1959, valable jusqu'en 1989, a jusqu'alors réussi à contenir. Ce document a été signé par sept pays ; dix-neuf autres ont accepté d'en respecter les termes. Il garantissait la démilitarisation de l'Antarctique et insistait pour qu'il serve principalement à la recherche scientifique. Ce texte capital a malheureusement omis de mentionner – il n'y fait même pas allusion – l'exploitation possible de ressources minérales ou biologiques. En dépit du traité et avant le moratoire de 1987 du CIB arrêtant la chasse à la baleine, celle-ci continuait à être traquée et une série de conventions en 1982 ont toléré la pêche industrielle du krill et l'exploitation de la population des phoques. Le traité de l'Antarctique avait décidé de préserver la dernière zone sauvage de notre planète, mais les nouvelles conventions déformaient hypocritement son esprit.

Un matin, en parcourant mon journal, je tombai sur un court article, enfoui à côté des petites annonces. Je n'en croyais pas mes yeux. Après six ans de négociations discrètes, les représentants de trente-trois nations avaient signé à Wellington, en Nouvelle-Zélande, une convention ouvrant l'ensemble du continent antarctique à une exploitation prétendument contrôlée de ses ressources minérales comme le charbon, l'uranium ou le pétrole. Les masques étaient tombés. Je ne voulais pas y croire. Le document précisait même que « l'on pourrait avoir recours à des explosions sismiques d'une puissance raisonnable pour la prospection préliminaire » ! Et le froid ? Et la glace ? Ce sera difficile ? Coûteux ? Peu importe ! Puisque c'est possible, proclament les technocrates ravis, ce sera fait ! Quoi ? De la poussière de charbon et les fumées des torches de l'industrie pétrolière vont venir modifier l'albédo du continent tout entier ? La glace risque de fondre, le niveau de la mer pourrait s'élever de plusieurs mètres et engloutir la plupart de nos villes en même temps que des archipels entiers ? Allons donc ! Encore du bla-bla d'écologistes...

Mes réactions étaient un mélange d'indignation et de découragement. La convention de Wellington avait été préparée presque en secret, et c'était un véritable hold-up à l'échelle planétaire. Ce qu'elle signifiait vraiment, c'était la décision criminelle d'ouvrir toute grande la porte d'un coffre-fort contenant le plus fabuleux trésor : les ultimes réserves d'eau douce qui, si on les libère, deviendront incontrôlables. Les otages : les phoques, les pingouins, les oiseaux, les baleines. Les victimes menacées par ce fléau : la communauté humaine tout entière, prête à se laisser sacrifier sur l'autel d'un veau d'or sans signification.

Que pouvais-je faire ? Que pouvait-on faire ? Plus je rassemblais d'informations pour savoir qui avait lancé ce projet, et pourquoi on l'avait entouré d'un tel secret, plus je m'efforçais de trouver un antidote diplomatique. Je n'arrivais pas à croire que des diplomates qui avaient rédigé leur texte derrière des portes closes l'aient fait innocemment. Ils savaient fichtrement bien qu'une fois ouverte la boîte de Pandore les appétits ainsi déchaînés ne se calmeraient jamais. Des clauses prévoyant des précautions illusoires n'étaient là que pour faire avaler la pilule à un public dont je savais qu'on l'avait sous-estimé.

Mais comment pouvais-je convaincre trente-trois pays de ne jamais ratifier la convention de Wellington ? J'avais des alliés, bien sûr, mais avaient-ils un poids suffisant pour modifier une décision de cette ampleur ? Paul-Émile Victor déclara en 1991 qu'il fallait purement et simplement prolonger de cinquante ans le traité de 1959. Catherine Wallaa, à la tête des environnementalistes de Nouvelle-Zélande, affirma que la seule façon de protéger l'Antarctique était d'interdire l'accès du continent à toute compagnie minière. Dans le monde entier, des savants suggérèrent timidement qu'on transforme l'Antarctique en parc mondial, afin de protéger non seulement sa vie sauvage mais aussi le climat du monde et le niveau des océans.

Je finis par prendre une décision : dans une démocratie, c'est l'opinion publique qui doit avoir le dernier mot. Essayons de lancer une pétition populaire. Qui sait ? Alors, pour aider au lancement de ma pétition, je proclamai en juin 1988 : « Guerre sainte pour l'Antarctique ».

Un an plus tard, nous avions plus de six cent mille signatures. Le président Mitterrand me téléphona pour me demander un rapport détaillé avant de prendre la parole à la conférence « Planète Terre ». Le Président déclara : « La proposition de Cousteau de créer une réserve internationale pacifique me plaît. Je vais demander au gouvernement d'étudier cette proposition et de voir si, en liaison avec les pays qui partagent notre préoccupation, il sera possible d'appliquer sans délai cette idée. »

En attendant, je pensais que l'Australie comprendrait. J'organisai en direct un duplex télévisé entre Paris et l'Australie qui dura une quinzaine de minutes. Mon principal argument était : traditionnellement, les Australiens ont toujours participé à toutes les décisions importantes concernant l'Antarctique, qu'il s'agisse de démilitarisation, d'abandon de toute revendication territoriale, de régions consacrées à la science, etc. Alors, refusez la convention de Wellington ! Ralliez-vous à notre campagne pour sauver notre climat et notre avenir !

Par hasard, Robert Hawke, le Premier ministre d'Australie, vit lui-même mon émission. Il décida de se rendre à Paris. J'arrangeai un petit déjeuner entre lui, Michel Rocard, alors Premier ministre, et moi. On décida d'annoncer un moratoire commun franco-australien en faveur d'une réserve naturelle internationale.

En septembre 1989, ma pétition avait recueilli plus d'un million de signatures rien qu'en France. L'un après l'autre, les États qui avaient signé le traité de l'Antarctique comprirent la véritable signification de l'aberration de Wellington et y renoncèrent. Mais les États-Unis d'Amérique étaient assurément le partisan le plus acharné des exploitations minières. Il me fallait donc, maintenant que ma pétition avait recueilli un million cent mille signatures, achever mon entreprise de persuasion.

Dix jours durant, je rencontrai personnellement des membres du Congrès, des sénateurs, la presse de Washington. Al Gore, alors sénateur de la majorité, convainquit dix sénateurs de signer une résolution demandant l'abandon de la convention de Wellington et l'ouverture immédiate de négociations pour aboutir à une nouvelle convention assurant la protection globale de l'Antarctique. Je me rendis alors dans la moitié des pays intéressés et j'obtins neuf cent mille signatures supplémentaires de l'Angleterre. Le « club des opposants » s'élargissait. Mes espoirs grandissaient. Le 20 octobre 1989, la quinzième conférence sur le traité de l'Antarctique a marqué une étape dans notre progression. Il y avait encore des adversaires résolus au concept franco-australien de « l'Antarctique, réserve naturelle et territoire scientifique ». Le temps pressait. Il me fallait trouver un moyen de frapper l'imagination populaire dans son ensemble.

En janvier 1990, j'embarquai six enfants de dix à douze ans à bord d'un navire que j'avais loué, l'*Erebus*. Trois fillettes, une Japonaise, une Australienne et une Française, et trois garçons venant des États-Unis, du Chili et de Tanzanie. Le 4 janvier à minuit, nous quittions Punta Arenas. Le premier jour, Jeronimo eut un début de mal de mer, vite maîtrisé. Leur professeur, Shirley, rassembla les enfants pour quatre heures de classe. On dessina des cartes, chacun commença à tenir son journal. Le vendredi 5, nous passions le détroit de Drake par beau temps, nous donnâmes des interviews par radio vers l'Europe et les États-Unis. Le baromètre, qui était haut, ne cessait de baisser. L'équipage le surnommait « Léopold ». Je décrivis Léopold comme un monstre terrifiant qui, quand la pression baisse, déchaîne de formidables tempêtes. On ouvrait de grands yeux, on restait bouche bée et, depuis lors, les enfants vinrent souvent voir Léopold.

Le 6 janvier, Léopold dégringola mais remonta magnifiquement à midi. Le soleil apparut. J'organisai un concours parmi les enfants pour récompenser celui qui verrait le premier iceberg. Ce fut Kelly, qui gagna un modèle réduit d'aéroplane. Nous faisions route vers la baie de l'Amirauté : le paysage était aussi magnifique qu'en 1972, avec des glaciers et des dômes de neige où perçaient des roches volcaniques déchiquetées ; mais mes souvenirs ne vont pas plus loin.

Frey a aujourd'hui été rebaptisé Marsh : des hangars et des pistes donnaient à penser que ce pourrait être une base de départ pour la colonisation du continent, précisément ce que le traité de l'Antarctique était censé interdire. Et les croix de bois dressées à la mémoire des quatre Britanniques, pionniers de la science, pourraient bien être maintenant le souvenir grimaçant d'une triste comédie s'achevant sur des marées noires et des clubs de touristes. La journée s'acheva sur la visite que vinrent nous rendre deux baleines à bosse, qui jouaient autour de l'*Erebus*, ouvrant leur gueule, dressant haut dans l'air leurs ailerons. Les gosses poussaient des cris de joie et les caméras tournaient à tout va.

Dimanche 7 janvier, je montrai aux enfants le squelette de baleine bleue que nous avions reconstituée sur la plage en

1972, avec l'aide du professeur Duguy, en utilisant de nombreux ossements abandonnés par les baleines d'antan.

Tout au fond de la baie de l'Amirauté, sur l'île du Roi-George, tout près des bases britanniques et brésiliennes, nous choisîmes un endroit idéal pour bâtir l'igloo dont nous avions tous rêvé. Nous voulions que nos enfants, en qualité de jeunes ambassadeurs, bâtissent ici un abri et qu'ils y dorment pour prendre symboliquement possession du continent antarctique au nom des générations à venir. Kelly d'Australie, Fumiko du Japon, Élise de France, Oko de Tanzanie, Jeronimo du Chili et Cory des États-Unis, les six gosses se précipitèrent pour nous aider. Cela devint bientôt une véritable ruche. Les enfants coltinaient des blocs de glace aussi gros qu'eux.

À cinq heures de l'après-midi, l'igloo était terminé : l'intérieur avait trois mètres de diamètre, le plafond était haut de deux mètres dix. Je pénétrai dans les nouveaux locaux avec les six enfants, les trois opérateurs et le photographe. Il y avait de la place pour tout le monde. Nous étions épuisés. Kelly et Oko se portèrent volontaires pour dormir dans l'igloo. Les jours suivants furent consacrés à la visite d'une vaste colonie de pingouins, à l'inspection de l'épave du *Bahia Paraiso*, responsable de la première marée noire de l'Antarctique. Nous eûmes aussi une violente tempête de neige, et les jeunes ambassadeurs décidèrent d'utiliser leur caméra vidéo pour tourner eux-mêmes un film. Producteur : Kelly. Scripte : Élise. Ingénieur du son : Oko. Commentaires de Cory. Titre : « Enfants du monde » ! Kelly passait son temps à nous interviewer, comme une vraie professionnelle. C'était merveilleux. Après quelques jours consacrés à une excursion jusqu'à la station Palmer, lieu du naufrage du *Bahia Paraiso*, et quelques tempêtes de neige qui donnèrent au professeur Shirley l'occasion de jouer au Trivial Pursuit avec les gosses, enfin, le dimanche 14 juillet à dix-neuf heures, l'*Erebus* entra en rade de Punta Arenas.

Cette aventure fut filmée non seulement par mes jeunes invités, mais aussi par mon équipe professionnelle. Résultat : une émission de télévision d'une heure, diffusée en Amérique par Ted Turner et en Europe sur France 2 et sur d'autres chaînes : « Lilliput dans l'Antarctique ». Je fis tirer mille cassettes de « Lilliput » pour en envoyer une à chaque membre du Congrès, à chaque sénateur, à tous les ministres et membres de la Cour suprême. Le film devint un des meilleurs et des plus efficaces de nos instruments de relations publiques.

Quand nous eûmes atteint pour notre pétition sur l'Antarctique près de trois millions de signatures, le monde entier commença à s'en préoccuper. À Vina del Mar, au Chili, une réunion des membres du traité de l'Antarctique montra que, dès novembre 1990, un tiers des pays membres étaient en faveur de l'interdiction totale de toute exploitation minière. Le développement de la base française Dumont-d'Urville, et notamment la construction d'une piste d'atterrissage, rencontra une majorité d'opposants. Au printemps 1991, réunis à Madrid, les États membres apprirent que le Japon et l'Allemagne avaient changé d'avis. Cette décision incita sans doute les Anglais et les Américains à se joindre à nous. Là-dessus, la délégation norvégienne nous fit une surprise : un protocole approuvé à l'unanimité. On décida alors que le protocole serait officiellement signé le 23 juin 1991, date du trentième anniversaire de la mise en application du traité de l'Antarctique.

Mais une mauvaise surprise succéda à cette bonne nouvelle : le samedi 22 juin à Madrid, alors que tout était prêt pour la signature finale, les États-Unis demandèrent un nouveau délai pour examiner le protocole norvégien! Consternation parmi les délégués! Je me précipitai à Washington et obtins une audience d'urgence du président Bush. Après deux heures de discussion, le Président tomba d'accord avec moi et, le 3 juillet, il annonça que les États-Unis allaient signer le protocole de Madrid : « Ce texte tient compte des intérêts des États-Unis et permettra d'assurer une protection efficace de l'Antarctique sans compromettre les options des générations à venir. » Cette décision s'appliquera pendant cinquante ans : au bout de ce temps une nouvelle conférence décidera le renouvellement ou l'abandon du protocole.

Ce véritable roman policier a maintenant une conclusion concrète : « Le continent antarctique : réserve naturelle et territoire scientifique. »

Voilà qui a prouvé que la pression populaire est le seul moyen d'obtenir des politiciens des décisions de bon sens.

C'est en décembre 1972 que pour la première fois je débarquai de la *Calypso* en Antarctique. Un soleil radieux brillait sur une neige poudreuse. Le cœur battant, je fis mes premiers pas, et leur crissement sur la neige me fit me retourner. Maculées de traces de graisse, mes empreintes ressortaient sur la blancheur éblouissante du paysage environnant. Naïvement, je me sentis tout honteux d'avoir oublié de m'essuyer les pieds.

6

SACCAGE

À la fin des années soixante, je commençai à me douter que la pollution n'était pas seule à compromettre la vie marine. D'abord, les récifs coralliens diminuaient d'importance. La pollution pouvait expliquer la régression des récifs baignés par des eaux troubles et empoisonnées aux alentours des zones industrialisées. Mais les grandes barrières de corail du canal de Mozambique, plongées dans des eaux cristallines, régressaient aussi, tout comme les coraux de Nouvelle-Calédonie dans leurs eaux claires et transparentes.

Qu'est-ce qui pouvait bien détruire des coraux qui avaient survécu, qui s'étaient même épanouis, malgré tous les assauts du progrès ? Chaque fois que nous descendions dans les profondeurs le long d'une paroi de corail, nous avions le sentiment de remonter le temps. Les mers primitives ont donné naissance aux premiers coraux voilà six cents millions d'années, quand de simples cellules isolées ont commencé pour la première fois à former des ensembles complexes. Depuis lors, à quatre reprises au moins, tous les coraux du monde sont morts jusqu'au moment où les conditions sont redevenues favorables à un nouveau développement. De minuscules polypes coralliens, distillant du calcaire puisé dans les eaux chaudes des mers, ont formé des squelettes, puis se sont réunis, se multipliant et s'élevant de plus en plus haut, au rythme d'un peu plus d'un centimètre par an. Ils se développaient au fil des époques, se déployant en édifices de plus en plus magnifiques, les recoins, les grottes et les crevasses qu'ils formaient fournissant un abri à une profusion d'autres créatures : les coraux et leurs occupants exotiques en vinrent ainsi à constituer les écosystèmes les plus sophistiqués de la terre.

Voguant au sud de l'Inde dans l'archipel des Maldives, nous fûmes impressionnés quand nous amenâmes la *Calypso* dans un lagon, véritable coupe de corail emplie jusqu'au bord d'une eau translucide. Jour après jour, nous filmâmes ce somptueux spectacle : des coraux s'ouvrant pour former des éventails de dentelle et des fleurs, s'étendant comme des bois de cerfs ou d'élans, étincelant sous le faisceau de nos lampes de mille nuances de rouge, d'orange et de pastels sans nombre. Au sein de ce foisonnement touffu de coraux grouillaient par myriades les créatures de la jungle de l'océan : espadons et chimères, poissons globes. Des murènes rôdaient derrière les buissons de coraux; des raies, lointaines cousines du requin, glissaient dans les eaux bleues sous des bancs de barracudas et d'hippocampes. D'avril à août, stupéfaits, nous passâmes nos journées sous la surface et nos nuits sereines à bord de la *Calypso,* qui flottait immobile sur les eaux limpides du lagon, protégée des houles par ce paradoxe que sont les polypes coralliens : fragiles individuellement mais, en groupe, assez forts pour tenir en échec les vagues puissantes qui déferlaient sur le récif.

Mais les coraux ne pouvaient résister à une autre force. Un jour, nous jetâmes l'ancre devant l'île de Mahé, capitale des Maldives... et là, nous fûmes abasourdis de voir des gens qui, n'ayant ni bois ni pierre dans leur paradis sablonneux, construisaient leurs maisons à base de coraux, tout comme les digues destinées à protéger leurs petits villages des vagues et des marées. Tout au long de l'année, ils peinaient sur le récif, découpant à coups de pioche les blocs qu'ils assemblaient ensuite avec un mortier obtenu en concassant encore du corail pour faire du ciment. Ils édifiaient leurs demeures en démolissant leur habitat : le récif même qui les protégeait de l'assaut des vagues de l'océan. Au propre comme au figuré, les habitants de ces îles étaient en train de scier la branche de corail sur laquelle ils étaient assis.

À l'époque, la destruction systématique par les indigènes de récifs me parut une tragédie, mais une tragédie isolée. Même si mes amis et moi n'approuvions pas le comportement des Maldiviens, nous pouvions le comprendre ; et nous pouvions imaginer que c'était une réaction instinctive à l'élévation du niveau de la mer, conséquence de la pollution thermique. Nous en avions fait autant jadis. Lors de nos premières plongées, les richesses de la mer semblaient si abondantes que faire main basse sur elles paraissait tout naturel. Nous n'avions qu'à tendre la main pour attraper un poisson : et nous le faisions. Nous pouvions sans mal en embrocher sur nos lances, nos flèches et nos harpons : et nous ne nous en privions pas. Je me vantais même du jour où j'avais gagné un pari en pêchant un poisson avec une aiguille à tricoter.

J'appris peu à peu que la mer n'était pas la corne d'abondance que je m'étais imaginée.

Comme un désert terrestre, la haute mer était un désert vivant, d'où jaillissait de temps en temps une célébration de la vie. Je pus donc quelque temps continuer à me bercer d'illusions. S'il n'y avait pas de poisson à filmer dans une région, je m'en allais dans une autre. Derrière le prochain cap, dans la baie d'à côté, dans le coin voisin. Mais vers les années soixante-dix, nous franchissions en vain un cap après l'autre. Les côtes rocheuses de Bretagne aussi bien que celles des îles Canaries avaient été peu à peu dépeuplées. Je retournai à l'île d'Assomption dans l'océan Indien. Ses eaux, quand nous les avions filmées voilà longtemps, grouillaient à tel point de vie que mes plongeurs les avaient décrites comme « la mer sens dessus dessous ». La région maintenant était presque abandonnée. Je repensai à tous les autres films que j'avais déjà tournés : il y en avait une bonne douzaine que je n'aurais pas pu refaire. La dévastation avait étendu trop loin ses ravages.

C'est à cette époque que dans le monde entier des gens commencèrent à reconnaître la menace que présentait la pollution et à s'élever contre elle. Poussés par l'opinion publique, certains gouvernements se déclaraient prêts à prendre des mesures. C'était, estimai-je, le moment d'utiliser la *Calypso* pour procéder à une étude rigoureuse de la Méditerranée. Mer presque entièrement entourée de terres – un modèle à l'échelle de l'océan global –, les maux dont elle souffrait préfiguraient souvent ceux des eaux du monde entier.

En examinant en détail toute l'étendue de la pollution en Méditerranée, peut-être pourrions-nous éviter certains problèmes à l'échelle planétaire et même trouver des solutions. J'étais alors secrétaire général de la Commission internationale pour l'exploration scientifique de la Méditerranée, qui finançait nos travaux. Le Programme d'environnement des Nations unies se joignit aussi au projet et accepta d'être le coéditeur des résultats.

Nous partîmes donc pour un voyage de cinq mois le long des côtes de douze pays méditerranéens : nous nous arrêtâmes dans plus de cent quarante endroits pour faire des prélèvements d'eau, de sédiments et de plancton, que les chercheurs de notre musée océanographique analyseraient pour voir s'ils contenaient des toxines.

Il me semblait toutefois insuffisant de mesurer seulement les niveaux de pollution : j'aurais voulu trouver un moyen de mesurer le niveau de la vie, de classer la mer suivant une sorte d'« index de vitalité ». Je savais certes qu'il n'existait pas de méthode scientifique valable pour mesurer statistiquement la vie, mais je pensais que, en tant que plongeurs et cinéastes – et pour avoir été des témoins de première main des changements qui s'étaient opérés en Méditerranée au cours des dernières décennies –, nous pourrions procéder à une estimation des conditions de vie comme nulle autre auparavant. Nous descendîmes à soixante mètres et nous utilisâmes notre soucoupe de plongée pour aller jusqu'à trois cent cinquante mètres. Nous envoyâmes la troïka, notre traîneau portant notre caméra sous-marine, qui, en bondissant parmi les rochers, filma les conditions de vie du fond de la mer. Nous comparâmes le film que nous venions de tourner sur ces régions sous-marines avec ceux que nous avions réalisés pour les mêmes secteurs quelques décennies auparavant. Nous discutâmes avec des pêcheurs d'Espagne, d'Algérie, de Tunisie, de Roumanie, d'Italie, de Grèce et de France. Nous eûmes aussi des entretiens avec des présidents et des Premiers ministres, des secrétaires d'État à la pêche, à l'environnement, avec des industriels et des armateurs possédant des flottilles de pêche.

Tout ce que nous vîmes et entendîmes aboutissait à une conclusion unanime : la vie dans la Méditerranée dépérissait. Les mérous avaient pratiquement disparu; les homards étaient plus petits que ceux que nous avions trouvés au début de notre carrière et habitaient des eaux plus profondes; les « esquinades » – les araignées de mer – ne venaient plus frayer jusqu'au rivage en mai. Les troupes de dauphins, qui jouaient si joyeux et si souples auprès du croiseur de la marine sur lequel je naviguais des décennies auparavant, étaient moins nombreux. Les États qui nous patronnaient avaient proposé de mettre à notre disposition seize sites pour y installer des parcs marins, des portions du littoral qu'on réserverait pour que des créatures puissent récupérer. Tous ces endroits étaient déjà si dépourvus de vie que cette intervention de dernière heure aurait été bien inutile. J'estimais que 30 à 40 % de la vie en Méditerranée avait disparu.

Nous nous armâmes de courage en attendant les mesures de pollution qu'allait nous fournir le labo. Elles étaient stupéfiantes. Les produits chimiques tourbillonnaient à l'embouchure des rivières, le long des côtes et sur les rivages urbanisés. Toutefois, des lois efficaces d'antipollution avaient déjà réduit de façon significative les ravages de quelques-uns des principaux coupables, comme les pesticides. Les rivages désolés et les eaux dépeuplées que nous avions vues ne pouvaient pas s'expliquer par la seule pollution. Il y avait autre chose. Peut-être plus encore que la pollution chimique, les destructions mécaniques – ce que j'appelais le « saccage » – avaient causé à la mer de graves dommages. La pollution était souvent le résultat de la négligence ou de l'ignorance. Mais le saccage était une agression plus délibérée.

Le cœur lourd, je compris que je le savais depuis longtemps. Jeune plongeur, j'avais arraché des homards aux profondeurs avec la naïveté d'un enfant qui cueille des fleurs. J'avais regretté mon erreur et m'étais amendé. Mais l'erreur elle-même – mon attitude irréfléchie – avait survécu : elle s'était multipliée, ramifiée, elle avait perdu de son innocence pour devenir affreuse. La Méditerranée était maintenant soumise de toutes parts à un assaut mécanique. Des centaines de millions de gens habitaient les pays riverains, et dans les zones les plus fragiles leur nombre avait doublé au cours des deux décennies précédentes. Un tiers des touristes du monde grouillaient sur leurs plages. Pour satisfaire aux besoins de ces populations qui ne cessaient de croître, ces pays s'étaient tournés vers la mer. Ils avaient détruit ou bouleversé d'importants secteurs des eaux côtières, étouffant la vie, détruisant les habitats à grand renfort de jetées, de remblais, de ports artificiels, sans parler des eaux stagnantes des plages à demi fermées créées par l'homme. Les entrepreneurs aussi avaient envahi les rivages, y entassant hôtels, marinas, ports de plaisance. La surface des bassins pour les embarcations de plaisance avait quadruplé : on avait dévasté encore d'autres régions du littoral pour faire de la place à davantage de bateaux. La réglementation a beau interdire certains abus des constructeurs le long des plages, des gratte-ciel s'élevaient au bord de l'eau et de hauts fonctionnaires touchaient des primes à l'étage pour regarder ailleurs. Des industriels se précipitaient pour acheter des terrains en bordure de mer afin d'utiliser les eaux côtières comme bassins de refroidissement à bon marché et comme décharges.

Depuis lors, tout autour de la terre j'ai observé le même comportement. On assèche des marais, on détourne des rivières, on creuse des galeries de mine et on traîne des chaluts, on tire au fusil et au harpon, on dynamite, on perce et on drague. Comme les insulaires des Maldives, nous piochons, nous découpons et nous dépeçons l'île Terre. On dépouille la nature de ses irremplaçables trésors : elle est mise à sac, pillée, saccagée par les maraudeurs de notre époque. Ce n'est pas de la pollution. C'est du *saccage.* Ceux qui s'opposent à tout développement – les environnementalistes extrémistes qui disent « non » à tout projet – compromettent à leur manière l'avenir. Il doit pourtant y avoir de la place pour ceux qui disent « Non, mais... », qui proposent des méthodes rationnelles pour tirer profit des revenus de la nature plutôt que de gaspiller tout son capital. Car, plus nuisibles encore pour la société que ceux qui rejettent tout, il y a ceux qui ne s'arrêtent devant rien. Ils nous pressent d'accepter le suprême sophisme qui alimente le saccage : nous devons permettre le pillage de l'environnement « pour le progrès ». Comme si la destruction nous faisait avancer, comme si la consommation insatiable et l'expansion désordonnée représentaient la croissance économique, comme si les richesses ne se définissaient qu'en termes d'argent, gagné et perdu en un instant, et non pas en trésors naturels que la terre a mis toute l'évolution à produire. Il y a certainement des façons d'améliorer la qualité de la vie sans avilir l'existence. En vérité, nul inébranlable impératif économique ou technologique ne nous impose la destruction générale des richesses de la Terre. Notre malédiction ne vient pas du destin, mais de nous-mêmes. Nous nous sommes peu à peu résignés à notre actuel manque d'eau pure, manque de ressources, manque de paysages qui ne soient pas gâchés par des exploitations minières, par des forêts qu'on abat; il n'en demeure pas moins que ces luxes de la vie ont existé jadis en abondance et qu'ils continuent d'exister, même s'ils sont fragiles et plus rares. Il nous faut trouver une raison pour protéger du saccage la vie et son habitat, et les laisser exister : les protéger parce que d'une façon ou d'une autre, on ne sait comment, dans un cosmos infini, toutes ces merveilles sont apparues sur la Terre. Les protéger parce qu'elles sont là.

Le saccage commence là où la vie a commencé : dans les pépinières de la mer. La vie se développe dans trois régions de l'océan : les eaux de surface, baignées de la lumière du soleil où s'épanouit la vie végétale; le fond, où les déchets organiques se déposent et entrent en décomposition; et le domaine où ces deux facteurs qui entretiennent la vie se combinent, le plateau continental qui commence au bord de l'eau pour descendre jusqu'à des profondeurs d'environ cent quatre-vingts mètres. La partie la plus fragile de ce plateau est aussi la plus fertile : les eaux côtières peu profondes. La vie marine se rassemble au bord du littoral comme la vie terrestre se rassemble au bord des rivières : les poissons se nourrissent de la flore et pondent leurs œufs dans les prairies du fond de la mer, les pépinières de l'océan. À 90 %, la vie marine est tributaire des eaux côtières.

C'est sur ce littoral que les saccageurs exercent leurs ravages avec une totale indifférence. C'est ici que les sociétés de construction draguent pour recueillir du sable et du gravier, arrachant le lit des océans et les lieux de ponte des poissons, et rasant littéralement le fond. Quiconque doute des effets destructeurs de l'industrie du gravier sera tout de suite persuadé en constatant l'effondrement dans la Manche de l'industrie du hareng jadis prospère. De nombreux lieux de ponte sont anéantis quand les entrepreneurs viennent à leur tour décharger ce qu'a remonté la drague ou édifient des remblais pour prolonger le littoral dans les eaux côtières.

En 1979, sur la Côte d'Azur, nous avons filmé un des projets les plus imprudents et les plus profondément absurdes que j'aie jamais rencontrés. Nos caméras ont filmé des bulldozers avançant comme des chars vers la Méditerranée, précipitant dans la mer auprès de l'aéroport de Nice des chargements de rochers. Il s'agissait de prolonger le remblai déjà existant pour construire une nouvelle piste. Les ouvriers allaient ramasser la terre au flanc d'une colline dont la crête abritait le domicile d'un vieil homme qui avait habité là toute sa vie. Comme bien des gens qui luttent contre l'expulsion, il refusa de bouger : si sa colline disparaissait, il disparaîtrait avec elle. Les bureaucrates se sont acharnés, l'isolant avec sa maison juchée tout en haut d'une pyramide de terre.

Les *saccageurs* pourtant s'étaient trop hâtés dans leur désir d'agrandir l'aéroport – pour attirer davantage de touristes, davantage d'affaires, davantage de bénéfices. Ils déchargeaient sans précautions dans l'océan leurs masses de roche et de terre sans avoir construit de mur de retenue. La précaire falaise sous-marine qu'ils avaient édifiée s'effondra.

L'avalanche qui en résulta déclencha un raz de marée qui déferla vers le rivage, s'abattit sur la côte puis ricocha vers le large. Dans le quart d'heure où les eaux se déchaînèrent, le mur liquide frappa le littoral du cap Ferrat jusqu'à Antibes. Des bateaux disparurent. Des fenêtres volèrent en éclats. Des résidences privées subirent des dizaines de millions de dégâts. Une femme fut emportée par la mer. Sur la piste de l'aéroport, trois hommes disparurent et six autres furent tués par l'avalanche. L'indignation du public déferla comme le raz de marée lui-même. On abandonna les travaux sur la piste de l'aéroport. Des mois plus tard, j'assistai à une réunion du CIESM en Sardaigne où des géologues signalèrent qu'un courant de turbulences – un déferlement d'eau alourdie de terre et de roches – avait balayé les fonds de la Méditerranée, recrachant çà et là des débris de la piste d'atterrissage dévastée. Ils me montrèrent une photographie d'un bulldozer que le courant avait entraîné jusqu'à mi-distance de la Corse. Au bout du compte, le seul vainqueur semblait être le petit vieillard toujours juché sur sa crête qu'on n'avait pas réussi à conquérir, comme un roi sur sa colline.

Quelques années plus tard, dans une autre région du littoral français, j'eus une fois de plus affaire à des ingénieurs qui préparaient un nouvel assaut : sur l'île de Ré, une petite île qui a charmé de nombreux visiteurs avec son air marin vivifiant, son incomparable lumière dorée, attirant nombre de photographes et de peintres paysagistes. Le charme de l'île de Ré avait fait affluer aussi des touristes : sa population de dix mille résidents atteignait deux cent mille l'été. Les promeneurs venus pour la journée, faisant la queue dans leurs voitures pour rentrer par le bac, attendaient des heures, pare-choc contre pare-choc. Le Conseil général de la région décida de bâtir un pont reliant l'île au continent.

De nombreux organismes publics et privés mirent en garde les responsables locaux contre ce projet : les fragiles dunes de l'île étaient déjà abîmées par d'énormes parkings, et il fallait, disait-on, limiter le tourisme plutôt que l'encourager. Une étude d'environnement, exigée par la loi française, arriva à la conclusion que le pont n'était pas d'utilité publique. Le préfet mit son veto à la construction.

Les partisans du pont insistèrent pour qu'on étudie de nouveau le projet. Là-dessus, notre équipe se lança à son tour dans une étude qui nous amena à proposer des solutions de rechange raisonnables : rationaliser et augmenter les services de bacs, mettre à la disposition des touristes des minibus gratuits qui sillonneraient l'île, ainsi qu'un train à monorail. Autant de solutions moins coûteuses que la construction d'un pont. Une nouvelle fois, le préfet s'opposa au projet de pont. Une fois encore les partisans du pont firent appel de sa décision, ce qui déclencha l'établissement d'un nouveau rapport.

À notre stupéfaction, alors même qu'on rédigeait ce rapport, des équipes de construction commencèrent l'édification d'un pont ! À Paris, je revêtis tous mes collaborateurs de combinaisons et de casques, je louai des bétonneuses et nous surgîmes sur les quais de la Seine afin de poser les premières fondations d'un pont imaginaire qui devait relier la rive droite à la rive gauche. J'avais organisé une interpellation par un sergent de ville tout aussi imaginaire : je donnai les réponses qu'avaient avancées les partisans du pont de l'île de Ré : un permis ? Pas nécessaire. L'avantage du pont pour Paris : néant. Cela nous valut beaucoup de publicité mais aucun résultat. Tous nos espoirs se trouvèrent comblés par la décision finale rendue par l'autorité suprême, le Conseil d'État, qui enjoignait aux pouvoirs publics d'arrêter la construction du pont. Toutefois, lorsque cet arrêt fut rendu, le pont était construit.

Quelques années plus tard, le président des « Amis de l'île de Ré » décrivit à quel point le nombre des touristes avait proliféré et comment des boutiques se multipliaient pour venir gâcher le charme d'une rue de l'île. Il était consterné à l'idée qu'en une décennie l'identité de l'île de Ré aurait changé. C'était déjà fait. Une bande de terre reliée à un continent, c'est un cap. L'île de Ré n'était plus et ne serait plus jamais une île.

Plus dévastateur encore que le saccage des habitats de la vie, il y a le saccage de la vie elle-même. La chasse pour le plaisir a persisté quand c'était le sport des rois, quand seuls les membres de la Cour avaient le droit de chasser dans les forêts royales. Pour ce qui est de la chasse, la démocratie n'a pas réduit le roi à la condition de roturier mais a plutôt fait de tous les roturiers des rois. La sélection naturelle – qui supprime les animaux les plus faibles – a été remplacée par des hordes de chasseurs qui ont tué les plus forts, les plus agiles, les plus sains. Le chasseur avec son fusil – comme un plongeur avec une aiguille à tricoter – n'est pas nécessairement poussé par la cupidité : ce peut être simplement un manque d'information qui l'égare. Quand nous avons tourné dans les forêts du Grand Nord canadien, nous avons fouillé les bois sans trouver d'animaux sauvages à filmer. Disparus le caribou, le renne, les renards et les loups. La forêt elle-même reculait d'année en année. Un jour, je rencontrai le président de l'Association des chasseurs du Saskatchewan. Mes propos l'indignèrent. « Les chasseurs sont les amis de la nature ! protesta-t-il. Nous protégeons la vie sauvage ; il est indispensable de réduire l'importance des troupeaux ! » Je répondis : « Voici notre hélicoptère. Montez donc à bord. » Ensemble nous survolâmes la forêt. Quand nous nous posâmes à notre retour, il était décomposé, mais plus par mes propos. « C'est un désastre », observa-t-il, consterné. On n'avait pas réduit les troupeaux : on les avait exterminés. Pour comprendre, il lui avait fallu l'hélicoptère comme il m'avait fallu à moi le scaphandre autonome. Il se désespérait devant les forêts désertes comme je m'étais désespéré devant les mers désertes.

Le saccage aux dépens de la vie révèle souvent une indifférence plus vive encore. Dans la forêt tropicale d'Amazonie, nous avons filmé des braconniers qui, la nuit, traquaient le caïman pourtant protégé par la loi, qu'ils découvrent grâce au double reflet révélateur de ses yeux pris dans le faisceau d'une torche. Avec un fusil, un harpon et un couteau, un braconnier peut tuer et dépouiller quarante caïmans en une seule nuit : à eux tous, ils ont tué, estime-t-on, quarante mille caïmans par mois dans le Pantanal. Ces quarante mille carcasses pourrissent, car les braconniers ne s'intéressent qu'à la peau du flanc. Ils tuent un animal pour obtenir le cuir permettant de fabriquer une seule chaussure. Certains groupes écologiques ont violemment protesté contre le matraquage des bébés phoques de Harp au Canada et n'ont pas voulu entendre la protestation du gouvernement qui prétendait que les populations de phoques avaient dépassé le niveau que la nature permettait d'entretenir. Le débat sur la cruauté envers les animaux peut et va sans doute se poursuivre aussi longtemps qu'il y aura des hommes. Mais personne ne peut nier le pur et simple péché que constitue le gaspillage. Quand j'ai filmé cette chasse aux phoques, les chasseurs s'empressaient de dépouiller les animaux, s'emparaient des fourrures et repartaient. Laissant derrière eux des plages jonchées de viande abandonnée qui restait là à pourrir.

Loin d'être poussés par le besoin ou par le rendement, ceux qui chassent en mer sèment sur leur passage ravage et gaspillage. Il fut un temps où les poissons qui échappaient aux filets et aux lignes pouvaient aller se réfugier dans des crevasses et trouver le temps de reconstituer leurs bancs. Les pêcheurs au harpon s'en vont désormais exterminer les mérous et autres poissons sédentaires jusque dans leurs abris rocheux et terrorisent le poisson au moment du frai. Même si les prises d'un pêcheur au harpon sont faibles, un homme agressif armé d'un fusil sous-marin perturbe le comportement et la reproduction du poisson à un point que seuls peuvent l'imaginer ceux qui en ont vu les résultats. J'ai été témoin de la destruction en une semaine de toute la communauté d'un récif par quelques pêcheurs au harpon. Dans les îles Medas, j'ai plongé un jour parmi une foule de magnifiques dorades : vingt-cinq ans plus tard, j'y suis revenu pour n'y trouver qu'un stand de tir pratiquement désert où se pressent chaque jour des hordes de pêcheurs au harpon.

Il existe des saccageurs dont le comportement est encore moins rationnel et plus prédateur. Ce sont ceux qui, ajoutant un abus à l'autre, souffrent de ce qui doit être le complexe du bouc émissaire. Ils exterminent des populations entières de créatures qu'ils ont prises pour cibles, puis ils reprochent leur imprudence aux prédateurs qui s'attaquent à leurs victimes, et les massacrent à leur tour. J'ai vu maintes fois des exemples de ce saccage en dominos. Juste après la Seconde Guerre mondiale, alors que j'étais encore officier dans la Marine française, nous nous sommes rendus dans les îles de la Galite, en Tunisie. Nous voyions souvent là jouer dans l'eau une espèce de phoques qu'on appelle les moines, le seul mammifère marin à vivre en Méditerranée. Même les pêcheurs de homards leur en voulaient déjà. Les moines faisaient surface avec des paniers à homards sur la tête. Ils dévoraient les homards qui « appartenaient » aux humains. Quand la pêche au homard s'industrialisa, les pêcheurs professionnels prirent leurs fusils. Quand nous sommes retournés à la Galite en 1977, ils avaient réduit le nombre des phoques – qui comptent parmi les mammifères les plus rares du monde – à des effectifs tristement proches du point de non-retour. Ils avaient épuisé aussi les lieux de pêche au homard, mais maintenant ils n'avaient plus de moines.

Quand nous avons filmé des otaries dans la baie de Morrow, sur la côte de Californie, nous avons constaté que les gens atteints du complexe du bouc émissaire ne se contentaient pas de tuer leurs concurrents naturels mais qu'en fait ils démantelaient tout un écosystème. Les pêcheurs d'ormeaux qu'on appelle oreilles de mer se plaignaient vivement de voir les loutres dévorer « leurs » prises. Les saccageurs furieux se mirent à traquer les loutres : nous en découvrîmes même une avec le crâne fracturé. Plus tard, la vedette de notre documentaire, une otarie qui avait l'habitude de gambader dans les vagues et de taquiner même mon fils Philippe, vint s'échouer sur la rive, criblée de blessures par balles. Pourtant, les otaries mangent non seulement des oreilles de mer, mais aussi des oursins. À mesure que la population d'otaries diminuait, les oursins se multipliaient et venaient dévorer les jardins de varech où les oreilles de mer pondent leurs œufs. Les pêcheurs, sans s'en douter, avaient saccagé les lits où les oreilles de mer venaient pondre. Cible suivante : les oursins. Les saccageurs les attaquèrent à coups de marteau, écrasant les malheureuses créatures et libérant dans l'eau du sperme qui vint bientôt augmenter encore la population d'oursins.

Tout en blâmant un bouc émissaire après l'autre – toujours prêts à se venger sur les phoques, les otaries ou les oursins –, jamais les saccageurs ne se regardent dans une glace : jamais ils ne se font de reproches. Ils ne prennent pas davantage le temps d'envisager des solutions plus simples. Je ne pouvais que secouer la tête avec stupéfaction quand nous arpentions les villages de pêcheurs abandonnés du Canada. Les populations de truites avaient presque disparu du lac Supérieur et totalement des lacs Huron et Michigan. La disparition de la truite coïncidait avec deux phénomènes : des décennies de pêche abusive par les hommes et des décennies qui avaient vu s'accroître le nombre de lamproies, un prédateur naturel de la truite. Les pêcheurs, évidemment, mettaient tout sur le dos des poissons : ils s'empressèrent de déverser un poison qui, à condition de le manier avec les plus grandes précautions, pourrait épargner les truites survivantes tout en détruisant les larves de lamproie. Même ma tante Almaïd aurait pu reprocher aux chercheurs des Grands Lacs d'ajouter inutilement un abus à un autre. Quand j'étais jeune, dans le village de Saint-André-de-Cubzac, on attendait le dimanche qui était le jour d'un festin spécial : le jour où tante Almaïd préparait fièrement sa lamproie à la bordelaise dans sa cuisine campagnarde. Elle entassait des sarments de vigne dans l'âtre, puis accrochait une marmite au-dessus du feu et elle y faisait cuire des morceaux de lamproie. Nous la regardions tous ajouter des sarments aux braises et goûter le bouillon avec une cuillère de bois. Pour finir, elle plongeait dans les flammes des pincettes jusqu'au moment où le métal était chauffé au rouge, elle s'en servait ensuite pour tisonner du sucre et piquait la chair de la lamproie avec le caramel ainsi obtenu. Elle arrosait le tout d'un petit verre de bordeaux rouge : la touche finale. C'était à mon goût une solution au problème de la lamproie infiniment plus créatrice que d'empoisonner les Grands Lacs.

Tout en pillant pour ramasser des bénéfices, ceux qui mettent à sac les terres et les mers ne pensent qu'à l'argent qu'ils ont aujourd'hui dans leur poche : ils mettent même au pillage leurs prises de demain. Les filets de nylon, disent les armateurs, ont révolutionné l'industrie de la pêche. Pourtant, ceux qui utilisent les filets de nylon ont créé en même temps une industrie concurrente : la pêche fantôme. Des centaines de millions de kilos d'engins en plastique provenant des flottilles commerciales – filets, lignes, bouées – coulent chaque année jusqu'au fond de la mer. Les filets de coton se désintègrent : ceux en nylon durent. À Santa Barbara, nous avons filmé une conséquence annexe de cette situation qui n'est que trop commune : un lion de mer sérieusement blessé, le cou tailladé par un filet de nylon qui lui avait enserré la gorge et entaillé la peau et la chair à mesure qu'il grandissait. Au cours de plongées entre la Tunisie et l'Italie, dans des eaux abondamment poissonneuses, je vis des lignes perdues, des filets, des sièges jonchant les rochers du fond, ainsi que des paniers à homards en acier qui venaient remplacer les vieux casiers d'osier : tous prenant au piège homards et poissons sans que la main de l'homme ait à intervenir. Les pêcheurs là-haut ignorent les trous noirs de l'univers marin, les filets et les pièges immortels qui attirent et engloutissent la vie dans les profondeurs.

Nous fîmes une expérience obsédante du gaspillage de vie marine en filmant les vestiges de vies humaines gaspillées, le macabre tribut de la guerre sur mer. Mon fils Philippe et moi naviguions dans le Pacifique central au milieu d'un groupe d'îles volcaniques au cœur de la Micronésie. Nous jetâmes l'ancre dans le lagon de Truk. Truk était voilà longtemps une rade de renommée mondiale : une seule mission de bombardement américaine au cours de la Seconde Guerre mondiale en avait fait un dépôt de ferraille à la suite du naufrage de toute une flotte japonaise. Jour après jour nous plongions, explorant des douzaines de navires.

Mais où étaient les gros poissons ?

L'équipe filmait les fantômes engloutis de la guerre, les canons antiaériens braqués vers la surface, autant de monuments aux marins qui s'étaient jadis battus jusqu'au dernier.

Où étaient les mérous, les murènes, les homards qui partout ailleurs habitaient les carcasses de navires naufragés?

Malgré les difficultés que représentait une plongée à plus de quatre-vingts mètres de profondeur, Philippe fut incapable de résister à la tentation : il voulut plonger jusqu'à un dernier vaisseau de guerre, presque hors d'atteinte. Luttant contre les fantasmes de l'ivresse des profondeurs, il descendit jusqu'à l'épave fantomatique et parvint à ouvrir la porte d'un compartiment étanche. La scène qui s'offrit à ses yeux, raconta-t-il, était pour lui l'idée qu'il se faisait de l'enfer. Des squelettes, des ossements épars, des crânes ricanants, préservés dans les eaux privées d'oxygène, le legs d'une guerre transmis aux vivants par les morts.

Tout cela évoquait un peu pour lui non pas seulement le saccage du temps de guerre, mais aussi le saccage du temps de paix : de la guerre déclarée aux créatures du lagon. Philippe avait vu en bas d'énormes amas de boîtes de conserve et de canettes de bière : mais où étaient les stocks de munitions? On les avait pillés! C'était cela : nous n'avions pas vu de gros poissons – aucun de ceux à qui il faut des décennies pour grandir – parce que les indigènes avaient fait main basse sur les explosifs des navires, et qu'ils s'en étaient servis pour pêcher à la dynamite, pour piller la mer.

Aux quatre coins du monde, nous avons plongé dans des eaux où retentissent les lointains échos des explosions à la dynamite, des cadences fracassantes auxquelles les saccageurs détruisent la vie marine. Ils anéantissent la flore, la faune, gaspillent 90 % des poissons qu'ils tuent (car ceux-ci coulent pour aller pourrir au fond) afin de s'emparer du maigre butin qui remonte à la surface, déchiqueté par le souffle.

Aux Philippines, les pêcheurs entraînaient même leurs enfants dans le carnage : ils envoyaient les jeunes bourrer de dynamite les crevasses des coraux, faisant participer la génération à venir à la destruction de ce que l'évolution avait créé dans le passé. Les Philippines, qui constituent la principale source au monde de poissons tropicaux d'aquarium, interdisent un autre saccage contre les coraux et la faune qui peuplent ces récifs : la pêche au cyanure, qui n'en reste pas moins la forme de pêche la plus largement pratiquée. Parents et enfants projettent du cyanure de sodium dans le récif corallien, espérant anesthésier les poissons tropicaux de façon qu'on puisse les ramasser intacts. Mais le cyanure anéantit des portions du récif corallien en même temps qu'il cause des lésions au foie de nombreux poissons : c'est inquiétant pour le marché de l'avenir, mais ce n'en est que mieux pour les ventes immédiates, car d'énormes pourcentages de ces poissons meurent peu après que les possesseurs d'aquariums les ont achetés. Les autorités mènent une bataille perdue à essayer de patrouiller leurs côtes, mais elles ne parviennent pas à déjouer les ruses des indigènes qui comptent sur leurs maigres prises pour essayer de subsister. Personne ne leur dit que des méthodes de pêche plus efficaces, qui permettraient aux pêcheurs de récolter tout ce qu'ils tuent, plutôt qu'à peine 10 %, leur permettraient d'augmenter leurs prises ainsi que leurs réserves de poisson et de diminuer les dégâts causés aux récifs dont dépendent les poissons.

Ce n'est pas aux pêcheurs philippins affamés ni aux insulaires sans abri des Maldives qu'il faut faire porter toute la responsabilité de cet assaut universel mené contre les récifs coralliens. Depuis l'Antiquité, les hommes n'ont cessé de convoiter le corail, ce qui explique certainement pourquoi il y a longtemps qu'on a arraché de la mer les formes les plus rares. Le corail noir doit son prestige à sa rareté : on ne le trouve que dans des profondeurs redoutables, il met des siècles à se développer, s'élevant en rameaux couleur d'ébène, avec des troncs massifs et des branches difficiles à récolter. Les musulmans font grand cas des morceaux, polis jusqu'à étinceler, dont ils font des perles pour leurs colliers de prière. Toutefois le pillage des précieux branchages de corail provenant des récifs qui protègent le Belize, la seconde plus grande barrière de corail du monde, est depuis longtemps strictement interdit. Un jour dans les années cinquante, nous naviguions au large de la région quand un petit bateau approcha. Les hommes échevelés et au regard fuyant qui se trouvaient à bord nous demandèrent, puis nous supplièrent de faire le plein de leurs bouteilles d'air. Pour quelle raison plongeaient-ils ? Pourquoi tenaient-ils tant à renouveler leur provision d'air ? Ils ouvrirent devant nous leur cale : elle débordait de corail noir. C'étaient des pirates venus voler les précieuses branches dans les régions interdites.

Je découvris le prix du péché de saccage à Belize en le commettant moi-même bien involontairement. Un jour nous nous apprêtions à hisser les voiles. La *Calypso* refusait de bouger. Notre ancre était bloquée, coincée dans une étroite crevasse de corail noir. J'envoyai des plongeurs avec des pinces à levier pour nous dégager : impossible d'extraire l'ancre des coraux. Nous accrochâmes la chaîne d'ancre à notre treuil, nous tirâmes un bon coup : l'ancre remonta. Elle arracha au passage un énorme morceau de corail, un fragment du récif qui dégringola dans les profondeurs.

Quand, plein de remords, je racontai mon histoire à quelques vieux loups de mer, ils m'ont consolé en me faisant observer que l'absence d'un morceau de cette taille ne se remarquerait pas pendant la génération ou deux qu'il faudrait à la brèche pour se combler. Mais que dire de tous les navires et bateaux qui en font autant ? J'ordonnai aussitôt qu'on prît davantage de précautions quand on ancrerait la *Calypso* ; et il serait tout aussi simple à l'échelle mondiale de remédier à ce problème en exigeant des équipages qu'ils passent un examen d'écologie. Pourtant, à travers le monde, des millions de petits bateaux de plaisance, de yachts et de navires jettent chaque jour l'ancre et vont briser des récifs coralliens. Des hordes de touristes qui ne menacent pas les récifs avec leurs bateaux les détruisent dans les boutiques de souvenirs et dans celles des musées où ils achètent des fragments de coraux avec parfois les coquillages primitifs qu'ils contiennent, une demande qui amène des équipes de plongeurs tahitiens à détruire à eux seuls une moyenne de dix kilomètres de récif corallien par semaine. Le corail rouge, celui de joailliers, ne subsiste plus qu'à des profondeurs inaccessibles. En 1979, plus de vingt ans après notre rencontre avec les brigands du Belize, nous descendîmes avec notre soucoupe de plongée dans les eaux au large de la Corse pour examiner des coraux rouges hors d'atteinte des plongeurs voraces de la région, qui les avaient raflés partout ailleurs ; même là où la profondeur était trop grande, ils risquaient le danger de la narcose par l'azote pour en arracher d'autres branches que bientôt des lapidaires tailleraient afin d'en faire des objets d'art.

Des breloques. Nous dépouillons les récifs coralliens – matrice de la vie qui a régénéré les eaux du monde – pour faire des babioles et des souvenirs. Non contents de saccager la mer, nous détruisons à son tour l'équivalent sur terre des récifs de corail, les forêts tropicales. Il y a six mille ans, une des régions les plus boisées de la Terre existait là où s'étend aujourd'hui le Sahara : nous continuons à raser les forêts du monde au rythme insensé de cent cinquante mille kilomètres carrés par an. Les plus pauvres habitants de notre village global ont besoin de bois à brûler pour se chauffer : au lieu de dépenser de l'argent pour les aider, nous épuisons notre terre en laissant brûler les forêts, et, avec elles, des médecines naturelles que nous ne connaissons pas, des graines d'une espèce inconnue, toutes les ressources ignorées de la forêt tropicale. Alors que des déserts de sable viennent grignoter ce qui était jadis une terre verdoyante, nous détruisons aussi des produits vivants de l'évolution au rythme de plusieurs milliers d'espèces végétales ou animales par an. Bien sûr, la Terre fatiguée peut les remplacer : au même rythme où elle les a créées, environ une nouvelle espèce par million d'années. Peut-être la vie va-t-elle se trouver remplacée avant que l'espèce humaine ait évolué au point de la mériter.

Peut-être la passivité avec laquelle nous acceptons un environnement stérile tient-elle à cette étrange et tragique faculté d'accepter la dégradation qui estompe la conscience et donne le sentiment de se reproduire indéfiniment. Chaque fois qu'une espèce est en voie d'extinction, chaque fois que des masses de terre cultivable disparaissent, que des eaux sont souillées, les gens s'aperçoivent que la vie est moins agréable. Là-dessus ils découvrent que la désolation n'est pas la mort, qu'ils peuvent survivre, et que ceux qui ont vu voilà longtemps la vie sauvage peuvent aujourd'hui raconter à leurs enfants qu'ils gardent le souvenir d'un endroit qui n'était pas encore un parking. L'existence ne s'améliore pas, mais du moins se poursuit-elle. L'appauvrissement de l'environnement va de pair avec l'appauvrissement de l'esprit. Chacun progressivement provoque, puis accentue l'autre. À morne planète, mornes existences. L'épuisement des eaux, des terres correspond à l'épuisement des âmes.

Lors de ma mission de deux ans dans la forêt tropicale d'Amazonie, mon fils Jean-Michel rendit visite à une tribu indigène vivant au cœur de la jungle. Il se lia d'amitié avec leur chef, Tatunca. Un jour Tatunca lui annonça que les sages de la tribu s'étaient réunis : ils avaient besoin d'une nouvelle pirogue et ils avaient discuté de la grave décision d'abattre ou non un arbre. Ils avaient fini par s'y décider et priaient les dieux de leur pardonner.

Mais, pour Tatunca, la prière seule ne suffisait pas. Pour remplacer l'arbre qu'ils avaient pris, Tatunca en planta plusieurs centaines d'autres. Ce n'étaient que de jeunes pousses : jamais ils ne grandiraient assez pour leur servir à lui ou à sa tribu de son vivant. Ces arbres-là étaient pour ses petits-enfants. Ils étaient pour la Terre.

7

LA VIE D'ICI À UN MILLIARD D'ANNÉES

Nous redoutons l'avenir. Autrefois, les rêves d'avenir anoblissaient l'homme ; aujourd'hui, ils le rapetissent. L'enseignement de Socrate portait sur un lointain Âge d'or, mais si ces perspectives de jadis s'ouvraient sur l'infini, nous n'avons plus désormais que des visions de myopes. Le *golden boy* de Wall Street s'inquiète des cours de la Bourse du lendemain matin ; l'industriel se préoccupe du trimestre à venir ; le politicien ne voit pas plus loin que les prochaines élections ; le futurologue se risque timidement à des prévisions qui ne valent que pour quelques décennies. Même le terme de « planning familial » en est venu à désigner des couples qui projettent de ne pas avoir de famille ; et ceux qui ont tout de même des enfants se demandent s'ils ont fait le bon choix : ils font la grimace en imaginant les calamités qu'ils risquent peut-être d'imposer à un bébé en lui donnant la vie. L'idée de rendre le monde meilleur pour nos petits-enfants ne vient à l'esprit de personne.

Les informations quotidiennes ne font que souligner nos appréhensions : ce ne sont que crises, conflits, échecs. Le tiers-monde fermente dangereusement dans le dénuement en côtoyant les luxes que nous nous permettons. Les calottes polaires fondent ; la couche d'ozone s'amenuise. Les arsenaux regorgent d'armes atomiques. La route de l'avenir nous mène droit dans le mur. Nous ne faisons que ricocher sur les alternatives que nous propose le destin : une explosion démographique qui déclenche le chaos social et répand la mort ; avec ou sans conflit, le délire nucléaire et la quasi-annihilation de l'espèce ; notre survie n'est plus qu'une question de vingt-cinq, cinquante, ou peut-être cent années.

Nous ne pouvons pas affronter l'avenir pour une raison bien simple : nous craignons de ne pas en avoir.

On a dit que la destinée humaine était une course entre l'éducation et la catastrophe ; allons-nous découvrir assez tôt les mortelles erreurs que nous commettons ? nous éveiller avant que commence le cauchemar qui nous menace ? On peut en douter.

Pourtant, quelle que soit l'ampleur du génocide qui nous attend, un petit nombre d'êtres humains survivra. Si l'on adopte une perspective à long terme, ce piètre résultat peut être rassurant. Le désastre est un grand éducateur : plus la catastrophe est tragique, plus la leçon s'inscrit profondément. Si ne serait-ce qu'une fraction de notre espèce survit les cent prochaines années, on peut alors fort bien rêver aux mille prochaines années, aux millions d'années à venir et – pourquoi pas ? – au milliard d'années à venir.

Au cours de mes longues nuits de quart sur la passerelle de mon navire, j'ai souvent pensé que ce qui obstrue notre vision de l'avenir, c'est la peur du Jugement dernier. Je laisse alors mon imagination s'envoler dans de grands rêves d'un Âge d'or de ma composition. Pour ceux qui ne mesurent l'avenir qu'à l'aune du lendemain, il peut paraître insensé de parler du milliard d'années à venir. Et pourtant... Les géologues et les paléontologues me disent que la planète existe depuis quatre fois et demie plus longtemps ; les astronomes affirment que, si on la laisse mourir de sa mort naturelle jusqu'au moment où le soleil la calcinera entièrement, la Terre est capable de rester peuplée encore cinq milliards d'années. Un milliard d'années, ce n'est donc qu'un cinquième de l'avenir possible. Dans une perspective cosmique, ce sont nous, les rêveurs, qui sommes les réalistes.

Si, pour la plupart des gens, le temps à pareille échelle semble totalement inconcevable, il l'est peut-être davantage pour ceux qui se sont aventurés dans la rare somptuosité des jungles, des forêts tropicales ou dans d'autres domaines inviolés de la nature. Nous autres, plongeurs vétérans, qui contemplons les éternelles étendues de l'océan – où le lointain passé de l'évolution se déroule sous nos yeux –, nous sommes peut-être plus à l'aise devant des visions d'un lointain avenir. Les récifs de coraux que nous avons explorés dans la mer Rouge, l'océan Indien et le Pacifique attestent, par exemple, du rythme lent et majestueux du temps. À travers les hublots d'un sous-marin d'exploration, la véritable image de ce qu'est, et de ce qu'a été, un récif apparaît comme logique, mais terrifiante. Les coraux, si magnifiques à leur sommet, sont, tout en bas, d'immenses crêtes montagneuses sans vie où ne cesse de ruisseler le calcium – comme des larmes de sable. La taille des monuments et la fragilité de cette couche vibrante proche de la surface montrent comment le temps lui-même a été utilisé comme matériau de construction : d'industrieux petits polypes et des algues calcaires obstinées et infatigables ont utilisé les millénaires comme des briques et du mortier, en extrayant de la mer le carbonate de calcium puis en laissant le temps le déposer en couches jusqu'à ériger ces crêtes imposantes. Enfouis à des centaines de mètres dans leur sein se trouvent des fossiles, des stromatolithes, les premières des créatures à bâtir des récifs, ensevelis voilà quelque deux milliards d'années – quand la planète était deux fois plus jeune, longtemps avant qu'il existe même un poisson. Les créatures colorées qui évoluent parmi les fragiles et grouillantes cités de corail près de la surface servent de vivantes couronnes funéraires aux très anciennes tombes dépouillées qui reposent au fond.

Pour faire comprendre encore plus clairement l'échelle du temps, peut-être devrions-nous faire appel à l'analogie classique, même si elle est banale, de la distance. Supposons que nous nous tenions près de l'obélisque de la Concorde. Chaque enjambée d'un mètre équivaut à cinquante ans, presque l'espace d'une vie. Au bout de quarante pas, nous arrivons à la naissance de Jésus. Après deux cents pas, nous ne sommes qu'au bord de la place, mais nous nous trouvons déjà à l'époque préhistorique, cherchant peut-être à nous abriter dans une caverne. Après avoir parcouru vingt-cinq kilomètres, nous apercevons les premiers anthropoïdes. Mais il nous faudra faire tout le tour du globe pour arriver aux premières créatures bâtisseuses de récifs. Ce simple étalon de mesure que j'ai choisi souligne la différence entre le récent développement précipité de l'*Homo sapiens* et le lent démarrage de l'évolution naturelle.

Cette saga de l'évolution me fascine, pas simplement parce qu'elle nous situe dans le temps mais aussi parce qu'elle définit la place que nous occupons dans la communauté de la vie. Elle touche à notre fibre même. Elle nous fournit un lien commun avec les plantes et les animaux, nous rendant tous frères de la même expérience cosmique. Les découvertes que nous autorise l'étude des quatre milliards et demi d'années écoulées nous aideront sûrement à rêver des milliards d'années à venir.

Il nous manque certains épisodes de l'histoire de l'évolution ; nous avons cependant découvert assez d'indices dans les fragments de fossiles épars pour nous aider à en appréhender le cours lent et inexorable. En fait, c'est la plus longue ère géologique – l'ère précambrienne, qui s'est étendue sur les quatre premiers milliards d'années – qui a produit le moins de formes de vie. La nouvelle planète encore brûlante ne pouvait pas entretenir d'êtres vivants : elle était sillonnée d'éclairs, embrasée par les flammes du soleil ; l'atmosphère était dépourvue d'oxygène ; les volcans vomissaient des gaz variés en même temps que des nuages de vapeur d'eau. Quand cette vapeur s'est condensée pour former des océans, environ un milliard d'années s'est écoulé avant que la première cellule végétale apparaisse dans ce bouillon. Nous ne savons pas comment. Plus de trois milliards d'années ont encore passé avant que la vie n'effectue sa métamorphose finale, d'une cellule isolée à un animal complexe – peut-être au moment où les cellules végétales eurent absorbé assez de gaz carbonique pour libérer une quantité suffisante d'oxygène. La vie enfin explosa sous les formes les plus diverses.

Si les conditions nécessaires pour engendrer des mutations étaient restées constantes, le nombre de celles-ci aurait suivi une progression presque exponentielle. Mais les conditions ont changé. La mort balayait périodiquement la planète : toutes les formes de vie n'étaient pas aptes à supporter les brusques changements d'environnement qu'imposait la nature, ni ses caprices catastrophiques. Des périodes glaciaires, des pluies de météorites, le réchauffement du climat ou la chute d'un astéroïde géant ont pu causer les formidables extinctions d'espèces qui ont laissé leur trace dans les archives fossilifères. Peut-être une modification du champ magnétique a-t-elle momentanément rompu la ceinture de Van Allen, soumettant ainsi toute vie sur la terre à de puissantes radiations, éliminant d'innombrables créatures en même temps que provoquant un redoublement de mutations.

Comme un véritable arbre, l'arbre de vie a perdu par moment des branches entières, mais il a continué à s'épanouir et à se ramifier. Ce processus a permis de tester pratiquement toutes les innovations imaginables : des variétés de végétaux et d'animaux ; le mobile et le stable ; le dur et le mou ; le squelette et la coquille ; l'incubation interne des œufs et le frai qui les projette à l'extérieur ; l'apesanteur dans la mer et la gravité sur la terre ; le sang froid et le sang chaud. Le nombre de créatures non viables nées de ces mutations aléatoires a sans doute été des milliers de fois plus élevé que le nombre de celles qui, laissant leur marque dans la pierre, sont parvenues jusqu'à notre époque.

Ce n'est toutefois pas dans la pierre mais dans le tissu vivant que se trouve gravée la trace la plus vivace de l'évolution. Quelque part dans la succession des combinaisons de hasard est survenu cet impressionnant accident qu'on appelle le cerveau. Pour ceux d'entre nous qui sont capables de penser – qui sont même capables de méditer sur le passé –, l'histoire de l'évolution tourne autour de l'évolution de l'esprit.

Dans un milliard d'années, l'esprit humain sera probablement aussi différent de ce que nous connaissons que le nôtre est loin des simples réactions aux stimulations dont sont capables les organismes monocellulaires. Même si les divers animaux perçoivent les événements du monde extérieur de diverses façons, on peut observer une remarquable continuité dans le développement progressif du système nerveux.

Les animaux marins, par exemple, compensent d'une multitude de façons leur champ de vision restreint dans la mer : certains ont développé leur capacité d'entendre, d'autres sont sensibles à la pression de l'eau, d'autres encore décèlent des champs électrostatiques, des variations dans le magnétisme ou des changements dans la force de gravité. Cependant, toutes les observations le confirment, ces animaux mettent ces sens différents au service des quatre mêmes motivations fondamentales de la vie : la survie de l'individu, qui provoque des réflexes de défense ou de violence ; la faim, qui conduit à la recherche de la nourriture ; le besoin d'espace vital, qui engendre l'impératif territorial ; et la perpétuation de l'espèce, qui crée l'instinct sexuel.

Plus le système nerveux est complexe, plus les réponses à ces quatre motivations sont sophistiquées. Tout comme quatre acides aminés de base se combinent pour former les innombrables variétés de l'ADN et, par conséquent, de la vie sur terre, les quatre motivations se combinent pour produire d'innombrables formes de comportement. Avec le progrès de l'évolution, le comportement devient moins prévisible : les créatures réagissent moins instinctivement ; elles commencent à enregistrer les faits de façon sélective, puis à les appliquer à la vie de façon également sélective. Autrement dit, elles deviennent intelligentes. Le libre arbitre est né, fournissant aux disciples de Kant et de Spinoza le sujet d'un débat sans fin.

Le développement du cerveau et le développement de l'intelligence continuent tous deux à progresser parallèlement à mesure que se déroule l'évolution... jusqu'aux primates. Là a lieu une brutale cassure : avec l'immense gouffre qui sépare le chimpanzé de l'homme. Mon expérience personnelle m'a appris que certaines baleines à dents ont un comportement plus intelligent que les gorilles. Nos homologues les plus proches dans l'évolution ne sont peut-être pas des primates mais des animaux parvenus au faîte d'une autre branche de notre arbre généalogique : les mammifères marins.

Notre haut degré de développement intellectuel, d'acuité spirituelle n'est cependant pas uniquement dû au fait de posséder un magnifique cerveau : il dépend également d'une somme d'expériences collectives laborieusement accumulées et méticuleusement enregistrées, empruntées à l'héritage de ce que nous appelons civilisation. Tous les exemples d'enfants abandonnés peu après la naissance, voués à une vie sauvage et adoptés par des animaux témoignent de la valeur de la civilisation dont ils ont été privés. En français, on les appelle les *enfants loups*.

Quand on les récupère et qu'ils sont devenus des adolescents pleins de santé, ils marchent à quatre pattes. Quels qu'aient été les efforts, on n'est jamais parvenu à les amener jusqu'à un niveau « normal » pour un humain : devenus eux-mêmes des animaux sauvages, ils ne sont sans doute guère plus intelligents que les loups. Leur cas montre bien que, même avec un cerveau complexe, l'être humain n'est pas grand-chose si, à la naissance, on le sépare de ses congénères.

Celui qui veut atteindre un certain degré de civilisation doit manifestement avoir plus que l'intelligence. Afin d'échanger l'expérience accumulée par son espèce au long des générations, il doit avoir une voix modulée et articulée ; il doit avoir des instruments, comme les mains, pour utiliser des outils et emmagasiner les informations ; il doit avoir une espérance de vie substantielle pour tirer profit de ces dons. Le dauphin et l'orque ont une vie sociale, l'intelligence, une voix, au moins trente-cinq ans d'espérance de vie, mais ils n'ont pas de mains. Ils ont donc échoué. Un calamar ne manque pas d'instruments, il a sans doute une intelligence suffisante, mais il n'a pas de voix et ne vit que deux ou trois ans. C'est encore un moins bon candidat que le dauphin. L'être humain, en revanche, possède tous les dons nécessaires : dès l'instant où il peut les exercer au milieu de ses pairs, il obtient son diplôme.

Mais, une fois qu'il a réussi son examen, à quelles fins applique-t-il la longue éducation que lui a donnée l'évolution ? Les humanités classiques se sont épanouies sur l'hypothèse que l'ultime développement de l'esprit allait apporter l'harmonie. Pourtant, notre façon de maltraiter les autres hommes, les animaux et notre planète a convaincu certains philosophes que cette faculté que nous appelons intelligence est une malédiction destinée à précipiter notre chute, et que l'apparition du cerveau est en soi une mutation mortelle.

Que ce bienfait dont nous jouissons puisse aussi causer notre perte n'est devenu évident que dans la récente histoire de l'humanité. Presque tout au long de son existence, l'*Homo sapiens* a dû lutter contre la nature pour survivre. Créature pratiquement dépourvue d'armes aussi bien défensives qu'offensives, l'homme n'a guère disposé de plus d'énergie que celle qu'un cheval pouvait lui fournir. Mais voilà que, soudain, avec l'avènement du carburant fossile, il s'est trouvé le maître bien inattendu de la planète. Il n'a pas encore maîtrisé sa suprématie. Il ne comprend pas que sa survie dépend, aujourd'hui, non pas de la conquête de la nature, mais de la protection de la nature. L'homme a atteint son niveau d'incompétence.

L'être humain se trouve ainsi en mesure d'utiliser des pouvoirs modernes en conservant une attitude primitive. Le côté « griffes et crocs » de son héritage animal n'est jamais bien loin de la surface ; quand s'y ajoute le pouvoir sans frein du cerveau, du langage et des mains, l'homme se libère des lois de la nature, mais pour se jeter tout droit dans une sorte d'anarchie planétaire. Ivres d'orgueil, les hommes sont sur le point de faire disparaître plus d'espèces que ne l'ont jamais fait les catastrophes naturelles. À bord de la *Calypso,* nous avons vu dans l'Antarctique une simple mais navrante illustration de cette vérité. En plongeant des centaines de fois avec un scaphandre autonome et une soucoupe de plongée, nous avons observé comment le plancton végétal – apparu dans l'évolution voilà deux milliards d'années – était alimenté par de minuscules crustacés – qui proliféraient voilà six cents millions d'années –, lesquels, à leur tour, fournissaient leur pâture aux dauphins et aux baleines qui n'ont peut-être fait leur apparition que voilà cinquante millions d'années. C'est alors que, au fond de la mer, nous avons aperçu une profusion d'immenses ossements de baleines, s'étendant devant nous en alignements sans fin, un squelette après l'autre, comme un éloge funèbre aux créatures de cette antique lignée, massacrées par la main du *Queequeg*, l'humain, nouveau venu sur la planète.

Aujourd'hui, c'est sur nous-mêmes que nous braquons les canons de l'anéantissement. Dans le domaine de l'armement, nous avons emprunté une parcelle du feu solaire pour nos engins thermonucléaires. Nous caressons l'idée d'anéantir notre propre espèce, ou même de réduire la Terre à l'état d'un infernal désert. Albert Einstein avait bien perçu le paradoxe créé par l'expansion de la pensée : « Notre intelligence invente des problèmes qu'elle est elle-même incapable de résoudre. »

La remarque d'Einstein pose le problème sans nous priver d'une solution. La singulière beauté de notre cerveau, c'est qu'il peut accomplir demain ce qu'il ne saurait imaginer aujourd'hui. Il est capable d'accéder aux niveaux plus élevés qu'évoquait Einstein : c'est le seul ordinateur qui puisse se programmer lui-même. L'intellect n'a pas besoin d'être l'accident de l'évolution qui nous pousse à notre perte. Il se peut aussi que le hasard ait doté notre cerveau de capacités qui dépassent de loin nos besoins actuels, que notre système nerveux perfectionné nous fournisse des moyens qui, aujourd'hui, ne nous sont pas indispensables, mais qui seront d'une importance vitale quand nous aurons atteint un futur stade de développement. J'ai pour ma part la certitude que, si, désormais, nous nous battons avec notre esprit, nous finirons par nous découvrir des possibilités cachées, que nous survivrons à l'inévitable hécatombe, et que nous en tirerons la leçon.

L'avenir peut être à nous. Dès l'instant où nous regarderons en face le désastre imminent, nous serons libres d'imaginer notre lointain avenir. Les possibilités sont infinies. Quels qu'aient été nos rêves au cours de ces derniers siècles – quand les hommes sont passés du voyage à cheval au téléguidage de sondes spatiales vers Saturne –, la réalité a toujours dépassé la fiction. Elle ne manquera pas de s'acharner dans sa fabuleuse excentricité au cours du milliard d'années à venir.

Embarquons-nous pour un voyage vers l'avenir. Rêvons un peu. En l'an 2050, les océans sont dévastés, les continents en ruine; 90 % des espèces végétales et animales ont été anéanties. Seules subsistent celles qui se reproduisent rapidement, comme les insectes, et qui viennent harceler tout ce qui vit. Après avoir atteint une pointe à dix milliards, la population humaine a été réduite mille fois : il reste dix millions d'habitants sur la Terre. Mais notre espèce survit.

La leçon a été rude. Nous nous rassemblons, nous oublions nos rivalités, nous nous organisons. Le concept artificiel de nation disparaît, aboli par ceux d'entre nous qui, survivants ébranlés par les tragiques erreurs de nos prédécesseurs, savent qu'il nous faut nous cramponner à l'existence. On nous a laissé un précieux trésor : la plupart des réussites dans le domaine des arts, de la science et de la technologie ont été enregistrées sur des puces à mémoire et enfermées dans des capsules en acier inoxydable conçues pour défier le temps par des humanistes prévoyants qui redoutaient la catastrophe. On utilise enfin de façon constructive ces puissants instruments pour s'attaquer à une formidable entreprise de grand nettoyage : purifier tout le réseau d'approvisionnement en eau aussi bien que l'atmosphère et planifier le progrès de façon rationnelle.

Poursuivons notre voyage dans l'avenir, naviguons sur les océans du temps, traversons des centaines, des milliers et des millions d'années. Ayant abandonné toute recherche dans le domaine de la destruction juste après la tragédie, les hommes concentrent toutes leurs ressources à influencer les phénomènes biologiques et géologiques, afin de réagir à temps aux avatars successifs de la Terre, avec les conséquences qu'ils ont sur la vie. Nous savons que, si nous n'intervenons pas, le champ magnétique va s'inverser, les époques glaciaires se succéder. Dans le lent processus de la dérive des continents, l'Amérique va entrer en collision avec l'Asie pour recréer le continent du Gondwana, mais à l'envers. La rotation de la Terre va ralentir légèrement, puis accélérer. Si les hommes laissent la Lune poursuivre sa course naturelle et se rapprocher de nous, les effets de la gravitation seront si forts sur ses deux faces à la fois qu'elle en sera déchirée. Certains des astéroïdes issus de cette dislocation viendront bombarder la Terre tandis que d'autres formeront une ceinture autour de notre planète comme les anneaux de Saturne.

Bien sûr, nous ne laissons rien de tout cela se produire. Au cours des millénaires, nous utilisons le développement de nos connaissances pour dompter les forces qui, jadis, au XXIe siècle par exemple, se déchaînaient librement dans le cosmos. En ce temps-là, les hommes avaient déjà joué avec l'énergie nucléaire et, ce qui était remarquable pour l'époque, avaient créé le laser, une coordination de la lumière qui n'existait peut-être alors nulle part ailleurs dans l'univers. Nos exploits d'aujourd'hui nous font paraître bien petits ces châteaux de sable.

Nous finissons par apprendre à maîtriser la pesanteur. Nous pouvons renvoyer dans son arbre la pomme de Newton ! Pour protéger la Lune, nous modifions son orbite ; nous contrôlons les marées et les climats. Si besoin est, nous pouvons repousser les étoiles ou les regrouper. Et nous domptons bien d'autres forces, comme l'antimatière ou l'énergie provenant d'autres univers.

Mais commander au cosmos – si fascinant que ce soit pour un petit homme et une petite planète – est beaucoup moins impressionnant qu'influencer la vie elle-même. Les hommes ont toujours rêvé de retarder la mort. Même les tablettes des Assyriens de l'Antiquité, qui ont enregistré les premiers fantasmes de l'humanité, racontent la légende de Gilgamesh. Le héros sumérien, désespéré par la tragique disparition de son ami Eukidu, a plongé dans la mer à la recherche de l'herbe de la vie éternelle. Mais à peine avait-il découvert le secret de l'immortalité qu'il lui était dérobé par un serpent symbolique.

L'alchimie de l'éternelle jeunesse n'est pas une notion aussi évanescente ni aussi mythique qu'il y paraît. Jusqu'au XXIe siècle, nous étions tellement habitués à considérer la mort comme un fait acquis que nous ne comprenions pas pourquoi nous étions entourés d'êtres mortels. L'évolution avait sans doute produit autant de créatures immortelles que de mortelles. Paradoxalement, chaque fois que, dans la nature, on parvenait à l'immortalité, tôt ou tard, on l'éliminait. Toute adaptation à un environnement donné signifiait l'extinction quand cet environnement se modifiait. Prisonnier de sa perfection, un animal était incapable de s'adapter. Immortel ou non, il mourait.

Les générations qui se succédaient offraient à l'espèce une soupape de sûreté : les mutations. Plus la durée de vie était courte, plus rapide était le renouvellement, plus probables les chances de s'en sortir. Les mouches, par exemple, étaient mieux loties que les dinosaures pour s'adapter sans problème au changement. La sélection naturelle imposait sa loi inexorable : mourir pour la survie.

L'homme est le grand excentrique de la zoologie. Grâce aux naissances, aux vies et aux morts de légions d'animaux, depuis la première cellule à palpiter dans la mer, il a développé un cerveau avec lequel il a pu diriger sa propre évolution. C'est comme apprendre à conduire. D'abord, dans les années 1900, les sciences médicales ne se préoccupaient que de guérir les malades, de sauver les faibles : comme les handicapés survivaient, ils pouvaient se reproduire et transmettre à leur descendance des déficiences innées. Au fond, nous avions par inadvertance déclenché un processus d'évolution régressif. Les savants consacrèrent tous leurs efforts à renverser cette tendance. Au XXIVe siècle ils avaient découvert, l'un après l'autre, les secrets soigneusement enfermés dans les plus petits composants des cellules vivantes, en repérant où et comment fonctionne l'ADN. Ils découvrirent le truc pour réparer les défauts génétiques *avant* la conception, préparant l'avenir à une population saine.

Toutes ces découvertes nous conférèrent alors un pouvoir sans précédent. Comme Prométhée, nous avions dérobé l'étincelle de la vie : nous pouvions restructurer à volonté les gènes.

Notre première priorité visait à contrôler le processus du vieillissement. Nous avons commencé par ralentir la croissance des enfants pour nous donner le temps de perfectionner leur éducation, puis nous avons totalement supprimé le vieillissement après l'âge adulte. La sénilité et la mort naturelle, jadis tristes et inévitables échéances qui hantaient l'humanité, furent bannies de notre programme d'existence. Nous restions éternellement jeunes et à l'abri des maladies : l'utopie était devenue réalité.

Protégés du vieillissement, protégés de la maladie, les hommes restent vulnérables à des accidents mécaniques : les individus finissent quand même par mourir. Bien qu'il ait fallu limiter soigneusement la population de la planète, on a bien dû compenser les disparitions. Ceux qui aiment être parents peuvent encore avoir des enfants : une fois tous les dix mille ans environ. Bien sûr, il faudra encore quinze mille ans pour les élever.

Notre excentrique de la zoologie a le pouvoir non seulement d'intervenir dans sa propre vie mais aussi de modifier le cours de la nature. Maintenant que des millions d'années se sont écoulées, nous comprenons si bien le mécanisme compliqué de la vie que nous sommes en mesure de régler la dette que nous avons envers nos obscurs ancêtres et de commencer à remplacer les espèces anéanties lors de la tragédie de 2050. Mais pourquoi limiter notre don de la vie aux espèces qui n'avaient pas encore disparu avant 2050 ? Pourquoi, par exemple, nous borner aux créatures dont nous avons découvert l'existence par leurs vestiges fossiles ? Pourquoi ne pas enrichir le globe de toutes les espèces, connues ou inconnues, qui ont jamais existé ?

On lance des opérations Lazare, en reprenant l'évolution depuis son tout début. On accélère le processus grâce au génie génétique, en comprimant trois milliards d'années en trois millions environ ; puis on fournit à chaque mutant un environnement artificiel qui convient à sa survie, le protégeant ainsi de l'élimination naturelle. On transforme continents et océans en gigantesques super-zoos, où des dinosaures côtoient des millions d'espèces expérimentales qui n'avaient jusqu'alors pas réussi à s'implanter. Dans les mers, le fabuleux requin mégalodon de dix-huit mètres de long, disparu au cours de l'ère tertiaire, nage le long de très anciens récifs, où il poursuit des poissons sans mâchoire. Nos super-jardins botaniques regorgent d'une végétation archaïque, comme les arbres à écailles qui abondaient à l'ère carbonifère. Je m'imagine très bien passant des siècles dans ce genre de parc botanique, zoologique et marin.

Bien sûr, nous souhaitons observer de plus près certaines de ces étranges créatures. Nous nous souvenons avec horreur des récits évoquant les zoos-prisons, contre nature et inhumains, du barbare XXe siècle. Ceux qui aiment à flâner parmi la multitude des bêtes provenant de l'évolution Numéro II peuvent déambuler tout à loisir dans les holozoos, où des hologrammes à trois dimensions créent l'illusion d'une vraie jungle.

L'entretien de notre planète ainsi tributaire de l'insémination artificielle demande beaucoup de travail, surtout dans les océans, bien sûr, où la vie a proliféré si abondamment. Pour être plus efficaces dans l'eau, les gardiens des parcs océaniques subissent une petite opération chirurgicale. On emplit leurs poumons et toutes leurs cavités osseuses d'un liquide neutre incompressible : on inhibe les centres nerveux qui normalement déclenchent le réflexe de la respiration. Pour s'oxygéner et éliminer le gaz carbonique, le sang, en circulant, passe par une cartouche régénératrice insérée à la place des poumons (le premier pas effectué au XXIe siècle pour sauver les patients arrivés au stade terminal de cancer du poumon). Toute une nouvelle race d'humains amphibies envahit les mers : l'*Homo aquaticus*, capable de résister à la pression jusqu'à quinze cents mètres, peut nager librement jusqu'à ces grandes profondeurs, pour ensuite remonter à la surface sans aucun problème de décompression.

Mais même l'*Homo aquaticus* a besoin de l'assistance de partenaires marins pour lui servir de gardiens adjoints : notre choix s'est porté sur les orques, puisqu'elles ont déjà un cerveau, un langage et une certaine longévité, trois des quatre conditions essentielles à la civilisation. Nous modifions leurs gènes pour leur donner le seul équipement indispensable qui leur manque : des instruments semblables à des mains – rétractables, évidemment, de façon à ne pas réduire leur vitesse et leur agilité dans l'eau. Nous nous entendons si bien avec elles que nous leur conférons l'immortalité.

Notre terre regorge maintenant de jardins luxuriants, elle est peuplée d'un nombre contrôlé de créatures représentant des millions d'espèces vivantes. Nos cousines les orques nous ont aidés à mettre en valeur un océan dix fois plus riche dans sa variété que l'océan du XXIe siècle primitif. L'idée ne nous viendrait pas de souiller un monde pareil par la pollution : les déchets de nos usines, ou bien nous les annihilons avec l'antimatière, ou bien nous les expédions vers le soleil.

À l'aube du second billionnaire, comment nous adaptons-nous à ce meilleur des mondes ? Le summum de la civilisation, comme nous l'avons vu, exige les techniques les plus perfectionnées dans le stockage et l'échange des informations. Des injections de « connaissances immédiates » accélèrent l'éducation aussi bien que les progrès de la recherche. L'imprimerie jadis a remplacé l'écriture et elle a été complétée plus tard par les médias électroniques : ces étranges antiquités ont été aujourd'hui supplantées par nos nouveaux émetteurs d'ondes biologiques et d'ondes cérébrales que nous pouvons allumer et éteindre. Nos idées, nos expériences et nos opinions, transmises par ondes cérébrales, sont captées par des satellites et aussitôt échangées, voire enregistrées comme un vote. Toutes les décisions sont prises par la communauté des hommes et des orques. On n'a plus besoin de dirigeants. La « démocratie » représente aujourd'hui ce qu'avaient jadis imaginé les Athéniens de l'Antiquité.

Ce système de communication mentale confère à tous un accès égal aux derniers perfectionnements techniques. On peut facilement accéder aux œuvres classiques du passé dans les domaines de l'histoire, de la littérature, de la peinture, de la sculpture, de l'architecture. Nous sommes nombreux à savourer les « arts de synergie », une fabuleuse combinaison de toutes les disciplines créatrices. On n'achète pas de billets : on ferme les yeux. Les rêveries multidimensionnelles stimulent chez tous les amateurs d'art les sens de la vision, de l'ouïe, du goût, de l'odorat et du toucher : les rêveries, œuvres de nos artistes transcendants, à l'apogée de leur talent, inspirées par tout le chœur des muses.

Dans les domaines de la science et de la technologie, nos génies immortels s'attellent à la formidable tâche de reculer et peut-être d'éviter la fin du monde, de trouver des moyens d'empêcher notre planète d'être calcinée : ils s'apprêtent à intervenir à tout moment, n'importe où. Ils élaborent des procédés complexes pour contourner la limite imposée par la vitesse de la lumière : toutefois, les « vieilles » méthodes de voyage spatial, où l'on planait sur les vents solaires pendant des milliers d'années à la moitié de la vitesse de la lumière, étaient parfaitement agréables pour des voyageurs immortels, dès l'instant qu'ils avaient avec eux des compagnons intéressants et l'équipement nécessaire pour produire une cuisine de qualité. Nous utilisons certaines des planètes désertiques de notre système solaire comme bases pour tirer des salves de nouvelles cosmobiles superphotoniques, chargées de pionniers immortels qui s'en iront explorer et prospecter jusqu'au dernier des corps célestes tournoyant dans notre galaxie. Nous essaimons des hommes dans toute la Voie lactée.

D'aussi longues périodes de temps nous forcent à nous poser l'inévitable question : l'éternité est-elle ennuyeuse ?

Je ne le pense pas. Si c'était le cas, pourquoi toutes les religions l'auraient-elles proposée comme récompense suprême ? Formulons autrement la question. Maintenant que nous sommes immortels, qu'est-il advenu des quatre motivations fondamentales héritées de la nature ? La notion de territoire, d'espace vital, est sans importance tant notre population est peu nombreuse. Posséder est devenu démodé. À quoi bon entasser une fortune à transmettre à vos enfants si vous êtes éternels ? C'est absurde. Donc, plus question d'argent. La violence ? pour quoi faire ? Nous ne sommes que dix millions sur une planète magnifique mais, si nous avons encore de la violence dans notre sang, nous la supprimons, tout simplement. Après tout, quelle différence entre l'idée de vacciner contre la rage et de vacciner contre la violence ?

Les deux autres motivations, la faim et le sexe, posent quelques surprenants problèmes. Les plaisirs de la table et de l'amour peuvent-ils devenir trop familiers ?

Il me semble que, si nos lointains ancêtres mortels – même quand ils atteignaient l'âge de quatre-vingts ans – ne se lassaient jamais de la cuisine ni de l'amour, c'était sans doute parce qu'ils avaient un peu oublié l'une et l'autre avant de s'y remettre. Dans les années un milliard et quelques si nous voulons aiguiser artificiellement nos appétits, nous réduisons légèrement le souvenir du plaisir... de façon que le stimulant ne perde pas de sa force.

De toute évidence, l'intrusion de l'homme jusqu'au tréfonds de sa nature – pour abolir la mort naturelle, accroître ses capacités physiques et mentales, manipuler ses gènes – pose d'énormes problèmes moraux et sociaux. Ces problèmes sont-ils plus difficiles à résoudre que ceux auxquels les hommes du XXe siècle se trouvaient confrontés lorsqu'il s'agissait d'avortement et d'euthanasie ? Pas vraiment. Les lois morales sont les lois du jeu de la vie : elles doivent changer quand la vie change. Maintenant que nos perspectives se sont élargies, nos nouvelles valeurs morales se sont enrichies. L'engagement envers la communauté s'est élargi pour devenir l'engagement envers l'humanité : le respect de la planète est devenu le respect du cosmos. Nous avons un principe fondamental : la vie est sacro-sainte.

L'être humain aujourd'hui est moral, il vit éternellement, il a maîtrisé les forces indomptées de l'univers et pénétré jusqu'aux intimes sanctuaires de la vie. Il connaît le passé, et il peut prédire, voire modifier l'avenir. En quoi est-il différent de Dieu ?

Si vous êtes athée, appelez-le un nouveau dieu ; si vous êtes croyant, appelez-le un enfant de Dieu – un être qui a fini par atteindre à l'idéal biblique et qui est maintenant à l'image de son Créateur. Le temps, en tant que dimension, pourrait se recourber pour se refermer sur lui-même comme les surfaces qu'étudie la topologie. Alors la création, Dieu et l'homme seront constamment présents, éternels, indissociables.

Aujourd'hui, dans un ou plusieurs recoins de cet univers ou d'un autre, des êtres ont progressé aussi loin que les hommes. Ils prennent conscience d'une lointaine interférence qui vient contrarier leurs propres plans pour faire plier les forces cosmiques. Surpris, ils identifient cette résistance. Ils veulent rencontrer leurs pairs pour éviter les catastrophes qui ne manqueraient pas de se déchaîner si des énergies cosmiques guidées séparément entraient par accident en collision. Les nouveaux dieux se réunissent pour planifier pacifiquement la gestion de tous les univers. Une vision qui évoque la mythologie grecque : une assemblée de dieux sur le mont Olympe. Nous espérons évidemment que ces maîtres tout-puissants de la matière, de l'énergie, de l'espace et du temps ne vont pas, contrairement à leurs grands prédécesseurs mythiques, tomber victimes des passions, des jalousies, des rivalités et des haines qui accablaient la famille de Zeus. Mais les guerriers géants d'hier ont depuis longtemps disparu, vaincus par les David nus de demain...

Un coup de téléphone vient m'interrompre. Un collègue m'annonce que les travaux de la énième conférence pour régler les sanglantes querelles ethniques en Danubie se trouvent une fois de plus compromis par l'attitude intraitable de quelques tribus qui n'arrivent pas à se mettre d'accord sur un armistice de cinq ans.

Nous avons tant de chemin à faire.

8

DES LARMES DANS LE SORBET

En passant sous le dais pour assister en 1959 à la conférence de l'Agence internationale pour l'énergie atomique, je ne me doutais pas du tout que les événements qui allaient suivre viendraient bouleverser ma vie. En tant que directeur du Musée océanographique de Monaco, je m'étais trouvé en mesure de mettre nos installations à la disposition de la nouvelle agence nucléaire, pour une réunion à laquelle devaient participer quatre cents biologistes, chimistes et physiciens appartenant à quelques douzaines d'États. En ce temps-là, je n'en savais guère plus sur l'énergie atomique que le lecteur moyen des quotidiens ; j'étais ravi de recevoir les savants simplement parce que j'étais sensible à leur passion de chercher, d'apprendre, de découvrir.

Il n'y a pas de différence, me disais-je, entre les microscopes et les cyclotrons ; entre le scaphandre autonome et les lunettes de plongée. Les uns comme les autres vous donnaient la liberté de vagabonder là où vous entraînait votre curiosité. Les spectacles que j'avais moi-même observés sous la mer en ces premières années... qui pouvait contempler de tels mystères sans avoir envie d'en découvrir davantage ? J'avais scruté les profondeurs obscures de la mer à la recherche du nautile, dont les spécimens rares se développent depuis un demi-milliard d'années dans des recoins perdus, loin des parages fréquentés par les humains. Des ténèbres avaient surgi non pas un, mais deux nautiles. Ils s'étaient accouplés sous mes yeux puis avaient disparu, emportant avec eux leurs secrets, me laissant seul avec l'appel silencieux des sirènes : *plus profond, plus profond.* J'avais plongé en bathyscaphe, à six cents mètres dans cet univers inversé, traversant cette voie lactée constituée de milliards de minuscules créatures étincelantes dont, chose incroyable, le nombre se multipliait plutôt qu'il ne se réduisait dans le froid et l'obscurité qui règnent à trois cents brasses de profondeur. *Plus loin, plus loin.* Peu avant la conférence sur le nucléaire, le Dr Harold Edgerton, le célèbre coinventeur du flash électronique à grande vitesse, s'était joint à mon équipe pour descendre une caméra dans la Tranchée Romanche, le canyon équatorial s'enfonçant à sept mille cinq cents mètres de la surface. À notre stupéfaction, nous avions découvert – à sept kilomètres et demi de la lumière, de l'air, de la côte – une créature vivante, une « étoile fragile » fort bien nommée : dans le noir total des profondeurs sous-marines, contre toute attente cette fragile étoile esseulée – et vivante – brillait comme un soleil.

Durant tout le temps où je fouillais l'océan, les savants fouillaient l'atome. Son noyau enfermait des forces jusqu'alors inconcevables : c'est parce que les physiciens avaient appris à libérer ces furies au cours de la Seconde Guerre mondiale qu'on en était arrivé à l'horreur de les déchaîner sur des populations civiles. La paix amena l'espoir qu'on pourrait utiliser la fission de l'atome non pas contre des êtres humains mais pour eux, en y trouvant la source d'une énergie propre et inépuisable.

C'est ainsi, sans aucune idée préconçue sur la science de l'atome – mais seulement empli d'espoir face aux découvertes qui s'annonçaient – que j'accueillis dans notre musée les savants de l'Agence internationale pour l'énergie atomique. Je les laissai à leurs réunions et regagnai mon bureau.

Le personnel du musée avait installé un système d'interphones et, de temps en temps, je coiffais un casque pour écouter les débats. Les savants s'étaient réunis dans le but exprès de discuter des déchets radioactifs. Tout le monde dès le début tomba d'accord sur l'énormité du problème que posaient les stocks déjà considérables de matières irradiées.

Mais personne n'était d'accord sur les moyens de protéger le monde de ces matériaux toxiques pendant les milliers d'années où ils continueraient à présenter un danger mortel.

L'un après l'autre, des techniciens décrivirent leurs idées parfois farfelues : « fixer » les déchets radioactifs dans du verre ; les enterrer dans des mines de sel ; les parachuter sur la calotte glaciaire du Groenland ; essayer de les isoler dans des déserts ; utiliser une fusée pour les envoyer dans l'espace.

Là-haut, dans mon bureau, j'écoutais avec inquiétude les savants se diviser en factions. Les nationalistes étaient facilement reconnaissables : ils opposaient sans discernement leur veto à toutes les suggestions proposées par quiconque se posait comme adversaire de leur pays. Les techniciens qui avaient déployé de grands efforts pour imaginer des propositions futuristes ne s'étaient guère donné de mal pour envisager les conséquences possibles de leurs projets. Physiciens et chimistes plaidaient avec ardeur pour qu'on essaie certains de ces plans, mais les biologistes – les savants de la vie – critiquaient la témérité qu'il y aurait à adopter ces méthodes sans en étudier les répercussions, à s'élancer sur des routes inconnues sans possibilité de faire demi-tour. Pour leur part, les partisans de l'industrie nucléaire – porte-parole des sociétés et agents des gouvernements – interrompaient toujours les biologistes qui exprimaient leurs appréhensions. Quel innocent j'avais été, me disais-je tristement, d'avoir cru que le musée pourrait accueillir une association mondiale de savants et de techniciens.

Puis, tout d'un coup, je cessai d'être innocent. Crépitant dans mes écouteurs me parvinrent les voix de quelques techniciens qui insistaient pour qu'on précipitât les déchets irradiés dans la mer. La mer ! Leur pays se vantait d'avoir déjà coulé ainsi des chargements radioactifs.

Quand je me précipitai dans la salle de conférences, cela me parut être la rupture complète : d'un côté, techniciens, industriels et agents des gouvernements insistant pour que l'on fonce, accusant les biologistes de faire de l'obstruction ; de l'autre, les biologistes, abasourdis par la fascination de leurs collègues devant des techniques insensées, consternés par leur indifférence au danger.

Je décidai de ne pas me laisser entraîner dans ce tumulte. Après tout, me dis-je, on attendait pour le lendemain l'intervention d'un des spécialistes les plus éminents des problèmes de la mer. Il allait assurément mettre un terme à toute discussion sur cette utilisation de l'océan comme décharge.

Quand l'illustre expert arriva, je l'invitai à déjeuner chez moi en compagnie de plusieurs grands spécialistes internationaux, parmi lesquels des membres de l'Agence internationale pour l'énergie atomique. J'avais invité aussi Louis Fage, le spécialiste de la biologie marine, qui avait proposé mon nom pour la direction du musée et que je considérais comme mon maître, mon mentor, mon inspiration et mon ami. Nous étions tous autour de la table, détendus, et nous échangions courtoisement nos idées, loin des violentes discussions de la salle de conférences. Quelqu'un évoqua l'idée de déverser les déchets dans l'océan. Notre célèbre expert qui était mon invité d'honneur se carra dans son fauteuil.

« La mer, commença-t-il, étant de toute évidence le réceptacle naturel des déchets atomiques... »

Mon cœur se mit à battre la chamade. J'avais passé des années à plonger au milieu de la vie stupéfiante des océans, cette vie fragile et improbable, mais ce grand savant qui connaissait si bien la mer avait consacré toute sa carrière à examiner jusque dans les plus infimes détails les merveilles que j'avais observées. Comment, me demandai-je, pouvait-il même envisager de laisser la mer être envahie par des poisons radioactifs ?

« Soyez réaliste, Jacques, me lança-t-il. Un seul problème se pose : le problème de la population. Nous aurons bientôt des milliards de gens sur terre. Il faudra les nourrir. Il faudra développer sans limites l'énergie nucléaire pour faire tourner les usines qui produiront les protéines nécessaires aux besoins de l'humanité. (Il eut un haussement d'épaule impérieux). Nous devons manifestement accélérer le programme nucléaire, même si l'évacuation des déchets signifie au bout du compte qu'il faudra fermer les mers à la navigation. (Il se tourna vers moi avec un petit geste désinvolte). Et même fermer les mers à toute activité humaine. »

J'étais stupéfait. Je jetai un coup d'œil à mon maître, le professeur Fage. Jamais je n'oublierai son expression : un visage crispé par l'angoisse. Les autres restaient silencieux. Les paroles creuses se succédaient. Certes, je comprenais l'impérieuse nécessité de faire face au développement de la population. Mais je ne voyais pas comment nous allions atténuer l'importance d'un problème mondial imminent en nous faisant les instigateurs d'une catastrophe mondiale.

Je ne voyais pas comment nous viendrions en aide à des masses de gens en leur fermant l'accès des trois quarts de la planète. Je ne voyais pas pourquoi nous n'utilisions pas notre ingéniosité technique à découvrir une nouvelle source d'énergie sans risque plutôt qu'à bricoler des remèdes qui n'étaient que des pis-aller pour parer aux dangers que présentait une source d'énergie bien aléatoire. Mais surtout, je ne voyais pas l'intérêt de préparer des milliards de gens à habiter un monde où on ne respecterait pas la vie.

Jusqu'à cet instant, c'était mon amour de la mer qui avait orienté toute ma carrière. À compter de ce jour-là, je me consacrai à défendre la mer. Je décidai que ma contribution serait plus valable si je travaillais en coopération avec les savants atomistes plutôt qu'en adversaire : c'est ainsi qu'avec la bénédiction du prince Rainier, je proposai à l'Agence internationale pour l'énergie atomique d'utiliser les installations de mon laboratoire au Musée océanographique, laquelle à cette époque n'avait pas encore trouvé de base pour ses recherches sur la mer. Ce fut le début d'une longue et fructueuse collaboration au cours de laquelle je me joignis aux savants pour choisir chaque année les programmes de recherche : la plupart concernaient des travaux conçus pour mesurer la contamination de l'océan par les essais nucléaires dans l'atmosphère ou les effets de la radiation sur la vie marine.

Près de quarante ans se sont écoulés. Grâce à l'amendement à la Convention de Londres voté en 1994, les États ont interdit toute décharge de déchets nucléaires dans l'océan.

Quant aux armements nucléaires, les stocks ont diminué avec la transformation de l'Europe de l'Est. Les États-Unis et les États de l'ancienne Union soviétique ont démantelé des milliers de leurs engins. Lors de cette fameuse conférence de 1959, même les plus optimistes n'auraient pas prédit que les événements allaient prendre une tournure aussi favorable.

Un autre problème toutefois a pris le monde au dépourvu : celui-là, ce n'est pas tant que les experts aient été incapables de le prévoir, c'est plutôt qu'ils ont refusé de reconnaître son existence. Après des décennies de production enthousiaste, d'accumulation de matières nucléaires, nous avons inondé la planète de plutonium et d'uranium enrichis. La guerre froide est terminée. La « paix chaude » vient juste de commencer.

On attend encore les méthodes d'évacuation sans risque des déchets que les atomistes de ma conférence prédisaient avec une si belle assurance. Pas un État n'a mis en œuvre une méthode permanente d'entreposage des déchets : les containers dans lesquels on les entasse sont gonflés de gaz radioactifs et fuient dans la terre où on les a enfouis. Des centaines de centrales nucléaires vieillissantes sont au bord de la désuétude, mais les entreprises et les pays qui les ont construites n'ont ni l'argent pour les démanteler, ni idée de l'endroit où enterrer les parties contaminées. Les responsables ont contourné le problème de protection des populations en faisant l'autruche, en déversant des liquides radioactifs dans les cours d'eau et les rivières, en en pompant des tonnes dans la terre : tout cela en s'abritant derrière le terme de « sécurité nationale » pour garder leur mortel secret caché aux yeux de leurs concitoyens.

Ceux qui négocient les accords de désarmement n'ont pas mieux réussi que les gardiens des déchets à contrôler les démons atomiques qui jaillissent de la boîte de Pandore. Les États nucléaires insistent pour que les autres renoncent à stocker les armes atomiques alors qu'eux-mêmes continuent à accroître leur propre arsenal de destruction. Professant une vertueuse indignation lorsqu'ils prêchent la non-prolifération, les États nucléaires interrompent leur sermon quand ils entendent le mot « profit » ; ils sont toujours prêts à fourguer leurs équipements et leurs engins atomiques à tout État guerrier qui a de quoi payer. Les pays qui ont des frontières communes avec le client voient leur statut passer de celui de voisin à celui de cible et jurent de se procurer à leur tour des moyens de représailles atomiques. Voici que dans cette situation bien instable interviennent voleurs et contrebandiers, qui vendent de l'uranium et du plutonium dérobés sur le sinistre marché où grouillent dictateurs et terroristes.

Pendant ce temps, les dirigeants rassurent au lieu de trouver des solutions. Les responsables de l'énergie nucléaire affirment que le plutonium des centrales atomiques ne risque pas de fournir des armes à d'autres : ils savent pourtant bien que des nations ont déjà détourné le plutonium de ses utilisations pacifiques pour l'employer à fabriquer des bombes. Ceux qui ont la charge de garder les stocks de plutonium proclament la main sur le cœur que les voleurs n'ont pas dérobé suffisamment de matière nucléaire pour fabriquer une bombe ; leurs propres services de renseignements leur rapportent pourtant que des États renégats entassent déjà les engins nucléaires construits avec des matériaux volés. Les dirigeants déclarent que l'utilisation de la bombe atomique est impensable alors même qu'ils prétendent qu'on ne peut pas s'en passer. Les négociateurs se félicitent d'appartenir à des puissances nucléaires : comme si, en refusant de reconnaître l'existence de toutes les puissances nucléaires *non déclarées*, ils parviendront on ne sait comment à faire disparaître les stocks clandestins ; comme si, en répétant suffisamment un mensonge, ils arriveront à le transformer en vérité. Nos dirigeants prétendent qu'ils ne peuvent pas interdire la production de plutonium et d'uranium enrichis et qu'ils doivent simplement se résigner à la réglementer. Nous attendons encore le jour où un homme sain d'esprit déchiffrera la simple et claire leçon de l'Histoire et se lèvera pour affirmer que la production de matières fissiles n'a *jamais* été efficacement réglementée ; que c'est une tâche *impossible* et qu'il *faut* donc l'interdire.

Tandis que les magnats de la prolifération bricolent ainsi, des millions de gens vivent dans des villes qui risquent à tout moment d'être dévastées par une arme atomique rudimentaire fabriquée par un terroriste : non pas lancée par un missile, mais apportée dans une innocente valise. Plusieurs centaines de millions d'autres habitent à moins de cent cinquante kilomètres d'une centrale nucléaire vieillissante qui, à la suite d'un accident, peut répandre ses matériaux radioactifs. Quand j'ai attiré l'attention sur ces problèmes nucléaires, j'ai souvent entendu des techniciens et même des politiciens me répondre que j'étais un simple pêcheur, que la prolifération, ça n'était pas mon affaire. Ils avaient raison. C'est l'affaire de tous.

La froide réalité d'aujourd'hui souligne l'urgente nécessité de faire face à ce que tout le monde redoute : le lendemain. C'est pourtant un avantage aussi de pouvoir regarder en arrière. Cela permet non pas de découvrir des erreurs, mais la route à suivre. Si l'on peut comprendre ce qui a mené l'humanité dans cette fâcheuse conjecture, on pourrait apprendre à l'en faire sortir. On voit bien que les précédents créés par les exigences d'une guerre mondiale se sont révélés dangereux une fois les hostilités terminées : que ces précédents, compréhensibles en temps de guerre, n'ont cessé par la suite de défigurer la paix.

Ceux qui rendent les savants atomistes responsables de nos malheurs nucléaires s'engagent dès l'abord sur la mauvaise voie. On ne peut pas s'attendre à voir des explorateurs de l'univers qui s'aventurent dans l'inconnu fermer les yeux lorsqu'ils se mettent en route et ne les ouvrir que pour admirer les découvertes utiles. Lorsque Henri Becquerel a innocemment découvert la radioactivité en 1896, quand Albert Einstein a reconnu le rapport entre la matière et l'énergie en 1905, leurs regards étaient fixés sur le monde du savoir et de la découverte, et non pas sur le monde de la guerre. Einstein lui-même a déclaré qu'il n'aurait pas pu imaginer les conséquences de son équation. « Vous laissez entendre, devait-il écrire plus tard à un de ses accusateurs, que j'aurais dû prévoir alors le développement ultérieur de la bombe atomique.

C'était tout à fait impossible puisque le déclenchement d'une " réaction en chaîne " dépendait de l'existence d'éléments qu'on n'aurait guère pu envisager alors. »

Comment Frédéric Joliot et Irène Curie auraient-ils pu éprouver une autre émotion que la stupéfaction en réussissant là où des siècles de sorciers avaient échoué; en accomplissant une véritable alchimie atomique? Les deux savants venaient d'altérer l'immuable : en bombardant un élément avec des neutrons et en faisant jaillir quelques protons du noyau de ces atomes, ils avaient bel et bien changé un élément en un autre tout proche sur le tableau de Mendeleïev. Enrico Fermi se mit à bombarder tous les éléments. Toutefois, quand Fermi (prix Nobel) bombarda l'uranium, son émerveillement tourna à la stupéfaction : certes, il avait transformé l'uranium en un autre élément – mais un élément, croyait-il, inconnu de l'homme.

En Allemagne, Otto Hahn (prix Nobel) et son collègue Fritz Strassmann s'acharnèrent à identifier le nouvel élément. Eux aussi entreprirent de bombarder l'uranium et découvrirent, à leur grand étonnement, que l'élément obtenu n'avait rien d'inconnu : c'était du baryum. Ils étaient abasourdis : ils avaient changé des atomes d'uranium en baryum, leurs noyaux avaient perdu non pas simplement quelques protons, mais presque la moitié d'entre eux. Hahn et Strassmann ne s'étaient pas contentés de changer l'uranium en un élément proche sur le tableau de Mendeleïev : ils l'avaient changé en un élément qui n'avait même pas de lien avec lui.

Les physiciens qui avaient suivi les travaux de Hahn se doutèrent aussitôt qu'il n'avait pas simplement fait jaillir des protons d'un noyau : il avait bel et bien brisé un noyau en deux. Il avait obtenu la fission du cœur même de la matière : il avait libéré une puissance inimaginable. Les deux moitiés ainsi séparées d'un noyau atomique, calculèrent-ils, allaient s'écarter en dégageant une énergie cinétique totale de près de deux cents millions d'électrons-volts. Quand on lui annonça cette nouvelle, Niels Bohr, le grand physicien nucléaire, se serait exclamé : « Oh, quels idiots nous avons tous été ! Oh, mais c'est merveilleux ! C'est exactement comme cela doit être ! »

Tous les intéressés n'avaient aucune idée de la direction qu'allait emprunter le monde : il suffit de rappeler qu'un prix Nobel – décerné à ceux qui « ont apporté le plus grand bienfait à l'humanité » – vint récompenser chacune de ces découvertes. Le temps inflige après coup de pénibles leçons : ceux qui avaient à leur insu présidé à la naissance de la bombe atomique reçurent la récompense créée par l'inventeur de la dynamite. Alfred Nobel – considéré en Suède comme un « savant fou » parce que ses explosifs avaient fait sauter son usine en tuant son plus jeune frère – mourut dans la peau d'un pacifiste qui espérait que la puissance destructrice de son invention mettrait un terme à la guerre.

À cette époque, les extraordinaires événements qui se déroulaient dans les laboratoires passèrent quelque peu à l'arrière-plan devant la tempête qui se préparait à l'extérieur. Parmi ceux qui redoutaient les conséquences de toute cette sorcellerie atomique qu'on pratiquait au beau milieu de la guerre mondiale se trouvait le spécialiste de la thermodynamique, Leo Szilard. Ayant fui la Hongrie en guerre pour se réfugier aux États-Unis, Szilard songeait aux possibilités diaboliques de ces découvertes : on pourrait utiliser le pouvoir libéré par la fission des atomes d'uranium pour obtenir une bombe un million de fois plus puissante que n'importe quel explosif connu, et Hitler pourrait bien fabriquer avant les autres une telle arme. Szilard décrivit par la suite le soir au cours duquel il répéta l'expérience de la fission : si des éclairs apparaissaient dans un tube cathodique, il aurait la confirmation que l'énergie de l'atome avait bien été libérée. « Je mis le contact... je vis les éclairs... j'observai le phénomène une dizaine de minutes, puis j'arrêtai tout et je rentrai chez moi. Cette nuit-là, je sus que le monde courait à la catastrophe. »

Ce fut sur cette prise de conscience – non pas la découverte de la fission, mais l'intuition de ce que les hommes pourraient en faire – qu'un propos délibéré plutôt que le hasard commença à façonner l'histoire nucléaire. La fission est un phénomène de la nature : les décisions sur l'usage qu'on en fait appartiennent à l'homme. La façon dont on a fini par utiliser l'atome n'était pas inscrite dans le destin de l'humanité : ce fut le choix des hommes. Qui aurait dû faire ce choix ? Qui aurait dû agir comme gardien de la vérité ? Ceux qui sont ensuite montés sur la scène de l'Histoire – les gens qui ont élevé la voix, ceux qui ont gardé le silence ; ceux qui ont usurpé le pouvoir et ceux qu'ils ont réduits à l'impuissance – ont joué le premier acte du drame nucléaire qui continue à se dérouler aujourd'hui.

Bouleversé par la nouvelle qu'on était parvenu à la fission d'un atome, Szilard redoutait l'idée que bientôt le pouvoir cauchemardesque d'une « réaction en chaîne » – dans laquelle un atome fissionné déclenche une succession de fissions dans d'autres atomes – tomberait entre les mains des hommes. Il prit contact avec plusieurs physiciens, les suppliant de garder pour eux leur récente découverte dans la « zone dangereuse ». Szilard ne tarda pas à se heurter à un autre précédent né de la guerre : l'attrait de la souveraineté, de la suprématie, le prestige conféré aux nations qui règnent sur l'arène nucléaire. En France, Frédéric Joliot parvint à déclencher une réaction en chaîne et fut aussitôt séduit. Rêvant de produire des quantités illimitées d'électricité et d'assurer ainsi à son pays la suprématie industrielle, Joliot ne voulut rien entendre des supplications de Szilard pour tenir secrets ses travaux et publia les mesures précises qu'il avait employées pour provoquer sa réaction en chaîne dans une masse d'uranium. Il déclencha ainsi une réaction en chaîne d'une tout autre sorte : la course aux armements.

On put bientôt faire litière des prétentions de Joliot-Curie qui affirmait ne s'intéresser à rien d'autre qu'à l'énergie nucléaire, quand, quelques mois après avoir réussi sa réaction en chaîne, lui et son équipe déposèrent bel et bien un brevet pour la construction d'une bombe à uranium. Peu après, des savants américains, britanniques et soviétiques fournirent à leurs gouvernements respectifs des informations sur la possibilité d'exploiter la fission de l'atome d'uranium pour fabriquer une arme. Les plus grandes réserves d'uranium du monde, à l'époque, étaient exploitées au Congo belge. La Grande-Bretagne s'arrangea pour se réserver d'importantes quantités des stocks d'uranium belge. Il ne fallut pas longtemps pour que les Pays-Bas à leur tour en commandassent cinquante tonnes.

Puis arriva l'inquiétante nouvelle : l'Allemagne avait interdit les ventes d'uranium extrait des mines sur lesquelles elle avait fait main basse en Tchécoslovaquie. Jusqu'à quel point les Allemands avaient-ils progressé dans leur recherche nucléaire ? Les troupes de Hitler marchaient sur la Belgique. Qu'arriverait-il si les nazis, possédant déjà le contrôle absolu de l'uranium de Tchécoslovaquie, s'emparaient aussi des vastes quantités d'uranium du Congo belge ?

Szilard, sachant que son ami Einstein connaissait la reine de Belgique, demanda au grand savant de mettre celle-ci en garde. À cette époque, Einstein était résolument resté un innocent, ne se préoccupant que de ses rêveries de théoricien. Lorsque Szilard lui décrivit la réaction en chaîne, Einstein, dit-on, lui répondit : « L'idée ne m'en est jamais venue. » Voilà maintenant que la guerre tirait de sa torpeur même le magnifique rêveur. Ardent pacifiste depuis toujours, Einstein avait fui l'Allemagne après avoir été dénoncé comme juif et avoir vu sa tête mise à prix. Ébranlé par cette déconcertante révélation sur les projets nazis, non seulement il consentit à prévenir les Belges des dangers que présenterait un contrôle de l'uranium par les Allemands, mais il prit aussi une décision dont il dirait plus tard : « Ce fut la grande erreur de ma vie. » Einstein accepta de signer une lettre dont Szilard rédigerait le brouillon, insistant auprès du président Franklin Roosevelt pour que ce dernier se procure du minerai d'uranium et qu'il fasse accélérer les recherches nucléaires dans le camp des Alliés.

Dans cette lettre, Einstein et bien entendu Szilard décrivaient les réactions en chaîne et faisaient remarquer : « Il est concevable qu'on puisse ainsi construire des bombes extrêmement puissantes d'un type nouveau. Une seule de ces bombes... pourrait fort bien détruire un port tout entier avec une partie du territoire avoisinant. » Roosevelt, mis en garde également par les savants britanniques, approuva sans réserve le projet Manhattan District, dans le cadre duquel physiciens américains et britanniques allaient unir leurs efforts pour construire la bombe.

Ces précédents – une course contre la montre avec l'ennemi pour concevoir une arme atomique, la quête d'un prestige national assuré par l'énergie nucléaire – on peut les comprendre dans le contexte d'un monde en guerre où l'identité nationale et même la survie du pays étaient en jeu. Le troisième précédent était moins toutefois une réaction aux atrocités d'un Hitler qu'une capitulation devant les séductions de la technologie. À travers le monde se produisit une sorte de fission humaine, réduisant les savants animés par de nobles idéaux au rang de technocrates émoustillés par les attraits incendiaires de l'atome.

C'est à un soldat allemand que je dus mon premier aperçu de ce rejeton difforme de la science et de l'invention. Pendant la guerre, près de la fin des hostilités, quand l'avenir s'annonçait radieux pour la France et sombre pour l'Allemagne, je servais comme officier de renseignements chargé de recueillir des informations sur les forces nazies et fascistes. Un jour, un de mes agents me dit qu'un officier allemand lui avait confié par accident que, même si la situation pour le moment ne semblait guère brillante, les Allemands allaient faire au monde une belle surprise. « Nous avons *la poudre de Perlimpinpin.* » Dans le conte de Hans Andersen, les objets et les gens sur lesquels on jette la poudre magique de Perlimpinpin disparaissent. Je me demandais à quelle nouvelle forme d'arme le soldat faisait allusion. Ce ne fut qu'avec le recul – après avoir lu des descriptions d'êtres humains réduits à des ombres se découpant sur le ciment au point d'impact de la bombe d'Hiroshima – que je compris les terrifiantes implications de cette charmante allusion.

Perlimpinpin avait de quoi faire perdre son âme à n'importe qui, appartenant à n'importe quel État, à n'importe quelle alliance. Par centaines, des savants américains se rallièrent au projet Manhattan, séduits par ce qu'un admirateur appelait le « sex-appeal intellectuel » du Dr J. Robert Oppenheimer, le directeur du projet et son énergique recruteur. Le suicide de Hitler et la défaite de l'Allemagne parurent quelque peu faire retomber l'enthousiasme de l'équipe d'Oppenheimer. Privés de ce qui était censé être leur motivation, les techniciens découvrirent qu'ils pouvaient néanmoins trouver un autre débouché à leurs talents refoulés : à défaut de battre Hitler dans la course à la bombe, contribuer peut-être alors à une victoire décisive. Oppenheimer lui-même exprima clairement son enthousiasme d'avoir trouvé une raison d'être à son projet. « Soyons encore plus pressés de terminer notre tâche pour que, si besoin en était, l'engin soit disponible. »

« Presque tout le monde comprenait que c'était une vaste entreprise, écrivit Oppenheimer. Presque tout le monde savait que, si nous réussissions assez rapidement à mener à bien notre projet, il pourrait jouer un rôle déterminant dans l'issue de la guerre. Presque tout le monde savait que c'était une occasion sans précédent d'unir les fondements de la connaissance, de l'art et de la science pour le plus grand profit de son pays. Presque tout le monde savait que cette tâche, si nous la menions à bien, s'inscrirait dans l'Histoire. Ce sentiment d'excitation, d'ardeur et de patriotisme finit par l'emporter... Je n'ai jamais rencontré un groupe qui se voue davantage à un but commun... qui ait plus conscience du rôle qu'il jouait dans l'Histoire de son pays. »

Cette transformation de savants plongés dans leurs réflexions en techniciens pleins d'ardeur créa un nouveau précédent pour les années à venir. Les militaires, après avoir réussi à asservir des savants, firent un pas de plus pour asseoir leur autorité : ils entreprirent aussi de priver les citoyens de leurs droits. Les militaires instituèrent une forme de supersecret, un secret en soi : on cachait l'information non seulement à l'ennemi, mais même aux décideurs et aux hauts conseillers du gouvernement. Quiconque émettait un avertissement, formulait une réserve, avançait une suggestion dans le domaine de la géopolitique, de la philosophie ou de la morale se trouva mis à l'écart de décisions visant à construire une arme qui allait changer le cours de la civilisation. On laissa les hommes à l'écart de l'équation humaine.

On peut citer des exemples. Non seulement on omettait de communiquer des renseignements utiles aux décideurs – rares furent ainsi ceux à qui on en confia beaucoup sur la maladie des radiations – mais on excluait aussi des experts avertis qui auraient pu intervenir dans le processus de décision. Nombre des savants travaillant sur le projet Manhattan signèrent un mémorandum rédigé par James Franck, le seul chercheur à avoir posé comme condition à son concours qu'il aurait la possibilité de faire part de ses opinions aux responsables du gouvernement. Franck insista pour que ceux-ci s'efforcent d'éviter pour l'après-guerre une certaine course aux armements en faisant une démonstration de la bombe « dans un désert ou une île inhabitée » à titre d'avertissement avant de la lancer sur des êtres humains. « Les hommes d'État qui ne comprenaient pas que l'atome avait changé le monde, protesta Franck, faisaient des plans de paix bien futiles alors que les savants qui connaissaient les faits restaient là, impuissants. »

Ceux qui signèrent le mémo de Franck restèrent donc impuissants tandis que leurs rapports étaient enfouis dans les tiroirs d'un comité d'étude. Leo Szilard, troublé lui aussi par le fait que les savants travaillant sur la bombe atomique étaient tenus à l'écart de l'évolution des plans concernant l'énergie nucléaire, fit part de son inquiétude au secrétaire d'État américain, James Byrnes : celui-ci réagit en exprimant son indignation devant le fait qu'un simple physicien « désirât participer à l'élaboration de la politique » concernant ses propres découvertes. Le passionné Szilard fut qualifié par la suite de « parasite du cerveau des autres » par le général Leslie Groves, responsable du Manhattan Project, qui traita le physicien de « juif fouineur et arriviste », déclaration qui faisait tristement écho aux propos de Hitler qualifiant la physique nucléaire de « science juive ». Le parallèle devint encore plus marqué avec les efforts déployés par Groves pour faire interner Szilard pendant la guerre. On se pose la question : pourquoi, après tout, l'Occident se battait-il ? Pour remporter une guerre et défendre la liberté humaine, le respect des valeurs et la dignité – ou simplement pour gagner ? Les bureaucrates de la bombe allèrent même jusqu'à suspecter et frapper d'ostracisme Albert Einstein, qui entendit parler de l'utilisation de la bombe atomique – à laquelle avait conduit sa propre théorie – en même temps que tout le monde : quand on l'utilisa contre des civils.

On lança la bombe atomique sur Hiroshima le 6 août 1945. Le copilote du bombardier américain devait plus tard se rappeler le choc qu'il avait éprouvé en voyant la ville et puis, un instant plus tard, en ne voyant plus rien : rien qu'une colonne de cendres radioactives qui s'élevait dans le ciel. Tandis que l'avion tanguait dans le souffle de l'explosion, puis virait de bord pour regagner sa base, les membres de l'équipage faisaient des paris sur la distance qu'il leur faudrait parcourir avant de ne plus voir ce nuage diabolique. Ils parcoururent cinq cent soixante kilomètres et la colonne maudite se dressait toujours derrière eux. « Mon Dieu, nota le copilote dans son journal, qu'avons-nous fait ? »

Plusieurs centaines de milliers de gens moururent dans l'explosion. Trois jours plus tard, une autre bombe atomique tua des dizaines de milliers d'habitants de Nagasaki. Les effets des radiations dans les jours, les mois et les années qui suivirent firent encore une centaine de milliers de victimes.

Aux États-Unis, le président Harry Truman remercia publiquement Dieu que « la tragique signification de la bombe atomique et la terrible responsabilité de l'utiliser se fussent trouvées dans notre camp plutôt que dans celui de nos ennemis ». Il nota dans son journal : « Nous devons continuer à être les gardiens de cette force nouvelle... ». En proclamant sa certitude que ceux qui avaient créé la bombe pouvaient en demeurer les propriétaires, Truman exprimait sans s'en douter le dernier précédent nucléaire instauré par la guerre : il institutionnalisait le système des castes de l'âge atomique, distinguant ceux qui avaient la bombe et ceux qui ne l'avaient pas, et fondé sur l'idée que ceux qui brandissent la menace d'armes nucléaires ont le pouvoir de vivre dans la sécurité et la supériorité ; et que ceux qui ne l'ont pas sont condamnés à vivre dans la peur et l'asservissement.

Désormais, les êtres humains à travers le monde concentrèrent leurs efforts non sur la paix à venir mais sur les armes nouvelles à venir : qui serait le prochain à en brandir la menace ?

Les deux nations qui avaient uni leurs forces pour créer la bombe – la Grande-Bretagne et les États-Unis – unirent alors leurs forces pour s'en réserver l'usage. Des citoyens influents que, pendant la guerre, on avait exclus des décisions concernant la bombe rédigèrent pour les Nations unies une proposition en vue de créer une « Autorité du développement atomique ». Ils envisageaient de fonder une agence qui aurait mainmise sur tous les accès au processus nucléaire : qui contrôlerait toutes les sources d'uranium, tous les réacteurs et toutes les installations de séparation pour produire et enrichir les matériaux fissibles. Elle regrouperait des savants de toutes les nations. Toute infraction serait facilement décelée et aussitôt réprimée.

Les Soviétiques, qui avaient secrètement travaillé à un projet d'uranium autorisé par Staline au plus fort de la guerre, quelque trois ans auparavant, s'opposèrent à tous ces projets. Les Américains, qui gardaient le secret sur les nouveaux progrès de leur programme atomique, refusèrent de négocier. Les physiciens intervinrent alors pour tenter de confier les décisions concernant la bombe à ceux dont elle mettait la vie en danger : aux peuples. Qui mieux que les savants pouvaient faire comprendre que, s'ils avaient pu suivre les recherches nucléaires depuis leurs débuts prometteurs jusqu'à leur horrifiante impasse, d'autres pouvaient en faire autant ? La bombe, c'était le secret qui n'en était pas un : la pitoyable censure exercée par de petits hommes sur de petits papiers ne voulait rien dire : la fission de l'atome, les forces qu'elle déchaînait, les réactions en chaîne... tout cela était écrit dans l'univers, inscrit dans l'atome.

Einstein prit la présidence du Comité d'urgence des savants atomistes ; Szilard organisa la Fédération des savants atomistes, tous deux dans le but avoué de révéler directement au public ce qu'ils savaient. Szilard finit même par contacter Nikita Khrouchtchev pour le persuader de faire installer la fameuse ligne directe entre Moscou et Washington. Oppenheimer, qui exprima publiquement ses remords et condamna violemment le refus des militaires de communiquer les informations concernant la bombe aux décideurs, rassembla des enseignants pour organiser l'opération Sincérité. Leurs messages se répondaient : les bombes atomiques deviendront plus destructrices ; il n'existe pas de défense militaire contre elles ; c'est une entreprise vaine de se préparer à subir la guerre atomique et, si on la tente, cela ruinera la structure de notre ordre économique et social. Il faut chercher la solution auprès d'une autorité qui soit à la hauteur de la menace encourue.

Tous ces gens qui avaient envisagé durant la guerre l'internement pour les esprits libres firent montre de la même méprisante arrogance pour les bâillonner en temps de paix. Quand Oppenheimer s'opposa au projet américain de bombe à hydrogène, on l'accusa officiellement de subversion et on l'écarta de toute recherche concernant la défense nationale. L'Union soviétique, bien sûr, opta comme tous les autres pays pour une politique de répression et Andreï Sakharov se trouva « envahi d'un sentiment d'impuissance et de terreur » lorsqu'il se rendit compte qu'il n'avait aucune autorité sur la bombe à hydrogène qu'il avait créée.

C'est ainsi, en ne permettant qu'une bien petite participation du public et en ne tolérant aucune critique des experts, qu'on tira le premier coup de la course aux armements du « temps de paix ». Sans tenir compte des mises en garde des savants, le général américain Leslie Groves estima que les Soviétiques ne pourraient d'ici vingt ans construire une bombe atomique. Il insista auprès de Truman pour qu'on lance un programme purement américain de production de la bombe et de raffinement du plutonium. Truman, qui était d'accord, fit observer en 1953 qu'il n'était « pas convaincu que les Russes possèdent les connaissances permettant d'assembler ce mécanisme compliqué ».

Deux ans plus tard, les Soviétiques faisaient exploser leur première bombe expérimentale à hydrogène. Ils avaient fait exploser leur première bombe atomique en août 1949.

Les États-Unis firent monter les enjeux et conçurent les bombes thermonucléaires.

La Grande-Bretagne, en l'absence à peu près totale de tout débat public, fit exploser sa première bombe le 3 octobre 1952.

Deux mois après le bombardement d'Hiroshima, de Gaulle créa en France la Commission de l'énergie atomique. Le 13 février 1960, la France procédait à son premier essai nucléaire.

Le 16 octobre 1964, les Chinois faisaient exploser leur première bombe expérimentale.

En 1974, l'Inde, se sentant menacée par la Chine, procédait à un premier essai nucléaire et avait sans doute obtenu les matériaux nécessaires à la construction de près de deux douzaines d'engins nucléaires et à la fabrication de bombes à hydrogène.

Après que l'Inde eut fait exploser sa première bombe atomique, le Pakistan se lança dans un programme nucléaire clandestin.

Israël aurait stocké en secret des quantités suffisantes de plutonium pour fabriquer de cinquante à deux cents têtes nucléaires. Le pays, dit-on, aurait la possibilité de fabriquer des engins thermonucléaires.

Le Japon, qui, tout en pleurant ses cités calcinées, condamnait officiellement en 1945 l'utilisation par les Américains d' « une arme inhumaine », travaillait en fait déjà sur un projet de bombe atomique et, selon les mots d'un physicien qui avait participé à ces travaux, « n'aurait pas hésité à l'utiliser s'il en avait eu la possibilité ». Tout en exprimant sa méfiance envers son voisin, la Corée du Nord, le Japon est aujourd'hui considéré comme étant devenu « une puissance nucléaire virtuelle », possédant tous les éléments nécessaires ainsi que la capacité de créer une bombe en quelques semaines.

La Corée du Nord, qui accuse le Japon d'utiliser son programme d'énergie nucléaire civil pour « se précipiter tête baissée vers la création d'un arsenal nucléaire », est elle aussi soupçonnée de travailler sur ce genre d'armement.

L'Irak est censé avoir un programme clandestin d'engins nucléaires. On soupçonne le programme d'énergie nucléaire de l'Algérie de dissimuler un projet d'armes secrètes et la

Libye à son tour présente des risques dans le domaine des armes nucléaires.

L'Iran a acheté l'équipement nécessaire à la construction de la bombe atomique et on estime que bientôt il aura sa propre bombe.

Le Brésil, l'Argentine et l'Afrique du Sud ont annoncé qu'ils renonçaient à leur projet de bombe avant que les organismes internationaux de désarmement aient même considéré qu'ils en avaient un. Les experts assurent qu'ils conservent la capacité de fabriquer des bombes.

La Suède, l'Allemagne, l'Italie, la Suisse, le Canada, la Corée du Sud et Taiwan sont tous censés posséder aussi bien les connaissances que le matériel nécessaires à la fabrication des bombes. L'Australie, l'Autriche, la Belgique, le Danemark, l'Égypte, la Finlande, les Pays-Bas, la Norvège, l'Espagne et la Serbie possèdent les installations pour construire des bombes dans un avenir relativement proche.

« La bombe atomique est un engin trop dangereux pour qu'on le lâche dans un monde sans loi », disait Truman dans une interview radiodiffusée après Hiroshima. Que s'est-il donc passé ?

Assurément, la prolifération actuelle d'armes est due en partie aux précédents du temps de guerre. Parmi toutes ces tendances, la plus marquante est l'idée aujourd'hui démodée que la puissance nucléaire confère suprématie, influence et prestige. Aussitôt après la Seconde Guerre mondiale, être membre du club nucléaire semblait une position aussi enviable qu'elle était difficilement accessible, avec des pays riches et développés se vantant de leurs bombes et des pays sous-développés et appauvris qui souhaitaient en posséder.

C'est sûrement par recherche de la grandeur que mon pays s'est engagé dans le bourbier atomique. L'attrait du prestige national qui avait séduit Joliot fascinait à son tour le général de Gaulle. McGeorge Bundy l'a raconté dans son remarquable ouvrage (auquel nous devons beaucoup), *Danger et survie : les choix concernant la bombe dans les cinquante premières années* : les États-Unis ont promulgué la loi sur l'énergie atomique, qui interdisait l'échange de tout secret nucléaire avec un pays étranger, mais peu après ils ont exclu de cette interdiction l'Angleterre tout en laissant la France dans l'ignorance. De Gaulle écrivit au président Eisenhower, exprimant le regret que l'on ait laissé la France assurer seule sa défense ; Bundy cite l'aide de camp de De Gaulle, l'éminent diplomate Geoffroy de Courcel : celui-ci explique que, pour de Gaulle, « ce qui comptait, c'était de pouvoir dire que la France était politiquement une puissance nucléaire et de discuter d'égale à égale avec les puissances anglo-saxonnes ». Ce n'est assurément pas la menace d'invasion, mais de l'orgueil blessé qui a poussé la France à se doter d'un arsenal nucléaire : cela ressort assez clairement du télégramme adressé par de Gaulle au pays après notre premier essai atomique. « VIVE LA FRANCE ! DEPUIS CE MATIN ELLE EST PLUS FORTE ET PLUS FIÈRE. »

La même année, on annonça que le président de Gaulle envisageait de visiter notre Musée océanographique de Monaco. À cette époque, non seulement j'assurais les fonctions de directeur du musée, mais je protestais aussi contre le projet du gouvernement français de décharger dans la Méditerranée des déchets nucléaires. Peu avant la date prévue pour la visite de De Gaulle, le prince Rainier de Monaco reçut un coup de téléphone de l'Élysée : un fonctionnaire demanda à Rainier de m'éloigner du musée le jour de la visite présidentielle. Assez amusé, Rainier me rapporta la conversation et, bien entendu, refusa de faire pression sur moi.

Je décidai de recevoir personnellement le Général. Quand sa limousine arriva, j'étais planté, en grande tenue d'officier de marine, en haut du perron donnant accès aux portes du musée. Quand il descendit de voiture, je ne bougeai pas : j'attendis qu'il eût gravi les marches du perron. Je déclarai alors : « Monsieur le Président, bienvenue au temple de la mer ! » Je lui fis visiter le musée, puis je l'emmenai jusqu'aux baies vitrées dominant une falaise tombant à pic sur la Méditerranée. Juste en bas, mes trois navires, la *Calypso,* la *Winnaretta Singer* et l'*Espadon,* briqués et astiqués, pavillon claquant au vent, dansaient sur les eaux agitées. J'annonçai : « Mes navires sont venus vous saluer ! »

J'entendais par là lui manifester mon respect, mais aussi ma détermination. De Gaulle resta inébranlable. Dès qu'il se retrouva seul avec moi dans un petit ascenseur qui nous emmenait à l'étage supérieur, le président observa sèchement : « Cousteau, soyez gentil avec mes atomistes. » Ce à quoi je répondis : « Ce sont vos atomistes qui devraient être gentils avec nous. » Nous arrivâmes à l'étage où photographes de presse et même caricaturistes politiques s'en donnaient à cœur joie, pour enregistrer des images de De Gaulle et moi nous foudroyant du regard tandis que le prince Rainier et la princesse Grace, au bout de la salle, baissaient poliment les yeux et semblaient avoir envie d'être ailleurs. Je fis un effort pour me maîtriser et je continuai, déclarant au président ce que je pensais : je regrettais que seule la décision des États-Unis de partager leurs secrets nucléaires avec l'Angleterre et non pas avec la France l'eût poussé à faire de notre pays une forteresse nucléaire. Ce n'était pas nous que nous défendions, c'était notre honneur.

D'autres, en France comme à l'extérieur, continuaient à partager la conception aujourd'hui anachronique que la bombe atomique apporte du prestige. Lorsqu'une grande partie du reste du monde exprima sa consternation en apprenant que l'Inde venait de faire exploser un engin nucléaire, le président du Commissariat à l'énergie atomique de France réagit en adressant à l'Inde un télégramme de félicitations. Même aujourd'hui, dans un monde où l'utilisation d'une bombe atomique serait considérée comme le geste d'un dément, le chef de l'entreprise nucléaire nationale a proclamé que « l'industrie et la technologie nucléaires sont l'aune à laquelle on mesure la force d'un pays. Elles consolident sa situation internationale ». Les Nord-Coréens nourrissent la même illusion : quand un journaliste étranger réussit l'exploit « impossible » de pénétrer dans le pays et de se mêler à sa population, il vit des ouvriers avec les pieds enveloppés de haillons en guise de chaussures et il recueillit des récits poignants de morts par malnutrition. Mais lorsqu'il interrogea des Nord-Coréens sur le programme nucléaire de Kim Il Sung, il découvrit que « la plupart des gens sont prêts à subir une quasi-famine pour permettre au gouvernement de se doter d'une arme qui a mis à ses genoux le reste du monde ».

Les précédents du temps de guerre toutefois – la crainte de voir un ennemi construire la bombe le premier ; le prétendu prestige de stocker les bombes – ne sont pas seuls à attiser les flammes de la prolifération. Aujourd'hui, la diffusion du matériel nécessaire à la fabrication de la bombe est largement alimentée par l'hypocrisie des pays mêmes qui prétendent chercher à les contrôler. Les signataires du Traité de non-prolifération (TNP), considéré comme la pierre angulaire de leurs efforts vers le désarmement, ont notamment perpétué et encouragé la diffusion dans le monde de matières fissiles.

La plupart des critiques déplorent que le TNP soit un document injuste : ses clauses, affirment-ils, font montre de parti pris contre les pays en voie de développement.

Nombre des États nucléaires qui ont signé le traité ont regretté par la suite leur décision. Ils affirment qu'on les a traîtreusement poussés à accepter une situation où ils tiendraient le rôle de suppliants impuissants, quémandant une protection atomique et une technologie de pointe auprès des cinq pays s'étant proclamés puissances atomiques permanentes. Les pays non nucléaires protestent contre le fait que les puissances nucléaires ont développé leur énergie atomique sans surveillance mais qu'elles imposent maintenant qu'on en contrôle la progression chez les autres. Ils sont furieux d'être considérés comme trop irresponsables ou trop peu évolués pour posséder des arsenaux nucléaires. Ils voient dans les efforts des pays nucléaires pour contrôler la prolifération non pas un geste d'altruisme afin d'assurer la paix mondiale mais une manœuvre militaire pour conserver le monopole de la bombe atomique. Les pays non nucléaires condamnent le TNP : comme la plupart de ceux qui commentent le contrôle des armements, ils le considèrent comme un document qui « officialise la discrimination entre ceux qui ont la bombe et ceux qui ne l'ont pas ».

Pourtant, le traité de non-prolifération nucléaire n'a ni créé ni creusé le fossé entre les premiers et les seconds : cette responsabilité incombe plutôt aux États qui violent le traité. Depuis son application en 1968, le TNP a obstinément prétendu n'avoir qu'un seul but : l'élimination des armes nucléaires. Le traité stipulait que la course aux armements allait s'arrêter à la situation de 1968, puis qu'on allait faire machine arrière jusqu'au jour où toutes les bombes auraient disparu. Ceux qui possédaient des engins nucléaires avaient entamé des négociations pour les détruire, ceux qui n'en possédaient pas feraient le serment de ne jamais en produire.

Avec quelle sincère ardeur les pays nucléaires ont-ils respecté leur serment de parvenir à « l'arrêt de la course aux armes nucléaires... et au désarmement complet sous un contrôle international sévère et efficace » ? Après que l'Union soviétique et les États-Unis eurent signé le traité, ces deux pays ont plus que doublé le nombre d'engins nucléaires stockés dans leurs silos. Les responsables américains ont invité les autres nations à prolonger « de façon indéfinie et inconditionnelle » le TNP : mais quand il s'est agi en 1995 de le proroger, l'Administration américaine, pour sa part, a rendu publique sa position officielle sur le stockage et l'usage d'armes stratégiques. Plus d'un quart de siècle après avoir signé le traité, les États-Unis ont souligné la place que tiennent encore aujourd'hui les armes nucléaires dans la stratégie américaine, et ils ont refusé de mettre hors la loi les représailles nucléaires même dans le cas d'une attaque non nucléaire. Même si tous les fameux pactes de désarmement de l'après-guerre froide sont respectés, les deux pays se retrouveront tout simplement avec leurs stocks d'armes nucléaires à longue portée au niveau qui était le leur lors de la signature du traité. Le XXIe siècle va s'ouvrir sur une planète où des nations ont quelque vingt mille ogives nucléaires braquées sur d'autres.

Le *Club des Grands* du nucléaire n'a également montré que mépris pour une autre stipulation du TNP qui exige que les États possédant la bombe arrêtent « définitivement tous les essais d'armes nucléaires ». Si l'on appliquait universellement cette interdiction, les armes existantes ne tarderaient pas à devenir peu fiables ; les puissances nucléaires peu à peu penseraient que leurs bombes n'exploseraient plus si on les utilisait ; et les arsenaux finiraient par se démoder.

Les puissances nucléaires ont passé vingt-cinq ans à inventer des délais et des prétextes pour ne pas respecter cette clause. Le monde alors avait des raisons d'espérer. La Russie avait arrêté ses essais en 1991, la France avait proclamé un moratoire sur ses essais nucléaires en 1992 ; les États-Unis et la Grande-Bretagne l'avaient imitée. Tout donnait à penser que les États allaient signer officiellement un traité d'interdiction universelle des essais sur le brouillon duquel on travaillait à Genève. En mai 1995, nouveau signe favorable. Au moment où le TNP arrivait à sa date d'expiration, les États convinrent de le prolonger indéfiniment.

Quelques jours plus tard seulement, la Chine procéda à un essai atomique. Quelques semaines après, Jacques Chirac inaugura sa présidence toute neuve en déclarant carrément qu'il allait interrompre le moratoire sur les essais et faire exploser encore plusieurs bombes. Il y en aura huit.

Tous les États nucléaires déclarés, dont la Chine et la France, s'efforcèrent d'étouffer les réactions de l'opinion devant la reprise des essais en prodiguant les promesses de signer l'année suivante un accord d'interdiction universelle. Dans quelle mesure les dirigeants qui prennent de si pieux engagements et qui vont même jusqu'à signer de tels pactes comptent-ils sur la crédulité de l'opinion et sur sa courte mémoire ? Les États-Unis et l'Union soviétique cessèrent en effet leurs essais – mais seulement quand ils purent moderniser sans explosion des engins nucléaires d'invention récente, en ayant recours à la simulation informatique en laboratoire. Le comité d'experts militaires qui insista auprès du gouvernement français pour faire exploser d'autres bombes déclara ouvertement que ces essais étaient nécessaires afin d'améliorer cette technologie informatique : cela devait permettre à son tour à la France de moderniser ses engins nucléaires sans procéder à de nouvelles explosions après l'arrêt des essais. Le ministre français des Affaires étrangères, Hervé de Charette, reconnut aussi que la France modernisait des missiles lancés à partir de sous-marins ainsi que des missiles air-sol. Selon Pascal Boniface, le directeur des Relations internationales et stratégiques à Paris, la France espère aussi mettre au point une bombe à neutrons à faibles radiations. On soupçonne aussi la Chine de poursuivre ses essais afin de créer de nouvelles armes.

Le directeur de l'Institut international de recherche sur la paix à Stockholm assure que la Chine met au point de nouvelles ogives nucléaires miniaturisées qui, une fois chargées sur un seul missile, seront capables de frapper avec précision des cibles multiples.

Ces développements indiquent que non seulement la sécurité des populations est en danger, mais qu'on insulte à leur intelligence. Le but déclaré du TNP et de l'interdiction universelle des essais qu'il réclame n'est pas de supprimer les essais souterrains : c'est de supprimer *tous* les essais – et, ce faisant, toutes les bombes. Les États qui s'empressent de mettre au point des armes nouvelles avant de signer un traité interdisant aux autres nations d'en faire autant sont motivés non pas par l'altruisme, mais par l'arrogance. Une interdiction qui frappe seulement des essais souterrains démodés mais qui permet des expériences de pointe en laboratoire n'est pas « une interdiction universelle des essais ». Ce n'en est qu'une parodie.

Devant pareille hypocrisie, il semblerait que les puissances nucléaires se considèrent comme au-dessus des lois, ce qui justifierait alors les accusations d'injustice portées par les pays qui n'ont pas la bombe... à cela près que ces derniers enfreignent tout aussi effrontément les règles.

Ils les violent en exploitant et en contournant les stipulations du traité concernant la puissance nucléaire. Les secrets nucléaires, bien entendu, ne concernent pas seulement les bombes, mais l'énergie, considérée à l'époque de la rédaction du traité comme la clé du progrès et de la prospérité. Le traité n'exigeait pas des signataires qui n'étaient pas des pays nucléaires de renoncer à cette aubaine. L'État non nucléaire n'avait qu'à signer le TNP pour pouvoir acquérir les matières fissiles à des prix raisonnables auprès de n'importe lequel des autres signataires qui en possédait. En retour, les pays qui prônaient le désarmement promettaient de s'abstenir de tout transfert de technologie concernant les armes atomiques, de ne pas détourner de matières fissiles de leurs nouvelles centrales vers des usines fabriquant des armes secrètes et enfin de faire la preuve de leur sincérité en ouvrant leurs installations nucléaires à des inspecteurs de l'Agence internationale de l'énergie atomique qui viendraient périodiquement dresser l'inventaire du plutonium produit. Si les inspecteurs découvraient qu'il manquait du plutonium dans les centrales – détourné sans doute à destination d'un projet d'armes secrètes –, les autres signataires du traité s'uniraient pour imposer des sanctions au pays qui fabriquerait clandestinement la bombe.

La Corée du Nord tout comme l'Iran ont démontré avec quelle indifférence les États prétendument non nucléaires ne tiennent pas leur parole. Quatre ans après avoir signé le TNP, la Corée du Nord fut soupçonnée de détourner du combustible nucléaire vers une usine d'armement. La Corée du Nord gagna du temps en refusant tout simplement aux inspecteurs l'accès de ses installations. Durant les négociations qui s'ensuivirent avec un consortium international qui insista auprès de la Corée pour qu'elle gèle son programme nucléaire, ce pays continua à affirmer qu'il n'avait pas de bombes tout en ne cessant de prodiguer les menaces laissant entendre que non seulement il détenait un stock de bombes mais qu'il n'hésiterait pas à les utiliser. La Corée du Nord fit entendre aussi que, si en échange du gel de son programme nucléaire, elle ne bénéficiait pas de compensations économiques et politiques, ses ouvriers entreprendraient le retraitement du combustible atomique déjà utilisé, elle obtiendrait ainsi la séparation de quantités suffisantes de plutonium pour fabriquer un grand nombre d'ogives nucléaires.

L'Iran non plus n'a tenu aucun compte des obligations qu'il avait acceptées en signant le traité. Les responsables occidentaux surveillent depuis longtemps « l'effort intense des Iraniens pour se procurer tout ce dont ils ont besoin » pour la fabrication d'une bombe nucléaire : d'après les rapports publiés en 1994, on s'attendait à les voir y parvenir d'ici

« moins de dix ans ». La même année, l'Iran réclama la livraison de réacteurs à énergie nucléaire commandés quinze ans auparavant mais jamais reçus, après qu'eut été abandonné pendant la Révolution le programme d'énergie atomique du Shah. Inquiètes des ambitions de l'Iran concernant la bombe, plusieurs nations nucléaires cherchèrent à empêcher la livraison des réacteurs en demandant aux vendeurs – l'Allemagne, la Russie et la Chine entre autres – de ne pas les expédier. Indigné, l'Iran prétendit que, en tant que signataire de bonne foi du TNP, il avait le droit d'avoir des produits nucléaires : après tout, les inspecteurs de l'AIEA avaient été incapables de repérer des usines d'armement clandestines. Pour leur part, les puissances nucléaires déclarées déplorèrent que la faiblesse du TNP pût permettre à l'Iran de fabriquer des bombes tout en respectant « strictement » les termes de ce malheureux traité.

Le citoyen moyen doté d'une intelligence moyenne peut se poser cette question évidente : qu'est-ce que tout ça veut dire ? Un pays qui construit en secret des bombes ne respecte pas « strictement » un traité qui les interdit ; il n'est pas non plus un signataire « de bonne foi » du TNP. Pour bénéficier des avantages du TNP, un État ne devrait pas seulement signer le traité, il devrait aussi en respecter les clauses. Les nations non nucléaires qui se prétendent victimes de discrimination quand elles ne peuvent pas acheter des matériaux nécessaires à la fabrication de la bombe, les États vendeurs qui déplorent l'impuissance du TNP, alors même qu'ils empochent les bénéfices de ventes bien risquées : tous ont saboté l'objectif du TNP. Cet objectif, ce n'est pas l'égalité dans un monde où seules quelques nations ont le droit de stocker des bombes, c'est l'égalité dans un monde où *aucune* nation ne peut en stocker.

Les accusations internationales, les contre-attaques et les accès de vertueuse indignation ne servent qu'à masquer les vraies raisons pour lesquelles le traité de non-prolifération atomique s'est révélé inefficace. L'explication, ce n'est pas que les clauses en sont injustes, c'est simplement qu'on ne les applique pas. Les pays qui ont signé le TNP ne veulent pas l'investir de la moindre autorité : ils refusent le pouvoir à l'agence même qu'ils ont conçue pour contrôler le pouvoir le plus redoutable de la planète.

Les États signataires du TNP racontent au monde que l'Agence internationale de l'énergie atomique, organisme des Nations unies totalement indépendant, joue le rôle de « chien de garde » de leur traité. C'est un chien de garde qu'ils se sont eux-mêmes efforcés de rendre tout à la fois édenté et aveugle. Les puissances atomiques qui ont signé le TNP refusent aux inspecteurs de l'AIEA l'accès de leurs complexes nucléaires. Les États-Unis ont même carrément déclaré qu'ils interdisaient les inspections de l'AIEA car ils ne voulaient pas renoncer à la possibilité de réutiliser le plutonium récupéré sur des engins nucléaires mis hors service, l'option même dont ils sont censés se priver en signant le TNP.

Quant aux nations qui ont renoncé à fabriquer la bombe, les agents de l'AIEA ne sont habilités à pénétrer que dans les installations atomiques ouvertement déclarées par elles comme centrales nucléaires : les agents peuvent ainsi témoigner que des nations honorables ont un comportement honorable. Mais, pour ce qui est de celles qui n'ont pas d'honneur, les envoyés de l'AIEA se voient refuser le droit de rechercher des cachettes où pourraient être dissimulées des matières fissiles dans l'enceinte même de la centrale. Les agents n'ont aucun recours quand les États remettent à plus tard ou annulent des visites d'inspection. Si par chance des enquêteurs tombent sur un atelier de fabrication d'armes, ils n'ont pas la permission d'y entrer sans avoir obtenu d'abord l'approbation quasi unanime du Conseil de sécurité des Nations unies. Même ainsi, les inspecteurs de l'AIEA n'ont étudié que des utilisations commerciales de cette énergie : ils ne connaissent rien aux projets de bombes nucléaires et sont mal équipés pour enquêter sur des programmes d'armement clandestin.

L'émasculation de l'autorité de contrôle du TNP nous amène à une conclusion : le but initial des nations signataires n'a jamais été de protéger les peuples du monde, mais de protéger le marché nucléaire.

L'accusation semble sévère ; cynique même ; mais, pour le citoyen moyen, elle paraît également irréfutable, compte tenu des documents de la charte. Le traité de non-prolifération garantit à tous ses signataires le « droit inaliénable » d'acquérir à des prix raisonnables les matériaux nécessaires à la production d'énergie nucléaire. Le traité promet tout à la fois un monde sans armes et un marché mondial actif d'énergie nucléaire. Personne ne peut être sincère en affirmant qu'on peut avoir les deux.

Le lien entre l'énergie nucléaire et les bombes n'en reste pas moins évident aujourd'hui qu'il l'était durant la Seconde Guerre mondiale, quand des physiciens inquiets mettaient en garde leurs gouvernements contre l'élément commun aux bombes atomiques et à l'énergie nucléaire : l'uranium. Les préoccupations des savants se concentraient précisément sur un groupe d'isotopes d'un minerai : l'uranium 235, le seul isotope d'uranium dont on puisse briser les atomes.

Les isotopes U235, extrêmement rares dans le minerai, ne constituent qu'un dixième de 1 % de l'uranium naturel. Pour exploiter les redoutables pouvoirs de fission de l'U235, les constructeurs de la bombe avaient besoin d'un concentré de l'isotope. Ils ont appris à le « séparer » du minerai puis à créer un uranium « hautement enrichi », dont une énorme proportion – 90 % – se compose d'U235. Vers le milieu de la guerre, les physiciens découvrirent une méthode encore plus facile pour produire des matières fissiles. Ils constatèrent que, quand on faisait simplement passer l'uranium par un réacteur, la masse de métal irradié obtenu contenait des isotopes d'un élément totalement nouveau, qui n'existait pas sur la Terre à l'état naturel : le plutonium. Ils apprirent aussi à « séparer » les isotopes de plutonium de la masse de métal irradié. Le plutonium utilisable pour les bombes ainsi produites est encore plus fissile que l'uranium fortement enrichi, et il en faut de moindres quantités pour fabriquer une bombe.

C'est là le tour de passe-passe que permettent aujourd'hui les traités de non-prolifération : quand ceux qui travaillent dans une centrale atomique font passer de l'uranium par leurs réacteurs, en brisant les atomes pour libérer leur énergie, ils constatent que la masse irradiée obtenue – appelée maintenant « combustible usé » – contient tout à la fois de l'U235 et du plutonium. Ils procèdent à leur tour à la séparation de ces deux matières fissiles pour les concentrer jusqu'à un niveau utilisable en réacteur, ce qui leur permet alors de les réutiliser comme combustible : cela signifie que le plutonium et l'U235 sont présents dans toutes les centrales civiles à énergie nucléaire du monde. Ce nœud gordien où se trouvent entremêlées énergie nucléaire et bombes nucléaires existait déjà quand Frédéric Joliot obtint le premier une réaction en chaîne. Joliot accepta de poursuivre ses recherches dans ce domaine même après l'occupation par les Allemands de son laboratoire de Paris : il prétendait travailler pour faire progresser l'énergie nucléaire mais non l'effort de guerre allemand. « Il faisait une distinction que les réacteurs sont incapables de faire, a dit un savant qui travaillait avec lui. Il voulait produire de l'énergie en abondance, mais pas du plutonium pour les bombes. »

Avec une insistance consternante, tous ceux qui ont des liens avec le marché de l'énergie nucléaire s'obstinent à tromper le public sur le rapport entre l'énergie atomique et la prolifération des armes. Les dirigeants de l'usine de retraitement de la COGEMA, une entreprise appartenant à l'État français, ont délibérément égaré les Français : ils ont affirmé sans vergogne que le plutonium utilisable dans les réacteurs ne convient pas à la fabrication des bombes. Ils vont même jusqu'à ricaner en disant que les inquiétudes du public à propos du plutonium sapent toute politique nucléaire rationnelle. Le directeur de la politique d'énergie atomique à l'Agence japonaise pour la science et la technologie a eu lui aussi l'audace de déclarer qu'« il n'existe actuellement aucune technologie au monde pour transformer du plutonium utilisable en réacteur en plutonium utilisable pour l'armement ».

La presse n'est pourtant pas responsable de l'idée que les réacteurs nucléaires produisent du plutonium qui puisse servir à fabriquer des bombes. C'est la physique qui est coupable. *Toutes* les formes de plutonium peuvent être utilisées pour produire un explosif nucléaire : le plutonium utilisable en réacteur peut servir à fabriquer une arme qui, même si les experts qualifient sa puissance de « primitive », n'en serait pas moins capable de provoquer un souffle équivalent à celui de plus de mille tonnes de puissants explosifs. En revanche, les explosifs conventionnels qui en 1995 ont fait sauter le gratte-ciel d'Oklahoma City, aux États-Unis, ne pesaient qu'une demi-tonne – et n'ont pas laissé derrière eux le mortel héritage des radiations qui aurait coûté des dizaines de milliers d'autres vies. Pis encore, même après que le plutonium a été traité pour fournir un combustible utilisable par les réacteurs, il suffit de le retraiter pour en faire du plutonium purifié assez redoutable pour donner des armes stratégiques et semer la destruction d'un continent à l'autre.

L'Académie des sciences des États-Unis l'a déclaré tout net : le plutonium utilisable en réacteur présente « un danger réel et constant pour la sécurité nationale et internationale ».

Les responsables de l'industrie de l'énergie laissaient entendre qu'aucun argument national ne justifiait les craintes du public sur le rapport existant entre l'énergie nucléaire et les bombes atomiques : c'est non seulement là une manipulation mais aussi une affirmation manifestement en contradiction avec l'actualité.

Si, comme l'affirment ces responsables, l'énergie atomique ne produit pas de matériaux utilisables pour l'armement, pourquoi les négociateurs des accords de désarmement et les responsables du renseignement se déchaînent-ils à ce point contre le programme nord-coréen d'énergie atomique ? Pourquoi les experts nucléaires américains se sont-ils acharnés sur la Corée du Nord en surveillant l'enlèvement des crayons de son réacteur nucléaire chargés, affirmaient-ils, de plutonium pouvant servir à fabriquer des bombes ? Pourquoi, lorsque l'Iran a réclamé ses réacteurs nucléaires, cette demande a-t-elle retenti dans les services de renseignements comme une sonnette d'alarme ?

Enfin, il est indiscutable que les centrales nucléaires augmentent la prolifération nucléaire : c'est un fait historique.

L'Inde a fabriqué sa bombe à partir de plutonium produit par un réacteur nucléaire « pacifique » que le Canada lui avait fourni sous prétexte d'aide à son programme civil. Les Soviétiques ont utilisé des réacteurs civils à des fins militaires. L'Argentine et le Brésil ont commencé leurs programmes d'armement nucléaire en s'acharnant à produire de l'énergie nucléaire et, comme ils n'ont jamais réduit leurs programmes commerciaux d'énergie atomique après avoir renoncé à leurs ambitions de construire la bombe, les experts considèrent que leur capacité de produire une bombe n'a en rien diminué. Une foule d'autres pays, dont le Japon, l'Allemagne et l'Algérie, estime-t-on, sont sur le point de construire la bombe grâce à des programmes rigoureusement civils d'énergie nucléaire.

Le constructeur d'une bombe n'a besoin que de vingt-cinq kilos d'uranium enrichi pour obtenir un explosif et de seulement sept kilos et demi de plutonium. Le plutonium, en outre, est relativement facile à passer en fraude : ses rayons alpha ne pénètrent pas loin, ce qui supprime la nécessité d'une épaisse enveloppe de plomb. On pourrait l'utiliser pour commettre un génocide sans même avoir besoin d'une réaction en chaîne. Un des plus mortels poisons de la planète, un simple milligramme de plutonium, provoquera un cancer si on le respire : des millions de gens pourraient périr si l'on répandait simplement 300 grammes d'uranium dans l'approvisionnement en eau d'une ville ou si simplement on le faisait brûler en plein air.

Quelles quantités de plutonium et d'uranium enrichi nous autres humains avons-nous produites ? Sur combien de kilos de matière fissile devons-nous continuer à exercer notre vigilance – et, après nous, nos enfants et leurs enfants ? L'AIEA estime qu'au cours des cinquante dernières années les militaires et les industries utilisant l'énergie nucléaire ont déversé environ mille tonnes de plutonium. Plus de la moitié de ce plutonium a été produit par les seuls programmes commerciaux ayant déjà procédé à la séparation de cent vingt tonnes de plutonium à partir de leurs déchets : on les a retraités sous une forme utilisable soit comme combustible recyclé, soit à des fins militaires. Mais si l'on divise cette quantité approximative de matière extrêmement fissile existant dans le monde par les quantités minuscules nécessaires à une séparation de destruction massive, on n'aura qu'une idée de l'extraordinaire puissance meurtrière dont dispose l'humanité. Personne au monde, pas même l'AIEA, le chien de garde du TNP, ne peut affirmer quelles sont les quantités de plutonium qui existent sur terre : les gouvernements et les industries refusent de fournir les chiffres de leurs stocks, invoquant le secret militaire et la confidentialité commerciale.

Mais les déclarations des militaires et des responsables civils ne sauraient faire oublier cette autre vérité tout aussi impressionnante : nul n'est plus qualifié pour avoir accès aux informations concernant les substances les plus mortelles du monde que les habitants de cette planète. Une assemblée de nations qui voudrait sincèrement protéger la population contre une telle prolifération exigerait des chiffres. Peut-être la vraie raison pour laquelle on dissimule ces renseignements tient moins au souci de protéger la confidentialité qu'à celui de protéger le secret de polichinelle de l'âge atomique : à savoir que les nations qui ont signé un traité de non-prolifération nucléaire ne se gênent pas pour vendre des réacteurs, de l'uranium, des bombes. Faire commerce de l'énergie atomique aux quatre coins de la planète, c'est faire peu de cas de la sécurité de ses habitants.

L'énergie nucléaire en vaut-elle la peine ? Est-elle si bon marché ? Si profitable, si propre ? Dans un monde parfait, on devrait mesurer une technologie aux avantages qu'elle apporte pour la santé et la sécurité des hommes. Et même dans un monde imparfait – où les « valeurs » se comptent en espèces sonnantes et trébuchantes – le pouvoir nucléaire est-il un bon investissement financier ?

Dans bien des pays, comme la France, où l'énergie nucléaire demeure essentiellement sous le contrôle du gouvernement, on a caché les chiffres au public qui devra finalement payer pour rétablir l'équilibre des comptes. Si l'énergie nucléaire a été conçue aux États-Unis dans un certain secret, elle a fini par déboucher sur la place publique : les chiffres sont tout à la fois disponibles et convaincants. L'énergie nucléaire s'est révélée être un fiasco financier.

Après Hiroshima, la formule américaine qui retentissait à travers le monde – « l'atome pour la paix » – inspirait de l'espoir : les hommes, semblait-il, allaient finir par appliquer leur intelligence à la création d'une source inépuisable d'énergie propre, qui permettrait au pays le plus pauvre de progresser, qui transformerait la misère en prospérité. Moi-même, comme le reste du monde, j'étais ébloui par les perspectives qu'offrait l'énergie nucléaire, de voir ces épées pour une fois transformées en socs de charrue.

En 1954, les États-Unis mirent en marche leur premier réacteur destiné à produire uniquement de l'électricité commerciale. La télévision américaine fit un reportage en direct depuis Shippingport, en Pennsylvanie, au moment où le président Dwight Eisenhower agitait sa « baguette magique radioactive » – une source de neutrons – pour déclencher un signal qui fit démarrer le réacteur. Le président de la Commission pour l'énergie atomique prédit que la centrale de Shippingport allait marquer l'avènement d'un âge nouveau où l'énergie nucléaire serait « trop bon marché pour justifier un compteur », une corne d'abondance inépuisable propre à satisfaire même l'appétit d'énergie du peuple américain qui depuis le début du siècle doublait sa consommation d'électricité tous les sept ans.

Toutefois, la compagnie qui utilisait le réacteur ne tarda pas à s'apercevoir des limites de l'électricité nucléaire. Qu'importe. Le gouvernement déversait des fonds dans la centrale de Shippingport qui lui semblait de nature à attirer l'intérêt des industriels : c'étaient les contribuables qui comblaient les pertes et qui, selon l'accord conclu, continueraient à le faire, en assurant l'entretien de la centrale « du berceau jusqu'à la tombe ».

Depuis les années cinquante jusqu'au milieu des années soixante-dix, les États-Unis commandèrent d'autres centrales nucléaires. Au milieu des années quatre-vingt, ils produisaient un bon quart de toute l'électricité atomique du monde. Pourtant, comme l'avait depuis le début prouvé le fonctionnement de la centrale de Shippingport, la promesse d'une énergie nucléaire bon marché n'était qu'un leurre.

Depuis des décennies, le physicien, prix Nobel, Henry Kendall, membre du comité consultatif de la Société Cousteau, n'a cessé d'étudier tous les aspects de la production d'énergie nucléaire, avec ses risques et ses coûts. Certes, dit-il, la fission d'une livre d'uranium produit un million de fois l'énergie obtenue, pour la même quantité, par la combustion du charbon et du mazout : mais l'énergie nucléaire est de loin la source d'énergie la plus coûteuse étant donné les frais astronomiques qu'entraîne la construction d'installations assez solides pour résister à une irradiation constante, sans parler du terrible péril que représentent les risques d'accidents. Kendall, par exemple, a calculé qu'une grosse centrale nucléaire produit la quantité de radioactivité à longue durée que libérerait l'explosion de quelque deux mille bombes d'Hiroshima. Cela a coûté quatre fois plus de construire une centrale assez robuste pour contenir ces mortels sous-produits que de bâtir une centrale alimentée au charbon. Pour payer les nouvelles centrales, l'industrie a imposé au consommateur des augmentations des tarifs d'électricité allant jusqu'à 50 %

Là-dessus, la consommation d'énergie américaine s'est effondrée. On a annulé des commandes de plus d'une centaine de centrales nucléaires.

En 1985, le grand magazine financier américain *Forbes* annonçait que « l'échec du programme américain d'énergie nucléaire » était un des « plus énormes désastres de gestion dans l'histoire des affaires, une catastrophe aux proportions monumentales. » Dans les années quatre-vingt-dix, on interrompit la construction des trois dernières centrales en cours d'édification aux États-Unis – et pour lesquelles on avait déjà dépensé huit milliards de dollars. Annulations et fermetures se succédèrent à travers le monde quand circula une photo d'agence montrant une centrale nucléaire en Allemagne dont la construction avait coûté deux cent trente-deux millions de Deutschmarks et qui n'avait fonctionné que dix-huit jours :

elle était en cours de démolition pour la somme supplémentaire de deux cent quatre-vingt-neuf millions de Deutschmarks. La légende était : « À combien le watt ? »

D'autres frais concernant l'énergie atomique, mais pour lesquels on fait moins de publicité, vont venir encore accabler le public – et, ce qui est pire, la génération à venir et même de plus lointains descendants qui n'auront ni consommé l'énergie en question ni participé aux regrettables décisions de la produire.

L'industrie n'a pas assumé les frais d'une assurance couvrant l'ensemble des accidents dans une centrale nucléaire. Que le système de refroidissement d'une centrale vienne à mal fonctionner et l'intense chaleur qui se dégagerait pourrait faire fondre le cœur du réacteur ; des matières radioactives en fusion pourraient faire irruption, traversant les structures qui les contiennent, et jaillir à l'air libre, tuant des dizaines de milliers de gens et contaminant des milliers de kilomètres carrés. Les pertes en vies humaines, les destructions et la dévastation qu'entraînerait pareil accident feraient paraître minime la catastrophe de Tchernobyl. La seule estimation des frais éventuels, se chiffrant par centaines de milliards de dollars, donne le vertige. Un accident aussi grave est-il simplement possible ou probable ? Un commissaire de la Commission de réglementation nucléaire des États-Unis a déclaré en 1985 devant le Congrès que, « étant donné le niveau actuel de sécurité... [des] centrales nucléaires actuellement en fonctionnement dans ce pays, on peut s'attendre au cours des vingt prochaines années à une fusion accidentelle du cœur du réacteur ».

Qui paiera ? Aux États-Unis, les polices d'assurances pour l'habitation ne couvrent pas les risques causés par des accidents nucléaires.

En outre, le gouvernement américain a plafonné la responsabilité de l'industrie : si un grave accident provoque des dégâts dépassant la somme pour laquelle on estime aujourd'hui les industriels légalement responsables, ce serait ou bien les contribuables ou bien les victimes elles-mêmes qui devraient payer le solde.

Tchernobyl a fourni un léger avant-goût de ce que les consommateurs, l'industrie, les assurances et le gouvernement pourraient avoir à rembourser en cas d'accident. Malgré l'importante aide occidentale déjà accordée, ni l'Ukraine ni même le groupe des sept pays les plus industrialisés du monde ne pourraient avancer ne serait-ce qu'une fraction des milliards de dollars encore nécessaires pour simplement fermer le complexe de Tchernobyl, encore moins pour réinstaller les populations, indemniser les pertes individuelles, traiter les terres agricoles contaminées par la radioactivité et assurer des soins médicaux. Neuf ans après l'accident, le directeur de l'Institut de radiobiologie à l'Académie des sciences de Biélorussie a confirmé que dans cette région on rencontrait en abondance des affections préludant à des cancers de la thyroïde. « C'est sur une vaste échelle, a-t-il précisé : plusieurs millions de gosses risquent d'être atteints d'un cancer de la thyroïde. » À mesure qu'augmentent chez les individus les doses de radiation, avec les aliments cultivés dans des sols contaminés, il en va de même des cas de malformations congénitales, de cancers du fémur, des poumons, des tissus, surtout parmi les jeunes. Les enfants en gestation à l'époque de l'accident et qui sont nés après, parfois handicapés, souvent abandonnés, se trouvent ballottés entre les orphelinats et les foyers d'adoption. Ces enfants-là paient le prix de l'énergie nucléaire : un prix que ceux qui ne calculent qu'en argent ne peuvent même pas commencer à appréhender.

Mais ce dont se doutent le moins ceux qui toutefois se préoccupent d'arithmétique, c'est le coût que demandera le démantèlement de toutes les centrales nucléaires du monde quand elles auront atteint l'âge obligatoire de la retraite. Dans les gouvernements, chez les militaires et les industriels, tout le monde a toujours su qu'après avoir fonctionné seulement trente ans chaque centrale devrait être totalement démontée et ses éléments mis au rebut. Pour les responsables qui ont lancé l'énergie nucléaire dans les années cinquante, cette durée de vie envisagée ne posait aucun problème. Mais aujourd'hui leur point de vue a changé tout comme leur jugement. Pour ceux qui doivent payer les erreurs commises dans le passé – pour nous le futur –, c'est maintenant et c'est à nous que se pose le problème.

Parmi les premiers réacteurs américains à produire de l'électricité civile, celui de Shippingport devint la première centrale au monde à être démantelée : cette fois, hélas, Dwight Eisenhower n'était pas là avec sa baguette magique.

Durant les cinq ans qu'a pris le démantèlement, les ouvriers portaient d'épaisses combinaisons pour se protéger contre les doses fatales de radiation quand ils maniaient la pioche et la pelle pour démolir la centrale ; ils grattaient à la main les murs radioactifs et couraient se mettre à l'abri chaque fois – et c'était fréquent – que retentissait le hurlement des sirènes d'alarme aux radiations. Pour trouver ce genre d'ouvriers, l'industrie a dû s'adresser à des agences de recrutement procédant à des examens psychologiques sélectifs, comme l'a expliqué un dirigeant, « pour éliminer les anormaux et ceux qui risqueraient de craquer ».

Les sept cent soixante-dix tonnes du réacteur de Shippingport, dans son revêtement de béton, finirent par être soulevés par une grue sur une gigantesque plate-forme à roues qui l'achemina à son tour jusqu'à une péniche, laquelle parcourut à petite vitesse les treize mille kilomètres pour descendre l'Ohio et le Mississippi jusqu'au golfe du Mexique, franchir le canal de Panama, suivre la côte du Pacifique jusqu'à l'État de Washington, puis remonter la rivière Columbia jusqu'au dépôt gouvernemental de déchets radioactifs de Hanford, dans l'État de Washington. Là, des camions emportèrent le réacteur jusqu'à une tranchée au cœur d'une région désolée où il restera radioactif pendant une centaine de milliers d'années. Plus de cent camions, chargés des débris radioactifs de Shippingport, comprenant même les outils et les tenues utilisées par les ouvriers, traversèrent tout le pays jusqu'au site de Hanford pour être ainsi mis au rebut.

Les responsables du démantèlement de Shippingport saluèrent l'opération comme un succès. En fait, les pièges que le gouvernement et l'industrie sont parvenus à éviter dans ce premier démantèlement sont suspendus comme autant d'épées de Damoclès au-dessus de toutes les opérations de ce genre à venir. À Shippingport, on a pu transporter d'un seul bloc un réacteur relativement petit de soixante-douze mégawatts. Quels dangers rencontrera-t-on avec des réacteurs de mille mégawatts qu'on ne pourra transporter jusqu'au site ? Et où on ne les y enfouira qu'après les avoir découpés en morceaux, au cours d'une opération technologique extrêmement dangereuse même si elle est télécommandée ? Durant le démantèlement de Shippingport et le long voyage qui a suivi, il n'y eut pas de fuite, pas de déraillement de train, pas de collision sur l'autoroute, pas de naufrage d'une péniche, pas d'attaque de terroristes : comment à l'avenir les autorités réagiront-elles devant les expositions aux radiations provoquées par un accident au cours du transport, ou même par la projection de poussières radioactives sur le site ? Depuis la création de Shippingport, le gouvernement a largement subventionné les coûts de l'installation et les contribuables américains ont mis la main à leurs poches pour leur démantèlement. Qui va payer le démantèlement de centrales privées – dont certaines sont dix ou vingt fois plus grandes ? Qui, par exemple, va payer celui des cinq cents réacteurs actuellement en service ou en construction à travers le monde ? Le gouvernement américain a enfoui le réacteur de Shippingport sur un terrain qui lui appartenait uniquement parce qu'il en avait toujours assumé la responsabilité : il n'y a pas de place sur le site de Hanford pour des réacteurs commerciaux. Qui va offrir son terrain pour ensevelir ce demi-millier de réacteurs privés qui existe dans le monde ? Une petite nouvelle parue dans la presse pose une autre grande question : la société française Radiacontrôle, qui désactive les installations nucléaires, s'est vu ordonner de cesser ses travaux après que ses manipulations mal organisées de déchets eurent fait monter en flèche les taux de radioactivité. Qui va payer le démantèlement des démanteleurs ?

Le coût astronomique du démantèlement d'une centrale a amené les industries nucléaires et les gouvernements à proposer d'autres méthodes moins onéreuses pour régler le sort de tous les réacteurs des décennies précédentes en voie de désintégration et dont nous avons hérité : les transmettre à l'avenir. Le premier projet, la solution qu'on appelle « l'ensevelissement », coûterait moitié moins que le démantèlement. La méthode consiste à enfermer le cœur du réacteur dans du béton armé, puis à s'assurer que cet épais linceul durera aussi longtemps que les générations d'hommes et de nations : un legs au quarantième siècle, témoignage de l'imprévoyance du vingtième. Une autre solution proposée, « le stockage de sécurité », envisage le recrutement de personnel chargé de monter pendant cent ans la garde devant des réacteurs vieillissants. Bien sûr, personne ne peut promettre que, quand les gardiens finiront par rentrer chez eux, quelqu'un aura eu l'idée des mesures à prendre alors. Mais cette proposition a un attrait financier irrésistible. Certes les compagnies d'énergie (nationalisées ou privées) verseraient chacune une somme initiale pour la fermeture de leurs installations – et elles devraient débourser chaque année des salaires pour les gardiens – mais elles n'auraient pas trop à s'inquiéter d'avoir à régler la note pour la démolition finale. Selon toute probabilité, elles auront alors depuis longtemps disparu.

Certaines des grandes sociétés d'énergie du monde ont proposé leur solution au problème posé par les centrales en voie de désintégration. En France, on a tenté d'éviter l'inévitable démantèlement ; on a trouvé la mascarade de transformer en musée une installation-relique où l'on exposerait des pièces vantant les mérites de l'énergie nucléaire à l'ombre d'un réacteur qui se dresserait seulement à quelques mètres de là.

Il n'est pas toujours aussi facile de déguiser d'autres installations qui nécessitent quelques soins. J'ai visité six réacteurs nucléaires à Kozludy en Bulgarie, en compagnie d'experts français et américains et avec l'appui de la Banque européenne pour la reconstruction et le développement. Mon équipe qui s'était jointe à celle du Commissariat à l'énergie atomique constata que quatre des réacteurs de Kozludy étaient dans un tel état de délabrement que deux des six avaient besoin d'être modernisés et que les quatre autres devaient être totalement fermés. Un rapport du service de renseignement américain fit par la suite figurer deux des réacteurs de Kozludy sur sa liste des dix installations qui « continuent à être le théâtre d'incidents graves, évoquant le spectre d'un nouvel accident comparable à celui de Tchernobyl ». Les Ukrainiens ont utilisé l'énergie de ces réacteurs, mais les populations, bien au-delà de leurs frontières, qui n'ont pas profité de cette énergie, en supportent le risque avec eux. Qui va payer pour la fermeture des centrales ? Qui va payer pour leur démantèlement ?

La question de savoir qui va payer pour se débarrasser des réacteurs – surtout si l'on répond : nos enfants – a un côté tout à la fois poignant et passionnel. Hélas, la réponse prête aussi à la controverse. Personne ne peut encore résoudre le problème de savoir qui va payer pour se débarrasser des débris fortement radioactifs car personne encore n'a résolu le problème de savoir qu'en faire.

Je garde encore un souvenir vivace de l'orgueil de technologues de la conférence de 1959 que j'avais abritée au Musée océanographique de Monaco. J'entends encore la vibrante assurance de l'un d'eux, un Français, affirmant que, même si le monde n'était pas encore parvenu à concevoir une méthode permanente de stockage des déchets, cela ne présentait pas une menace redoutable : « La nation qui a produit Saint-Exupéry doit avoir foi en l'avenir ! »

Les technologues croyaient en Saint-Exupéry ; mes enfants croyaient à saint Nicolas. L'espoir de mes enfants était mieux fondé. Les technologues de la fin des années soixante-dix proclamaient dans des rapports que nous possédons encore que, vers le milieu des années quatre-vingt, des entrepôts permanents pour les déchets seraient prêts ; dans le milieu des années quatre-vingt, ils affirmaient que ce serait pour la fin des années quatre-vingt-dix ; dans les années quatre-vingt-dix, ils se fixaient pour objectif le début du XXIe siècle. Et tout cela en proposant les mêmes solutions qu'ils suggéraient un demi-siècle plus tôt.

Pendant ce temps, les savants inquiets ont déterminé que les déchets radioactifs ne deviendront inoffensifs qu'au bout de dix mille ans : c'est ce que les technologues supposaient dans leurs calculs de « sécurité » tout en précisant qu'ils pouvaient encore présenter de très sérieux risques cinquante mille ou deux cent cinquante mille ans après.

On a bien trouvé les cavernes au flanc des montagnes choisies par les technologues pour un stockage éternel : quelques années seulement après qu'on les eut sélectionnées, on s'est aperçu qu'elles présentaient des fissures communiquant avec des systèmes d'approvisionnement en eau. Les containers de déchets gonflent et se fendent à mesure que les débris qu'ils contiennent émettent des gaz radioactifs. La nécessité d'identifier ce genre de risque imprévu – *avant* de prendre des mesures d'élimination irréversibles – a incité l'Académie nationale des sciences des États-Unis à déclarer qu'il faut « de toute urgence porter attention » aux projets de stockage. Pourtant, malgré toutes les fentes qui apparaissent dans la boule de cristal des technologues, les industriels nous incitent toujours à aller de l'avant : chaque année passée par les savants à étudier la stabilité d'un site proposé pour le stockage des déchets représente une année de plus où les entreprises d'énergie nucléaire doivent régler la note de l'emmagasinage provisoire de leurs déchets radioactifs. Le monde qui a produit Saint-Exupéry continue à conserver sa foi bien à lui dans l'avenir : une foi aveugle.

Cette foi aveugle à son tour a déjà mérité son nom. Durant les premières décennies où nous avons entreposé des déchets atomiques suivant des méthodes provisoires, le fait que personne n'en connaissait les ultimes conséquences amenait bien des gens à se bercer de la douce illusion qu'il n'y en aurait peut-être aucune. Mais aujourd'hui nos expériences commencent à donner des résultats.

Un exemple précis : les technologues nucléaires ont insisté pendant des années sur la capacité sans fin de la mer d'Irlande à avaler et à faire disparaître les radiations radioactives. En 1957, un accident considéré encore comme le plus grave jamais observé dans une installation nucléaire du monde occidental est survenu au complexe de Windscale, en Grande-Bretagne, situé au bord de la mer d'Irlande. Les retombées ont imposé des mesures aussi draconiennes que la destruction de tout le bétail de la région et la décharge dans la mer de deux millions de litres de lait contaminé.

L'installation appartenant à l'État qui opéra par la suite sur le même site – dont on avait par souci d'esthétisme changé le nom de « Windscale » en « Sellafield » – n'a cessé d'être poursuivie pour décharge illégale de matières radioactives dans la mer d'Irlande.

Nous oublions de telles pratiques, mais la mer, elle, s'en souvient. Aujourd'hui la mer d'Irlande est connue comme « la mer la plus radioactive du monde ».

Les savants affirment que, malgré l'actuelle interdiction dans le monde entier d'utiliser l'océan comme décharge, la radioactivité de la mer d'Irlande ne va cesser d'augmenter.

Ces erreurs irréparables ont-elles fait réfléchir ceux qui sont aujourd'hui chargés de veiller sur les déchets radioactifs ? Que font-ils maintenant de ces rebuts qu'il leur faut bien entreposer quelque part en attendant la découverte de méthodes définitives d'élimination ?

Ils les laissent s'accumuler ; ils les laissent suinter.

Ce sont les crayons de combustible usé des centrales nucléaires, chargés de leurs redoutables traces de plutonium et d'U235, qui posent le problème le plus effrayant. Ces crayons sont les substances les plus fortement radioactives qui existent sur terre. On ne peut pas les enterrer, même dans les rares sites disponibles pour les réacteurs déclassés. Pour le moment, l'industrie de l'énergie nucléaire américaine les stocke à proximité des réacteurs en activité, dans des réservoirs d'eau qui sont déjà presque pleins. La France, comme bien d'autres puissances nucléaires, les traite pour les débarrasser d'une partie de leurs déchets fortement radioactifs qu'on mélange alors à du verre fondu et dont on fait des pains qu'on entreposera... quelque part, un jour, quand on aura trouvé un site.

Avant que la Russie ait réorganisé l'ancienne police secrète soviétique, la responsabilité de garder les matières fissiles susceptibles de servir à l'industrie de l'armement incombait à plusieurs ministères. Ainsi la vaste République russe est-elle parsemée de laboratoires et de centrales où l'on stocke les matières fissiles dans des bâtiments qui ne sont parfois protégés que par une barrière facile à escalader et qui ne disposent même pas d'un système d'alarme. Des inspecteurs d'agences internationales abasourdis ont découvert en Ukraine et au Kazakhstan de l'uranium enrichi négligemment abandonné dans des pièces libres d'accès. Les États-Unis ont envoyé une équipe pour « acheter » dans un de ces entrepôts non protégés assez d'uranium enrichi pour fabriquer deux douzaines de bombes, pour une somme estimée à plusieurs millions de dollars. Ils ont chargé les matières fissiles à bord d'un avion et transporté par la voie des airs leur redoutable cargaison en survolant des États qui protestaient violemment avant de venir se poser aux États-Unis.

Si le problème avec l'industrie nucléaire est que son personnel ne sait pas quoi faire des déchets, le problème des militaires est que *nous* ne savons pas ce qu'ils en font. Le cachet officiel de la sécurité nationale a servi non pas simplement à empêcher les ennemis du pays de découvrir des secrets d'État, mais aussi à éviter fort opportunément que ses propres citoyens soient au courant de la négligence des militaires ou du danger imminent, voire actuel, qu'ils font courir aux populations.

Presque toutes les installations américaines participant à la production de la bombe ont été gravement contaminées. Les responsables du complexe américain de Hanford n'ont cessé au cours des années quarante et cinquante de décharger de si énormes quantités de déchets radioactifs qu'ils ont exposé à leur insu des citoyens de la côte nord-ouest des États-Unis à des doses considérables de radiations. À travers le monde, des populations ont été scandalisées de découvrir que plusieurs gouvernements poursuivaient des études secrètes les amenant à irradier des êtres humains qui ne se doutaient de rien.

En 1994, les dirigeants soviétiques ont révélé qu'environ la moitié des déchets radioactifs accumulés depuis le début du programme nucléaire soviétique avait été injectée directement dans la terre près de la Volga, de l'Ob et du Ienisseï.

Les commentateurs restent suffoqués devant ce viol de la terre que constitue la pratique nucléaire la plus inconsidérée qu'on ait jamais vue : trois MILLIARDS de curies de déchets radioactifs ont ainsi été injectés dans la terre... quand cinquante millions ont été émis durant l'accident de Tchernobyl, cinq cent mille déchargés au cours des années quarante et cinquante au dépôt américain de Hanford, cinquante lâchés dans l'atmosphère par la centrale de Three Mile Island. C'est un sujet que les éditorialistes oublient complètement : il ne s'agit pas d'incidents isolés mais de contaminations qui s'accumulent.

Les Russes ont annoncé qu'ils allaient poursuivre la politique soviétique d'injecter dans la terre les déchets radioactifs. On se souvient de la promesse de Nikita Khrouchtchev au monde libre : « Nous vous ensevelirons. » Simplement, il n'a jamais dit dans quoi. Ainsi, sans méthode d'élimination définitive, sans garantie sur la surveillance sérieuse ou même sur l'inventaire de leurs stocks de plutonium et d'uranium enrichi, que comptent faire ensuite nos décideurs ?

Augmenter le stock.

Les responsables de l'énergie nucléaire à travers le monde ont annoncé des plans pour plus que quadrupler les stocks actuels de plutonium commercial utilisable pour l'armement, objectif qu'ils comptent atteindre dans la dernière décennie du XXe siècle et à l'aube de la première du XXIe.

Et pour quoi faire ?

Les technologues de l'industrie nucléaire ont reconsidéré les réacteurs nucléaires conventionnels qui dépendent des mines d'uranium pour l'alimentation en combustible et qui produisent des déchets, qu'on ne sait pas encore éliminer, contenant du plutonium et de l'U235. Ils ont eu une idée : pourquoi se soucier de l'épuisement des gisements d'uranium ? Pourquoi se préoccuper de l'évacuation de tous ces déchets hautement fissiles ? Pourquoi ne pas construire des « réacteurs » pour séparer le plutonium et l'uranium des déchets, puis transformer les centrales nucléaires pour qu'elles puissent fonctionner sur les matériaux récupérés, traités de façon à fournir un nouveau combustible d' « oxyde mixte » ? Les technologues ont proposé encore une autre idée. Ils pourraient donner le départ d'une véritable « économie du plutonium » avec leur « surgénérateur rapide », qui non seulement brûle le mélange plutonium-uranium, mais qui produit plus de plutonium qu'il n'en consomme ; c'est ainsi qu'on le présente faisant jaillir sa propre source inépuisable de combustible, une véritable découverte à la Ponce de Léon du nouveau monde nucléaire. (Telles sont du moins les apparences. Mais soyez rassurés : il n'y aura jamais d'exception à la seconde loi de la thermodynamique.)

Les physiciens, ceux qui négocient les accords de désarmement, les responsables du renseignement, tous ont exprimé leur stupéfaction en voyant qu'on pourrait imposer une économie du plutonium à un monde menacé par la prolifération du plutonium. Un seul pays avec un seul surgénérateur et une seule usine de retraitement peut accabler la Terre sous quatre tonnes supplémentaires de plutonium par an.

En outre, un pays qui propose de monnayer ses services de retraitement lance une invitation aux terroristes chaque fois qu'un client étranger expédie du combustible usé pour être retraité et chaque fois qu'il réexpédie au client le plutonium obtenu par séparation.

L'économie du plutonium fait naître d'autres périls que la prolifération. Les surgénérateurs fonctionnent à des températures extrêmement élevées : l'intense chaleur impose un refroidissement au sodium liquide, ce qui provoque en permanence des menaces d'explosion ou d'incendie, et dégage finalement une radioactivité bien plus importante que ne le ferait le plus grave accident concevable sur le site d'un réacteur conventionnel. Bien des professionnels sont d'accord avec le slogan antinucléaire : « Le seul surgénérateur sans risque, c'est le lapin. »

Dès 1976, quand on me demanda de m'adresser à ceux qui protestaient contre le surgénérateur Superphénix, je me trouvai devant un véritable raz de marée de gens venus exprimer leur opposition : apparemment ils avaient déjà fait l'effort de se renseigner sur les incertitudes et les dangers de l'économie du plutonium. Dans les années suivantes, le

Superphénix vit, hélas, se réaliser quelques-unes des plus sombres prophéties. Il y eut une fuite après l'autre dans son système de refroidissement au sodium qui finit par libérer vingt-cinq tonnes d'un liquide refroidissant extrêmement toxique et violemment explosif.

Ce furent ensuite les économistes qui vinrent ajouter leurs voix aux protestations de plus en plus vives contre le retraitement des déchets nucléaires et l'utilisation comme combustible du plutonium obtenu par séparation. Si les réacteurs conventionnels sont extraordinairement plus coûteux à construire que les centrales utilisant d'autres formes de combustible, les surgénérateurs coûtent encore infiniment plus cher : Superphénix, par exemple, a coûté plus de deux fois et demie le prix d'une centrale nucléaire conventionnelle.

Le retraitement du combustible nucléaire afin d'obtenir par séparation du plutonium et de l'uranium est également un procédé coûteux qui à son tour produit un combustible cher. Enfin, surgénérateurs et installations de retraitement ont été utilisés pour fournir du plutonium en tant que combustible à l'époque où on s'attendait à voir s'envoler les prix de l'uranium. Tout au contraire, les cours ont plongé d'environ 90 %. Aujourd'hui l'uranium bon marché inonde le marché et on s'attend à le voir rester en surabondance pendant quelques décennies.

Si la menace d'un désastre nucléaire n'avait guère provoqué de réactions, on ne peut pas en dire autant de la menace d'un désastre économique. Les États-Unis ont cessé de financer les surgénérateurs en 1983 et, moins de dix ans plus tard, ont abandonné le retraitement sauf dans quelques-unes de leurs installations de recherche.

On commença à voir s'effondrer les plans d'une coopérative européenne où la Grande-Bretagne, la France, l'Italie, l'Allemagne et la Belgique auraient uni leurs efforts pour financer et construire quatre surgénérateurs rapides et produire du plutonium retraité comme combustible : le Parlement italien annula sa participation. Même si l'Allemagne avait aidé à financer les installations de retraitement, aussi bien en Grande-Bretagne qu'en France, les entreprises de service public qui les géraient se déclarèrent prêtes à payer des pénalités pour annuler leur contrat de production de plutonium. Malgré des décennies de travail, l'Allemagne renonça aussi à des projets de construction de surgénérateurs sur son territoire. En 1986, le Comité de sélection pour l'environnement à la Chambre des communes britannique prépara un rapport cinglant sur les lourds investissements stupidement engagés par la Grande-Bretagne pour le retraitement. Peu après, Margaret Thatcher privatisa les compagnies d'électricité et les nouvelles entreprises ne voulurent pas entendre parler d'énergie nucléaire lorsqu'elles découvrirent que le gouvernement britannique avait largement sous-estimé les coûts. Enfin, en 1986, la France arrêta son Superphénix, victime de tant d'accidents.

À mesure qu'on annulait les projets de surgénérateurs, les rétroprocesseurs conçus pour les alimenter en récupérant des matières fissiles dans les déchets nucléaires du monde entier ne tardèrent pas à voir leur production dépasser la demande : un surplus de plutonium obtenu par séparation commença à s'amonceler sur les sites, ce qui amena les responsables à envisager le coût et la menace d'un stockage. Quand, après avoir pendant des années expédié en France des déchets radioactifs pour être retraités, le Japon rapporta sur son territoire son premier chargement de plutonium obtenu par séparation, cela déclencha un tollé international : plusieurs États refusèrent de laisser le navire chargé de plutonium traverser leurs eaux sans escorte militaire, par crainte d'un acte de terrorisme. Les experts financiers japonais, habitués depuis longtemps à voir leur pays occuper la place de leader dans la technologie de pointe en Asie, exprimèrent leur embarras en découvrant que leur cycle de combustible nucléaire fournissait l'électricité la plus chère du monde. Le Japon annonça bientôt qu'il allait ajourner ses projets d'installer sur son territoire une chaîne de surgénérateurs et d'usines de retraitement. Divers experts, y compris le conseiller scientifique américain auprès de la Maison-Blanche, exigèrent l'oraison funèbre de l'économie du plutonium, dénonçant ce produit comme « follement coûteux » et même comme ayant une

« valeur négative ». « Le plutonium, écrivit un commentateur, c'est l'or toxique des imbéciles. »

Autant pour le plutonium, me dis-je.

Je me trompais.

Comme une mauvaise herbe qu'on arrache mais qui laisse derrière elle des fragments de racines, l'économie du plutonium continue à étendre ses pousses.

L'obstination à survivre de l'industrie donna ses premiers résultats en Asie. En avril 1994, quelques semaines après que le Japon eut promis de remettre à plus tard ses projets de surgénérateurs et d'usines de retraitement, il mit en marche son premier surgénérateur surnommé « Monju », en l'honneur du dieu de la sagesse, choix peu judicieux étant donné qu'il avait été conçu sur le modèle de l'infortuné Superphénix français. Le Japon se proposait d'utiliser Monju comme prototype pour les autres surgénérateurs qu'il envisageait encore de construire en divers points de l'archipel. Le pays avait déjà accumulé d'abondants stocks de plutonium pour alimenter tous les surgénérateurs en projet : néanmoins, ayant investi des milliards dans les installations de retraitement françaises et britanniques, le Japon envisagea d'importer deux nouvelles cargaisons de plutonium obtenu par séparation chaque année jusqu'à l'an 2010. Il ne voulait cependant pas ne compter que sur la France et sur la Grande-Bretagne pour satisfaire ses appétits de plutonium : il s'est donc préparé à construire sa propre usine de retraitement qui doit coûter plusieurs milliards de dollars, afin d'obtenir davantage de plutonium par séparation. Récemment, de meilleures nouvelles nous sont parvenues : Monju, le surgénérateur japonais, a finalement été arrêté.

La Corée du Sud, qui voyait sans entrain augmenter les stocks de plutonium du Japon, a exprimé le désir d'avoir son propre surgénérateur. La Chine a déclaré son intention d'en mettre un au point et elle poursuit des projets d'expansion nucléaire si grandioses qu'on s'attend à la voir faire fonctionner au XXIe siècle le plus grand réseau d'énergie nucléaire du monde. Le président d'Indonésie Suharto a annoncé un plan ambitieux de développement de l'énergie nucléaire, dans l'espoir de faire de son pays une puissance industrielle et technologique du siècle à venir. Les Philippines, qui avaient renoncé à cette forme d'énergie nucléaire, reconsidèrent le problème.

La Russie aussi a élaboré des plans pour le retraitement des déchets nucléaires afin de récupérer le plutonium : la nouvelle République utilise déjà des réacteurs fonctionnant avec le mélange plutonium-uranium retraité. Les Russes affirment en outre qu'en démantelant leurs arsenaux de bombes atomiques ils vont récupérer les matières fissiles disponibles pour alimenter une nouvelle génération de surgénérateurs, grâce auxquels eux aussi envisagent de produire encore davantage de plutonium.

Sans tenir compte des avertissements des savants affirmant que son Superphénix maudit par le sort était « mal conçu et dangereux », la France a remis en service en 1994 son surgénérateur sujet pourtant à tant de malheurs. Depuis lors, malgré quelques brèves périodes où il recommence à fonctionner, le surgénérateur français est la plupart du temps arrêté. La France comptait développer son potentiel de retraitement, envisageant une époque où tous les réacteurs conventionnels de neuf cents mégawatts du pays seraient transformés pour fonctionner au mélange plutonium-uranium enrichi et où le plutonium obtenu par séparation serait si abondant qu'elle pourrait subvenir seule à ses besoins.

La Grande-Bretagne s'est lancée avec enthousiasme dans une concurrence avec la France pour ces distinctions peu glorieuses en inaugurant en 1994 la plus vaste usine de retraitement du monde. Alors qu'elle n'a pas besoin de davantage de plutonium pour sa consommation intérieure, la Grande-Bretagne a passé outre à dix-sept ans d'opposition des fermiers, des pêcheurs et autres habitants de la région de Dounreay, dans le nord de l'Écosse. Comment le Royaume-Uni se propose-t-il de livrer le plutonium ainsi obtenu à ses clients ? En l'expédiant par avion aux pays d'origine, grâce à deux cents vols internationaux par an, chaque appareil transportant une charge de dix à seize tonnes d'oxyde de plutonium, et décollant d'une des côtes les plus inhospitalières et les plus balayées par le vent du Royaume-Uni.

Il doit bien y avoir une raison à cette production insensée de plutonium : une raison assez puissante pour contrebalancer les redoutables risques qu'elle fait courir. En fait, les responsables défendent avec ardeur, voire avec passion, les bienfaits au nom desquels ils soumettent leur population aux dangers du plutonium : sur une terre surpeuplée, les individus demandent et méritent davantage d'énergie. Des pays disposant de peu de ressources en minerai comme la France ne peuvent pas « gaspiller » le plutonium, affirme le président de la COGEMA, l'entreprise française de retraitement ; une seule tonne de plutonium, affirme-t-il, contient l'énergie d'un million de tonnes de pétrole. Le directeur de l'Agence de régulation nucléaire de la Russie demande plaintivement : « Est-ce que nos enfants et petits-enfants nous remercieront quand à l'avenir ils se trouveront à court de combustible ? » En Ukraine, les autorités ont même continué à faire fonctionner les réacteurs délabrés du site de Tchernobyl, en dépit du fait que, selon un rapport des services de renseignements américains, « les conditions à l'usine de Tchernobyl sont à bien des égards pires que celles qui existaient avant le catastrophique accident de 1986 » ; les responsables ukrainiens expliquèrent qu'ils devaient prendre le risque de faire tourner les installations endommagées parce que leur population, dont une grande partie vit déjà dans des conditions précaires, ne peut pas se passer de l'énergie produite par ce complexe. En Chine, le ministre de l'Énergie électrique explique qu'un dixième de la population de son pays – cent millions de ruraux chinois – n'a pas l'électricité ; même des centres industriels comme Shanghai connaissent des pannes. Les responsables d'autres États asiatiques, pratiquement dépourvus de pétrole et de gaz naturel, appuient leurs arguments en faveur du développement de l'énergie nucléaire en faisant état de leurs inquiétudes pour maintenir un « niveau élémentaire de subsistance » si jamais leurs importations de combustible fossile venaient à être interrompues.

C'est une vérité aussi navrante qu'indéniable : une partie de la population du globe est privée des bienfaits de l'énergie dont profite le reste du monde. En répondant à la surpopulation par la fourniture d'énergie nucléaire – en persuadant les pauvres d'acheter l'énergie la plus chère de la terre – on ne règle pas les problèmes mondiaux : on les aggrave. Justifier de cette façon la production de plutonium, c'est esquiver bien des questions fondamentales : et d'abord que « les besoins en énergie » paraissent moins une explication de la prolifération nucléaire qu'ils ne lui fournissent un alibi.

Comment, par exemple, l'impérieux désir de fournir de l'énergie s'accorde-t-il avec l'indifférence des dirigeants en face de moyens plus sûrs de répondre aux besoins nationaux en énergie ?

Après avoir visité les installations nucléaires de Kozludy en Bulgarie, mon équipe en arriva à la conclusion que des mesures d'économie de bon sens, comme l'utilisation de compteurs électriques et de thermostats, pourraient réduire de façon si marquée le gaspillage d'électricité que la consommation d'énergie diminuerait au point de ne pas dépasser l'approvisionnement. Les experts internationaux qui ont inspecté le site de Tchernobyl ont proposé le même remède pour l'Ukraine : cette solution simple n'a pourtant pas empêché la France et la Grande-Bretagne de pousser au contraire ce pays sans ressource à acheter de nouveaux réacteurs nucléaires – avec leurs extravagants coûts annexes de construction, d'éventuel démantèlement et tous les risques d'accidents – afin de continuer à produire suffisamment d'énergie à gaspiller.

Si l'establishment nucléaire montre un tel empressement à fournir de l'énergie aux défavorisés, pourquoi en même temps mettre aussi peu d'intérêt à trouver d'autres moyens de fournir une énergie propre et inépuisable ? Même les cinq cents réacteurs nucléaires qui fonctionnent actuellement sur terre, par exemple, ne pourraient pas rivaliser avec la puissance du soleil : celui-ci baigne la planète d'une telle quantité d'énergie qu'il ne faudrait pas moins de cent millions de centrales nucléaires pour en produire autant. Nous possédons déjà les moyens de domestiquer une partie de l'énergie que le soleil déverse sur la planète Terre : les vents, les vagues, les différences de température entre les divers niveaux de l'océan, et même des récoltes qu'on peut transformer en combustible. A-t-on jamais étudié aucune de ces possibilités avec les fonds ou l'enthousiasme que les États ont consacrés aux cycles nucléaires qui offrent en prime la possibilité de fabriquer des bombes ?

La satisfaction qu'on peut éprouver à aider les pauvres privés d'énergie ne se compare apparemment pas à celle qu'on peut tirer de ventes nucléaires à des clients aussi bien nantis que l'Irak, la Libye, la Turquie, l'Égypte et l'Iran.

Manifestement, l'obstination que l'on met à déverser de l'argent dans l'industrie nucléaire en général, dans l'économie du plutonium en particulier, n'a pas grand-chose à voir avec l'attrait supplémentaire qu'on peut y trouver en produisant de l'énergie. Peut-être l'étiquette internationale exige-t-elle une certaine timidité de la part de ces ministres de l'énergie, de ces diplomates qui négocient la non-prolifération, mais les exigences de la survie demandent que les citoyens s'expriment carrément. Des États dont les réserves pétrolières sont à la hauteur de leurs inimitiés n'achètent pas des réacteurs nucléaires pour réchauffer l'âtre de leur cuisine. Cette marche déterminée dans l'arène nucléaire, si déconcertante qu'elle soit étant donné les tristes présages qu'elle apporte pour l'économie, la sécurité mondiale et l'avenir, met directement en évidence les causes profondes de la prolifération. Nos patriarches nucléaires n'envisagent pas l'avenir. Ils se concentrent sur le présent immédiat. Ils ne considèrent pas l'économie comme un tout : ils édifient des sociétés nucléaires individuelles – aux dépens de l'économie dans son ensemble. Leur objectif n'est pas d'assurer au monde une paix durable. Ils signent des accords improvisés pour conclure des alliances régionales éphémères. Nos décideurs nucléaires prennent des mesures dont les implications sont vastes, mais ils sont incapables d'avoir une largeur de vue comparable. Dans une situation qui exige une vision panoramique de l'horizon de l'humanité, ceux qui nous gouvernent regardent non pas dans un télescope, mais dans un fétu de paille. Ce qu'ils voient, c'est ce à quoi nous arrivons : des échanges nucléaires répondant à des opportunités politiques et des profits sur un marché à secteur unique.

On a partout la preuve que l'industrie fait proliférer les matières fissiles afin d'obtenir des résultats rapides, qu'on soutient quelques entreprises chancelantes sur le court terme quitte à compromettre la sécurité mondiale sur le long terme. La France est attachée à l'économie du plutonium en partie au moins parce qu'elle a si fortement surinvesti dans l'énergie nucléaire que faire la part du feu et quitter l'arène nucléaire risquerait d'aggraver le chômage et de porter un coup fatal aux industries de l'acier et du bâtiment. Ainsi, Framatome, une des premières entreprises du monde à concevoir, à construire et à exporter des réacteurs nucléaires civils, tout comme bien des sociétés nucléaires américaines en mauvaise passe, estimait que, si elle pouvait simplement survivre jusqu'au moment où la première génération de centrales nucléaires aurait atteint sa limite d'âge de trente ans, l'industrie pourrait obtenir des commandes de remplacement. Cela n'empêcherait pas, bien sûr, son effondrement final, mais ce serait se débarrasser de ses problèmes financiers et de tous les dilemmes que posent le démantèlement et l'élimination des déchets sur la communauté, sur l'économie, sur l'avenir.

Des groupes nucléaires qui s'étiolent ont tenté aussi de se décharger sur les pauvres de leurs difficultés fiscales. Comme l'a dit un porte-parole du département à l'Énergie nucléaire à l'AEIA : « On considère avec un intérêt grandissant les débouchés à l'exportation : on y voit un moyen possible d'éviter une pénible restructuration de l'industrie. » Il faisait allusion précisément aux pays en voie de développement : les vendeurs se sont précipités avec enthousiasme sur les pays du tiers-monde qui n'ont pas de combat contre la prolifération pour venir gêner les ventes. Les commis voyageurs du nucléaire ont même amené leurs clients du tiers-monde à signer des commandes en les attirant par des mesures telles que facilités de crédit et offre de leur fournir gratuitement des connaissances techniques sur l'atome. Les pays en voie de développement, trop heureux de profiter de ces avantages, ont alors réclamé des réacteurs si puissants, si sophistiqués et si peu adaptés à leurs besoins que même les vendeurs n'ont trouvé aucune excuse crédible pour leur en vendre.

Cette stratégie – qui assurait l'avenir d'une poignée de sociétés en mettant en péril la sécurité financière et matérielle des autres – semble avoir donné des résultats. Le fabricant français Framatome a annoncé fièrement que non seulement il avait survécu, mais qu'il avait même triomphé aussi bien de la récession que du mouvement antinucléaire. La société attend avec confiance de la France des commandes portant sur la génération à venir de nouveaux réacteurs améliorés et compte bien signer des contrats sur le marché prometteur de l'Asie. La France n'est d'ailleurs pas la seule à vouloir éviter les pertes en les faisant supporter aux autres, à se conduire comme si on pouvait se guérir d'un virus en le transmettant au voisin. Un haut responsable américain du système d'énergie nucléaire de la General Electrics s'est exclamé avec enthousiasme : « La région du Pacifique asiatique offre le grand marché potentiel de la décennie qui vient. Nous parlons de quelque cent soixante milliards de dollars pour les quinze années à venir. »

Les hommes politiques aussi voient bien l'attrait de marchés nucléaires rapidement conclus : ils offrent des matières fissiles et une technologie nucléaire comme ils le feraient avec des fleurs et des chocolats dans leurs efforts pour se gagner les bonnes grâces de toutes les nations qui leur tombent sous la main. La seule règle qui semble respectée dans l'establishment nucléaire, c'est cette douteuse loi non écrite qui permet de se débarrasser du passé et des ennemis potentiels en proposant à ces derniers des bombes atomiques.

Ainsi la course internationale aux ventes est-elle lancée : politiciens et affairistes font le troc de l'atome sans guère se soucier des problèmes du passé ni des conséquences pour l'avenir. La ruée vers l'or sur le vaste marché de l'Extrême-Orient a débuté par une conférence qui s'est tenue à Hiroshima même et où l'édifice dépouillé et fuselé du Dôme de la Paix de la ville calcinée servait de toile de fond au souriant président de la Société britannique des combustibles nucléaires qui proclamait : « C'est le printemps à Hiroshima, le début d'une ère nouvelle : la renaissance d'une conception honorable » de l'énergie nucléaire.

Et tandis que tintent les caisses enregistreuses de l'industrie, personne ne se soucie de savoir pour qui sonne le glas. Comme l'a dit un responsable blanchi sous le harnais de l'énergie nucléaire américaine lors d'une réunion qui rassemblait les grands pontes de l'industrie atomique : « L'Histoire donne à penser qu'en réalité les considérations commerciales ont toujours eu tendance à dominer, à compliquer et à saper les problèmes de sécurité. »

Il est lassant de découvrir l'un après l'autre, jour après jour, les nouveaux articles qui viennent s'ajouter à la liste des produits nucléaires négociés pour un bénéfice et des avantages politiques immédiats, mais il est terrifiant d'y songer avec la redoutable perspective que donne le recul.

– Dès les années cinquante, la France a fourni à Israël, puissance non nucléaire, un réacteur qui, même s'il était mal conçu pour la production d'énergie, était particulièrement utile pour la fabrication d'armes. Son client eut beau réclamer une installation souterraine cachée, et le Premier ministre David Ben Gourion annoncer bizarrement en public que les Français lui construisaient des filatures, la France continua à fournir à Israël une usine de retraitement qui lui permettait d'extraire du plutonium pour fabriquer des bombes.

– Les États-Unis ont négocié l'atome pour les Afghans. Quand les Soviétiques ont envahi l'Afghanistan, menaçant la sécurité du golfe Persique – et mettant en péril les importations américaines de pétrole –, les États-Unis ont cherché l'appui des Pakistanais. La loi américaine interdit expressément de fournir une aide financière ou militaire aux États non nucléaires qui importent une technologie d'enrichissement de l'uranium sans sauvegarde. On trouva vite la solution. Le Congrès américain et deux présidents successifs ont fait une exception pour le Pakistan : on a fermé les yeux sur son projet de retraitement sans sauvegarde, on a approuvé une aide financière en même temps qu'un engagement de vendre au Pakistan des engins militaires. Comme l'ont écrit Gerard Smith et Helena Cobban, des experts en matière de prolifération, dans la revue *Foreign Affairs* : « Les administrations Carter et Reagan et leurs homologues au Capitole ont décidé que repousser la présence soviétique en Afghanistan l'emportait sur l'intérêt des États-Unis à prévenir la prolifération nucléaire. Cela s'est fait avec peu ou pas du tout de débat public sur la valeur relative de ces deux objectifs. »

– Quand le Canada a vendu un réacteur à l'Inde – mortel ennemi du Pakistan –, les États-Unis ont une fois de plus contourné leurs lois et expédié le combustible nucléaire à l'Inde, qui avait refusé de signer le TNP. Aujourd'hui, les responsables américains se disent surpris qu'on déclare l'Inde et le Pakistan coupables d'être « au bord d'une guerre nucléaire », menaçant de transformer en « éventuelle poudrière » toute l'Asie du Sud-Est, avec les ravages que pourraient causer les trente à soixante bombes au plutonium de l'Inde et les dix ou quinze du Pakistan.

L'establishment nucléaire s'étonne désormais, avec quelque retard, de voir ses clients vendre pratiquement à la criée des produits atomiques sur le marché « gris ». La construction clandestine de bombes au Pakistan a permis à l'Iran, dont l'activité dans ce domaine est tout aussi clandestine, de bénéficier d'une technologie nucléaire. L'Argentine, à qui l'Allemagne de l'Ouest, la Suisse et la Chine avaient cédé du matériel nucléaire sans clause de sauvegarde, a signé des contrats pour vendre à l'Iran du combustible nucléaire, en même temps qu'une technologie de pointe pour la manipulation des matières radioactives, et ce malgré les signaux d'alerte en provenance du monde entier annonçant que l'Iran travaillait sur une bombe. La Corée du Nord a accepté de développer sa coopération nucléaire avec l'Iran et, dit-on, a envoyé là-bas ses savants pour partager leurs connaissances dans le domaine nucléaire. L'Iran, en échange, a financé l'abominable missile No-Dong, qui permettrait aux deux pays de lancer des ogives nucléaires sur des cibles situées à mille kilomètres de distance.

Ces ventes de la seconde génération ont amené les experts de la prolifération à tenir des propos amers sur « des États bandits qui vendent à des États bandits » et même à parler d'une mafia internationale – comprenant l'Iran, l'Algérie et la Libye – qui « vise à procurer la bombe à chacun de ses complices ». Pourtant les membres de longue date du *Club des Grands* ne cessent d'enfreindre les interdictions de vente qu'ils s'attendent à voir les autres respecter. Rien qu'entre 1988 et 1992 les États-Unis ont approuvé quinze cents exportations de matériel sensible relevant du domaine nucléaire, pour une valeur de trois cent cinquante millions de dollars, et à destination de pays soupçonnés de prolifération nucléaire. Étant donné que cette période couvrait les années immédiatement antérieures et postérieures à la guerre du Golfe, la présence de l'Irak sur la liste des clients des États-Unis est confondante.

Tout aussi inexplicables sont les révélations sur les autres pays qui vendent à l'Irak. En 1975, la France a cédé à l'Irak – dont elle dépendait pour son approvisionnement en pétrole – deux réacteurs et assez d'uranium enrichi pour fabriquer une demi-douzaine de bombes. De toute évidence, l'Élysée savait très bien que ce marché n'était pas très catholique puisque pendant un an il s'est abstenu de le révéler aux Français. Quand on a fini par porter cet accord secret à la connaissance du public, les hommes politiques en ont donné une description mensongère, en le présentant comme une affaire commerciale plutôt qu'une transaction gouvernementale, évitant ainsi le débat au Parlement français. De même en Grande-Bretagne, trois ministres importants se sont arrangés pour exporter les tours grâce auxquelles, ils le savaient, l'Irak pourrait produire des composants pour des bombes nucléaires : les ministres ont tenu secret ce marché car ils prévoyaient la réaction hostile du public à une époque où Saddam commettait des atrocités contre les Kurdes. Les ministres britanniques gardèrent le silence même quand les douanes et la justice anglaises qu'on n'avait pas mises au courant firent arrêter et juger les responsables d'entreprises qui avaient secrètement autorisé l'exportation des tours. L'Allemagne fournit également à l'Irak de l'uranium et des machines-outils utilisées dans la technologie d'enrichissement de l'uranium à des fins militaires. Elle a continué à vendre à l'Irak des produits nucléaires même après l'invasion du Koweït par Saddam : on a la preuve qu'elle a expédié de la technologie nucléaire à l'Irak via le Pakistan, trois semaines après le déclenchement par les États-Unis de la guerre du Golfe.

La guerre du Golfe s'acheva. On découvrit que l'Irak poursuivait un énorme programme de fabrication clandestine de la bombe : extrayant du minerai d'uranium, l'enrichissant, concevant des armes et employant un personnel qualifié de dix mille techniciens. La presse irakienne contrôlée par Hussein demanda même si les États-Unis comprenaient « ce que représentait chaque Irakien transformé en missile susceptible d'atteindre des pays et des villes ». Aucune pourtant de ces manifestations évidentes des intentions atomiques de l'Irak n'empêcha un vendeur – dont on pense que c'était le Pakistan – de céder à l'Irak de nouveaux équipements permettant l'enrichissement de l'uranium. Cela n'a pas empêché non plus l'expédition d'éléments de missiles balistiques fabriqués en Chine et transportés vers l'Irak par un navire battant pavillon allemand. Pas plus que cela n'a empêché les compagnies pétrolières françaises nationalisées comme Elf Aquitaine et Total de se précipiter pour être les premières firmes occidentales à contacter Bagdad après la guerre en réclamant des contrats en échange desquels ils proposaient de créer des groupes de pression pour faire lever les sanctions de l'ONU.

Le macabre carrousel des ventes dans l'industrie nucléaire tourne en rond. Un réacteur nucléaire a été construit en plein milieu du désert algérien – sans ligne électrique ni générateur sur le site, et entouré de batteries de défense aérienne. Les analystes occidentaux sont persuadés que le réacteur produit du plutonium pour construire la bombe et que l'Algérie pourrait parvenir à la fin des années quatre-vingt-dix à en avoir un stock. On se demande quelles nerveuses discussions l'imminence de la bombe atomique algérienne a bien pu provoquer au palais de l'Élysée pendant l'été 1995, où des extrémistes algériens sillonnaient les boulevards et les couloirs du métro de Paris, laissant derrière eux des bouteilles de gaz bourrées d'explosifs et de clous, tuant et blessant des innocents par dizaines. On se demande aussi si les responsables de l'Élysée ont réfléchi un peu aux rumeurs selon lesquelles la technologie et les connaissances nucléaires difficiles à se procurer avaient tout bonnement été fournies à l'Algérie par l'Irak qui devait, bien entendu, son tout premier réacteur aux Français eux-mêmes.

Avec ces décennies de ventes nucléaires à la sauvette, industriels et politiciens ont disséminé le pandémonium aussi bien que le plutonium.

Aujourd'hui, selon les estimations de l'AIEA, du plutonium civil, déjà séparé du combustible nucléaire et utilisable pour fabriquer des bombes, se trouve stocké par quelque vingt-deux pays à travers le monde. Aucun règlement international n'exige de précautions d'hygiène fondamentale pour l'emmagasinage ou la manipulation de ce plutonium. On estime que les méthodes couramment employées pour le transport de ces matériaux mettent en danger les populations : on n'exige même pas d'escortes militaires de ceux qui expédient le plutonium par mer. Les méthodes de comptage – ou plutôt les efforts tentés pour simplement calculer les stocks de plutonium – sont sommaires, ineptes ou tout simplement inexistantes. En Grande-Bretagne, les experts ont calculé que plus de deux tonnes de plutonium utilisable pour l'armement dans la réserve de Sellafield avaient été « portées disparues » sans explication. Les responsables de l'installation nucléaire de Sizewell ont prétendu qu'ils avaient effacé les archives informatiques et qu'ils ne savaient donc même pas combien de plutonium leur usine avait produit. Les responsables nucléaires japonais ont avoué qu'ils n'arrivaient plus à retrouver quinze livres de plutonium. Ils ont supposé que cette quantité – suffisante pour fabriquer neuf bombes – s'était sans doute perdue dans leur usine de fabrication de combustible sous forme de poussière. Des experts américains ont estimé qu'aux installations nucléaires de Rocky Flats les quantités de plutonium correspondant à sept bombes avaient disparu : les responsables ont laissé entendre que ce plutonium s'était probablement « perdu dans les canalisations ». Le département américain de l'Énergie a reconnu qu'il était incapable de fournir un inventaire complet des stocks de plutonium des États-Unis. On a même révélé que le gouvernement américain avait égaré des ogives nucléaires.

Pourtant l'humeur est toujours à l'insouciance et à la désinvolture. La peine maximum pour la contrebande nucléaire ne dépasse pas cinq ans d'emprisonnement. Dans une déclaration historique, Interpol a considéré que le plutonium n'était rien de plus qu'une « menace pour la santé » – comme le tabac.

Il n'y a pas une seule agence internationale pour réglementer ou même surveiller le commerce nucléaire.

Il est peut-être temps de reconnaître qu'il n'y en aura jamais. Il est peut-être temps aussi de faire un sort à l'explication des responsables qui font courir à notre monde les risques de la prolifération sous prétexte que nous ne pouvons pas renoncer à l'énergie nucléaire. Ils nous imposent ces risques parce qu'ils ne peuvent pas renoncer à la bombe.

La bombe en vaut-elle la peine ? Peut-elle en fait garantir la paix et la sécurité, comme l'affirmaient les potentats nucléaires ?

– La bombe atomique n'a pas réussi à garantir la paix. La fameuse puissance « dissuasive » de la bombe atomique n'a pas empêché la Corée du Nord d'envahir la Corée du Sud. La bombe britannique n'a pas terrifié l'Argentine au point de lui faire évacuer les îles Falkland, pas plus qu'elle n'a empêché les sanglantes attaques de l'Armée républicaine irlandaise contre les citoyens britanniques sur leur propre territoire. La bombe américaine n'a pas dissuadé l'Union soviétique de soutenir le Nord-Vietnam pas plus que la bombe soviétique n'a empêché les États-Unis de soutenir le Sud-Vietnam.

La terreur d'un conflit nucléaire sous prétexte qu'Israël possédait la bombe n'a pas empêché Saddam de lancer des missiles Scud sur Jérusalem. Cela a tout au plus empêché Israël de riposter.

– La bombe atomique ne nous a pas garanti la sécurité : en fait la seule existence d'arsenaux atomiques sophistiqués augmente aujourd'hui les risques d'une guerre nucléaire accidentelle. À en croire les participants à une conférence organisée à l'université Harvard par la Brookings Institution et le Centre pour la science et les affaires internationales, les systèmes de contrôle, de visée et de lancement des engins sont si complexes qu'ils risquent de plus en plus d'être sujets à de fausses alarmes, à des défaillances informatiques et à des erreurs humaines.

– Les pays qui savourent le prestige d'avoir leurs propres arsenaux n'assurent pas la paix sur leur territoire mais invitent plutôt à l'agression, comme l'a découvert Saddam. Utiliser une bombe nucléaire n'apporterait pas la victoire mais l'annihilation immédiate. Le général Colin Powell, chef d'état-major interarmes des États-Unis pendant la guerre du Golfe, a énoncé de façon succincte des réalités internationales quand on lui a demandé ce qu'on devrait dire à la Corée du Nord à propos des armes nucléaires. « Si nous pensons jamais que vous allez en utiliser une, répondit le général, ou si vous en utilisez une, vous deviendrez une briquette de charbon. »

Posséder seulement l'énergie atomique ne fait qu'amplifier les périls que court une nation. Selon Steven A. Fetter et Kosta Tsipis, directeurs adjoints du Programme de science et de technologie pour la sécurité internationale au Massachusetts Institute of Technology, lâcher une seule bombe d'une mégatonne sur un seul réacteur d'un gigawatt (un milliard de watts) près de Stuttgart, par exemple, pourrait dévaster une partie substantielle de l'Europe : « Pulvériser avec des armes nucléaires le cœur de réacteurs nucléaires est de toute évidence une façon efficace de transformer en déserts de vastes étendues d'un pays. »

Plus important encore : on ne saurait croire que la bombe atomique garantisse la paix ni qu'elle nous ait donné la sécurité alors qu'elle a rendu inévitable le terrorisme atomique. Les experts de la prolifération gardent la nostalgie de l'époque où les terroristes ne présentaient aucune menace nucléaire parce que la fabrication de la bombe était un secret bien protégé. Quand le secret a été divulgué, les candidats à la fabrication de la bombe se sont heurtés au manque de plutonium. Aujourd'hui, selon les experts de la Clark University, qu'il s'agisse d'uranium enrichi ou de plutonium, « on peut sans aucun mal en voler des quantités importantes en puisant dans le cycle du combustible, en dépit de toutes les protections à l'échelon national ou international... – quelqu'un qui voudrait faire du terrorisme nucléaire n'aurait qu'à s'emparer du bon container et découvrir le mécanisme du détonateur alors qu'on croyait autrefois qu'il devrait au moins se lancer dans un Manhattan Project en miniature ».

Le fait que tant d'arrestations pour contrebande nucléaire en Allemagne aient eu pour origine des pièges dans lesquels tombaient les trafiquants a conduit bien des gens de l'establishment nucléaire à regarder en ricanant ceux qui s'inquiétaient d'un futur terrorisme atomique. Les avocats du nucléaire qui écartent la possibilité de vols de ce genre dans l'avenir seraient toutefois bien avisés de revenir sur le passé. Voilà des décennies, la CIA signala la première la mystérieuse disparition de deux cents livres d'uranium enrichi dans une usine de Pennsylvanie. Ce sont des voleurs aussi qui ont été les principaux fournisseurs du prétendu programme pakistanais de fabrication de la bombe ; il a, dit-on, été lancé par un physicien pakistanais, lequel avait volé les plans d'une usine d'enrichissement à une entreprise de construction qui l'avait employé en Hollande. Un tribunal hollandais le condamna – par contumace – à quatre ans de prison ; mais le voleur était déjà revenu vivre au Pakistan où il avait pris la tête de son programme nucléaire.

Aussi bien la Russie que les États-Unis sont censés avoir prêté leur concours à des vols plus récents, commis dans des conditions plus discrètes. Les services de sécurité ont confisqué près de huit cents livres d'uranium de contrebande utilisable pour l'armement dans le port d'Odessa, sur la mer Noire, en Ukraine. Un concierge, dit-on, est tranquillement sorti d'une installation nucléaire russe avec trois kilos d'uranium enrichi cachés dans un gant de travail. On s'aperçut de la disparition du concierge avant celle de l'uranium. Lors des audiences du Congrès américain durant l'été 1995, un témoin évoqua un vol impliquant « au moins un haut fonctionnaire du gouvernement russe ; un responsable d'un institut nucléaire... une organisation qu'on croyait liée au KGB ou à ce qui avait été le KGB : des bandes de crime organisé en Russie et en Lituanie ; et très probablement un marchand d'armes qui avait autrefois traité avec des États du Moyen-Orient et des organisations terroristes ». Le sénateur Richard Lugar, qui présidait les audiences, fit observer que le risque de voir une bombe nucléaire exploser sur le territoire américain avait augmenté plutôt que diminué depuis la fin de la guerre froide et que le gouvernement n'avait « même pas commencé à estimer les enjeux américains dans ce domaine ».

Aux États-Unis, en fait, le gouvernement a enquêté sur plus d'une centaine de menaces et pris des mesures concernant une trentaine d'entre elles. Autant de canulars. Faudrait-il n'en tenir aucun compte ? Le gouvernement américain s'en est bien gardé, même s'il a réagi avec discrétion. Il a pris à ce jour les menaces assez au sérieux pour investir soixante-dix millions de dollars chaque année dans sa brigade spéciale d'intervention comprenant plus de mille spécialistes, qui se préparent à l'action pour le jour où la menace sera réelle. Il en va de même au département américain de la Défense qui a commencé à se préparer aux actions de fanatiques, et commandé une étude portant le titre menaçant de *Terrorisme 2000.* Le coordinateur du rapport, Marvin Cetron, est arrivé à la conclusion que la possibilité de voir utiliser des matières fissiles volées est « très élevée. Une attaque improvisée d'ordre nucléaire, biologique ou chimique contre les États-Unis est de plus en plus probable ; peut-être dans les cinq années à venir, observait-il en 1995. Si la bombe qui a explosé sous le World Trade Center de New York avait été enveloppée dans du cobalt 60 radioactif, on ne pourrait pas approcher du lieu de l'explosion dans un rayon de près de deux kilomètres pendant les vingt-cinq années à venir ». Les nouveaux super-terroristes, ajouta-t-il, « sont motivés par de farouches haines ethniques et religieuses. Leur but ne sera pas d'obtenir le contrôle politique mais d'arriver à la totale destruction des ennemis qu'ils se sont choisis. En ce moment même, ils sont sur la scène ».

Quand, en 1976, on me demanda de parler de mes objections sur l'économie du plutonium, je décrivis le futur atomique que je redoutais, un avenir où la prolifération contraindrait les nations à créer une police d'État internationale, seule capable d'assurer la sécurité publique. Personne, dis-je, ne voit d'inconvénient aux inspections dans les aéroports : nous ouvrons bien volontiers nos sacs quand on recherche officiellement des terroristes qui pourraient emprunter des lignes aériennes. Un jour viendra où les gens sacrifieront tout aussi volontiers leur tranquillité quotidienne pour qu'on puisse démasquer les terroristes nucléaires. Le courrier sera ouvert, les téléphones sur écoute et les gens accueilleront sans protester ces restrictions parce qu'ils accepteront volontiers la protection qu'elles leur accordent. Si on a le choix entre un holocauste mondial ou la police d'État mondiale, la réponse sera : vivre, même dans des conditions peu plaisantes.

Je ne me rendais pas compte qu'au moment même où je parlais l'Union soviétique était déjà parsemée de « villes interdites » où des générations successives d'ingénieurs atomistes vivaient sous une surveillance telle que même les compétitions athlétiques et musicales de leur progéniture se limitaient à des rencontres avec des enfants provenant d'autres villes interdites. Je n'imaginais pas non plus, même après la chute de l'Union soviétique, qu'on maintiendrait une zone de sécurité de cent kilomètres autour de ces villes et que l'on considérerait cette mesure comme insuffisante pour protéger les trois mille Russes travaillant sur l'ultime arme atomique portable : « l'information critique concernant la mise au point d'armes nucléaires » qu'ils gardaient présente à l'esprit. Déjà, à travers le monde, les experts en prolifération réclamaient des postes-frontières dans les aéroports. Le blocus sur un aéroport de quatre-vingts savants nucléaires experts en balistique, qui ne furent pas arrêtés mais à qui l'on interdit néanmoins de quitter la Corée du Nord, appelle une question : pourquoi croyons-nous plus facile d'interdire la liberté de pensée que d'interdire l'uranium ? C'est ce que je demandai quand la Société Cousteau fut autorisée à venir enquêter sur le site des essais atomiques français dans le Pacifique. J'arrivai devant l'atoll de Mururoa avec la *Calypso* le 20 juin 1987. Les échantillons que nous prélevâmes ne montraient pour l'heure aucune trace de contamination radioactive. Mais, même après avoir recueilli de très nombreux échantillons d'eau, de plancton, de sédiment avant et après une explosion, pendant combien de temps, demandâmes-nous au Dr Jean Theillac, chef de la Commission atomique française, les radio-isotopes pénètrent-ils la roche volcanique et, dans ce cas, à quelle vitesse par année ? On promit de nous donner les chiffres, mais, malgré des demandes répétées, ils n'arrivèrent jamais. Le Dr Theillac toutefois s'offrit pour répondre à toutes nos autres questions. C'est ainsi que je lui demandai : « Pourquoi poursuivre de tels essais ? – Parce que les autres États le font », répondit-il.

Parce qu'ils le font. Quand l'Inde procéda à son premier essai de bombe atomique, le président du Pakistan voisin Zulfika Ali Bhutto déclara : « Si l'Inde construit la bombe, nous mangerons de l'herbe, des feuilles, nous serons affamés, mais nous en fabriquerons une aussi. »

Parce qu'ils le font. Le vice-président Sayed Ayatollah Mohjerani, qui autorisa personnellement le programme de la bombe atomique iranienne, annonça : « Puisque Israël continue à posséder des armes nucléaires, nous autres musulmans devons coopérer pour produire une bombe atomique, sans tenir compte des efforts de l'ONU pour empêcher la prolifération. »

Parce qu'ils le font. Tandis que les silos à bombes américains et les anciens silos soviétiques se vident, les silos britanniques, français et chinois s'emplissent, chaque nation espérant être celle qui aura le plus gros stock de bombes.

George Bernard Shaw, dans *César et Cléopâtre,* a évoqué de façon remarquable ce genre de folie. Dans la pièce, Cléopâtre a ordonné l'assassinat d'un rival : quand la foule envahit son palais, elle supplie César de venir à son aide. « Ces gens qui frappent à vos portes, répond César avec mépris, croient eux aussi à la vengeance et au poignard. Vous avez tué leur chef : il est juste alors qu'ils vous tuent. En vertu de ce même droit ne devrais-je pas les tuer à mon tour pour les punir d'avoir assassiné leur reine, et être tué ensuite par leurs compatriotes pour avoir envahi leur patrie ? Rome peut-elle faire moins que d'assassiner les assassins, pour montrer au monde comment Rome venge ses fils et son honneur ? Et ainsi, jusqu'à la fin de l'Histoire, le meurtre engendrera le meurtre, toujours au nom du droit, de l'honneur et de la paix, jusqu'au jour où les dieux lassés de tout ce sang créeront une race capable de comprendre. »

Il ne reste qu'un ultime argument aux potentats nucléaires pour se comporter comme ils le font. Ils sont bien obligés de retraiter leur combustible, de faire fonctionner leurs centrales nucléaires croulantes, d'entasser leurs armes, d'essayer leurs bombes... tout cela pour notre bien. Mais dans quelle mesure ont-ils en fait contribué à « notre bien », au bien du peuple ? Dans quelle mesure ont-ils fait participer ce peuple au processus de décision, lui ont-ils même donné les renseignements essentiels sur des problèmes qui affecteront son bien-être – sa qualité de vie, sa sécurité, voire sa survie ?

Voyez Tchernobyl. Le ministre de l'Agriculture de Grande-Bretagne encouragea les parents à donner du lait à leurs enfants : il affirmait que, si un bébé buvait quotidiennement pendant trente jours un litre de lait au moment où la radioactivité atteignait son apogée, l'enfant ne serait pas soumis à plus de radiations que si on lui faisait une seule radiographie. Le ministre de l'Agriculture fit cette déclaration malgré la nouvelle, publiée le même jour dans son propre pays par la distinguée revue scientifique britannique *Nature* : l'enfant de douze mois à qui l'on donnait du lait dans des régions dangereuses recevait en fait une dose de radiations équivalente à celle de quarante-cinq radiographies du torse.

Ce fut seulement après coup, quand les enfants eurent consciencieusement avalé leur lait, qu'on révéla au public que quelque deux cent cinquante mille enfants britanniques avaient reçu des doses de radiation dangereuses – à moins que leurs parents n'eussent pris la précaution de mettre de côté le lait frais après l'arrivée du nuage. Dans les zones de Grande-Bretagne fortement irradiées, les enfants allaient donc vivre avec 40 % de risques supplémentaires d'être atteints d'un cancer de la thyroïde.

Toutefois, depuis que le rideau s'est levé sur le drame nucléaire, ceux dont on a le moins envisagé le « bien », ceux dont l'aristocratie nucléaire a le plus fortement compromis le bien-être, ce sont les enfants de l'avenir. Pour les militaires et les industriels qui se sont arrogé le droit de plonger dans l'énergie nucléaire, de semer le plutonium à travers le monde, le terrible prix de cette entreprise paraissait très acceptable car on n'aurait à le payer que dans un avenir lointain. Mais voilà que cet avenir est devenu notre présent. Qui étaient donc ces gens pour penser que peu importait le prix dès l'instant que ce ne serait pas eux mais nous qui aurions à le payer ? Quelle arrogance pousse aujourd'hui leurs homologues à laisser nos enfants régler tous leurs problèmes, s'acquitter de toutes leurs dettes ?

On reste sans voix devant l'orgueil démesuré qui caractérise les garanties sans équivoque lancées par les responsables à propos de notre sécurité. Comment un simple mortel peut-il laisser entendre que nous contrôlerons de redoutables inconnues pendant les deux cent cinquante mille ans durant lesquels les déchets nucléaires peuvent rester dangereux ? C'est à peine si l'esprit humain peut remonter aussi loin dans le passé : il y a tout juste cent mille ans, le cerveau de l'Homo sapiens atteignait à peine ses dimensions actuelles ; il y a quatre-vingt-cinq mille ans, les hommes du Néanderthal arpentaient la terre. Pouvons-nous vraiment croire que tous les éléments impondérables et imprévisibles de la planète, les raz de marée, les avatars géologiques, voire les astéroïdes, vont tous respecter l'intégrité de nos petits cimetières atomiques et de nos centrales nucléaires ? Chaque année, quelque cent mille séismes ébranlent la terre sous les pieds des hommes : nos arrogants technocrates ont-ils à ce jour été capables de les prévenir ou même de les prévoir ? Aux États-Unis, les ingénieurs ont été abasourdis de voir cent vingt de leurs immeubles « antisismiques » se fissurer lors du tremblement de terre de 1993 en Californie. Au Japon, où les codes de construction sont les plus sévères du monde, un responsable du ministère de la Construction à Tokyo proclamait qu'en cas de tremblement de terre son pays serait à l'abri de pareilles destructions : « Nous sommes plus exigeants », se vantait-il, un an tout juste avant que la fureur de la terre, en provoquant l'effondrement à Kobé de plus de cinquante mille immeubles, vienne lui prouver qu'il avait tort.

L'establishment nucléaire a un dossier encore plus accablant quand il s'agit de ses prédictions. Quand les Soviétiques fournirent aux Chinois une aide nucléaire intense, ils n'avaient jamais prévu qu'à l'époque où les Chinois procéderaient à leur premier essai atomique leur accord de coopération ne serait plus qu'un chiffon de papier. Quand les Américains fournirent au Shah d'Iran de l'équipement nucléaire, ils n'avaient jamais prévu la révolution qui le remplaça par un Ayatollah pour qui les États-Unis étaient l'égal de Satan. Quand les Israéliens assurèrent l'entretien du matériel nucléaire iranien, ils n'avaient jamais prévu que, moins de dix ans plus tard, les Iraniens l'utiliseraient pour terminer leur propre bombe ni qu'ils financeraient des projets de missiles capables d'expédier ces bombes sur Jérusalem. On est mal avisé de compter dans ce domaine sur la stabilité. La meilleure illustration en est peut-être le cas du Brésil qui joua un rôle de premier plan lors des négociations pour le traité de zone démilitarisée latino-américaine qui se déroulait au palais de Tlatlolco. L'adhésion du Brésil au traité définitif dont il avait contribué à tracer les grandes lignes se trouva remise en question quand, durant les discussions, son président fut renversé par un coup d'État militaire.

On ne peut pas dire non plus que ces visionnaires nucléaires aient des idées bien claires concernant leurs déchets. Les Soviétiques n'avaient jamais prévu, lorsqu'ils déversaient des déchets radioactifs provenant du retraitement du plutonium dans le réservoir du lac Karachay, que les eaux allaient s'évaporer à la suite d'une période de sécheresse. Tout comme les Américains ont été surpris d'apprendre que les vestiges radioactifs se trouvant dans les mille cavités creusées pour les essais atomiques, sans la moindre barrière pour empêcher le mouvement de se propager jusqu'aux eaux souterraines, allaient un jour mettre en péril l'approvisionnement en eau des zones peuplées. D'après les rapports officiels, les déchets émigraient à « un rythme d'une inquiétante rapidité », contrastant apparemment avec le rythme prévu d'une lenteur rassurante qui aurait fait courir des risques aux générations à venir plutôt qu'à celles d'aujourd'hui.

Pourtant, l'aristocratie nucléaire persiste. L'Indonésie envisage de construire une douzaine de grandes centrales atomiques à Java et à Bali, des îles où les séismes sont fréquents, la première centrale devant être située à proximité d'un volcan endormi. Le Mexique en construit une près de Laguna Verde, à un endroit situé à moins de trente kilomètres de l'épicentre du tremblement de terre de 1985 et à une quinzaine de kilomètres d'un volcan petit mais actif, tandis que les responsables affirment : « Nous sommes trop près de la mer pour que la lave d'aucun volcan arrive jusqu'ici. » L'Arménie, après avoir arrêté ses réacteurs à la suite de l'explosion de Tchernobyl et du désastreux tremblement de terre de Spitake en 1988, réagit maintenant à la perte de ses approvisionnements en gaz et en énergie due à la guerre civile acharnée qui la ravage en remettant en service un réacteur nucléaire. Les responsables américains creusent sous les montagnes du Yucca pour assurer l'ensevelissement pour cent ans de leurs déchets fortement radioactifs. La roche, affirment-ils, empêchera toute fuite de radioactivité vers les eaux souterraines pour les dix mille ans à venir – « sauf dans le cas d'un improbable bouleversement géologique majeur ». La montagne se dresse à vingt kilomètres d'un volcan et entre deux failles fréquemment ébranlées par les séismes.

Comment cette incorrigible indifférence à la sécurité publique a-t-elle affecté le « bien » public ? L'impact psychologique de la catastrophe de Tchernobyl montre bien la triste contribution de l'atome au bien-être de l'humanité. On a officiellement défini le « syndrome de Tchernobyl » comme le désespoir rongeant l'existence des victimes de la catastrophe qui n'ont plus confiance dans leurs gouvernants, qui redoutent l'absence d'information, qui craignent pour leur vie et pour celle de leurs enfants. Dix années après l'accident n'ont pas réussi à apaiser la douleur de gens qui se considéraient comme une « communauté de damnés », comme membres d'une « culture victime ». Leurs réactions rappellent étrangement celles de certains survivants d'Hiroshima : après avoir échappé à la mort par incinération immédiate et à la maladie des radiations, ils ont succombé à une mort vivante, leur corps ayant cicatrisé mais leur esprit restant ravagé, accablé par ce qu'on a fini par appeler une « leucémie de l'âme ».

Dès 1946, Lewis Mumford portait sur l'aristocratie nucléaire un regard impitoyable. « Les principaux fous, écrivait-il, revendiquent les titres d'amiral, de sénateur, de savant, d'administrateur, voire de président. Sans le moindre mandat, les fous ont pris l'initiative... de corrompre la surface de la terre... Les fous tiennent une comète par la queue mais ils croient pouvoir prouver leur santé d'esprit en la traitant comme si c'était un jouet d'enfant. Ils s'amusent avec ; ils font des expériences. Pourquoi laisser les fous poursuivre leurs jeux sans élever la voix ? Pourquoi garder un regard impassible devant ce danger ? »

« Il y a une raison, écrivait Mumford ; *nous sommes fous aussi.* »

Nous n'avons pas besoin de le rester. Quand Einstein a fait remarquer un jour qu'il regrettait d'avoir jamais « ouvert cette boîte de Pandore », il a bien choisi sa comparaison. Dans la légende, une allégorie sur la futilité de la guerre, Pandore soulevait le couvercle de sa jarre et libérait ainsi tous les maux de la terre. Seul l'espoir restait à l'intérieur.

L'espoir en l'occurrence demeure : à nous de le trouver.

Déjà des groupes de gens commencent à s'ébrouer de leur long et pesant sommeil. Quand on a envisagé l'expansion d'une centrale nucléaire dans le village français de Chooz, des femmes ont enfermé à clé le maire de la ville. En Israël, le technicien nucléaire Mordechai Vanunu éprouvait une si profonde aversion pour le programme de la bombe qu'il avait mis au point qu'il fournit au *Sunday Time* de Londres des photographies et des détails techniques sur l'usine secrète d'armes nucléaires d'Israël, au sud de Jérusalem. Il paye maintenant sa passion d'une peine de dix-huit ans de prison et, depuis son arrestation, il est en régime d'isolement cellulaire.

Quand les habitants de l'État américain du Maine ont constaté qu'ils étaient les heureux candidats pour un dépôt de déchets nucléaires, un activiste jura : « Nous avons dans le Maine des gens qui sont prêts à mourir pour empêcher le département de l'Énergie de mettre les pieds ici. » Nos dirigeants commencent à le découvrir : ceux-là sont les kamikazes de la paix. Protester contre la bombe avec le feu et le sang, c'est bien sûr opposer la folie à la folie. Pourtant, si l'on doit condamner la violence des protestataires, on ne saurait refuser de prêter l'oreille à leur passion ni rester insensible à leur message.

Il y a d'autres moyens d'atteindre à des objectifs raisonnables. Les citoyens des États non nucléaires constituent 80 % de la population de la terre. Les choix effectués par une poignée de politiciens dans quelques nations nous affectent tous. Nous pouvons les empêcher de faire aussi peu de cas de nos vies et de celles de nos enfants. Il nous faut simplement comprendre que nous n'avons plus besoin de nous plier aux caprices insensés de quelques douzaines d'individus quand nous sommes quelques milliards.

Très tôt, le pacifiste et philosophe Bertrand Russell, qui se joignit à Albert Einstein pour rédiger leur fameux Manifeste, annonça que « des faits qui doivent guider les décisions des hommes d'État ne prennent pas l'importance qu'ils méritent s'ils restent enterrés dans des publications scientifiques. Ils ne prennent toute leur importance que quand ils finissent par être connus d'un si grand nombre d'électeurs qu'ils affectent le résultat des élections ». Depuis l'aube de l'âge atomique, il est vrai que ces faits attendent dans des revues scientifiques que nous les comprenions. Les physiciens qui connaissent et qui redoutent la puissance de l'atome réclament depuis longtemps un minimum de bon sens : nous devons exiger que tous les États publient des informations sur l'inventaire de leurs stocks de plutonium et d'uranium enrichi. Nous devons trouver et appliquer des méthodes pour tenir ces inventaires à l'échelle mondiale. Nous devons créer une organisation internationale pour surveiller ces redoutables matériaux ; et nous devons lui conférer une autorité à la hauteur de la menace.

Toutes ces exigences, même si elles sont évidentes et essentielles, ne suffisent pas à régler le problème nucléaire. Il n'y a qu'un seul moyen de nous débarrasser des menaces que font peser les bombes et le terrorisme atomiques, un seul moyen de nous assurer que les coûteuses et redoutables probabilités que nous percevons aujourd'hui ne seront pas pour nos enfants les ruineuses et terrifiantes réalités de demain. Nous devons interdire le plutonium et l'uranium enrichi : interdire leur existence à la surface de la terre. On ne peut arriver à un monde sans bombes atomiques, sans terrorisme atomique, sans contamination atomique que si l'on a un monde sans puissance atomique.

Si vis pacem para bellum, disaient les Romains : si tu veux la paix, prépare la guerre. L'Histoire a toujours suivi le dicton romain et elle a toujours échoué. Si nous voulons la paix, nous devons nous préparer à la paix. Le politicien qui utilise la bombe détruira le monde, mais le dirigeant qui trouvera un moyen d'*interdire* la bombe *sauvera* le monde. Déjà l'Argentine, le Brésil, l'Afrique du Sud, la Roumanie, Taïwan et la Corée du Sud ont tous renoncé à leurs programmes de construction d'une bombe. Si d'autres nations suivent en renonçant à leurs matériaux fissiles et à leur programme nucléaire, elles fourniront assurément une raison de suivre leur exemple : *parce que les autres le font.*

Les experts internationaux, qui ne veulent pas se compromettre, suggèrent que peut-être on pourrait éventuellement interdire la production de nouvelles quantités de plutonium et d'uranium enrichi ; mais, insistent-ils, ils ne voient aucun moyen d'appliquer cette interdiction aux matériaux déjà produits. On peut répondre fort simplement à leur argument : nous ne devons pas nous laisser arrêter par ce que nous considérons comme in-fai-sable mais commencer à lutter pour ce que nous savons être essentiel : ce qui est nécessaire s'est toujours révélé possible. Il est beaucoup plus logique de considérer la survie comme un impératif que d'accepter le désastre comme inévitable. Il restera toujours ceux qui affirment qu'on ne peut pas interdire les matières fissiles. À ceux-là nous devons répondre comme l'ont fait Bertrand Russell et Albert Einstein : « Nous en appelons à vous comme des êtres humains à d'autres êtres humains, suppliaient-ils. Souvenez-vous de votre humanité et oubliez le reste. »

Les Alpes s'élèvent ; les volcans dégorgent leur lave ; les séismes secouent la Terre et, à mesure que le temps progresse, nous devons en faire autant. À en croire les astronomes, il se pourrait bien qu'un jour un météore – une petite planète lancée dans sa course comme celle qui a peut-être anéanti les dinosaures – entre en collision avec la Terre. Un holocauste nucléaire, un goulag à l'échelle mondiale : voilà des périls que nous pouvons prévenir. Mais que faire devant un météore ? Personne, bien sûr, n'a osé proposer de braquer nos armes sur ceux qui veulent anéantir la Terre : l'idée semble si ridicule... au lieu de cela, c'est sur nous-mêmes que nous les braquons.

Nous pourrions, évidemment, interdire toute production et détention de toute matière fissile, sauf en quantité suffisante pour fabriquer quatre engins stratégiques. Les plus forts et les plus nobles d'entre nous pourraient avoir la garde de ces bombes au cas où nous subirions l'assaut d'un météore, pour notre petite guerre des étoiles, pour le jour où il nous faudrait utiliser les forces cosmiques là où est leur place.

Dans le cosmos.

9

LES ÉCRITURES ET L'ENVIRONNEMENT

Les Écritures des grandes religions enseignent que tous les éléments de la terre – eaux, terres et vie sauvage – sont sacrés et que les hommes doivent s'abstenir de les profaner pour, au contraire, les protéger et même les vénérer. Leur pérennité, d'ailleurs, montre assez la signification profonde qu'ont ces impératifs pour la communauté humaine dans son ensemble, croyants et non-croyants. Moïse, en qui l'on reconnaît l'auteur du cœur des Écritures hébraïques, enseignait son peuple environ à l'époque où Ramsès II a bâti le temple d'Abou Simbel. On a depuis longtemps oublié les sommaires oiseaux des hiéroglyphes et les poissons taillés dans les monuments des pharaons. Les révélations de philosophes séculiers comme Aristote, Archimède ou Sophocle ont illuminé la civilisation comme la flamme dansante d'une chandelle, répandant une brève lumière sur l'univers avant de cesser d'éveiller un intérêt unanime et d'être abandonnées dans la course incessante vers le savoir. Pourtant les Écritures sacrées durent encore : non seulement en stimulant la pensée, mais également en imprégnant la vie. Elles conservent la fraîcheur, la force et le côté pratique qu'elles avaient quand on les a conçues.

Même ceux qui ne croient pas en Dieu doivent respecter la puissance d'œuvres qui ont résisté à l'impitoyable épreuve du temps, qui ont gardé leur magnétisme et leur force malgré le passage des millénaires qui ont enseveli bien d'autres chefs-d'œuvre. Certes, des gens sérieux, sensibles à la sagesse des Écritures, n'ont pourtant pas été émus par la force ni par l'éloquence des commandements des prophètes concernant l'environnement ; il est vrai aussi que juifs, chrétiens, musulmans, hindous, bouddhistes, taoïstes et confucianistes – la moitié de la population de la Terre – n'ont pas mobilisé les légions mêmes de Dieu pour défendre la nature : cela montre seulement qu'ils ont des yeux mais qu'ils ne voient pas, qu'ils ont des oreilles mais qu'ils n'entendent pas.

Voici une parabole :

Un dimanche, au début des années soixante, une série de violentes tempêtes avaient fait rage sur Monaco puis s'étaient apaisées. Pendant tout le mois précédent, j'avais interdit d'approcher une station de recherche océanographique flottante que j'avais conçue et ancrée à mi-chemin entre Monaco et la Corse. Les savants qui se trouvaient à bord, je le savais, commençaient à souffrir d'une pénurie d'eau douce et de nourriture. Convaincu que le calme durerait tout l'après-midi, je m'empressai de charger des provisions à bord d'un hydrofoil.

Comme le navire pouvait transporter soixante-quinze personnes, j'invitai mes collaborateurs du Musée océanographique et leurs familles à faire avec moi le voyage jusqu'à la station. « L'Île mystérieuse », baptisée d'après le roman de Jules Verne, comprenait une minuscule maison perchée au-dessus de l'eau sur un énorme cylindre creux et flottant qui s'enfonçait à soixante mètres sous la surface de la mer. À bord vivaient des équipes de six savants qui se relayaient : ils descendaient dans le cylindre – un véritable *Nautilus* – par un ascenseur intérieur, et là, dans les profondeurs de la mer, ils étudiaient de jour et de nuit la vie marine, l'évaporation de l'eau, les courants. « L'Île mystérieuse », première bouée de recherche avec équipage ancrée en pleine mer, avait acquis une certaine notoriété ; tous mes collaborateurs acceptèrent aussitôt avec empressement ma proposition de leur faire visiter le laboratoire.

Environ une heure après notre départ de Monaco, je vis l'île apparaître à l'horizon. J'annonçai que nous approchions et mes amis se précipitèrent sur le pont, très excités, pour apercevoir la station. Seul un jeune garçon, le fils, âgé de treize ans, d'un administrateur du musée, ne bougea pas. Il lisait une bande dessinée. Je répétai : « D'ici, tu peux voir " l'Île mystérieuse " ! » Le jeune garçon leva les yeux, reconnut d'un air distrait ma présence, mais il resta où il était et se replongea dans sa bande dessinée.

J'étais si intrigué que je m'approchai pour voir quelle lecture le fascinait à ce point.

C'était une bande dessinée sur *L'Île mystérieuse*.

L'enfant préférait la lecture à la réalité.

Bien des adultes verraient dans la préférence de ce garçon pour les bandes dessinées de l'inertie intellectuelle ; pourtant, en quoi sa réaction différait-elle du comportement de bien des adultes ? 90 % des Français sont catholiques, tout comme 99 % des Italiens. Les Allemands ont pour devise *Dieu avec nous*, tout comme *À Dieu nous nous confions* est celle choisie par les Américains, dont la moitié seulement disent fréquenter les églises. Quinze millions de gens sont des fidèles du judaïsme ; deux cents millions du bouddhisme ; quatre cents millions de l'hindouisme ; cinq cents millions de l'islam. Combien de ceux qui se déclarent sincèrement croyants considèrent-ils leurs Écritures sacrées comme des textes poétiques n'ayant que peu, ou pas du tout, de rapport avec le monde réel ? Combien d'entre eux s'agenouillent-ils dans les cathédrales, les temples ou les mosquées pour lire des Écritures qui célèbrent la Création, puis, sitôt sortis, ne s'en soucient plus et laissent faire quand on lui cause des dommages ? Combien méditent avec dévotion sur leurs bibles sorties d'imprimeries modernes mais ne font plus preuve de la même dévotion quand il s'agit de la Bible vivante, juste sous leurs fenêtres ? Combien de modernes Pierre, fidèles, passionnés à la table de leur Seigneur, Le renient-ils quand le moment vient de témoigner de leur foi par l'action ? Des milliers de fidèles ont tué ou sont morts pour le droit de croire aux commandements divins. Mais combien sont-ils à vivre d'après les règles qu'ils récitent tout haut ? Et combien sont-ils à comprendre que les lois qu'ils répètent par cœur exigent que les hommes protègent l'environnement ?

L'ironie, dans cet assaut que livre le XXe siècle à la nature – à ses espèces et à ses ressources –, c'est que nombre de décideurs prétendent agir au nom du progrès, du nationalisme, voire de la religion, et se vantent d'être des patriotes qui craignent Dieu. Qu'ils ont raison de craindre Dieu ! Car s'ils avaient jamais prêté sérieusement attention à leurs textes sacrés, ils sauraient que ceux qui portent atteinte à la nature profanent l'œuvre de Dieu. Ils comprendraient que la loi divine ordonne non seulement aux hommes de défendre l'environnement, mais qu'elle condamne à l'enfer quiconque désobéit à cette injonction.

Inutile de se livrer à l'exégèse ou de chercher des interprétations abstraites pour saisir ce que disent les Écritures sur l'environnement. La résonance de leur message tient à sa clarté : la nature est sacro-sainte parce qu'elle reflète la gloire de Dieu, parce qu'elle donne à l'homme la preuve tangible de l'existence de Dieu. Ceux qui tournent le dos à la splendeur de la nature tournent le dos à Dieu. Aux passagers chrétiens de l'hydrofoil qu'est notre planète Terre, qui réagissent à la réalité de la Création avec l'apathie du garçon de treize ans devant « l'Île mystérieuse », saint Paul lançait : « Ils sont sans excuse : puisque, ayant connu Dieu, ils ne L'ont ni glorifié ni loué en tant que Dieu. [...] En se targuant d'être sages, ils se sont conduits en imbéciles. [...] Car la création montre assez bien Ses perfections invisibles. »

De même Salomon se lamente-t-il dans le livre de la Sagesse : « Les hommes ont été incapables, à partir des bienfaits que l'on voit, de savoir qu'Il existe. »

Les Écritures orientales ordonnent, elles aussi, à l'homme de respecter l'environnement, preuve incontestable de l'existence de Dieu. Dans le Coran, Allah déclare aux musulmans : « Quant à la terre, nous l'avons déployée, nous y avons jeté les montagnes, et nous avons provoqué la pousse de toutes sortes de magnifiques espèces de plantes, pour ouvrir les yeux de tout serviteur qui aime se tourner vers Dieu. » Le prophète Mahomet a écrit : « Il vous montre l'éclair, source de crainte et d'espoir ; Il fait tomber la pluie du ciel, car elle donne la vie à la terre quand elle est morte.

Ce sont là des signes pour ceux qui comprennent. » Ou encore : « En vérité, dans la création des cieux et de la terre, dans la succession de la nuit et du jour, il y a des signes pour les hommes au cœur compréhensif. [...] Ô Seigneur ! Tu n'as pas créé tout cela en vain. Non. Gloire à Toi ! Garde-nous alors des tourments de l'enfer. »

Les hindous aussi ordonnent à l'homme de vénérer Dieu en respectant l'environnement. Dans l'épopée du Bhagavadgita, le grand livre religieux des hindous, Dieu ne se contente pas de se refléter dans la nature : Dieu *est* la nature. « C'est sur moi que repose cet univers, comme des grappes de perles sur un fil, proclame le Bienheureux. Je suis le goût de l'eau... Je suis l'éclat de la lune et du soleil... La bonne odeur de la terre... Des étendues d'eau, je suis l'Océan : je suis le Varuna (le dieu) des créatures aquatiques... Je suis le dauphin des monstres des eaux ; des fleuves, je suis le Gange. »

Si les prophètes de toute évidence exaltent la nature, ils ne lui soumettent pas pour autant les êtres humains : ils font d'eux une part de la nature. La terre a été façonnée par Dieu ; l'homme à son tour est né de la terre. Les Écritures sanctifient la nature non seulement en tant que symbole de Dieu mais également en tant que mère de l'humanité.

L'idée que la nature est sacrée parce qu'elle est source de vie n'est pas l'apanage des seules Écritures : elle s'est introduite dans la pensée humaine par l'histoire des croyances religieuses. Les Grecs ont baptisé leurs déesses de la nature en combinant les mots qui signifient « terre » et « autre » : Déméter. Platon écrivait qu'il ne fallait pas comparer la terre à la femme car c'était plutôt la femme qui ressemblait à la terre : avant même l'existence des humains, la nature nourrissait ses champs avec les eaux des fleuves et, une fois fécondée, elle portait les fruits nés des entrailles de la terre. « Concernant la Terre, la mère de tous, je chanterai, écrivait Homère, la bonne terre, aimée de tous les dieux, qui nourrit toutes choses en ce monde... C'est à toi de donner la vie aux mortels ou de la leur reprendre. » Aujourd'hui encore, les Indiens du Pérou célèbrent les naissances en posant leurs nouveau-nés sur le sol de façon que Pacha Mama, la terre mère, puisse les bercer. Les Indiens d'Amérique vénèrent la terre comme une puissance maternelle. Selon la légende, un sage indien refusa même de labourer ses champs : « Faut-il que je prenne un couteau pour le plonger dans le sein de ma mère ? écrivit-il. Alors, quand je mourrai, elle ne me prendra pas sur son sein pour que je me repose. Vais-je creuser sous sa peau pour en extraire des os ? Alors, quand je mourrai, je ne pourrai pas pénétrer dans son corps pour renaître. »

Ceux qui prient parmi les sculptures des cathédrales, des temples et des mosquées des sociétés évoluées seraient bien avisés de ne pas faire fi de ces croyances en les qualifiant de païennes, car leurs prophètes à eux enseignent des leçons similaires. C'est la Bible qui a légué au monde moderne l'idée que l'humanité est née des entrailles de la terre : « Tu n'es que poussière et tu retourneras à la poussière. » Cette formule a une signification encore plus frappante dans l'hébreu du texte original où le mot que l'on traduit aujourd'hui par « poussière » signifie plus précisément « mottes de terre », ou « terre ». Mahomet, dont les paroles pour les musulmans contiennent plus de vérités que la science, écrit : « Et Dieu a fait que tu jaillisses de la terre comme une plante. Ensuite, Il t'y fera retourner. Il te connaissait bien quand Il t'a fait naître de la terre et quand tu n'étais qu'un embryon dans la matrice de ta mère. »

Façonnée à partir de la chair de la terre, la vie qui émergeait sur la planète est restée en gestation dans la matrice salée de la mer. C'est ainsi que l'eau à son tour devient sacrée. Les prophètes la vénèrent comme le berceau de la vie ; le flux vital qui coule dans notre sang ; celle qui guérit la branche desséchée ; celle qui rachète l'âme desséchée.

Les savants ont établi que le riche bouillon de la mer primitive a donné naissance à la première cellule. Voilà des milliers d'années, les Égyptiens évoquaient un sombre océan primordial qu'ils appelaient Nu, et les Mésopotamiens des eaux primitives connues sous le nom d'Apsu. L'auteur de la Genèse a écrit que la planète elle-même est née des ténébreuses profondeurs du liquide amniotique : « L'Esprit de Dieu planait à la surface des eaux... Et Dieu a dit : qu'il y ait un firmament au milieu des eaux... Que les eaux produisent en abondance les animaux vivants et les oiseaux qui volent sur la terre et sous le firmament du ciel. Et Dieu créa les grands poissons et tous les animaux qui ont la vie et le mouvement que les eaux produisirent en abondance chacun selon son espèce. »

Les microscopes et les instruments de mesure sophistiqués de la science moderne ont révélé que la teneur en sel de notre sang approche le degré de salinité de la mer primitive où la vie a pris forme. Voilà plus d'un millénaire, Mahomet a proclamé la même vérité scientifique en ne s'appuyant que sur sa seule inspiration. « Et c'est Lui qui a créé l'homme à partir de l'eau et qui a établi entre eux des liens de parenté et d'affinité. Les infidèles ne voient-ils donc pas que [...] grâce à l'eau nous donnons vie à tout? Ne veulent-ils pas le croire? »

Ce n'est qu'à une époque récente qu'on a commencé à reconnaître l'unité des océans de la planète : à croire que le cycle éternel de l'eau, depuis les pluies et les rivières jusqu'à l'évaporation, a créé non pas sept mers mais une seule; que tout dommage causé à quelque élément de l'eau est donc un dommage à toutes les eaux. Pourtant, dans les anciens textes juifs, le scribe Ben Sira pressentait déjà l'intégrité du système des eaux du monde : « Et voilà que mon cours d'eau est devenu un fleuve et mon fleuve une mer. » La sagesse hindoue a elle aussi précédé les connaissances modernes : « Les rivières de l'Est, mon fils, s'écoulent vers l'est, les rivières de l'Ouest vers l'ouest. D'un océan, elles se mêlent à un autre océan et tout devient le même océan. » Les prophètes honorent l'eau non seulement pour avoir donné la vie à la planète nouveau-née, mais aussi pour avoir nourri cette vie. La mer apporte avec elle la générosité de Dieu. Le Christ disait à ses amis pêcheurs : « " Avancez en pleine eau et jetez vos filets pour pêcher. " Et Simon lui répondit : " Maître, nous avons travaillé toute la nuit sans rien prendre; mais néanmoins je jetterai le filet sur votre parole. " L'ayant jeté, ils prirent une si grande quantité de poissons que leur filet se rompit. Et ils firent signe à leurs compagnons, qui étaient dans une autre barque, de venir les aider [...] Ce que Pierre ayant vu, il se jeta aux pieds de Jésus [...] car il était tout épouvanté. »

Mahomet vénérait les eaux pour les facultés d'entretien de la vie que Dieu leur avait attribuées. « C'est Lui qui envoie les vents comme signe avant-coureur de sa pluie miséricordieuse; et du haut du ciel nous envoyons de l'eau pure pour pouvoir faire revivre une terre morte : et nous la donnons à boire à notre création, bêtes et hommes en foule; et nous la distribuons de tous côtés parmi eux pour qu'ils puissent réfléchir. Mais la plupart des hommes ne connaissent que l'ingratitude. »

Le concept de l'eau, éternelle source de nourriture aussi bien pour le corps que pour l'âme, est au centre des croyances tribales des Indiens de la Terre de Feu; nous avons pu le constater. Lors de notre expédition dans cet archipel montagneux à l'extrémité méridionale de l'Amérique du Sud, nous avons découvert que chez les hommes les plus primitifs, dans la dure réalité de la vie quotidienne sous sa forme la plus brutale, certaines croyances survivent en tant que vérités universelles.

C'est par l'abbé Lempereur que j'entendis pour la première fois parler de la tribu des Yahgans, de la Terre de Feu. Le prêtre vint me rendre visite à mon domicile parisien et, comme nous bavardions confortablement, avec les échos des klaxons qui montaient de la rue, il me raconta l'histoire de cette tribu jadis puissante qui avait failli disparaître de la surface de la terre.

Les Indiens de la Terre de Feu acquirent une notoriété mondiale dans les années 1830, quand Charles Darwin les décrivit dans les cahiers qu'il tint durant son voyage historique à bord du *HMS Beagle*. Il en revint avec des récits répugnants sur de grotesques animaux humains. « Je n'ai jamais vu créatures plus misérables : rabougries, leurs hideux visages barbouillés de peinture blanche et le corps totalement nu. [...] Leur peau rouge maculée de crasse et de graisse, leurs cheveux emmêlés, leurs voix discordantes, leurs gestes violents et dépourvus de toute dignité. À voir de tels hommes, on a du mal à croire qu'ils soient nos semblables habitant le même monde. » Lui-même les comparait à des singes.

Le père Lempereur se souciait moins de la barbarie des Indiens que de celle des Occidentaux qui leur apportaient la civilisation. Les émissaires du monde civilisé répandaient les fléaux de la syphilis et de l'alcoolisme. Ils tiraient les indigènes comme des perdreaux. Sur les milliers de Yaghans à avoir accueilli les premiers explorateurs, le père Lempereur m'affirma ce jour-là à Paris qu'il n'y avait que vingt-quatre survivants. Ceux qui étaient venus civiliser les abominables sauvages les avaient sauvagement et abominablement supprimés.

Ce prêtre avait consacré sa vie à éviter la disparition totale à cette espèce humaine en danger. Le temps pour moi de parvenir à organiser une expédition dans ce groupe d'îles, et tout ce qui restait des Yaghans, c'était une vieille femme ridée et malade de quatre-vingt-deux ans. L'histoire de tout un peuple ne reposait plus que sur les fragments fugitifs de ses souvenirs en train de s'effacer.

La vie sur son île avait été dure, même un siècle après les commentaires indignés de Darwin. Les membres de la tribu roulaient les nouveau-nés dans la neige, une méthode de sélection des bébés les plus forts – ceux qui survivaient. Tandis que les hommes soignaient les enfants, les femmes plongeaient pour pêcher du poisson. La mer fournissait à ce peuple le plus clair de son alimentation.

Les eaux apportaient aux Yaghans un soutien non seulement physique mais spirituel. Ce peuple croyait que l'univers était un vaste océan et la terre un petit et fragile esquif dérivant à sa surface. Sur ce cosmos liquide régnait la baleine. Chaque étape significative de la vie du Yaghan se célébrait en rendant hommage au Léviathan. La tribu reculait même des mariages et des rites d'initiation dans l'espoir qu'une baleine viendrait se perdre sur son rivage. Quand un des monstres finissait par s'échouer sur une plage, les membres de la tribu étaient persuadés que l'animal n'était pas impuissant sur le sable, mais que leur chaman l'avait persuadé de feindre l'impuissance pour leur venir en aide. Les hommes de la tribu découpaient alors en morceaux le gigantesque mammifère et utilisaient sa viande dans des cérémonies religieuses, convaincus que la baleine allait miraculeusement se recréer et reprendre la mer quand elle aurait nourri tous ses fidèles.

Assez généreuse pour nourrir l'humanité, l'eau, selon les sages religieux, joue un grand rôle parce qu'elle est pure : assez pure pour laver aussi bien les maux qui affligent le corps que les péchés qui ravagent l'âme.

L'eau étant purificatrice, les estropiés, les infirmes et les aveugles emplissaient les bains que le peuple de Jérusalem appelait Bethesda. « Un ange, à certains moments, descendait dans cette piscine, écrivait le disciple Jean. Celui qui entrait le premier après que l'eau avait été ainsi remuée était guéri, quelque maladie qu'il eût. »

Ganga Ma, la Mère Gange, la déesse rédemptrice du fleuve que les hindous tiennent pour sacré, guérit l'esprit comme Bethesda guérissait la chair. Elle s'aventure en hiver dans la chevelure de Shiva – les Himalayas glacés – jusqu'au printemps, où elle dévale les pics enneigés et coule jusqu'à la mer. Les hindous disent qu'une fois, lors de son voyage printanier, elle s'est arrêtée pour laver les péchés de soixante mille âmes perdues. Si l'on posait sur la langue d'un mourant quelques gouttes de son eau, elles suffisaient à racheter son âme. « Ô eaux ! disent les hindous dans leurs prières, nous faisons appel à vous pour nous laver du mal, puisque vous voulez bien nous accorder cette grâce. »

Le Christ lui-même manifesta sa vénération pour l'eau quand il demanda à Jean-Baptiste de le baptiser dans le Jourdain. Lorsque Jésus remonta de l'eau, « il vit les cieux se fendre et l'Esprit de Dieu descendre sur lui, telle une colombe. Et du ciel descendit une voix : " Celui-ci est mon fils bien-aimé, en qui j'ai mis toute mon affection " ». On ne peut s'empêcher de se demander quels mots prononcerait aujourd'hui le Seigneur en voyant les humains déverser leurs boues verdâtres, les déchets de leurs armes inutilisées, leurs poubelles nucléaires – qui s'en iront souiller les eaux pour une période cent fois plus longue que le nombre d'années qui nous séparent du baptême du Christ – dans une eau créée pour nourrir, purifier, racheter, dans cet élément liquide avec lequel il faut laver les croyants s'ils souhaitent accéder au Royaume de Dieu.

Source de la miséricorde divine, l'eau, à en croire les Écritures, doit être respectée aussi puisqu'elle peut être l'instrument de sa colère.

« Dieu vit que la malice des hommes qui vivaient sur la terre était extrême... Il se repentit d'avoir fait l'homme sur la terre et il fut touché de douleur jusqu'au fond du cœur. »

S'ensuivit le Déluge.

Tout au long du passé, les sages nous ont donné des récits étrangement similaires du Déluge, de l'impitoyable déferlement de l'eau sur une population désespérément renégate. Mahomet rapporte les paroles d'Allah : « J'abhorre profondément vos actions. Et nous avons fait tomber sur eux une pluie, une pluie fatale pour ceux que nous avions mis en garde. »

Avec ce récit, les fondateurs des religions immortalisaient la signification de l'eau. Comme Alpha et Oméga, elle symbolise tout à la fois le commencement et la fin : c'est à partir d'elle que la vie a été créée, et c'est par elle que la vie a été anéantie. Le flot qui a noyé la race humaine a aussi fait flotter l'arche, empêchant sa précieuse cargaison de sombrer dans ses redoutables profondeurs.

Toutefois, le mythe de l'arche de Noé va plus loin. Si son symbolisme souligne la puissance de l'eau, il est également un message qui proclame le caractère sacré de la vie animale. « Le Seigneur a dit à Noé : " De chaque bête saine tu prendras avec toi le mâle et sa femelle... pour maintenir vivante sa semence à la surface de la terre. " »

Comment pourrait-on être plus clair ? Lors du Déluge, la première obligation de l'humanité, telle que Dieu l'a fixée, était de préserver la diversité de la vie, de s'assurer que pas une seule espèce ne disparaîtrait. Le fait que Dieu ait confié cette tâche au seul homme vertueux resté sur terre ne fait que souligner la solennité de ce commandement : il implique que ceux qui sont responsables de l'extinction d'une seule espèce défient par là le décret divin.

Que dire du stupide argument moderne qui prétend que certaines petites créatures sont sans « utilité », qu'il faut les sacrifier sur l'autel du développement et du profit ? Le Christ a fait litière de cette affirmation deux millénaires avant que les transgresseurs modernes ne viennent tenter les masses avec ce faux témoignage. « Voyez les oiseaux en l'air. Ils ne sèment pas plus qu'ils ne moissonnent, ni qu'ils n'entreposent leurs récoltes dans des granges ; et pourtant votre Père qui est aux Cieux les nourrit. » Il demanda à d'autres disciples : « Est-ce qu'on ne vend pas pour un denier deux moineaux ? Pourtant l'un d'eux ne tombera pas au sol sans l'intervention de votre Père. »

Bouddha a décrété un commandement sans équivoque pour qu'on protège les espèces animales : « De quelque être humain qu'il s'agisse, grand, moyen ou petit, adulte ou en voie de maturité – qu'ils vivent tous en paix. Que personne n'aille aucunement où que ce soit en humilier ni en mépriser un autre. Ayez un souci sans limites pour tous les êtres, tout comme une mère chérirait son enfant unique. »

Confucius enseignait que les animaux sauvages, loin de pouvoir être sacrifiés, participent à une sorte d'association avec l'espèce humaine. « Il ne s'agit pas que l'homme, parce qu'il est doté de la plus haute intelligence, se retrouve seul dans l'univers. Son esprit est aussi celui des oiseaux et des bêtes, de l'herbe et des arbres. »

Dans la vaste étude qu'ont entreprise les Américains sur les problèmes sociaux du monde actuel, les savants rapportent que, à l'heure actuelle, les espèces végétales et animales périssent des mains de l'humanité bien plus rapidement que la nature ne parvient à les remplacer par de nouvelles créatures. Les prophètes ont décrété que la diversité voulue par Dieu n'avait pas été conçue pour qu'à force de massacres on arrive à la monotonie. Depuis des décennies, les biologistes cherchent des alliés à leurs efforts pour freiner la disparition des espèces : ils peuvent en trouver en se tournant vers les milliards de personnes qui rassemblent leurs forces dans les églises, les mosquées, les synagogues et les temples, tout un cordon de fidèles qui s'étend à travers le globe.

Si incroyable que cela paraisse, certains soldats du Christ s'entendent conseiller de marcher dans la direction opposée... non par des personnes qui ne connaissent rien aux Écritures, mais par un certain nombre d'érudits bibliques. Certains chercheurs prétendent que la Bible, plutôt que d'inciter les croyants à respecter l'environnement, les encourage à le dépecer. Étant donné l'incontestable clarté des Écritures quand elles enseignent que la nature est un symbole de Dieu, cette idée même est un sacrilège.

Ces érudits ont tenté de démontrer le prétendu anti-environnementalisme de la Bible en citant deux versets : « Assure le réapprovisionnement de la terre et soumets-la à ton joug : exerce ton empire sur les poissons de la mer et sur les oiseaux du ciel, et sur toutes les créatures vivantes qui se déplacent sur la terre. » Et : « [Tu as donné à l'homme] l'autorité sur les œuvres de tes mains ; tu as mis toutes choses à ses pieds. Les moutons et les bœufs, en vérité, et les bêtes des champs ; les oiseaux du ciel et les poissons des mers, et tout ce qui nage dans les vagues de la mer. »

Nul n'irait nier que ces passages donnent aux hommes une totale autorité sur la nature. On peut même y voir des instructions laissées à l'humanité pour exploiter la terre et ses ressources. La politique préconisée par les défenseurs de l'environnement s'y conforme exactement : les hommes doivent vivre sur les intérêts du « capital » de la nature. C'est la destruction irréparable des ressources de la nature – la faillite de tous ses comptes – que les environnementalistes dénoncent et que les Écritures, toute objection pédagogique mise à part, condamnent. Ceux qui ont une autre façon d'interpréter la Bible se rendent coupables d'un contresens.

L'argument de ces érudits s'appuie sur les termes « soumettre » la terre et « exercer un empire » sur les animaux. Dans le texte original en hébreu, l'intention des prophètes est plus claire : le mot *empire* a été utilisé pour traduire le mot hébreu *radah*, qui désigne la protection offerte par un roi berger. Les prophètes, d'ailleurs, ont utilisé les mêmes mots pour décrire la noblesse et la grandeur d'âme du roi Salomon. Commander de régner de cette façon sur la nature, ce n'est pas commander de la vaincre, mais de la défendre, tout comme un grand souverain défendrait ses sujets. Quant à l'emploi par le prophète du mot *soumettre*, il s'accompagne après tout d'une conjonction. On enjoint à l'homme de soumettre *et* d'assurer le réapprovisionnement de toute la création.

Il existe évidemment d'autres arguments irrésistibles contre ceux qui donnent de la Bible une interprétation anti-environnementaliste. À l'exception de la pléthore de versets des Écritures qui affirment que l'environnement reflète la gloire de Dieu, il y en a d'autres qui précisent qu'à certains égards la nature l'emporte sur l'homme. Après le Déluge, quand Dieu a promis de ne plus jamais détruire la vie par l'eau, c'était à sa planète – et non pas aux hommes – qu'il offrait le splendide symbole de son engagement : « Je mettrai mon arc dans les nuées afin qu'il soit le signe de l'Alliance que j'ai faite avec la terre. » Plein de respect et d'humilité, un autre sage de l'Ancien Testament implorait : « Quand je regarde Tes cieux, le travail de Tes mains, la lune et les étoiles que Tu as créées, qu'est donc l'homme pour que Tu te soucies de lui ? »

Un été, au début des années quatre-vingt, alors que la *Calypso* voguait sur les fleuves du Canada pour gagner les Grands Lacs, nous rencontrâmes un Indien de la tribu des Montagnais qui, d'instinct, comprenait la perspective dans laquelle les prophètes avaient placé l'homme et la nature. Il nous invita à partager son repas, du saumon grillé sur des braises. À la lueur dansante du feu, tandis que la nuit tombait peu à peu sur le campement, le Montagnais nous raconta qu'un Américain avait récemment acheté du terrain le long d'une rivière voisine et qu'il avait interdit aux Indiens d'y pêcher. Désormais, la rivière lui appartenait, avait déclaré l'intrus.

L'idée qu'un homme puisse avoir la témérité de se prétendre propriétaire d'un élément naturel laissait notre hôte indien pantois. « La rivière est à toi ! avait-il répondu d'un ton sarcastique au nouveau venu. Alors emporte-la avec toi aux États-Unis. »

L'Indien avait perçu une vérité que la révélation avait enseignée à l'auteur du Lévitique : « La terre non plus ne se vendra point à perpétuité parce qu'elle est à moi et que vous y êtes comme des étrangers à qui je la loue. »

Dieu alla même jusqu'à mettre en garde le fidèle Job pour lui éviter la vanité de croire que la terre n'a été faite qu'au profit de l'homme ou que les hommes pourraient jamais occuper dans la création une place prééminente :

« Qui a taillé un canal pour que s'écoulent les torrents de la pluie et aménagé un chemin pour l'orage afin qu'il amène la pluie sur une terre où nul homme ne se trouve, sur un désert où il n'y a point d'homme ?

« Qui a donné cours aux pluies impétueuses et un passage au bruit éclatant du tonnerre pour faire pleuvoir dans une terre sans le secours d'aucun homme, dans un désert où personne ne demeure ?

« Où étiez-vous quand je jetais les fondements de la terre ? L'aigle, à votre commandement, s'élèvera-t-il pour déployer ses ailes vers le sud ? Qui a mis des digues à la mer pour la tenir enfermée, lorsqu'elle débordait en sortant comme du sein de sa mère, et qui lui a dit : je viendrai jusque-là et vous ne passerez pas plus loin et je briserai ici l'orgueil de vos fautes ? »

De toute évidence, le Dieu que décrivent ces Écritures n'ordonnerait pas aux humains de profaner son œuvre. Tout au contraire, les hommes sont faits à l'image de Dieu, le créateur : le pillage devient donc blasphème. Quand Jéhovah a conféré à l'homme l'autorité sur la terre – comme quand il a installé Adam dans le jardin d'Éden pour « le labourer et le cultiver » –, il nous a ennoblis. Il nous a nommés conservateurs de sa propre création.

Les Écritures toutefois ne s'arrêtent pas au symbolisme, à l'allégorie ni aux instructions de soigner la nature. Les prophètes de diverses religions déclarent tout net que la qualité de la vie humaine elle-même dépend de la façon dont l'humanité traite la terre. Les bouddhistes enseignent que la détérioration de l'environnement s'accompagne de détérioration morale : c'est quand la nature humaine atteint à ses pires extrémités, disent les prêtres bouddhistes, que l'environnement à son tour subit des dommages et que, en conséquence, l'espérance de vie des hommes diminue. Les bouddhistes affirment en outre qu'un environnement protégé produit une société humaine non seulement saine, mais morale.

Pour mon examen d'entrée à l'École navale de Brest, j'avais trois heures pour rédiger une dissertation sur le sujet choisi par les examinateurs : confucianisme et taoïsme. L'un comme l'autre, écrivis-je, enseignent que le bonheur des hommes dépend de la façon dont ils traitent leur environnement. Le confucianisme, tout comme le shintoïsme, professe que la rupture de l'harmonie entre l'homme et la nature mène à la guerre. Le sanctuaire d'Ise, au Japon, le plus sacré des temples du shintoïsme, est édifié sur un site où des rizières parfaitement cultivées vont jusqu'à la lisière de la forêt vierge, illustrant le respect que les hommes peuvent accorder à la nature sauvage, même quand ils s'efforcent avec douceur de faire produire les terres avoisinantes.

Le taoïsme est fondé sur un idéal subtilement différent : nous ne devrions pas vivre côte à côte avec la nature, mais, en fait, rivaliser avec elle. Je me suis toujours imaginé l'incarnation même du taoïsme comme quelqu'un qui se repose sous un arbre, en savourant les douces odeurs qui montent de la terre, en jouant une mélodie sur sa flûte et en savourant les ressemblances entre les notes qu'il émet et celles que produit le sifflement du vent. « Étant en accord avec la nature, a écrit Lao Tseu, il est en accord avec Tao. Étant en accord avec Tao, il est éternel ; et sa vie tout entière est préservée du mal. »

Les Écritures de la plupart des religions non seulement prescrivent la vénération pour les accomplissements de Dieu, mais interdisent très précisément les actes de vandalisme. « Quand tu assiégeras une ville, écrit un prophète hébreu, tu ne détruiras pas les arbres. Car l'arbre du champ est la vie de l'homme. » Le commandement fait aux hindous est tout aussi clair. Krishna, l'incarnation humaine du Dieu hindou Vishnou, abattit un jour un serpent à tête d'hydre qui avait pollué la rivière Yamuna au point que son eau n'était plus potable. « Il abattit le dragon, psalmodient aujourd'hui les hindous, et les eaux se sont écoulées doucement jusqu'à l'océan. »

Le prophète Isaïe était parfaitement conscient de ce que coûtait à la terre le déboisement que – ironie du sort – les pharaons ordonnaient afin de fournir des matériaux de construction pour les temples. Isaïe déclara que Dieu préférerait conserver les arbres vivants. Quand l'abominable roi Nabuchodonosor fut vaincu, le sage lui reprocha d'avoir fait raser les cèdres du Liban. « Toute la terre est maintenant dans le repos et dans le silence, elle est dans la joie et dans l'allégresse, les sapins mêmes et les cèdres du Liban se sont réjouis de ta perte. Depuis que tu es mort, disent-ils, il ne viendra plus personne pour nous couper ou nous abattre. »

Aux musulmans est expressément interdite la destruction de l'environnement. « Garde présents à l'esprit les bienfaits de Dieu, écrivait Mahomet, et ne ravage pas la terre par tes dévergondages. » Un prophète taoïste enseignait à ses disciples : « Certains des enseignements des anciens consistent en ceci : ne pas gaspiller les biens de la terre. » Lao Tseu mettait l'homme en garde contre les dommages causés à la nature. « Il y a ceux qui veulent conquérir le monde et en faire ce qu'ils désirent. Je vois qu'ils ne réussiront pas. Car le monde est le Vaisseau de Dieu. Ce n'est pas l'intervention des hommes qui peut le façonner. Celui qui y touche le gâche. Celui qui le tient sous sa coupe le perd. »

Le sort des infidèles qui n'écoutent pas les commandements concernant l'environnement est clair. « Plus grande assurément est la création des cieux et de la terre que la création de l'homme. Mais la plupart ne le savent pas, écrivait Mahomet. Ce sont ceux qui ont perdu leur âme car ils n'ont pas su déchiffrer les signes. »

Les croyants savent que des châtiments attendent ceux qui ont commis des péchés capitaux. Les prophètes pourtant insistent surtout sur la punition prévue pour les mortels qui sont restés sourds à l'appel symbolique de la nature. « N'avons-nous pas fait de la terre une couche ? Des montagnes des piquets de tente ? lance Allah dans le Coran. Nous envoyons de l'eau en abondance, des nuages de pluie pour pouvoir faire pousser grâce à elle du blé et des herbes, avoir des jardins où les arbres croissent en rangs serrés. Prenez garde ! Le jour de la Rupture est fixé, car ils n'ont pas écouté nos signes. »

Le Coran poursuit : « L'enfer est devant lui : c'est de l'eau souillée qu'on l'obligera à boire. Il devra la laper et l'avaler à petites gorgées malgré sa répugnance ; et la mort l'attaquera de tous côtés, mais il ne mourra pas. Devant lui s'esquissera un cruel supplice. »

Ceux qui n'ont pas su reconnaître les signes avant-coureurs prodigués par la nature ne sont pas les seuls pécheurs qui soient promis à un destin sinistre. Les chefs d'État, les dirigeants des nations – les administrateurs des programmes gouvernementaux qui réglementent la façon dont les hommes traitent leur environnement – sont responsables devant Dieu du saccage de la terre. Nous les avons choisis pour nous représenter devant la nation : les prophètes les ont désignés pour nous représenter devant le Tout-Puissant. « Attention, crie Isaïe, la terre est dans les larmes, elle fond, elle tombe en défaillance, et elle tombera sans que jamais elle s'en relève. En ce temps-là, le Seigneur visitera les rois du monde. Et les ayant ramassés et liés ensemble, il les jettera dans la fosse où il les tiendra en prison. »

Pourtant, ni le supplice de ceux qui restent aveugles à ce que représente la création ni la condamnation de responsables indulgents ne suffiront à payer le prix de cette profanation. À la foule des citoyens qui profanent la nature ou qui pèchent par inaction tandis que d'autres mettent à sac le temple vivant de Dieu, Isaïe déclare : « Ah, nation pécheresse ! votre terre est déserte, vos villes sont brûlées par le feu, les étrangers dévorent votre pays devant vous et il sera désolé comme une ville livrée au pillage. Les méchants et les scélérats iront tous ensemble, et ceux qui auront abandonné le Seigneur seront consumés. Votre force sera comme de l'étoupe sèche et votre ouvrage comme une étincelle de feu ; l'une et l'autre s'embraseront sans qu'il y ait personne pour l'éteindre. »

10

SCIENCE ET HUMANISME

Je me suis toujours demandé ce qu'il y avait sous la mer – non pas sous la *surface* de la mer, dans l'eau –, mais *sous* l'eau, sous les sables au fond de la mer. Les énigmatiques messages du sonar dissimulaient ces secrets : son signal moqueur ne faisait que rebondir sur le fond, il dessinait simplement les contours de la topographie sous-marine. Les provinces géologiques inconnues enfouies là-dessous intriguaient également mon vieil ami Harold Edgerton – nous l'appelions « Papa Flash » après qu'il eut inventé la lampe stroboscopique pour photographier image par image. Doc Edgerton et moi avons passé des heures à faire descendre des appareils photographiques dans les profondeurs, mais même ces vues du fond de la mer n'apaisaient pas notre obsédant besoin de savoir ce qu'avaient englouti les couches mystérieuses des fonds boueux. Doc Edgerton finit par trouver un moyen de scruter ces recoins souterrains : il inventa des instruments appelés *boomers* et *sparkers* qui pouvaient envoyer de puissants signaux à plus de quinze cents mètres au fond. Les échos électroniques complexes que le sol renverrait révéleraient quelles couches variées de sédiment enveloppaient la croûte enfouie sous l'eau de notre planète. Je m'empressai d'équiper la *Calypso* de ce nouveau matériel, j'engageai un brillant spécialiste de l'électronique, et nous partîmes découvrir quels lits de terre soutenait le Bassin méditerranéen.

Comme dans la plupart des océans, en bordure de la côte méditerranéenne d'abrupts canyons sous-marins s'enfonçaient vertigineusement jusqu'à une « plaine abyssale », une vaste étendue généralement aussi lisse et plate que le parquet d'une salle de bal. À mi-chemin entre Nice et la Corse, nous remarquâmes quelques petits monticules à peine repérables qui gonflaient légèrement ces fonds plats. On n'aurait dit rien de plus que des amoncellements de sable tout à fait ordinaires. Était-ce bien cela ? La curiosité s'empara de nous ; nous stoppâmes. Depuis la *Calypso,* nous bombardâmes ces monticules sous tous les angles avec nos signaux. À bord, les images qui s'affichaient sur nos moniteurs ressemblaient à des radiographies de la planète Terre. Elles montraient que, tout au fond, sous les sédiments, s'étendait, dans toutes les directions et sur des kilomètres, une vaste couche horizontale d'une matière dure. Juste en dessous de nous, cette couche s'était gauchie et s'élevait en colonnes. Comme des doigts braqués vers nous du sein de la terre, leurs extrémités touchaient presque la surface du fond de la mer, poussant vers le haut nos monticules. Des dômes de sel !

Les géologues avaient longtemps cru que la Méditerranée était autrefois une mer intérieure ; voilà que nous en avions trouvé la preuve matérielle ! Notre découverte montrait que, privée de l'afflux actuel des eaux de l'Atlantique, la Méditerranée, à une certaine époque, s'était en partie asséchée : l'évaporation de l'eau de mer avait laissé une couche de sel de peut-être soixante-quinze mètres d'épaisseur, qui avait ondulé pour former les dômes que nous observions. Nous nous empressâmes de faire part de cette trouvaille à l'Académie des sciences, qui publia notre communication.

Au milieu de toute cette excitation, un fait déconcertant continuait à me tracasser : tous les magnats du pétrole savent que les dômes de sel renferment souvent des hydrocarbures. Nos dômes étaient situés en eau profonde, par quelque deux mille six cents mètres de fond : forer là serait une entreprise extraordinairement hasardeuse et les accidents inévitables. Les suintements de pétrole provenant des forages dans des eaux relativement peu profondes au large de Santa Barbara et dans le golfe du Mexique ont fait assez de dégâts : ce genre de phénomène dans les profondeurs de la Méditerranée provoquerait une catastrophe. Les eaux, presque enfermées, ne se renouvelleraient que très lentement, le pétrole causerait des dommages irréparables à la fragile vie végétale de la mer et menacerait ses populations animales clairsemées, déjà décimées par la pollution et les touristes.

Qu'avais-je fait en rendant publique notre découverte ? J'éprouvai un élan de remords en me rendant compte que l'information révélée dans notre article pourrait inspirer à un technocrate avide de profit la tentation de forer, au mépris de tous les risques, en mettant en péril l'environnement. Pourtant, je comprenais aussi qu'en participant à une étude scientifique – comme citoyen de la Terre –, j'avais l'obligation de traquer sur toute la planète de nouvelles inconnues, de me réjouir devant chacune de ses innombrables complexités, et que ce n'était pas à moi de décréter si la société a le droit d'être mise au courant. J'avais fait le seul choix que dictait la morale.

Lors de mes brèves rencontres avec la science, les questions qui m'ont posé le plus de problèmes ont toujours accablé les hommes ayant dû faire face à des développements scientifique sans cesse plus menaçants. Il fut un temps où nous étions grisés par l'ivresse de la recherche ; aujourd'hui, nous avons une véritable gueule de bois en découvrant à quel point on a fait mauvais usage de ces découvertes. Nous voyons la biologie, qui étudie la vie, conduire à la guerre biologique, instrument de mort ; nous voyons la chimie produire des médicaments qui soignent la maladie et la pollution qui l'a provoquée ; nous voyons la physique aboutir à de nouveaux concepts de l'univers qui nous ont libéré l'esprit tout en nous amenant à des armes atomiques qui ont asservi l'humanité. En notre for intérieur, nous pestons contre les savants qui ont prétendu que la science est « pure », nous les maudissons de révéler leurs découvertes séduisantes, mais redoutables.

Pourtant, en cette période précaire et peut-être finale que traverse l'humanité, ce n'est pas une attitude très productive, ni même très saine, de maudire les savants d'avoir identifié les pouvoirs de la nature. Ce n'est plus la seule qualité de la vie qui est en jeu : aujourd'hui, c'est la *possibilité* même de la vie qui est menacée. Si nous voulons survivre, il nous faut bien comprendre qu'accabler les savants de reproches ne nous avance pas plus que de condamner le messager. La décision capitale, pour notre époque, ne porte pas sur les révélations que doivent, ou non, faire les savants, mais sur l'usage que l'on fait de leurs découvertes. Ce sont pourtant à ces décisions même que nous, le public dans son ensemble, sommes en train de renoncer : nous abandonnons des choix urgents concernant notre destin à une petite élite de militaires et d'industriels.

Nous n'avons pas élu les gens qui déterminent notre avenir scientifico-technologique ; nous ne les avons pas choisis en fonction d'une formation morale particulière, d'une vision philosophique ou d'une compréhension du passé susceptible de nous guider. Nous avons simplement cédé devant des pouvoirs autoproclamés, qui s'appuient sur une surabondance de connaissances et un bien maigre bagage de sagesse pour décider de notre destin. Nous les avons laissés transformer la science : leur effort ne porte plus sur la découverte de puissance de la nature mais sur les moyens de se l'accaparer. Nous les avons laissés rétrécir l'objectif de la science : il ne s'agit plus pour eux de rechercher le progrès de l'humanité mais le pouvoir pour leur nation et leur profit personnel. Nous les avons laissés prendre leurs décisions en secret et utiliser les applications de la science *dans* notre société sans se soucier de ses intérêts, sans se sentir *responsables* envers elle. Nous nous sommes laissé intimider par leur habileté : nous avons trouvé plus facile d'invoquer l'ignorance devant de nouvelles propositions scientifiques plutôt que de nous les faire expliquer, que d'exprimer nos opinions, nos besoins, nos désirs, nos exigences. Nous avons abandonné nos obligations envers l'avenir en même temps que notre droit, en tant que citoyens, de participer à sa mise en œuvre. Nous qui payons la recherche scientifique et ses applications, les armes, les pesticides et les poisons, nous avons permis qu'on nous retire le contrôle de la science ; mieux, qu'on l'utilise contre nous. Les coupables ne sont ni les savants, ni les fabricants d'armes, ni les profiteurs. Nous avons nous-mêmes accepté que, dans la communauté humaine, la science soit séparée de l'éthique. C'est nous, et nous seuls, qui pouvons et qui devons la remettre à sa place.

Rares sont ceux qui semblent comprendre ce que la science signifie. Comme des technologies mortelles semblent jaillir spontanément des découvertes scientifiques, la plupart des individus considèrent ces techniques dangereuses comme étant le fruit amer de la science, la véritable racine de tout mal. Pourtant, aujourd'hui, quand tant de choses dépendent de notre intervention éclairée, nous ne pouvons plus – nous, électeurs et contribuables – nous permettre cette confusion entre science et technologie, entre science « pure » et science « appliquée ».

Les « purs » savants découvrent l'univers. Le savant en science appliquée concentre ses recherches sur la création de produits utilisables. Quand il m'a fallu un appareil pour m'aider à regarder sous la surface de la mer, Émile Gagnan et moi avons fait appel à des principes scientifiques bien connus sur la compression des gaz pour inventer le scaphandre autonome : nous avons *appliqué* la science. Le scaphandre autonome n'est qu'un outil. Tout comme l'ordinateur, le tomographe, le vaccin, le radar, l'Internet, la fusée, la bombe et autres applications scientifiques. Nulle devise ne convient mieux, en revanche à la science pure, que la réplique légendaire de Michael Faraday à un Premier ministre qui lui demandait si sa récente découverte sur les ondes électromagnétiques était d'une utilité quelconque. « À quoi sert un enfant ? » répliqua froidement Faraday.

Seul le savant qui s'intéresse aux applications de la science entreprend de découvrir une mine d'or « utile », comme il en a reçu la consigne des technocrates et des politiciens. Le pur savant ne cherche pas à gagner quoi que ce soit. Il ne cherche rien. Et tout. Celui qui s'intéresse aux applications de la science est un prospecteur. Le pur savant est un explorateur.

Je comprends la motivation du pur savant parce que je la partage. Tout comme la passion d'explorer me pousse vers un horizon toujours plus lointain, elle entraîne le pur savant vers la solution toujours hors de portée. La science appliquée cherche à atteindre un objectif connu ; le pur savant et l'explorateur n'ont soif que de l'inconnu. Maintes et maintes fois, j'ai répété à des journalistes que notre équipe n'avait pas de but, que nous ne savions pas ce que nous allions découvrir quand nous nous dirigions vers la source de l'Amazone, quand nous nagions dans les tortueux corridors d'un iceberg colossal, quand nous transportions des sous-marins jusqu'à près de quatre mille mètres dans les Andes pour effectuer une plongée dans le lac Titicaca. Si, comme explorateur, j'avais su ce que j'allais trouver, je n'y serais pas allé. De même, le savant s'aventure-t-il au sein d'une cellule, de l'atome ou dans le cosmos, sans savoir ce qui l'attend. L'explorateur et le pur savant ne vivent que pour la recherche, pour l'espoir. Ils ne vivent que pour cet instant qu'évoque la racine latine du mot exploration : « réclamer à grands cris une découverte ». Le prix Nobel Peter Medawar exprime exactement ce que je ressens quand il décrit son « besoin d'explorer », son « malaise aigu » devant l'incompréhension. Un autre prix Nobel, I.I. Rabi, fait lui aussi écho à mes pensées quand il avoue sa *libido sciendi*, son « désir de savoir ». C'est ma pure passion d'explorer que décrivent les plus distingués philosophes scientifiques de notre siècle quand ils parlent de leur « besoin irrésistible », de leur « envie primordiale », de leur « glorieux plaisir » même de « laisser faire, laisser jouer ». Qu'on nous laisse faire, qu'on nous laisse jouer ! Le savant, l'explorateur, l'enfant : trois facettes de la même créature.

S'agissait-il d'exploration ou de jeu quand, sur la *Calypso*, nous suivions une baleine enceinte en pleine migration, simplement pour voir si elle dormait la nuit ? Quand nous plongions un mannequin bourré de chiffons dans des eaux infestées de requins, pour voir si les créatures allaient mordre une poupée sans vie, sans odeur, qui n'avait pas de sang dans les veines, était-ce la science, l'exploration ou le jeu qui nous poussait ? Il y avait un peu des trois dans nos aventures : ce sont l'exploration et le jeu qui engendrent la science pure. Quelle est « l'utilité » pratique de savoir si une baleine enceinte dort ? Sans doute aucune. Peu importe. Ce qui compte, c'est que, dans l'espèce humaine, nous sommes dotés non seulement d'yeux pour voir la nature et d'un cerveau pour enregistrer nos observations, mais également d'un esprit pour en comprendre la signification. La science, l'exploration et le jeu : apprendre est dans la nature de l'enfant ; chercher est l'impératif de l'explorateur. Mais apprendre, chercher, comprendre : c'est la mission du pur savant.

Les « somnambules », c'est le mot qu'employait Arthur Koestler pour évoquer les déambulations des savants, qui les mènent d'une théorie à une nouvelle impasse, jusqu'au jour où ils finissent par tomber par hasard sur une grandiose découverte. Pourtant, ceux qui ont estimé les savants responsables de nos malheurs technologiques actuels condamnent violemment les chercheurs. Ils leur reprochent précisément leur traditionnelle distraction. Nos beaux rêveurs s'aventurent trop souvent dans l'univers pour se rendre compte, souvent après être allés trop loin pour faire demi-tour, que leurs divagations les ont amenés à des cauchemars destructeurs qu'ils n'avaient jamais voulus ni même imaginés. Les critiques les plus sévères posent aux savants des questions apparemment légitimes. À quel moment l'inattention devient-elle négligence ? La négligence n'est-elle pas en soi le crime ultime ? Ne devrions-nous pas obliger les savants à prendre conscience des dangers qui nous menacent ? Ne faudrait-il pas réveiller les somnambules ?

Si logiques que semblent ces questions, l'Histoire nous montre qu'on attend des savants qu'ils soient des devins, qu'on leur demande de prédire les résultats de leurs travaux. Idée peu judicieuse, pour ne pas dire totalement absurde. Parmi les savants qui paraissent aujourd'hui si coupables, lesquels auraient pu envisager précisément les conséquences, dans l'avenir, de leurs recherches ? La tragique évolution des recherches sur la radioactivité le démontre bien. Vingt ans avant la bombe, Robert Millikan, le fondateur de CalTech, déclara avec assurance que l'idée que puissent exister « des quantités dangereuses d'énergie subatomique est un mythe ». Était-ce lui qui aurait pu prévenir les redoutables dangers que nous fait aujourd'hui courir l'atome? Aurait-on pu éviter la bombe en écoutant Ernest Rutherford, le pionnier de la physique qu'on a souvent comparé à Newton, quand il assurait à ses disciples que « quiconque attend une source d'énergie de la transformation des atomes raconte des balivernes »? Est-ce Albert Einstein, en se montrant particulièrement vigilant, qui aurait pu nous épargner tous nos ennuis? Celui-là même dont la théorie de la relativité révéla l'étroit rapport existant entre la matière et l'énergie mais qui, juste six ans avant qu'on lâche la bombe, répondit avec étonnement quand on l'interrogeait sur les possibilités de l'uranium : « C'est une idée qui ne m'est jamais venue. » Faudrait-il aujourd'hui « rendre responsable » le physicien Otto Hahn, qui découvrit par hasard la fission nucléaire mais qui avait si peu conscience de ses implications que, quand Hiroshima fut carbonisée, ses amis craignirent de le voir mettre fin à ses jours?

« Aux mathématiques pures! Puissent-elles ne jamais trouver d'application! » Voilà le toast que porta un jour le célèbre mathématicien G.H. Hardy. Cette remarque, qui paraissait alors amusante, ne semble plus aujourd'hui qu'ironique. Ce sont les mathématiques qui donnent aux technologues la possibilité de braquer, avec toute la précision de l'informatique, des missiles sur les villes. Aussi bien sur celles de l'adversaire que sur les nôtres.

« La compréhension est l'ennemie de l'action », a écrit Nietzsche. J'ai toujours senti dans cette remarque l'aiguillon de la vérité en la voyant précisément s'appliquer même à mon petit univers. Je comprends aujourd'hui ce que des plongeurs avides de profits font de mon scaphandre autonome : ils l'utilisent pour briser des récifs coralliens et en vendre les fragments comme souvenirs, ils s'en servent pour écumer jusqu'au dernier poisson les grottes sous-marines, arrachant ces créatures des cachettes où elles s'étaient mises à l'abri des filets des pêcheurs. Maintenant, je ne suis pas sûr que le bien que peut apporter cet appareil l'emporte sur le mal. Si je pouvais revenir en arrière, je ne sais pas si je commercialiserais encore le scaphandre autonome.

Bien des analystes de la société et même certains purs savants, trop souvent ébranlés par les douloureuses conséquences de découvertes en apparence innocentes, réagissent conformément à la formule de Nietzsche. Plusieurs microbiologistes ont renoncé à leur carrière en déclarant publiquement qu'ils se demandaient quelles applications nos dirigeants pourraient un jour faire de leurs découvertes. Dans le *New York Times*, le futurologue Herman Kahn a demandé la création d'un *Index du savoir interdit*, réplique moderne de l'*Index des livres interdits* publié au XVIe siècle par le Vatican. D'autres ont proposé d'empêcher le progrès de la science pure en supprimant les bourses de recherche et en confisquant l'équipement indispensable, y compris le microscope électronique. Pour ces âmes désespérées, censurer la science leur paraît être une sorte de pare-feu.

Ceux qui redoutent si fort les conséquences des découvertes scientifiques qu'ils supprimeraient volontiers une liberté essentielle – la liberté d'apprendre – ne tiennent pas compte d'un élément inévitable : si la censure en soi est une attitude oppressive et totalitaire, la censure de l'univers est tout simplement impossible.

Quand on a brûlé des livres, seules les pages se sont transformées en cendres : pas les idées. Il en va assurément de même de l'univers. Ce qu'un individu seul ne trouve pas se voit révélé par les découvertes simultanées de plusieurs savants, chacun travaillant indépendamment dans des pays éloignés les uns des autres. Nul ne peut réussir à censurer la connaissance, car nul ne peut nier l'existence. Fermer les yeux à la nature fait de nous des aveugles en proie à des rêves éveillés. Quand les illustres savants du XVIIe siècle ont refusé de regarder par la lunette de Galilée, ils n'ont pas empêché les lunes de Jupiter de tourner – ni notre société de finir par connaître leur existence. Quand un médecin du temps jadis, également évoqué par Galilée, a contemplé un cadavre tout juste autopsié, a reconnu avoir vu les câbles des nerfs allant du cerveau aux membres et a cependant continué à se cramponner obstinément à l'antique croyance selon laquelle c'est le cœur qui gouverne la pensée et l'action, pas un seul cerveau n'a cessé d'être à l'origine du mouvement ou de l'émotion ; pas un seul cœur ne s'est mis à penser.

« On peut aisément pardonner à un enfant qui a peur du noir, écrivait Platon. La véritable tragédie de la vie, c'est quand les hommes ont peur de la lumière. » L'idée, désespérée, qu'il est plus facile de garder le secret sur le cosmos que de contrôler les rares hommes qui en font mauvais usage révèle un pitoyable sentiment de désarroi et de désespoir. Pour changer le cours périlleux des événements futurs, il suffit de se remémorer les tournants erronés que nous avons empruntés dans le passé.

La science est née dans la spiritualité. Impressionnés par les merveilles de la Terre, les hommes ont commencé par expliquer la nature de la façon qui leur paraissait la plus évidente : comme un domaine enchanté sur lequel régnaient les dieux. À mesure que s'écoulaient les millénaires, tout au long du Moyen Âge et de la Renaissance, la science est demeurée la province des hommes passionnés par le spectacle d'un univers qu'ils chérissaient comme un suprême cadeau. Les monastères étaient des îlots de connaissance scientifique et les savants faisaient appel à tous les triomphes de l'existence humaine – musique, humanités, beaux-arts, foi – pour parvenir à la compréhension et l'enrichir.

Il ne s'agit naturellement pas de laisser entendre que la nature humaine était différente en ce temps-là. Dès le début, les hommes ont abusé du pouvoir. Les prêtres babyloniens se servirent du tout premier phénomène naturel à être expliqué – le secret de l'éclipse – pour terrifier leurs fidèles ; Archimède et Léonard de Vinci ont tous deux obtenu des fonds pour leurs recherches en faisant étalage de leurs talents pour créer des instruments de guerre ; et, selon toute probabilité, Galilée eut l'idée de calculer les trajectoires des planètes alors qu'on le payait pour calculer les trajectoires des boulets de canon. Entre les méfaits de la science d'autrefois et ceux de la science d'aujourd'hui, la différence ne réside que dans leur succès : si les mêmes motivations poussent un homme à dessiner la trajectoire d'un boulet et celle d'un missile nucléaire, il existe une différence considérable dans les effets que produit l'un ou l'autre.

Pourtant, à travers les âges, le respect fondamental de la vie que professaient les savants aussi bien que le caractère destructeur de leurs fréquentes erreurs devaient subir des modifications. La première grande date de la science – le moment où les chercheurs ont commencé à perdre leur sens de l'inspiration – n'a sans doute pas surgi brutalement, comme le prétend la légende, en raison d'un soudain divorce entre l'Église et la science lors du procès en hérésie de Galilée. La plupart des savants de l'époque étaient des hommes profondément religieux ; Kepler, qui découvrit la vitesse de déplacement des planètes en établissant un rapport entre leurs orbites et des harmonies, s'appelait poétiquement « le témoin de Dieu ». Galilée affirmait pour sa part que, si les moines interprétaient la Bible écrite, lui ne tentait que de déchiffrer la Bible vivante de Dieu.

Par une ironie du sort, les changements qui ont fait paraître les sciences plus redoutables se sont peut-être produits parce que les savants étaient peu à peu reconnus comme témoins oculaires de la création – au moment précis où ils renonçaient à en exprimer les merveilles. Espérant parvenir plus efficacement à des vérités, Galilée et ses collègues commencèrent à suivre la « méthode expérimentale », en écartant tout ce qui ne se rapportait pas à leurs observations : le son, la couleur, l'odeur, le goût, l'émotion. Avec les microscopes, les télescopes et tout ce qui leur apportait une vision sans pareille du monde, les savants purent remplacer la foi aveugle par les faits bruts. Devant un public fasciné, ils se proclamèrent nouveaux prêtres. Mais les cieux que ces nouveaux visionnaires découvraient n'étaient que des infinis vides. Refusant de laisser l'émotion humaine et la pure stupéfaction colorer leurs découvertes, les savants ne pouvaient comprendre la nature que comme un entrepreneur de pompes funèbres comprend la personne dont il embaume les restes. Ils percevaient beaucoup du corps de la science, mais bien peu de son âme.

Dotés d'une autorité nouvelle mais ayant perdu tout sens de l'émerveillement, les savants s'entichèrent plus de leur propre intellect que des phénomènes que leur intelligence leur permettait de découvrir. Il n'est pas étonnant que, à peu près à l'époque où Galilée concevait sa méthode expérimentale ignorant toute émotion, Bacon déclarait que « savoir c'est pouvoir ». À peine quelques années plus tard, Descartes proclamait que cette nouvelle méthode scientifique *pratique* « nous rendrait seigneurs et maîtres de la nature ». Un siècle s'écoulait et Kant déclarait : « Donnez-moi la matière et avec elle je construirai un monde. » Herman Helmholtz, un des plus grands physiologues de l'époque, lançait avec mépris : « Si on m'avait envoyé un œil humain pour le tester comme instrument de réflexion et de réfraction de la lumière, je l'aurais renvoyé au fabricant. »

Cette arrogante recherche du pouvoir, qui s'accompagnait d'un mépris de la vie, a planté un nouveau décor scientifique qui pouvait se révéler dangereux. Pourtant, à part quelques incursions dans le domaine de la fabrication des armes, les bonnes intentions fondamentales des savants n'ont pas changé durant des siècles. La plupart des scientifiques et des philosophes – Bacon, Descartes et Kant au premier rang – prédirent que les savants allaient utiliser les nouvelles possibilités pour bâtir un monde meilleur. Mais seuls leurs rêves étaient grands : leurs capacités restaient faibles. Jusqu'au siècle passé il fallait trop longtemps – de cinquante à cent ans – pour faire d'une découverte une réalité, pour le bien ou pour le mal.

Hélas ! le gouffre entre la découverte et la technologie finit par se combler – les savants apprirent à appliquer rapidement leurs découvertes à des inventions – au moment où éclatait la Seconde Guerre mondiale. L'humanité acquit sa puissance cosmique précisément à l'heure où les nations se querellaient pour en faire usage les unes contre les autres. Les armées du monde marquèrent la seconde grande date de la science : elles s'approprièrent la quête du pouvoir des savants, la transformèrent en quête militaire de la suprématie. Le monde se lança dans une bataille comme on n'en avait jamais vu : la bataille que Winston Churchill surnomma la « guerre des magiciens ».

Nos magiciens se mobilisèrent, offrant personnellement leurs services aux militaires. Même aujourd'hui, le monde comprend – je comprends – les mobiles, à l'origine patriotiques, des savants. Ils réagissaient aux exigences de la guerre. Pourtant, la question qui se pose à nous aujourd'hui ne concerne pas les raisons qui ont amené les savants à offrir leurs pouvoirs aux militaires ; ce qui est plus important, ce sont les changements définitifs que les militaires, à leur tour, ont opérés dans la façon dont nous utilisons la science.

Avec le pouvoir exécutif, qui, en temps de guerre, revient toujours aux forces armées, les militaires ont arraché aux savants le contrôle des découvertes scientifiques. Einstein parla à Roosevelt de sa théorie de la relativité et de ses implications dans l'effort allemand pour construire une bombe atomique : après cela, le plus célèbre savant des temps modernes ne participa à aucune des discussions qui s'ensuivirent sur les méthodes employées par la compagnie DuPont pour tirer un produit de sa découverte. Les savants furent si totalement coupés des prises de décision que l'emploi de la bombe atomique fut approuvé par des dirigeants qui n'étaient pas informés des risques de dégâts génétiques provoqués par les radiations. Ni Churchill, ni son successeur, Clement Attlee, qui était d'accord avec la décision de Truman de prendre pour cible une population, ni, pour autant que le montre l'Histoire, *Truman lui-même* ne savaient que l'arme nucléaire allait entraîner des effets dépassant les morts provoqués par l'explosion initiale. Dix-huit ans auparavant, on avait décerné un prix Nobel pour la découverte des effets génétiques causés par des radiations ; mais les biologistes, qui n'auraient pas manqué de soulever des objections, ignoraient qu'on construisait une bombe. Les dirigeants approuvèrent l'utilisation d'armes atomiques par manque d'information – parce qu'on ne les avait que partiellement informés. Seuls les militaires avaient en main toutes les pièces du puzzle, et eux seuls prirent toutes les décisions. Le savant était déchu de son rôle de prêtre.

Dès l'instant où les responsables militaires se furent installés dans leur rôle de nouveaux patriarches de la science, comment ont-ils changé notre attitude envers la science, envers la recherche dans l'univers aussi bien qu'envers les savants, ces explorateurs de l'inconnu ? « Pour les décideurs en temps de guerre, observa un jour amèrement I.I. Rabi, le savant dont les théories aboutirent au micro-ondes, au maser et au laser, l'homme de science n'est qu'un singe savant qui grimpe au cocotier pour en rapporter les plus belles noix. » Bref, les militaires abaissèrent les savants au rôle de simples recrues. Les savants jugés acceptables pour les travaux militaires n'étaient maîtres ni de leurs découvertes, ni même de leur conscience. Ceux que l'on a promus en temps de guerre se rallièrent aux valeurs décrites par le physicien Robert Oppenheimer, le père de la bombe atomique. « Quand on voit quelque chose qui est techniquement attirant, on va de l'avant et on le fait. C'est seulement après avoir obtenu une réussite technique qu'on discute de ce qu'on doit en faire. »

Le goût du techniquement attirant : les savants ainsi intoxiqués ne se contentaient plus de répondre aux exigences de la guerre, ils les devançaient. Comment notre science a-t-elle été défigurée par les deux biologistes qui ont conçu l'idée d'une guerre biologique et qui, de leur propre initiative, en ont fait part au ministère de la Guerre ? Dans quelle mesure un professeur de Harvard a-t-il mutilé notre science quand il s'est « amusé » à créer le napalm, à l'aide duquel l'aviation américaine a incinéré en une seule nuit des milliers de gens à Tokyo ?

Je comprends les « exigences » de la guerre. J'ai combattu pendant la Seconde Guerre mondiale, pour mon pays et par patriotisme et, dans la Résistance, contre le nazisme et le fascisme. Pourtant, une vision d'angoisse me brûle encore la mémoire. Je naviguai à bord du croiseur *Dupleix*, et, en compagnie de deux autres croiseurs escortés par des destroyers et des torpilleurs, nous faisions route vers la côte italienne. Une nuit, au large de Gênes, j'entendis le fracas des canons, le grondement de la destruction, le bruit de la mort. Cette nuit-là, ce n'étaient pas des soldats qui mouraient à Gênes. Ce n'étaient pas des marins. C'étaient les habitants de la ville. Épouses, maris et enfants mouraient. Des nations commettaient l'acte jusque-là impensable de tuer des populations de non-combattants. Et mon navire participait à l'opération. J'écoutai le bruit des canons, mais je n'observai pas le spectacle. Cette nuit-là, personne n'était sur le pont. Pendant la canonnade, j'étais avec mon équipage. L'officier qui dirigeait notre tir depuis la tourelle annonçait dans un haut-parleur le point d'impact de nos obus. Une troisième salve, dit-il, avait touché en plein la cible. Nous avions compris. Et tous ensemble nous nous mîmes à pleurer.

Radar, détonateur de proximité, sonar, contrôle automatique du tir : tout cela composait le fruit infernal, né de l'alliance de la technologie et de la science, qui permettait aux militaires de massacrer des familles endormies, dans le noir, avec une abominable précision. Étaient-ce les seules exigences de la guerre qui les avaient créés ? Ou bien leur existence était-elle due en partie au faible d'un savant pour la technologie ? Quand Oppenheimer finit par lancer publiquement que, pendant la guerre, les physiciens avaient « connu le péché », les savants impliqués dans son projet de bombe atomique se dissocièrent avec indignation de son commentaire, refusant tout sentiment de remords. Freeman Dyson, connu aujourd'hui pour ses théories sur l'exploration de l'espace, a rencontré beaucoup de ces hommes après la guerre : il a remarqué le plaisir juvénile avec lequel ils évoquaient le bon vieux temps de la construction de la bombe. « Le péché des physiciens n'était pas d'avoir conçu une arme mortelle », observa Dyson, pour lequel il était moralement justifiable de construire la bombe quand leur pays était engagé dans une lutte désespérée contre l'Allemagne de Hitler. « Mais ils prenaient plaisir à la construire. Ils s'amusaient comme des petits fous en la fabriquant. C'est à cela, je crois, que pensait Oppy quand il disait qu'ils avaient péché. Et il avait raison. »

Pour les militaires, ce genre d'attitude faisait du savant la marionnette rêvée. On ne considérait plus les chercheurs comme des individus mais comme des biens, ni plus ni moins que des super-armes. Une fois la guerre en Europe terminée, les Français, les Américains, les Britanniques et les Soviétiques ont-ils déferlé en Allemagne pour récolter les trésors nationaux, les bijoux, les terres ou autres dépouilles dont s'emparent traditionnellement les vainqueurs ? Pas du tout !

Ils se sont précipités pour ramasser des savants allemands, allant jusqu'à qualifier ces êtres humains de « prises de guerre » et de « réparations intellectuelles » ! Les Américains allèrent jusqu'à décerner à des savants nazis la citoyenneté américaine pour les remercier de leur aide contre le Japon – deux mois plus tôt, ces savants nazis avaient fait visiter aux Japonais leurs usines de missiles, pour les aider à frapper les Américains. Les principes étaient sacrifiés à l'objectif. Dans la quête obsédante de la bombe la plus puissante, on oublia un patriotisme bourré de contradictions au point d'en être transformable. Les savants qui refusèrent de se vendre, on se passait d'eux, tout simplement. Robert Oppenheimer resta le favori des militaires américains aussi longtemps qu'il continua à mitonner ses préparations nucléaires. Mais quand il se prononça contre l'accélération de la course aux armements que représentait la production de bombes à hydrogène en plus des bombes atomiques, les militaires l'évincèrent. Quand Frédéric Joliot-Curie, haut-commissaire à l'énergie atomique pour la France, protesta contre la fabrication de bombes atomiques, il fut vite remplacé par Raoul Dautry qui assuma cette charge en proclamant que « le meilleur savant » pour le gouvernement était un « ingénieur obéissant à ses supérieurs ».

Après la guerre, l'industrie asséna à notre science un dernier coup. À la quête du pouvoir des militaires, le commerce est venu ajouter sa recherche du profit. Bien sûr, la combinaison de la science et de l'industrie n'est pas forcément un mal. Même au début de la révolution industrielle, certains des grands savants du monde utilisèrent de façon altruiste leur génie pour que la société tout entière en tire quelque profit économique. Pasteur a appliqué sa théorie des germes pour créer la « pasteurisation » et sauver ainsi les industries françaises du vinaigre ; il a également découvert la cause et le traitement de la maladie du ver à soie, épargnant ainsi aux éleveurs des centaines de millions de francs. Quand on lui demanda pourquoi il n'avait pas tiré de ses découvertes des profits légitimes, il répondit : « En France, les savants considéreraient qu'ils s'abaissent en faisant cela. »

Toutefois, si, à cette époque, on n'exploitait pas la science pour en tirer profit, c'était sans doute moins dû à la générosité de l'âme humaine qu'au long intervalle de temps qui séparait les découvertes et les idées de leurs applications pratiques. Quand la Seconde Guerre mondiale révéla que les découvertes scientifiques pouvaient, en quelques mois, produire non seulement la bombe atomique, mais aussi la pénicilline, le plasma et le premier ordinateur électronique, les économistes s'aperçurent soudain que la quête du savoir pouvait être rentable. On pouvait appliquer la logique scientifique pour augmenter la production et diminuer les coûts, pour créer des produits nouveaux qui n'étaient pas nécessairement durables, mais assurément vendables. Les actions industrielles s'envolèrent en proportion directe avec ce que l'industrie dépensait pour les applications scientifiques. Même le produit national brut d'un pays reflétait sa réussite nationale brute dans le domaine de la technologie.

Nul n'irait nier que le mariage de la science et de l'industrie a renforcé l'économie mondiale. Mais avec quel genre d'économie cette façon d'exploiter la science nous a-t-elle laissés ? La production d'armes représente à elle seule une des parts les plus importantes du PNB des principaux pays industrialisés. La fabrication d'armes emploie un surcroît de main-d'œuvre et déverse des salaires dans l'économie sans apporter de biens de consommation qui feraient concurrence à d'autres produits. Mieux pour les dividendes : les stocks d'armes ne cessent de se démoder et doivent être constamment remplacés. Évidemment, les services sociaux pourraient apporter les mêmes bienfaits : développer l'emploi sans produire de biens de consommation concurrents. Mais, en réalité, on utilise notre science pour nous enfermer dans une « économie de préparatifs », une économie que pratiquent des communautés entières, où les besoins sont soumis à la production d'armes. Gerard Piel, le directeur du *Scientific American,* qui s'est fait tout à la fois le chroniqueur et le critique de cette évolution, a observé que nous utilisions la science, l'ensemble des connaissances humaines, pour créer le genre de société qui a amené un jour un quotidien new-yorkais à proclamer en gros titre : LA CRAINTE DE LA PAIX FAIT CHUTER LE MARCHÉ ! Ces dernières années, on a pratiquement institutionnalisé ce gaspillage de nos ressources intellectuelles. Une conséquence directe de deux politiques bien précises : la mauvaise utilisation des fonds de recherche et le secret scientifique.

D'abord, les gouvernements se servent de nos impôts presque exclusivement pour soutenir les applications de la science : ils étouffent pratiquement tout progrès dans l'exploration pure et désintéressée de l'univers. Comme je me rappelle avec quelle prodigalité on finançait la recherche pure juste après la guerre, je ne vois que trop bien les dégâts quand on supprime ces fonds. C'est à Paris qu'on décide de la longueur des jupes, mais c'est à Washington qu'on donne le ton de la science mondiale. Dans les années quarante, les États-Unis ont inauguré un âge d'or de la découverte scientifique. À lui tout seul, le Bureau de la recherche navale aux États-Unis a sans doute plus fait durant ce siècle pour élargir le champ des connaissances humaines que tout autre institution. Je me souviens d'un grand nombre d'intéressantes études de la topographie du fond de la mer financées par cet organisme ; cela ne l'empêchait pas d'attribuer d'importants crédits, sans aucune obligation envers les militaires, à des savants intrigués par les mystères de la nature qui n'avaient aucun rapport avec les océans. De tous les coins du monde des savants accouraient aux États-Unis. À cette époque, j'ai rencontré un jeune Français intelligent qui rêvait de devenir océanographe. Je l'aidai à obtenir une bourse à l'Institut océanographique Scripp's, à San Diego. Six mois plus tard, mes affaires m'appelant en Californie, je l'invitai à dîner et lui demandai comment il allait. Le jeune homme marqua un temps avant de me répondre ; quand il le fit enfin, il s'exprima avec toute l'hésitation d'un pécheur accablé à l'idée de se confesser. Son problème ? Il me regarda tristement. « Ici, je suis confronté à mes propres limites. » Je fus frappé par la philosophie avec laquelle il se rendait compte qu'il était prisonnier des limites de ses capacités ; pourtant, ce qui me semble important en l'occurrence, c'est le fait que, dans une ambiance de financement généreux permettant d'acheter tout ce dont un savant a besoin, un étudiant n'avait de reproches à adresser qu'à lui-même s'il n'arrivait pas à faire une découverte extraordinaire.

En 1963, le Pentagone arrêta une progression vers l'avenir, qui sans cela aurait été irrésistible, avec un document étonnant : il se caractérisait par une telle absence de vision que son titre – « Opération retour sur le passé » – se révéla involontairement fort bien choisi. D'après cette étude, l'énorme financement consacré par les militaires américains à la science pure et d'investigation n'avait pas produit de résultats suffisants dans le domaine de l'armement. Le Congrès américain donna force de loi à cette conception à courte vue et vota l'amendement Mansfield interdisant aux militaires de fournir des crédits à toute recherche scientifique qui ne déboucherait pas directement sur des résultats militaires. Cet amendement, connu sous le nom de « loi Johnson », interrompit l'afflux des grands savants européens vers les laboratoires américains.

Comme la plupart des autres fonds consacrés à la science venaient de l'industrie, et que ces fonds concernaient presque uniquement la recherche appliquée, la science pure se trouva en Amérique bien peu encouragée. Depuis lors, la situation n'a fait que s'aggraver. Aujourd'hui, la part la plus importante du budget scientifique américain est consacrée à la recherche sur les armes. Environ un quart du budget scientifique fédéral va aux applications scientifiques. La pure recherche, l'exploration sans entrave, ne reçoit qu'un faible pourcentage des fonds que le gouvernement américain dépense pour la science.

La migration des savants vers l'Amérique est presque devenue une émigration des États-Unis vers d'autres pays, mais sans résultat. Tous les pays du monde ont suivi les États-Unis pour se précipiter comme des hordes de lemmings dans l'océan d'un marasme scientifique.

Voici la simple vérité : la recherche appliquée génère des améliorations, pas des percées technologiques. Les grands progrès scientifiques viennent de la recherche pure. Même des savants connus pour les applications « utiles » de leurs découvertes n'ont connu le succès que quand ils ont renoncé à poursuivre cet objectif pratique pour laisser leur esprit planer : ainsi, lorsque Alexander Fleming, « juste histoire de s'amuser », s'est abstenu de jeter les moisissures verdâtres qui avaient gâché son expérience, les a étudiées et a découvert la pénicilline ; ou quand, dans les années cinquante, C.A. Clarke, un physicien travaillant pour l'université de Liverpool, a été intrigué par les motifs colorés d'origine génétique qui apparaissaient lorsque, pour se distraire, il croisait entre eux les papillons qu'il élevait. « Par l'agréable détour de la simple curiosité », sa fascination l'amena à une brillante idée pour prévenir l'anémie parfois fatale qui menaçait les bébés nés d'un père à Rhésus positif et d'une mère à Rhésus négatif.

La nouvelle politique à la mode aujourd'hui prescrit : « Ne cherchez pas : trouvez. » Mais qu'est-ce que les savants sont censés trouver ? Quand ils ont une idée, que cherchent-ils ? En ouvrant l'âge du but à atteindre, nous mettons un terme à l'âge du rêveur. D'une technologie à l'autre, nous dépensons tout notre capital de science pure sans jamais procéder à de nouveaux investissements.

De plus en plus, les savants qui souhaitent simplement se laisser pousser par leur curiosité, comme l'a fait Clarke, doivent camoufler leurs objectifs. Le savant qui a envie de compter les pattes d'un insecte ne peut obtenir de crédits qu'en racontant qu'il travaille sur un projet de pesticide. Pour obtenir une bourse, il lui faut subordonner ses espoirs d'acquérir des connaissances à l'objectif d'obtenir un produit commercial. Il n'y a pas longtemps, les océanographes du monde entier attendaient avec impatience un satellite proposé par des savants américains. Le *Sea Sat* serait en orbite autour du globe et pourrait recueillir sur les eaux du monde des informations dont jusque-là on ne pouvait même pas rêver. J'acceptai plusieurs invitations à visiter le laboratoire de propulsion à réaction pour examiner les progrès du programme. Les savants réunis là-bas avaient proposé un certain nombre d'instruments tout à fait révolutionnaires, mais le projet de *Sea Sat* était à peine en orbite qu'il fut rejeté. Le Congrès avait limité la portée du satellite aux mers baignant l'Amérique. Pourquoi mutiler ainsi le projet quand les hommes en savent si peu sur l'océan ? À ce que me dirent certains savants, le Congrès américain, suivant ce qu'il estimait être le désir du public, ne financerait que des programmes concernant les eaux américaines. Le raisonnement sur lequel se fonde cet argument est absurde : le satellite tournerait autour du globe, il voyagerait au-dessus des océans, survolerait les côtes de tous les pays et aurait pu enrichir ainsi la communauté humaine d'une masse fantastique d'informations nouvelles. Mais, parce que des politiciens ne veulent pas voir d'autres nations bénéficier de ces connaissances nouvelles, ils s'en privent eux aussi. Quoi qu'il en soit, le *Sea Sat* était apparemment maudit : peu après son lancement, il a cessé de fonctionner. Pas de regret.

Dans ce cas, l'erreur fondamentale réside dans l'affirmation que le *public* ne veut qu'une science utile ; que le *public* méprise toute recherche qui ne rapporterait que connaissance ou compréhension. Je ne me souviens pas avoir jamais entendu le public déclarer que la connaissance en soi n'était pas « pratique. » Quand le public a-t-il donc proclamé que, par « progrès », on n'entend que le progrès industriel, le progrès militaire et non pas le progrès intellectuel ? Quand donc le public a-t-il décrété que nous ne devrions élargir que nos perspectives économiques, jamais nos esprits ? Les industries, les activités militaires et, grâce à elles, les politiciens ne manqueront assurément pas de se partager les applaudissements si les profits s'accumulent à court terme parce qu'on a financé les applications de la science. C'est nous, le public, qui supportons de plein fouet les dommages intellectuels à long terme qu'entraîne une réduction des crédits consacrés à la science pure. Et ces pertes-là sont incalculables.

En 1970, par exemple, j'ai accédé à une demande de la société Bechtel d'emmener quatre navires, y compris la *Calypso,* examiner le projet de tracé d'un pipe-line de gaz naturel partant de Tunisie et traversant la Méditerranée jusqu'à la Sicile. Nous commençâmes en utilisant le sonar pour dresser une carte de la topographie générale du fond ; ensuite, jour après jour, Falco, à bord de la soucoupe de plongée, un petit sous-marin d'exploration, descendait dans les profondeurs pour inspecter directement les secteurs qui posaient un problème, notant sur un magnétophone les détails du fond de la mer.

Le 30 octobre de cette année-là, Falco patrouillait en eaux profondes, pilotant la soucoupe de plongée le long du fond en pente. Il était à une profondeur de deux cent vingt-cinq mètres quand il aperçut plusieurs formes sombres qui dépassaient du sable pour se dresser dans le faisceau des projecteurs de la soucoupe. Des poteries antiques ! Il manœuvra la soucoupe pour passer au-dessus des débris. Il n'y avait absolument aucun doute dans son esprit, dit-il dans le magnétophone : les vestiges d'un navire gisaient engloutis dans la boue. Avec les années, les planches en bois de la coque avaient pourri ; des fragments de poteries ainsi que des pièces métalliques et des équipements qui avaient résisté à la corrosion s'étaient déposés sur le fond, dessinant la forme du navire disparu.

Il y avait pourtant quelque chose d'insolite chez ce fantôme vénérable : la forme dessinée par sa cargaison était bien plus longue et plus étroite que celle de tous les vaisseaux romains que Falco avait déjà découverts. Il approcha la soucoupe, en se tenant juste au-dessus de l'épave. Les garnitures du navire étaient forgées dans le bronze ! Élancé... capable de grande vitesse... somptueusement décoré : il ne s'agissait pas d'un navire marchand ! Falco comprit qu'il avait sous les yeux un vaisseau de guerre extrêmement ancien. On sait que les Phéniciens – les Cananéens de la Bible – ont bâti ce genre de navire de combat long et étroit : mais seules quelques pièces de monnaie assyrienne, dont la plupart ont aujourd'hui disparu, ont révélé à notre monde moderne l'apparence qu'avaient ces embarcations, et sans fournir beaucoup de détails. Voilà soudain que Falco reconnaissait une forme menaçante qui se dressait dans l'ombre : un bélier ! De bronze massif ! Les Phéniciens étaient connus aussi pour avoir été les premiers à monter sur leurs vaisseaux ce genre d'armement redoutable.

Ce navire englouti n'était pas un simple monument, comme le cuirassé *Monitor* au large de la côte de Virginie, ou le *Titanic* dans les profondeurs de l'Atlantique. Le bateau, Falco le savait, était le message d'une civilisation dont la culture avait depuis longtemps commencé à disparaître des souvenirs de l'humanité. Il en parlait avec nostalgie dans le magnétophone de la soucoupe : il aurait voulu rester sur place, abandonner le projet de tracé du pipe-line. Mais ses obligations l'obligèrent à n'utiliser la pince mécanique de la soucoupe de plongée que pour s'emparer d'un petit fragment de bronze qu'il remonterait plus tard à la surface, une fois sa journée de travail terminée.

Si l'épave découverte par Falco était bien phénicienne, elle provenait d'une civilisation qui faisait sillonner la Méditerranée à ses vaisseaux deux mille ans avant qu'une poignée d'indigènes errants se fût même installée sur le faîte de la colline qui un jour deviendrait Rome ; elle provenait d'une civilisation qui dominerait tout l'est du Bassin méditerranéen à l'époque où le roi Salomon régnait sur l'empire biblique d'Israël. Si nous avions travaillé sur un projet dans un monde différent – aux tendances utopiques j'en conviens, mais assurément plus raisonnable que le nôtre –, une découverte aussi extraordinaire aurait brusquement interrompu les travaux concernant le pipe-line et nous aurions pu consacrer toutes les énergies et les ressources de l'expédition à une étude approfondie de ce trésor culturel. Pourtant, dans le monde réel, on ne pouvait disposer que des fonds nécessaires à étudier le tracé d'un pipe-line qui permettrait de brûler davantage de gaz en Sicile : qui donc paierait les frais d'une découverte qui pour l'instant ne permettrait pas d'allumer un fourneau, mais qui pourrait à jamais illuminer toute une civilisation perdue ?

La politique de secret adoptée par les militaires et les industriels concernant la science fondamentale cause encore plus de tort au public que les déguisements dont on affuble ce financement. Non seulement le secret prive le public de connaissances mais, dans certains cas, même de sécurité dans sa vie quotidienne. Invoquant la sécurité nationale, il y a longtemps que les ministères de la Défense et les agences de Renseignement ont enseveli au fond d'archives secrètes des milliers de documents scientifiques concernant la recherche appliquée; récemment, les responsables militaires ont exigé que la recherche pure et *non confidentielle,* entreprise avec leurs crédits reste strictement limitée à un usage interne. Les officiers de sécurité du gouvernement ont donné la consigne à certains chercheurs de n'exposer leurs découvertes à l'occasion de conférences scientifiques que si on avait interdit aux étrangers l'accès de la salle. Poussés par la concurrence, les savants vont même aujourd'hui jusqu'à se censurer eux-mêmes. Ces réunions internationales rassemblant des savants lancés dans la recherche industrielle ne résonnent plus des conversations excitées et spontanées dont je me souviens : la crainte de perdre on ne sait quel brevet futur pèse sur la salle comme un nuage orageux. Personne ne semble s'attendre à l'issue inévitable : que si un homme garde pour lui ses découvertes, d'autres garderont pour eux les leurs. C'est un obstacle à son propre progrès comme à celui du progrès scientifique.

Ceux qui gardent le monopole de leurs découvertes pour leur propre profit me font penser à ces enfants avares qui cachent leurs billes comme des harpagons : tous ceux qui conservent le secret sur des découvertes susceptibles d'affecter la santé ou la vie des hommes, ceux-là ne sont rien de moins que des criminels. Dans la plupart des pays civilisés, quelqu'un qui s'abstient d'assister une personne en danger risque d'être arrêtée et poursuivie. Faudrait-il traiter différemment le chercheur industriel et le grand patron qui, au nom de la concurrence, ne divulguent pas des informations sur de nouveaux médicaments qui pourraient sauver des vies? Sont-ils en rien différents du passant impitoyable qui regarde les gens mourir alors qu'il a le pouvoir de les aider à rester en vie? Quelqu'un qui découvre simplement une méthode pour sauver des vies est-il « propriétaire » de cette méthode?

J'ai vu des sociétés revendiquer précisément ces droits de propriétaire en brevetant des renseignements d'une importance vitale pour la sécurité des plongeurs. Même après avoir inventé le scaphandre autonome, je rêvais de trouver une nouvelle façon de plonger, qui me permettrait de descendre encore plus profondément, de rester en bas plus longtemps. Au début des années soixante, George Bond, un médecin de la Marine américaine, conçut la « plongée en saturation », exactement l'idée qu'il me fallait. La Marine américaine n'était pas intéressée : il vint me trouver et je m'empressai de collaborer à son projet.

En 1962, lors des premières expériences de plongée en saturation sur une plate-forme continentale, Falco et un autre membre de mon équipage, Claude Wesly, passèrent une semaine à dix mètres sous la mer dans une chambre spécialement comprimée, en partant chaque jour « travailler » à vingt-cinq mètres. L'année suivante, nous franchîmes une nouvelle étape. Nous bâtîmes un village sous-marin, avec dortoirs à air comprimé et même un garage pour soucoupe de plongée que nous immergeâmes au milieu des requins qui sillonnaient les eaux du récif de corail de Shab Rhumi, dans la mer Rouge. Nos océanautes vécurent là tout un mois, à filmer la vie des créatures du récif pour mon documentaire *Le Monde sans soleil.* Pour finir, en 1965, nous immergeâmes une maison sous-marine de cent trente tonnes en eau profonde, à cent mètres en dessous de la surface de la Méditerranée, au large du cap Ferrat, sur la Côte d'Azur. Six océanautes, dont mon fils Philippe, vécurent pendant vingt et un jours à cette grande profondeur, ne quittant chaque jour leur résidence sous-marine que pour s'escrimer sur un derrick factice à cent vingt mètres de profondeur. Ils finirent par acquérir une telle habileté qu'ils pouvaient exécuter des tâches sous l'eau aussi rapidement que les ouvriers sur les champs de pétrole. Grâce à leur audace, les plongeurs peuvent aujourd'hui contrôler dans de meilleures conditions de sécurité l'exploitation du pétrole à grande profondeur ; les récupérateurs d'épaves peuvent remonter des abysses des barils de produits toxiques éparpillés dans les épaves d'énormes cargos ; les cultivateurs sous-marins peuvent mieux soigner et moissonner leurs récoltes. Nous avons publié toutes nos découvertes sur la physiologie de la plongée en profondeur. Nos expéditions n'ont fait que défricher ce domaine. Il restait bien des perfectionnements à trouver. L'industrie a depuis lors travaillé à grand prix sur la plongée en saturation, augmentant les mélanges de gaz que respirent les plongeurs, réduisant les temps de décompression et améliorant ainsi le rendement du travail sous-marin. Pourtant, à cause de la concurrence avec d'autres sociétés, ils ont gardé le secret le plus absolu sur tous ces renseignements si essentiels à la sécurité des plongeurs. Ils traitent la vie de ces derniers comme des articles négociables et négligeables. Ils prétendent même s'arroger le monopole de la respiration.

La tendance au secret ne s'arrête d'ailleurs pas à la censure des progrès qui protègent la vie : politiciens, industriels et militaires exercent aussi une censure sur les dangers qui la menacent. Ils ne « financent » pas la science : ils l'« achètent ». Les gouvernements ont examiné les problèmes de sécurité posés par les défoliants, les additifs alimentaires, l'essence au plomb ; ce sont eux qui ont engagé les savants à s'employer dans ces industries et qui ont ainsi obtenu les résultats les plus satisfaisants à leurs projets. Quand on ne pouvait pas préciser la nature des expériences afin d'éviter une vérité gênante, les organismes gouvernementaux ont affirmé que, puisqu'ils ont « acheté » la science, ils sont « propriétaires » des résultats et refusent donc de les divulguer : et peu importe qu'ils les aient « achetés » avec l'argent de nos impôts. La France a procédé à un certain nombre d'essais nucléaires à Mururoa : avant que je procède moi-même à bord de la *Calypso* à des mesures dans les parages, personne n'avait eu accès à ces essais souterrains : les niveaux de radioactivité atteints sur l'île, dans les eaux, chez les poissons, voire chez les indigènes, tout cela était propriété des militaires.

Les militaires américains ont déversé des défoliants sur le Vietnam ; pendant des années, les savants n'ont pas pu mesurer avec précision les dégâts ni les maladies que cela a pu provoquer parce que le département de la Défense était « propriétaire » des informations concernant les dates et les emplacements des pulvérisations et refusait de les révéler. En achetant des faits, ces organismes achètent la politique nationale : ils obligent les représentants élus à fonder la loi sur des demi-vérités ou sur une absence totale de vérité. Même un président n'échappe pas à cette émasculation. Je me suis un jour rendu à l'Élysée pour faire part au président Georges Pompidou de mes opinions sur la politique nationale de la mer. J'avais parlé pendant les trente minutes qui m'étaient allouées : il ne donnait aucun signe que mon temps était écoulé. Au bout de quarante minutes, le Président lui-même prit la parole. Il me félicita de mes prises de position, précisa même des arguments qui venaient soutenir encore mon point de vue. Enfin, Pompidou me serra la main et me dit adieu. Puis il conclut sur une phrase que je peux encore aujourd'hui répéter mot pour mot : « Mais n'oubliez jamais une chose, Cousteau : le président de la République française ne peut rien contre les puissants organismes de son pays. » Je savais naturellement qu'il voulait parler d'Électricité de France, de l'Énergie atomique et du CNEXO, le Centre national pour l'exploitation des océans.

Ces organismes et les industries qui tiennent aussi peu compte même d'un président élu par son peuple nous adressent un message fort clair : le mépris de la vie est tellement enraciné chez ceux qui contrôlent la technologie qu'ils méprisent même les êtres humains. Ils entassent des armes qui pourraient détruire l'humanité, ils répandent leurs poisons sur les hommes, et puis ils décrètent que ceux-ci n'ont absolument pas besoin de savoir quoi que ce soit de ces assauts auxquels on les soumet. Dans *La Comédie du pouvoir*, Françoise Giroud qui fut ministre de la Condition féminine a fort bien résumé la situation : « Le gouvernement, a-t-elle écrit, c'est l'art d'empêcher les gens de se mêler de leurs propres affaires. Les rapports sur d'audacieux projets techniques sont publiés dans un incompréhensible jargon digne de la tour de Babel : cela tient à distance un public qui a besoin de connaître les faits des savants qui les détiennent. Plus grave encore, on amène le simple citoyen à s'imaginer qu'il n'arrive pas à comprendre ces informations, non pas parce qu'elles ont été rédigées en charabia mais parce que lui-même – un simple profane – est un individu quelque peu inférieur, trop stupide pour comprendre. Le fait que tant de gens gobent le raisonnement qu'on les oblige à avaler confirme la remarque pleine de prescience de Disraeli qui affirmait que le public accepte la publicité scientifique avec une " insatiable crédulité ". »

Que se passe-t-il quand ceux qui président aux destinées de la science ont tout à la fois les fonds illimités et la possibilité tout aussi illimitée de garder le secret sur leurs actions ? Ils réduisent la politique scientifique à l'art rudimentaire du *n'importe quoi.* Ils brandissent les pouvoirs de la nature, quelles que soient les conséquences sur la Terre en général et sur l'humanité en particulier. Leur insouciance me rappelle la façon dont se comportait Philippe quand il avait cinq ans. Il avait trouvé un élastique, un bâton et une pierre, il aperçut un oiseau. Il avait tous les éléments nécessaires pour tirer avec sa fronde : ce qu'il fit. L'oiseau tomba à terre, mort. Après un instant de silence stupéfait, Philippe se précipita dans la maison en poussant des cris de remords, tout en sachant que ses larmes arrivaient trop tard. Ceux qui se servent de la science contre la société n'utilisent évidemment pas des bâtons, des cailloux, des élastiques. Ils n'ont pas non plus cinq ans. Ils agissent simplement comme si c'était le cas. Sitôt qu'une technologie offre des possibilités, ils tentent le coup.

Quand les compagnies aériennes ont proposé de construire des avions de transport supersoniques pour leurs lignes commerciales, les experts ont accablé les gouvernements de protestations : ils redoutaient qu'une flotte de tels appareils n'aille détruire la couche d'ozone qui protège la planète, qu'elle expose la Terre à un niveau encore plus élevé de radiations ultraviolettes et que cela augmente le taux des cancers de la peau. Même si les technocrates français se moquaient de tous ces risques et allaient de l'avant, le fait que les Américains eussent abandonné la construction des seize appareils projetés amena le public toujours d'une crédulité insatiable à s'imaginer qu'il avait remporté une victoire. Pourtant, à l'heure actuelle, des centaines de chasseurs supersoniques, y compris ceux de l'aviation américaine, brûlent sans opposition notre ozone. N'importe quoi.

Juste après la découverte de la ceinture de Van Allen – une zone de particules radioactives qui entourent la Terre, avec des effets mystérieux mais compliqués sur toutes les formes de vie – les technocrates décidèrent de faire exploser là-dedans une bombe à hydrogène, simplement pour voir s'ils pouvaient produire une aurore colorée en dérangeant les particules. Ils écartèrent d'un haussement d'épaules les protestations horrifiées des purs savants opposés à cette téméraire intervention dans l'inconnu. Puis, sans savoir quel dommage ils pourraient causer aux êtres vivants, et sans s'en soucier le moins du monde, ils firent sauter la bombe qu'ils avaient présentée à notre public d'une crédulité toujours insatiable comme la « Bombe de l'Arc-en-ciel ». N'importe quoi.

Plus d'un pur savant a été témoin de cette insouciante arrogance qu'affichent ceux qui contrôlent les découvertes scientifiques. Ils ont réagi en citant la description que faisait le duc de Wellington de ses généraux : « Ils ne font peut-être pas peur à l'ennemi, mais bon sang, ils me font peur à moi. » Seule une minuscule coterie de technocrates a la mainmise sur les innovations scientifiques qui affectent nos existences : ce panthéon de gens autopromus si satisfaits d'eux-mêmes, ne s'intéressant qu'à leurs objectifs personnels et qu'à leur avenir immédiat, a en fait transformé la politique scientifique mondiale en une politique qui utilise la science contre le monde. Ils croient contrôler la science : la science en fait échappe désormais à tout contrôle.

Empêtrés dans le harnais de nos technologies galopantes, nous avons remis les rênes de la science à des dirigeants irresponsables qui ne tiennent aucun compte des erreurs du passé ; qui ne respectent pas les citoyens d'aujourd'hui ; qui ne manifestent aucun respect ni même la moindre considération pour l'avenir de la vie. Pour engranger des profits au jour le jour, ils tirent des chèques que nos descendants seront contraints de payer dans quelques siècles. Avec leurs pesticides et leur pollution, leurs décharges chimiques d'où filtrent des toxiques et l'assurance d'une destruction mutuelle ; avec Bhopal en Inde, Seveso en Italie, Three Mile Island aux États-Unis, Tchernobyl en Union soviétique – avec toutes leurs sinistres erreurs – nos caciques de la science nous ont caché les dures réalités : ils déterminent tout simplement si nous et nos enfants allons vivre ou mourir. Même s'ils ne parviennent pas à réduire enfin le monde en cendres – même s'ils nous laissent un avenir – ils prendront des risques sur la nature de cet avenir. Ils tiennent entre leurs mains l'aboutissement de deux millions d'années de développement humain, d'apprentissage et de découvertes, de symphonies et d'œuvres d'art, de sculptures et de philosophie, tous les espoirs, les larmes et la détermination d'hommes qui, de génération en génération, se sont hissés sur les épaules des géants d'autrefois dans l'espoir que leurs descendants atteindraient à de nouveaux sommets de dignité humaine et d'intégrité. Nul dans l'Histoire n'a encore jamais détenu le pouvoir de gâcher autant de choses.

Pour faire quoi ? Quel bénéfice notre complexe politico-militaro-industriel espère-t-il obtenir en jouant littéralement sur le tapis tout ce que nous avons ? L'historien britannique Michael Howard a mis le doigt sur les objectifs étonnamment dénués d'intérêt de cette clique inspirée. « Quand, dans les revues stratégiques, j'ai lu ces articles sur les possibilités d'attaques préventives, de stratégie de riposte, de réactions flexibles, de domination dans l'escalade ou tous ces autres postulats de la téléologie nucléaire, a déclaré Howard lors d'une conférence, je me suis demandé avec stupéfaction : cette guerre qu'ils décrivent, qu'est-ce que c'est ? » Pendant toute une année, Howard a poursuivi les dirigeants des plus puissantes nations du monde pour leur poser à chacun cette ultime question. Pas un seul responsable n'a pu lui donner de réponse.

Voilà donc la raison pour laquelle nos technocrates mettent en péril tous nos espoirs et toute l'Histoire : pour rien. Pour l'immédiat. Pour le profit de l'instant et le pouvoir de l'instant. La technologie n'est plus un moyen vers une fin. La technologie n'est plus maintenant qu'une fin en soi. Tandis que nos priorités ont évolué au long des siècles, c'est peut-être une ironie du sort assez lourde de sens que la légende de Faust ait évolué aussi. On parle aujourd'hui d'un Faust si affamé de pouvoir qu'il a vendu son âme pour l'obtenir. Pourtant, dans l'essai original du Docteur Faustus – en 1587, avant même que Descartes et Bacon, à peu près à la même époque, ne rêvent d'utiliser la science pour aider l'humanité –, ce n'était pas du tout le pouvoir que réclamait le magicien. Il demandait une nourriture abondante, une garde-robe, de l'argent de poche et le moyen de pouvoir voler parmi les étoiles. Nous avons évolué tout comme le pauvre Faust. Nous espérions jadis utiliser la science pour atteindre précisément les mêmes nobles objectifs : aider *toute* l'humanité. Au lieu de cela, nous avons si totalement vendu nos âmes et notre science pour le pouvoir que quand Charles Schwartz, professeur de physique dans une grande université, a récemment demandé à ses collègues de prendre devant leurs étudiants une version atténuée du Serment d'Hippocrate : « J'emploierai ma connaissance de la physique pour faire du bien à la société plutôt que du mal » – il a non seulement été contraint de retirer sa déclaration mais il a bien failli être congédié.

Pourtant, nos trafiquants de science sont-ils seuls responsables de tous les maux commis au nom de la science ou bien, avec la complaisance dont nous faisons preuve, partageons-nous cette culpabilité ? Chaque jour se posent de nouveaux problèmes scientifiques exigeant des jugements éthiques qui mettent très souvent en cause notre bien-être personnel. La production de pesticide empoisonne l'eau que nous buvons, met en danger la vie sauvage et ajoute encore au risque d'accidents comme celui qui a fait deux mille cinq cents victimes à Bhopal : et pourtant les pesticides permettent aussi d'accroître les récoltes qui nourrissent le monde. Que faut-il faire ? Les dilemmes sont nombreux : certains écologistes ont proposé une liste de « sélection » des espèces en voie de disparition, qui attribuerait une priorité dans la protection des animaux uniquement fondée sur leur « importance » supposée pour les humains. Faut-il condamner des estimations de la vie aussi arbitraires que sans fondement, pour ne pas dire immorales ; ou bien faut-il laisser les espèces qui risquent l'extinction mourir au hasard ? En manipulant un peu de matériel génétique, nous pouvons reprogrammer l'hérédité. Transformer, par exemple la bactérie d'un organisme qui produit des toxines en une autre qui produit des médicaments, comme l'interféron. Mais on pourrait fort bien faire mauvais usage de cette technique pour créer aussi de nouvelles maladies redoutables. Que faut-il faire ? Un jour, bientôt, les techniciens mettront au point un système de laser qui pourra à peu de frais effectuer la séparation des diverses formes des éléments connus sous le nom d'isotopes. Avec un tel outil, les physiciens pourraient obtenir à moindre prix des isotopes purs, tel que l'oxygène 18. La technologie ouvrirait de nouveaux domaines de recherche, mais elle donnerait aussi aux terroristes un moyen peu coûteux d'extraire les matériaux nécessaires à la construction d'une bombe à partir des abondants déchets atomiques que rejettent les banales centrales nucléaires. Interdire toute recherche nucléaire, interdire même l'énergie nucléaire, ce serait nier que le progrès est l'essence même de la civilisation. Le progrès certes procède par sauts dans l'inconnu, mais suivant des choix éclairés. Que faut-il faire ?

Qui doit réagir ? Les actionnaires et les inventeurs qui sont le mieux placés pour profiter d'une ruée à tombeau ouvert dans le développement ? Les militaires et les industriels qui, à partir de toutes les découvertes inventeront de nouvelles armes ? On sait aujourd'hui que ce n'est pas une nouvelle bombe plus perfectionnée qui fera progresser l'humanité. Il nous faut une meilleure idée, un idéal plus élevé. Faudrait-il alors se tourner vers les Églises ? On a donné aux fidèles de claires directives morales concernant la science quand le pape Jean-Paul II, s'adressant à l'Académie des sciences pontificales le 12 novembre 1983, a courageusement recommandé aux savants de renoncer à construire des armes : « En refusant de se lancer dans certains domaines de la recherche qui, l'Histoire l'a montré, débouchent inévitablement sur des résultats redoutables, les savants du monde entier doivent s'unir dans un effort commun pour désarmer la science et constituer une force providentielle pour la paix. » Et pourtant, seulement quatre jours auparavant, les évêques de France avaient dispensé leurs propres ouailles précisément de cet impératif extrêmement moral, en décrétant que la dissuasion nucléaire est une défense légitime contre « l'idéologie marxiste-léniniste ».

Malheureusement, les progrès qui vont s'accélérant de la science et de la technologie ne vont pas s'arrêter pendant que nous tentons de résoudre ce genre de contradictions dogmatiques. Il nous est déjà arrivé de faire halte tandis que les décisions attendaient : on les a prises sans nous. Les questions que posent les nouvelles possibilités de la science sont bien angoissantes. Nous, le public, n'avons peut-être pas toutes les réponses, mais nous avons le bon sens. Devons-nous continuer à fermer les yeux, les oreilles et la bouche comme les trois singes ? Ou bien devons-nous assumer notre pleine stature d'êtres humains et porter les jugements moraux les plus rigoureux ? Devons-nous continuer d'accepter la situation actuelle où ceux qui contrôlent la science ne savent pas grand-chose des êtres humains et ne s'en soucient absolument pas, et où nous, les hommes, ne connaissons rien à la science et ne nous en soucions guère ? Devons-nous continuer à vivre dans une société de borgnes, chacun de nous ne pouvant voir clairement qu'un aspect de l'existence, et tous, autant que nous sommes, étant dépourvus de toute perception en profondeur pour nous donner une vision morale ?

Dans son célèbre ouvrage, *Les Deux Cultures,* C.P. Snow provoquait la colère aussi bien des savants que des humanistes quand il les accusa de se scinder en deux factions opposées. Ils n'ont pas compris. La fatale erreur aujourd'hui c'est, non pas de comprendre qu'humanistes et scientifiques vivent comme appartenant à deux cultures séparées, mais de ne pas vouloir admettre que les deux cultures doivent cohabiter sur une seule Terre. Si nous devons vivre dans la sécurité sur notre planète, il nous faut bien reconnaître que nous avons besoin des scientifiques pour nous protéger de la nature ; nous avons besoin des humanistes pour nous protéger de nous-mêmes.

Comment nous organiser pour prévenir les abus de la science quand nous laissons nos cultures humaniste et scientifique demeurer si étrangères l'une à l'autre ? Les écoles ont récemment tenté de combler ce gouffre en proposant des cours de science aux étudiants en lettres et en enseignant la musique, la littérature et les beaux-arts aux étudiants en science. C'est un effort bien intentionné, mais ce n'est qu'un début : c'est en soi une conception simpliste qui risque même d'avoir des effets contraires à ceux que l'on recherche. J'ai bien compris les insuffisances de cette méthode d'éducation du style « couper-coller » quand Philippe a suivi les cours du Massachusetts Institute of Technology. L'université proposait un cours intitulé « Humanités et sciences de l'électricité ». Voilà qui était provocant ! Je conseillai vivement à Philippe de s'inscrire. Ce qu'il fit. Le professeur donnait un cours sur Kafka : non seulement il limitait sa perspective à un seul auteur, mais à une seule œuvre de cet unique auteur.

Cette forme de myopie ne résout pas nos problèmes : elle les aggrave. Les spécialistes ont déjà démembré la science : les chimistes ne comprennent pas la géologie, les physiciens ne perçoivent pas les exigences biologiques de la vie. Chacun se concentre sur son propre domaine ; personne ne peut comprendre le rapport de sa petite portion d'univers avec une autre. Les scientifiques regardent déjà la nature par un trou de serrure. Il ne s'agirait pas maintenant de les forcer à en faire autant pour les humanités.

La science et la poésie sont en fait inséparables. Les scientifiques sont des poètes qui s'ignorent ; et les poètes dans leurs rêves ont annoncé les vérités scientifiques. Le monde pourra être meilleur si nous finissons tous – systématiquement – par comprendre que la science ne défie par les valeurs humaines :

c'est elle qui nous fournit nos valeurs. La science ne nie pas la foi : elle la célèbre.

Quand les scientifiques ont découvert que l'eau sous forme liquide – qui a apporté la vie sur terre – n'existe nulle part ailleurs dans le système solaire, la leçon qu'ils en ont tirée n'a pas été que l'eau, pas plus que la vie qui dépend d'elle, était nécessairement le résultat d'un accident chimique dans l'espace : leur importante découverte a été que l'eau est rare dans l'infini, que nous devons l'apprécier, la préserver, la conserver. Quand les savants ont émis la théorie qu'un microscopique bout de mousse pouvait pousser sur une planète lointaine, ils n'ont pas rabaissé notre Terre en lui retirant le privilège d'être le seul endroit où se maintient la vie : ils l'ont distinguée, en soulignant une fois de plus que notre planète bleue et humide est sans doute le seul endroit où la vie humaine a prospéré. Quand les savants ont découvert que chaque créature vivante sur terre – chaque plante, chaque insecte et chaque animal – tout à la fois aide tous les autres et dépend d'eux, ils n'ont pas réduit la création à un ordre mécanique et simpliste : ils l'ont plutôt exaltée comme un système complexe de groupes interdépendants. Ils nous ont montré que quand nous protégeons notre environnement, c'est nous-mêmes que nous sauvegardons.

Si j'ai fait des films sur ce qui se passe sous la mer, c'est simplement parce que je suis convaincu que les gens protègent ce qu'ils aiment. Mais nous n'aimons que ce que nous connaissons. Apprendre la science, découvrir la nature, c'est plus qu'un simple droit pour les contribuables; c'est plus qu'une simple responsabilité pour un électeur. C'est le privilège de l'être humain.

La science nous offre encore un autre cadeau, d'une valeur plus immédiate. La science nous offre la survie. La science nous a montré que, dans les étendues infinies du temps et de l'espace, les points communs qui existent entre tous les êtres humains sont beaucoup plus importants que toutes les différences qu'il peut y avoir entre individus. Sur tous les milliards d'ordres génétiques auxquels obéissent nos corps, 99 % d'entre eux sont les mêmes que chez le singe. 1 % seulement de notre configuration génétique nous distingue en tant qu'êtres humains. Cette fraction infinitésimale de matériel génétique est négligeable. Les gènes qui permettent de distinguer un homme habitant un pays de celui qui en habite un autre n'existent tout bonnement pas. Une créature venue d'une autre planète pourrait nous distinguer des singes, mais pas les uns des autres.

Les visions que nous offre la science peuvent nous conduire à un nouvel âge des Lumières : d'abord les sciences sociales doivent émerger du Moyen Âge, ensuite il nous faut cesser d'utiliser les pouvoirs de la science pour brutaliser la multitude des tribus que nous formons et commencer au contraire à les employer pour effacer ce qui nous divise. Il nous faut enfin apprendre – grâce à la science – qu'une nation qui se dresse contre une autre, c'est comme une main qui se dresse contre un cœur, deux éléments vivants du même organisme vivant qui essaient de se causer mutuellement du tort et par là même d'anéantir l'ensemble auquel tous deux appartiennent. L'ennemi de l'humanité n'a jamais été la science, ni même les produits de la science comme l'arsenic ou l'atome. Le seul ennemi de l'humanité, c'est l'être humain. Nous n'avons pas besoin de civiliser la science : nous avons besoin de nous servir de la science pour civiliser la civilisation.

L'humanité a déjà eu un aperçu de l'éblouissant potentiel de la science. Nous avons utilisé la science pour allonger la durée de la vie humaine, pour diminuer le taux de mortalité infantile ; pour distribuer rapidement des vivres frais ; pour fabriquer des médicaments qui tout à la fois guérissent et préviennent la maladie. Mais nous n'avons fait profiter qu'un habitant sur trois de la planète de ces bienfaits que peut nous fournir la science. La révolution scientifico-industrielle n'a pas été du tout une révolution. Qu'est-ce qu'une révolution incapable de fournir en abondance de la nourriture à des affamés mais qui fournit en revanche de la nourriture à gaspiller aux riches ? Il nous faut faire l'aveu d'une vérité choquante : depuis plus d'un demi-siècle, nous possédons la capacité scientifique de mettre un terme aux souffrances du monde. Depuis un demi-siècle, nous aurions pu utiliser la science pour supprimer la misère humaine : au lieu de cela, nous avons laissé les hommes dans le besoin.

Aujourd'hui, l'occasion nous en est toujours donnée. Nous pouvons utiliser la science pour d'éphémères gains financiers ; nous pouvons aussi l'utiliser pour des acquis humains durables. Nous pouvons tenter de survivre malgré la science, ou bien nous pouvons nous épanouir grâce à elle. Nous pouvons encore réaliser le souhait de Faust : nous pouvons nourrir les affamés, vêtir ceux qui sont nus, non pas en faisant un pacte avec le diable, mais en puisant au contraire dans tout ce qu'il y a de bon et de bénéfique dans l'esprit humain. Le choix dépend de nous : voler parmi les étoiles ou, dans les explosions thermonucléaires qui nous menacent, nous laisser brûler avec elles.

Albert Ier de Monaco, un grand marin, un océanographe inspiré, un généreux protecteur de la science pure, a fondé le Musée océanographique de Monaco au début du XXe siècle. J'ai l'impression de connaître cet homme pour avoir fouillé ses archives, pour avoir lu sa correspondance aujourd'hui rangée dans les coffres-forts du palais. Maintenant que je le connais par ses propos, je l'apprécie surtout pour sa philosophie. Albert Ier croyait que la science pouvait dissiper les ténèbres de la superstition, qu'elle pouvait amener la paix sur la Terre. Malgré les incessantes exigences de son époque, il accepta de donner une conférence à Paris : il glissa ce voyage dans son emploi du temps en partant le soir de Monaco sur sa motocyclette pour arriver à l'aube dans la capitale. De bonne heure le matin, il s'adressa aux ouvriers, pour leur exposer ses rêves de nouvelles découvertes scientifiques qui montreraient aux hommes que leurs divisions sont artificielles, que leur unité est réelle.

Le plus proche ami d'Albert Ier, c'était le kaiser Guillaume, roi de Prusse. Albert Ier appréciait tant son amitié qu'il invita celui-ci à venir inaugurer son cher Musée océanographique quand l'établissement fut ouvert au public. Quatre ans plus tard, Guillaume déclarait la guerre à la France, déclenchant la Première Guerre mondiale. Peu après la fin des hostilités, quand l'Allemagne venait à peine de s'installer dans une paix bien incertaine, Albert Ier mourut.

J'ai toujours été persuadé qu'il était mort de chagrin.

Je suis pourtant convaincu que les espoirs du prince Albert n'ont pas été frustrés, mais simplement qu'ils se réaliseront plus tard. Je crois qu'Albert Ier avait raison, il a simplement eu tort de penser que la science aurait pu sauver le monde en une seule génération, la sienne. Aujourd'hui, le moment est venu, parce que le temps presse. On a vu des desperados faire triompher une cause désespérée. Nous avons réussi à utiliser la science pour conquérir la nature. Nous pouvons sûrement l'utiliser pour conquérir la nature humaine.

11

BOMBES À RETARDEMENT

En 1976 et 1977, les plongeurs de la *Calypso* explorèrent les légendaires eaux grecques. Par des profondeurs de cinquante mètres, à Anticythère, nous retrouvâmes les dernières vestiges du trésor de Bergame que nous remîmes au musée d'Athènes. Parmi les objets précieux que nous découvrîmes se trouvaient une magnifique petite statue de bronze et le bras d'une autre sculpture en bronze de même origine. Le Dr Yalouris, alors directeur du célèbre musée, examina nos trouvailles, puis s'éclipsa un moment : il était manifestement allé fouiller dans sa réserve d'objets non exposés. Il revint, portant un bronze n'ayant qu'un bras, la taille même de celui que nous avions remonté à la surface. Et, oh ! surprise, « notre » fragment de bras s'adaptait parfaitement à la statue mutilée, ce qui provoqua de grandes exclamations de joie. Mais nous avions en tête de résoudre une tout autre énigme : où était située l'Atlantide, pourrions-nous en découvrir des vestiges ? Yalouris se montra sceptique. « Platon a été le seul historien, le seul philosophe de l'Antiquité à avoir jamais mentionné et décrit l'Atlantide », dit-il. Sans doute avait-il inventé ce paradis perdu car il correspondait à ses méditations sur une société idéale. « Mais, ajouta Yalouris, ses rêveries avaient pour origine une légende égyptienne qui s'est transmise de génération en génération et qui parle d'une île volcanique ayant explosé voilà trois mille ans, détruisant toute une civilisation. Cette légende a été confirmée par des prélèvements effectués en eau profonde par Bruce Hazen, du Bureau des recherches navales des États-Unis : l'Atlantide est en fait “ terra tephra ”, l'île qu'on appelle aujourd'hui Santorin. »

Quelques jours plus tard, la *Calypso* jetait l'ancre dans la Caldeira de Santorin, une large baie ouverte par la légendaire explosion remontant à l'Antiquité. Le professeur Papatanapopulos nous guida parmi les importantes fouilles archéologiques qui révélaient l'existence d'une culture avancée ; rues, boutiques, banques, riches résidences et magnifiques fresques avaient toutes été instantanément ensevelies sous une épaisse couche de cendres volcaniques.

Ce genre de bombes à retardement aux ravages imprévisibles abonde dans la nature. Nous avons déjà connu un événement un peu similaire : l'explosion du volcan Krakatoa, en Indonésie, en 1883. La science aujourd'hui a dressé toute une liste de ces bombes naturelles qui ont anéanti les dinosaures voilà soixante millions d'années, détruit quatre fois depuis lors tous les récifs coralliens de l'océan, bombardé la Terre de gros astéroïdes : l'un de ceux-ci est peut-être responsable de la récente disparition du mammouth sibérien.

Aujourd'hui encore, les planètes du système solaire restent des cibles éventuelles pour les comètes ou pour des étoiles filantes de dimensions exceptionnelles. Notre technologie si avancée ne peut à l'heure actuelle prévoir leur explosion qu'avec quelques semaines d'avance mais elle est encore incapable de détourner ou de détruire les projectiles provenant de l'espace qui seraient susceptibles de nous détruire.

Toutes les bombes à retardement naturelles ont par tradition été considérées comme imprévisibles : cela explique pourquoi les gens continuent à bâtir des maisons sur le haut flanc de l'Etna. Le paradoxe est que si les sismographes permettent de déceler les signes préliminaires annonçant un tremblement de terre ou une éruption volcanique, nous restons sourds et aveugles face aux machines infernales de fabrication humaine.

Dans cet ouvrage, on a évoqué et parfois étudié bien des menaces de violence, de pollution, de saccage ; d'exploitation abusive des ressources ou d'un juste partage des richesses. Au cours d'une conversation privée, le directeur du Fonds monétaire international me demanda de faire un rapport et de prendre la parole à Washington sur les origines des dangereuses parties de poker que nous jouons avec l'environnement. Je passai toute une année à enquêter sur chaque cas de risques graves qui menaçait la collectivité. Il faut considérer les bombes à retardement « naturelles » comme des « catastrophes naturelles », difficiles donc à prévoir et pratiquement inévitables. Mais il n'en va pas de même de celles que l'homme fabrique !

Il me semblait évident qu'aucune nuisance dont nous nous sommes rendus responsables à l'égard de l'environnement n'a jamais été commise de propos délibéré. Mais durant le premier siècle industriel – jusqu'en 1950 – très peu de gens, très peu de dirigeants se rendaient compte que les problèmes écologiques et démographiques étaient dus à des facteurs interactifs dans les domaines de la sociologie, de la religion, de l'ethnologie et des rivalités culturelles.

Le monde où nous vivons aujourd'hui s'est développé et a progressé sans aucun sens de la solidarité. Les carburants fossiles représentaient de vastes sources d'énergie peu coûteuse : l'Angleterre, où on a commencé à exploiter la houille, devint aussitôt le pays le plus puissant du monde. Quand le pétrole vint supplanter le charbon, ce furent les États-Unis qui remplacèrent l'Angleterre et devinrent l'État le plus puissant. On peut prévoir sans mal que, dans un avenir assez proche, l'énergie provenant du soleil (comme celle du vent) renforcera l'influence des États tropicaux.

Jamais, sans de tels apports d'énergie, la science et la technologie n'auraient pu permettre le mode de vie facile dont profitent les communautés occidentales. L'énergie fossile s'est lentement constituée pendant des millions d'années pour être gloutonnement dévorée en deux ou trois siècles. Ceux qui avaient l'appétit et l'estomac adaptés ont participé au banquet. Les autres ont été tenus à l'écart et ont dû mâchonner sans rien dire quelques restes tout en subissant les assourdissantes clameurs des rares élus.

La situation actuelle a trouvé une illustration frappante sur la couverture d'un rapport annuel du PNUD (Programme des Nations unies pour le développement) : on voyait une flûte à champagne et quatre-vingts pour cent du liquide pétillant servait à régaler les plus privilégiés, un cinquième de l'humanité. Un autre cinquième avait droit au fond de verre. Plus de trois milliards d'individus ne pouvaient que lécher le bord de la flûte : une bien piètre réussite sociale pour l'*homo sapiens*, le représentant de l'espèce la plus douée sur terre !

Le premier exemple qui vient à l'esprit, c'est la tragédie que cause la dissémination à travers le monde, et surtout en Asie et en Afrique, de *millions* de petites mines antipersonnelles impossibles à repérer qui chaque jour tuent ou mutilent adultes et enfants. On ne peut pratiquement rien faire pour désamorcer ce genre de bombes à retardement.

Bien d'autres menaces cachées du même genre ont leur origine dans l'ignorance, le manque de connaissance ou la criminelle insouciance due à des raisons économiques. Le 18 août 1970, un vieux bateau de guerre, le *Baron Russel Braiguys* fut sabordé à quelque deux cent trente milles au large du cap Kennedy, en Floride. Ce navire était chargé de douze mille cinq cents fusées N55, chacune munie d'une tête bourrée du redoutable gaz incapacitant GB, ainsi que de mines terrestres M23 contenant le gaz VX tout aussi toxique. La redoutable cargaison était contenue dans quatre cent seize coffres d'acier et de ciment. Des mesures aussi inconsidérées avaient été précédées par des immersions analogues en 1967, 1968 et 1969.

Deux commissions du Congrès, des environnementalistes scandalisés, U. Thant, le secrétaire général de l'ONU et le gouvernement britannique – s'exprimant au nom des Bahamas, proche du site de déchargement – se dirent unanimement scandalisés.

Le communiqué publié par l'armée précisait que, dans le pire des cas, le GB ne contaminerait qu'un mille cube d'eau au-dessus du fond de l'océan, et « seulement pour une brève période ».

Le Dr Howard L. Senders, éminent savant de l'Institut océanographique de Wood Hall, qualifia ce projet de « pure et incroyable stupidité et manque d'efficacité ». Le magazine *Science News* déclara : « Dieu seul sait ce qui se passe au fond de la mer » et le rapport de l'Académie nationale des sciences n'aborde ce sujet que de façon très superficielle : « À la suite de la corrosion des conteneurs d'acier, l'eau de mer pénétrera le ciment et les minces enveloppes d'aluminium des fusées, permettant ainsi au GB de se diffuser lentement vers l'extérieur... »

À cette époque, le président des États-Unis avait son Conseil sur la qualité de l'environnement. Le CQE adressa à l'armée un mémorandum : ce texte était préparé par un ancien membre du comité consultatif scientifique du président. Il notait que le communiqué de l'armée laissait sans réponse un certain nombre de questions et qu'il ne contenait aucune prévision solide sur les conséquences de cette immersion.

Nul ne sait combien de temps les « coffre d'acier et de ciment » résisteront à la corrosion de l'eau de mer. Nul ne sait les dangers que pourra présenter cette « bombe à retardement » quand elle finira par sauter. Mais, pour apaiser nos inquiétudes, on nous dit que des années encore s'écouleront. Les victimes éventuelles seront nos enfants ou nos petits-enfants : tout comme ça a été le cas bien après la fin de la Première Guerre mondiale lorsque des grenades à gaz contenant de l'ypérite ont causé de graves brûlures aux mains et aux visages de gosses qui les avaient trouvées et qui jouaient avec elles.

Quand un navire japonais sombre avec sa cargaison d'arsenic, il devient une bombe à retardement plus ou moins puissante pour le poisson et pour les pêcheurs. Du moins pour un certain temps. Mais, lorsqu'un sous-marin nucléaire russe sombre dans l'océan – il y en a toute une flotte qui gît, au fond des mers du nord, avec toute leur charge –, la menace, mal définie mais grave, peut subsister pendant cent soixante mille ans !

De simples erreurs de conception peuvent avoir des conséquences pour une génération. L'échec du généreux concept de « transfert de technologies » vers les pays en voie de développement a découragé ceux qui l'avaient conçu : les étudiants les plus doués des pays pauvres sont venus aux États-Unis ou en Europe pour étudier dans les meilleures universités. Mais ils sont restés en Occident où ils ont trouvé des postes intéressants et bien payés... et ils ne sont pas rentrés chez eux.

D'autres échecs ont eu des conséquences plus graves : le sommet des Nations unies à Copenhague avait été conçu pour donner un coup d'accélérateur au « développement social » des nations moins favorisées. C'était, estimions-nous, la dernière chance de donner une signification pratique aux beaux discours de la conférence de Rio ! À ma consternation, toutes les propositions bien intentionnées visant à aider les populations dans le besoin ont été repoussées ou déformées.

Les désastreuses conséquences de l'échec de Copenhague vont peser lourd sur l'avenir de plus de la moitié de la population du globe : la malnutrition est sans doute une des bombes à retardement les plus insidieusement dangereuses de notre époque.

Chez les enfants, la croissance exige qu'on donne la priorité aux aliments nutritifs : les organismes des enfants utilisent les substances nutritives pour la croissance du corps avant de l'utiliser pour le développement du cerveau. La plus impérieuse priorité de la nature, c'est la survie, pas l'intelligence. Les cellules cérébrales d'un enfant sous-alimenté dans la première année de son existence ne bénéficieront donc pas de substances nutritives en quantité suffisante : elles n'atteindront pas leur taille normale pas plus qu'elles ne se multiplieront jusqu'à parvenir à leur nombre normal. Si l'on donne assez tôt à l'enfant des aliments en supplément, son cerveau peut « rattraper », encore que ce soit discutable, mais c'est probablement impossible si on le fait passé l'âge de huit ans. Cette bombe à retardement étend ses ravages au-delà des limites du tiers-monde : les enfants ont besoin de protéines pour le développement de leur cerveau. Ainsi les cochonneries dont se gavent nos enfants sont la bombe à retardement intellectuel de l'Occident. Les enfants qui ont une mauvaise alimentation dans leur petite enfance, précisent ces documents, ont de moins bonnes notes en classe : même des repas sautés peuvent nuire aux résultats scolaires.

Pourtant, la menace la plus navrante que pose la bombe à retardement de la famine va plus loin même que le développement du cerveau : la malnutrition affecte la qualité de l'*esprit* de ceux qui survivent à la famine pure et simple. Quand les enfants ont faim, ils cessent d'abord de prendre des forces, puis de grandir, puis de se développer intellectuellement. Toutes les calories sont consacrées à l'énergie qu'il faut simplement pour survivre, de façon apathique. On observe que les enfants deviennent « dociles » et qu'ils se conduisent « bien », mais la simple vérité c'est qu'ils n'ont pas de carburant nécessaire pour remuer. Ils deviennent taciturnes et manquent d'attention parce qu'il leur manque la substance pour développer leur cerveau. Incapables de concentrer leur pensée, ils regardent dans le vide ; leurs yeux trahissent leur malnutrition : ils ont ce regard perdu que les spécialistes de ces régions appellent un « regard de radar ».

Sur une pierre tombale dans un cimetière, un homme avait inscrit pour son épouse : « Songer à tout ce que pourrait être une créature humaine : c'est ce qu'elle était. » Cette épitaphe me semble convenir à la bombe à retardement que constitue la famine dans le tiers-monde. Des créatures vivantes font montre d'une résistance et d'un ressort incroyables et on s'étonne de les voir survivre à des privations aussi sévères. Mais, si l'on fournissait à tous les habitants du monde toute la nourriture dont ils ont besoin, nos possibilités civiques et intellectuelles à travers le monde ne connaîtraient pas de limite.

L'état de santé de l'humanité est resté précaire pendant au moins deux millions d'années : c'était dû à la multiplicité de bêtes sauvages hostiles, à la fréquence de terribles épidémies, au taux de mortalité élevé des nouveau-nés et, par voie de conséquence, à la faible espérance de vie des humains. Le siècle dernier a vu naître deux progrès médicaux révolutionnaires : les vaccins et les sérums dans le sillage de Pasteur, puis la pénicilline et les antibiotiques découverts par Fleming. C'est à ces deux grands hommes qu'on doit la meilleure qualité de notre existence mais aussi l'explosion de la population mondiale.

Très récemment, les progrès de la science ont créé une nouvelle bombe à retardement et ont commencé à embrouiller notre jugement : la médecine génétique. Dans plusieurs pays, mais surtout aux États-Unis et en France, des laboratoires commencent à déchiffrer le génome humain, à analyser l'ADN, les gènes et les chromosomes, dans l'espoir de pouvoir intervenir sur les défauts génétiques et les corriger. C'est une entreprise bien compliquée, qu'on pourrait comparer à la découverte d'une unique faute d'orthographe dans une encyclopédie en vingt volumes. Grâce au développement de l'électronique, cette entreprise est en train de réussir. On a remplacé des gènes défectueux par des gènes sains, on examine avant la naissance les génomes des fœtus... avec des conséquences qui vont d'un surcroît de garanties pour la santé du nouveau-né jusqu'à la redoutable possibilité de manipuler la texture même d'un individu : c'est même une porte ouverte vers l'eugénisme ! Autrement dit, la médecine génétique est un nouveau et admirable domaine pour le traitement d'affections héréditaires ou malignes, mais en même temps, elle permet de piloter dangereusement, et sans permis, le cours même de l'épopée humaine. Des gouvernements, des académies, des organismes internationaux comme l'Unesco, affolés par de telles perspectives, se sont empressés de fonder des comités de sages dans l'espoir d'arriver à un projet raisonnable pour un nouveau chapitre de l'éthique humaine. En attendant, les marchands ont déjà organisé une exploitation effrénée de cette nouvelle médecine. Il est encore trop tôt pour savoir si, et quand, cette « bombe à retardement » particulière pourrait exploser.

La bombe à retardement la plus dangereuse qu'on ait jamais vue, c'est le fait qu'aujourd'hui la population s'accroît suivant une progression exponentielle. Et, à la racine de toutes ces bombes de fabrication humaine, on retrouve cette expansion démographique incontrôlée : responsable de la pollution de l'air et de l'eau, du réchauffement du climat, de la pénurie d'eau, de la pauvreté, du déclin désastreux de la bio-diversité, de la désertification et du déboisement ; l'augmentation de la population rend chacun de ces mots plus redoutable. Les tendances démographiques ne font que noircir le tableau : les communautés riches jouissent d'un niveau de population stable alors que celle des pays pauvres explose ! Les statistiques démographiques inquiétantes font légion et leur nombre même dissimule leur importance.

Je suis né en 1910 : la population mondiale s'élevait alors à un milliard et demi d'individus. Quatre-vingt-six ans plus tard (mon âge aujourd'hui), nous sommes six milliards et demi : plus de quatre fois plus nombreux ! Le fait que le planning familial n'ait réussi que dans les pays riches a amené certains dirigeants occidentaux à déclarer : « Pour contrôler l'accroissement de leur population, les pays du tiers-monde n'ont qu'à faire ce que nous avons fait : se développer économiquement » ; cette façon puérile d'aborder le problème le plus complexe qui se pose à l'humanité n'a pas tardé à se trouver renforcé par le Premier ministre norvégien qui a inventé l'expression, vite devenue populaire et trompeuse, de « développement acceptable. » Par association d'idées, ces mots qui font illusion n'ont pas tardé à devenir la raison d'être de la conférence de Rio et ont depuis lors répandu parmi les communautés les plus pauvres l'opinion que, grâce au développement acceptable, tout le monde allait bientôt vivre comme le citoyen américain.

En 1960, un de mes amis, Norman Borlo, un généticien américain, a réussi à multiplier par trois le rendement des récoltes de base : blé, riz et maïs. La « révolution verte qu'il a instaurée » a sauvé de la famine des millions d'individus en Inde, au Pakistan et en Chine, et lui a valu en 1970 le prix Nobel de la paix. Dans le discours qu'il a prononcé à Oslo lors de la remise du prix, Borlo, s'adressant aux dirigeants mondiaux, a laissé entendre que nous n'avions que trente ans pour trouver des solutions permettant de mettre le holà à l'explosion démographique !

« Non seulement ils n'ont tenu aucun compte de cet avertissement, m'a-t-il confié l'année dernière, mais ils n'ont jamais discuté de l'explosion démographique, ils ne l'ont même pas évoquée. Vingt-cinq ans se sont écoulés et il pourrait bien ne nous rester que cinq ans. » Cette déclaration pessimiste vient d'un très éminent savant.

Borlo évoquait la malfaisante « loi du silence » observée par tous les principaux hommes politiques et observée aussi lors des discussions de la conférence de Rio. Force m'est d'avouer que je n'ai jamais entendu un dirigeant évoquer comme un problème majeur le « développement incontrôlé de la population ». Bien au contraire, à Rio, nombre de délégués se sont adressés à moi en disant : « Le problème, ça n'est pas la population. Le problème c'est que l'accès aux ressources entre pays riches et pays pauvres est absolument injuste. »

Bien sûr que l'accès aux ressources entre pays riches et pays pauvres est absolument injuste. Or il est clair que ces deux problèmes – l'explosion démographique et la guerre contre la pauvreté – sont d'une importance vitale mais qu'on ne saurait les séparer : ce sont deux faces différentes de la même statue.

Voilà soixante-trois ans maintenant que je n'ai cessé d'explorer et d'observer le monde. Je suis témoin des scandaleuses disparités qui affectent la situation sociale des différents pays, et malheureusement aussi le témoin du statut social inférieur des femmes, ces femmes qui devraient être les pilotes de la politique démographique au lieu d'en être les victimes.

Les pays développés achètent à très bas prix aux pays pauvres les matières premières pour alimenter leurs industries. Et ils vendent à des prix élevés aux mêmes pays moins favorisés les produits fabriqués avec leurs matières premières : cela explique pourquoi les riches s'enrichissent et que les communautés pauvres ne cessent de s'appauvrir. En 1991, la balance des paiements entre les « nantis » et les « démunis » atteignait vingt milliards de dollars, qui passaient des pauvres aux riches.

Mais toutes ces inégalités s'accentuent avec l'accroissement exponentiel de la population. Et cette explosion démographique aggrave tous les problèmes cruciaux de l'environnement : gaspillages, absence de bio-diversité, changement de climat, épuisement de la couche d'ozone, médiocrité de l'éducation, pollution de l'air et de l'eau.

Le développement de la population aujourd'hui est trop rapide pour permettre de trouver aucun moyen possible de contrôle ou de ralentissement de cette explosion. J'en ai un exemple frappant dans ma propre famille.

Je suis un paysan originaire du sud-ouest de la France. Mes arrière-arrière-grands-parents avaient vingt-quatre enfants, mes arrière-grands-parents en avaient douze, ma mère avait cinq frères et sœurs, mais elle n'eut que deux enfants, dont l'un est l'auteur de ces lignes. Ce déclin de la fécondité, de vingt-quatre à deux, est allé de pair avec l'enrichissement de mon pays et de ma classe sociale. Mais cette chute s'est étalée sur quatre générations, sur plus d'un siècle. La course entre le développement et la fécondité a commencé à une période de démographie presque stable : elle a surtout reflété les progrès de la médecine ! Aujourd'hui, les choses sont bien différentes : la population de l'Afrique double tous les vingt et un ans ; celle du monde double en trente-cinq ans.

Ne pouvons-nous donc pas comprendre que si jamais nous atteignons le chiffre prévu de onze milliards d'êtres humains, cette population sera approximativement divisée en moins de deux milliards de gens aisés occupés à s'enrichir et neuf milliards de hors castes, souvent affamés et sans espoir. Il n'y a pas de liberté dans la misère : pas de liberté de choisir, pas de liberté d'exercer ses droits, pas de liberté de se permettre d'avoir un sens des responsabilités. Le résultat est facile à prévoir : la jalousie et la famine provoquent la colère, puis la violence, puis une lutte pour la survie : un génocide inimaginable.

Alors, que pouvons-nous faire ? En sachant que le contrôle des naissances doit rester un geste volontaire, qu'il faut renoncer à toutes les méthodes autoritaires, que les pays riches ne consentiront jamais les sacrifices nécessaires, que devrions-nous faire ?

Nous pouvons ajouter le problème des méthodes de planning familial volontaires lentes, et que les associer à l'éducation et à la réforme sociale est un processus très coûteux... et qu'enfin l'opposition religieuse est plus facile à surmonter que les obstacles culturels.

En 1989, on m'a demandé d'étudier dans tous ses aspects une politique générale de ralentissement de la tendance démographique. J'ai travaillé dur. J'en conviens, la seule politique que je pouvais imaginer est utopique. Mais je me trouvais encouragé par le vice-président de la Banque mondiale, Ismail Séralgeldine, et par le directeur général de l'Unesco, Fédérico Mayor, qui me dit : « Les utopies d'aujourd'hui sont les réalités de demain. »

D'abord, il faut fournir de l'eau potable à tous les habitants de cette planète. Ce n'est absolument pas le cas aujourd'hui. Plus d'un milliard d'individus n'ont pas accès à l'eau potable ni aux installations sanitaires.

On a estimé à cent milliards de dollars sur cinq ans ce que cela coûterait d'avoir de l'eau pure disponible pour tous : c'est-à-dire que rien que pour l'eau potable il nous faut, pendant cinq ans, vingt milliards de dollars par an.

Si nous parvenons à envoyer les filles à l'école, il nous faudra bâtir de nouveaux établissements, payer les professeurs, les livres, les stylos, le papier. Ce qu'on estime à deux cents milliards de dollars sur cinq ans : c'est-à-dire quarante milliards de dollars par an.

Enfin, une des principales raisons de la surpopulation, c'est que, dans les pays en voie de développement, il n'existe pas de sécurité sociale ni de plans de retraite d'aucune sorte. Les parents veulent donc avoir beaucoup d'enfants pour assurer leurs vieux jours : en sachant que les filles ne comptent toujours pas, pour avoir trois garçons ils doivent avoir six enfants – en espérant que l'un des trois aura la bonté de s'occuper de ses parents vieillissants.

Créer une pension modulée sur le GNP pour la population âgée de tous les pays en voie de développement coûterait deux cents milliards de dollars la première année et atteindrait peu à peu le chiffre de trois cents milliards de dollars. En ajoutant un petit pourcentage pour le gaspillage et pour la mauvaise distribution, le coût total s'élève par an à quatre cents milliards de dollars – au moins.

Nous voilà très loin du 0,7 % du GNP réclamé à Rio, et nous devons bien comprendre que, si nous voulons être efficaces et obtenir des résultats, ce sont des sommes de cet ordre qu'il nous faut trouver. Nous ne pouvons pas compter sur le partage car il est impossible pour des gens vivant dans des pays riches de renoncer à une partie de leur salaire. Même ici, ils ont des problèmes à joindre les deux bouts chaque mois : on ne peut pas leur demander, s'ils touchent disons mille dollars, d'en donner huit cents à d'autres pays. C'est impensable !

Alors, où pourrons-nous trouver ces formidables sommes d'argent ? Il n'y a que deux méthodes raisonnables : on les trouve dans les activités parasites de l'humanité. On entend par activité parasite celle qui n'apporte rien au bien-être des gens. On entend par là le trafic de la drogue et les dépenses militaires. La quantité d'argent que les militaires dépensent chaque année à travers le monde est d'environ un trillion de dollars. Il suffirait d'un tiers de cette somme pour résoudre pratiquement notre problème. Le commerce de la drogue représente un chiffre qui se situe entre trois cents et cinq cents milliards de dollars par an. C'est en effet une activité totalement parasite – mais il est difficile de s'attaquer à celle-ci.

Au cours de ma longue carrière, j'ai eu l'occasion de voir deux exemples frappants de communautés maudites : Haïti et l'île de Pâques.

Haïti traverse une des tragédies écologiques les plus consternantes de notre époque. L'île de Pâques a connu le même développement incontrôlé, qui s'est terminé après mille ans de mésaventures par l'effondrement d'une culture originale et l'anéantissement physique des insulaires par un « autogénocide ».

Haïti est terriblement surpeuplé : sept millions et demi d'habitants sur un territoire exigu et appauvri. Six enfants par famille, mais il n'est pas rare de rencontrer des pères âgés de onze ans. Un taux de mortalité infantile élevé, une scolarité insuffisante, une misère due à l'ignorance, à la superstition et à de piètres conditions politiques. Les Haïtiens, pourtant, sont beaux, fiers, intelligents, gais et travailleurs. Mais ils ont épuisé les ressources marines de leur étroite plate-forme continentale. Ils ont déboisé sans précaution les deux tiers de leur pays et, après cela, les pluies tropicales ont entraîné la terre cultivable, mettant à nu le sol rocheux et empêchant toute agriculture pendant des siècles.

Pour préparer leurs maigres repas, ils continuent à déboiser pour obtenir du charbon de bois. « L'île montre ses os » reconnaissent-ils. « Que ferez-vous quand il ne restera plus de bois ? » avons-nous demandé. « Ce sera la fin du monde ! Oui, la fin du monde ! » ont-ils répondu. En attendant, la population de Haïti augmente, dans l'espoir que leurs enfants mâles s'occuperont de leurs vieux parents et les femmes disent : « Ce n'est pas moi qui décide combien d'enfants j'aurai. »

Les changements politiques ne parviendront pas à apporter une solution à la tragédie de Haïti : ce pays pendant bien des années sera plongé dans la pauvreté. Peut-être pour toujours car, dans certains cas, la destruction de l'environnement atteint peut-être un point de non-retour. En Haïti, le mécanisme de la bombe à retardement est déjà déclenché et on peut l'analyser. La bombe de l'île de Pâques a explosé il y a trois cent cinquante ans, laissant derrière elle un amoncellement tragique de ruines culturelles.

Au VIIe siècle de notre ère, comme nous l'ont révélé les pétroglyphes, deux grands navires à balancier ont débarqué sur une île tropicale, vierge, inhabitée et à la végétation luxuriante, à quelque trois mille kilomètres des côtes d'Amérique du Sud. Deux cents Polynésiens, hommes, femmes, enfants ont débarqué avec leurs volailles sur les magnifiques plages de l'île de Pâques. Ils venaient des îles Marquises d'où on les avait exilés et chassés après une guerre tribale. Pendant huit siècles, après leur installation, ils cultivèrent la terre, crûrent et multiplièrent, développèrent une civilisation sans pareille, une société divisée en trois castes : les paysans, les sculpteurs et les prêtres ; leur population s'accrût dans des proportions insensées ; ils se trouvèrent bientôt à court de ressources et, quand ils se retrouvèrent soixante-dix mille, la famine, des révoltes sanglantes et le chaos social provoquèrent l'effondrement total de leur société. Quand les navigateurs hollandais accostèrent l'île de Pâques au XVIIe siècle, ce n'était qu'un rocher dénudé, totalement déboisé où quelques centaines de cannibales se dévoraient entre eux pour survivre. L'exubérance naturelle de l'île de Pâques avait succombé sous le fardeau de trop nombreux consommateurs. Il ne restait que des tablettes indéchiffrables et des statues altières, sévères avertissements à l'humanité de ce qui arrivera à l'île Terre si les humains ne contrôlent pas rigoureusement leur démographie.

La mèche qui va déclencher une explosion démographique se consume déjà. Nous avons moins de dix ans pour l'éteindre. Il faudrait une mobilisation générale pour renverser la tendance et pour éviter ce « big-bang de la population ». Mais, au lieu de cela, on n'a pas la moindre idée de la façon de faire face à une aussi gigantesque menace. L'urgence toutefois nous oblige à déployer tous nos efforts pour maîtriser la situation évoquée par Stefen Toumain, professeur de pensée sociale à l'université de Chicago : « La science s'est développée aujourd'hui jusqu'au point où il se trouve toujours quelqu'un pour répondre à la moindre petite question et où personne n'a de réponse aux grandes questions. » Pourtant, le raz de marée démographique nous concerne tous.

On craint généralement que les obstacles aux contrôles des naissances soient d'ordre religieux ou spirituel et, à ce titre, impossibles à contourner. Les faits prouvent le contraire. L'Italie, le pays le plus proche du Vatican, a aujourd'hui le taux de natalité le plus bas d'Europe et du monde ; l'Espagne, « la catholique » est à peu près dans la même situation. Le plus grand pays musulman, l'Indonésie, a mis au point un plan d'action efficace : il a maintenant un taux de natalité qui est environ le tiers de celui du Kenya et qui ne cesse de diminuer.

Le mythe de l'influence ecclésiastique étant écarté, il reste deux obstacles formidables qu'il faut et qui peuvent être surmontés : le statut des femmes et l'insécurité de la vieillesse. Dans tous les pays qui ont un taux de natalité trop élevé, les femmes sont victimes de ségrégation : faute de soins appropriés, le taux d'analphabétisme des femmes est d'un tiers plus élevé que celui des hommes.

– Yémen du Sud : analphabétisme féminin, 95 % ; taux de natalité, 3,4 %

– Thaïlande : analphabétisme féminin, 15 % ; taux de natalité, 1,3 %

On retrouve à peu près les mêmes proportions entre le taux de natalité et le pourcentage du produit national brut consacré à la Sécurité sociale et aux plans de retraite. Malheureusement, au cours des dix dernières années, dans les pays en voie de développement, le pourcentage moyen du PNB consacré aux dépenses de santé, de services sociaux et d'éducation, a diminué d'environ 20 % alors que les dépenses militaires augmentaient : aujourd'hui, dans ces pays, les armées dépensent 104 % des sommes consacrées à la santé et aux écoles, alors que cette proportion n'est que de 55 % dans les pays développés.

D'après nos estimations, ce que coûterait un plan efficace pour assurer la promotion sociale des femmes et une sécurité décente aux vieillards représente environ un tiers de l'ensemble des budgets militaires de la planète. Un tel projet apparemment fait figure d'utopie dans un monde de dettes, de déficits et de conflits armés. Les peuples du monde attendent avec angoisse une lumière nouvelle... mais le compte à rebours a commencé et les générations à venir ne nous pardonneraient pas d'avoir délibérément gâché leur dernière chance.

12

LA NOUVELLE ÉCOLOGIE

Avide d'explorer le monde sous-marin, notre infatigable trio, Philippe Taillez, Frédéric Dumas et moi, ne cessa de plonger dans les années qui suivirent la Seconde Guerre mondiale. Mais, dès 1950, nous constations déjà que l'univers extraordinaire que nous avions découvert voilà quelques années à peine commençait déjà à s'abîmer. Les petits chalutiers, traquant avec insouciance le fond des eaux peu profondes, avaient rasé des prairies entières de *Posidonia*, l'algue où toutes sortes de créatures marines déposent leurs œufs – les verdoyantes pépinières de la mer. Le fracas lointain de ceux qui pêchaient à la dynamite semblait annoncer l'imminente invasion de nouveaux profiteurs des océans. Les tombereaux des usines se joignaient à cet assaut de l'environnement marin en déversant dans l'océan leurs déchets chimiques et radioactifs.

Quel effet ce saccage avait-il sur nous ? Il nous poussa à passer les quarante-cinq années suivantes à faire campagne pour la protection de l'environnement : quarante-cinq ans à plonger, à étudier, à publier, à s'exprimer à la radio et à la télévision, à telle enseigne que mon père retraité emplit de coupures de presse quinze gros albums.

Sachant que les hommes protègent ce qu'ils aiment, je décidai d'enregistrer et de faire partager les merveilles que je voyais en les filmant pour une série télévisée : *Le Monde des océans* et *L'Odyssée sous-marine de l'équipe de Cousteau*. Les années passèrent et je fus récompensé de voir les attitudes changer. Nous avions entamé nos quarante-cinq ans de travail à l'époque où personne n'avait la moindre idée de ce que signifiait le mot *environnement*; au bout de toutes ces années, des milliers de gens avaient rallié des associations qui partageaient le même intérêt que nous.

Pourquoi protéger les poissons, les baleines, les oiseaux, les fleurs et leurs papillons ? Avant tout, estimons-nous, pour les habitants de la Terre. L'idée d'étudier l'influence réciproque qui s'exerce entre le système aquatique et les êtres humains de diverses cultures donna naissance à un nouveau domaine de la science que nous baptisâmes « écosociologie » ; pour illustrer l'écosociologie et parvenir à financer les recherches correspondantes, notre équipe commença en 1985 une nouvelle série pour la télévision : *À la redécouverte du monde.*

Cependant, bien des pas en avant semblaient compromis par des pas en arrière. Je voyais certains membres de la flottille de plus en plus importante des défenseurs de l'environnement se laisser saisir par l'appel des sirènes du pouvoir politique, pour finir par se laisser empêtrer et noyer dans les « filets aux alouettes » des élus. Même des environnementalistes de bonne volonté trimaient sur des projets qu'ils avaient choisis sans s'attirer une grande reconnaissance du monde qui changeait autour d'eux.

Je commençais à éprouver un sentiment d'échec en songeant à tout le travail épuisant de mes collègues : Taillez, Dumas, Jean Alinat, mon collaborateur au Musée océanographique, mon ami Albert Falco, mon camarade de plongée qui sous l'eau était mes yeux et mes oreilles ; de mes fils, de tous les membres de notre fondation – et je me demandai si nous n'avions réussi qu'à créer un rideau de scène coloré pour un plateau sur lequel le grand et sinistre drame continuait à dérouler sa tragédie. Je voyais l'ignorance, l'insouciance et l'exploitation abusive dresser leur visage ricanant au-dessus de l'avenir. Je n'arrivais pas à chasser le pressentiment que le monde était confronté aux calamités d'un destin imprévisible mais non moins inévitable.

Puis, alors qu'approchait le cinquantième anniversaire de mes premières plongées en scaphandre autonome, deux événements capitaux vinrent bousculer mes sombres pensées et m'apportèrent même un rayon d'espoir inattendu. Tout d'abord, en 1989, je fis la connaissance du philosophe médecin Jean Hamburger. Puis, en 1992, je participai au sommet de Rio pour l'environnement et le développement. Les méthodes vigoureuses de Jean Hamburger et l'esprit non conformiste dont faisaient preuve les participants du sommet de Rio me suggérèrent une nouvelle façon d'évaluer le passé, une nouvelle façon d'aborder le futur, une nouvelle façon de considérer la planète Terre – bref, une « nouvelle écologie ».

Il n'est pas facile de définir un homme qui avait autant de facettes que Jean Hamburger : chirurgien de réputation internationale, président de l'Académie des sciences, membre de l'Académie française, philosophe, écrivain, intellectuel estimé. Je rencontrai pour la première fois Hamburger en allant lui rendre la visite traditionnelle avant mon élection à l'Académie française. Tout de suite il me fascina. Peu après, Hamburger publia dans *Le Monde* un article où il proposait une audacieuse approche des origines de la justice et de la morale. Il nous donnait des conseils pleins de hardiesse pour réussir l'avenir d'une espèce presque en voie d'extinction : l'espèce humaine. Je lus ses livres et j'en discutai avec lui. Si importantes qu'elles fussent, nos relations furent de courte durée : Hamburger mourut en 1992 des suites d'une opération à cœur ouvert. Il restera toujours pour moi le père d'une nouvelle et brillante philosophie. Je décidai de devenir son plus fidèle disciple.

Comment décrire le sommet de Rio ? Un caravansérail débordant d'animation, un bazar en pleine ébullition. Organisé pour les Nations unies par Maurice Strong, père de la première conférence de l'ONU sur l'environnement qui s'était tenue à Stockholm en 1972, le sommet de Rio en 1992 était excitant et exaspérant, on y trouvait des causes de déception et des causes d'espoir.

Deux semaines durant, des centaines de délégués planchèrent sur les détails de deux ensembles d'accords, concernant le réchauffement du globe et la biodiversité. Ils rédigèrent aussi le document connu sous le nom de *Agenda 21*, ouvrage de trois cents pages de recommandations pour l'avenir. Pendant tout ce temps, en dehors des salles de conférence, des centaines de représentants d'organisations non gouvernementales étaient rassemblés dans un véritable *Woodstock* écologistes, dansant, chantant, exprimant bien haut leurs protestations contre l'inertie bureaucratique en même temps que leur détermination à voir réaliser leurs objectifs. Ce cocktail de bureaucrates sérieux et résolus, de ces enfants fleurs sans entraves avait quelque chose de grisant. Comme pour donner à ce carnaval tapageur un *imprimatur* officiel arrivèrent plus de cent chefs d'État, qui posèrent pour une photo de classe, prononcèrent quelques vibrants discours puis rentrèrent chez eux pour se remettre à leur table de travail.

Pour les observateurs, il était difficile de faire la différence entre la rhétorique et le spectacle de Rio et ses vrais accomplissements. Les aspects frustrants de la conférence me firent comprendre que le mouvement écologiste traditionnel était devenu insuffisant, qu'il devait changer d'orientation. D'un autre côté, la passion qui enflammait et unissait les masses des enthousiastes de Rio me convainquit que les gens sont prêts à lutter pour ce changement. Assurément, cette ardeur si palpable à Rio n'était pas près de s'éteindre.

Mon équipe avait travaillé pendant des décennies pour éveiller le public à la nécessité de protéger l'environnement : nous n'avions pourtant pas réussi à amener les dirigeants industriels et politiques ne serait-ce qu'à reconnaître l'existence des problèmes. En deux semaines à peine – de façon plus ou moins sincère –, Rio convertit ces non-croyants, mais ne parvint pas à souligner la cause essentielle de nos divers maux : la surpopulation.

Rio donna aux décideurs leurs premiers aperçus réalistes sur notre monde, où grouillent cinq milliards et demi d'habitants dont trois milliards vivent dans la pauvreté et où un milliard est privé même des exigences rudimentaires de l'existence : eau potable, hygiène et éducation de base. Les promesses présidentielles étaient largement insuffisantes pour freiner l'épidémie galopante de misère, de famine, de maladies tropicales et de menaces de violence grandissantes.

Grâce au sommet de Rio, on a cessé à travers le monde de considérer comme tolérable que les riches s'enrichissent alors que les pauvres deviennent encore plus pauvres et que le gouffre entre les possédants et les démunis ne cesse de s'élargir. Les mesures sont devenues nécessaires. Jamais ce simple message n'a été plus clairement exprimé qu'à Rio.

Toutefois la question de savoir quelles mesures il fallait prendre, c'est le point sur lequel je n'étais pas d'accord avec la vision que proposait Rio de l'avenir. Rio a déclaré la guerre à la pauvreté, mais les délégués, dans le pesant *Agenda 21* qu'ils ont rédigé, n'ont proposé qu'un seul remède pour la faire disparaître : leur prétendu « développement permanent ». Mais quel genre de développement ? Ce qui a séduit le public, c'était le développement économique et un développement économique, permanent est une contradiction dans les termes. La Terre ne peut pas « supporter » un assaut renforcé contre ses ressources. Pourtant, le texte de l'*Agenda 21* disait bel et bien aux pauvres : faites comme les riches ! Les auteurs ne tenaient pas compte du fait que les riches ont déjà surexploité les ressources de la planète, que si chacun des six, sept, dix milliards d'individus que doit compter la population de la Terre s'empresse de suivre leur exemple – si l'on dit à chacun qu'il a autant le droit de gaspiller les ressources de la Terre que le consommateur occidental l'a fait jusqu'à présent – nos ressources vont s'épuiser, notre planète va se retrouver dépourvue de tout.

Jean Hamburger et moi avions discuté des contradictions et des conflits entre l'accélération de la croissance économique – sous le prétexte d'améliorer la qualité de la vie des pauvres – et le pillage du monde naturel, sans aucune considération pour la qualité de la vie pour l'avenir.

Comment est-il *possible* d'accorder à chacun des milliards d'individus qui vont déferler sur notre planète la part qui lui revient et le droit fondamental qu'a tout être humain de vivre décemment, d'être traité avec respect ? Je parlai à Hamburger des masses de parias que j'avais rencontrés à travers le monde – des regards qui avaient croisé les miens. Des hommes et des femmes mendiaient une poignée de riz, tout en proclamant néanmoins : « Nous ne nous contentons pas d'exister !... Nous *sommes* des gens ! »

À ma surprise, Hamburger répondit : « Nous pouvons tous être fiers d'appartenir à une espèce qui a osé défier les lois fondamentales de la nature. »

« Défier les lois fondamentales de la nature ? ! C'est ce que vous avez dit ? ! ! » demandai-je abasourdi. Je venais de passer cinquante ans à lutter pour persuader les gens de *vénérer* les lois fondamentales de la nature ! M'étais-je trompé ? Les êtres humains étaient-ils des créatures paradoxales, les seuls animaux échappant aux lois qui permettent à toutes les autres espèces de s'épanouir ? Hamburger était-il en train de me dire que les hommes avaient *divorcé* d'avec la nature ? Non seulement qu'ils pouvaient survivre après avoir commis une telle action, mais qu'ils devraient bel et bien être *fiers* de l'avoir accomplie ?

Hamburger avait brillamment exposé sa thèse dans ses derniers ouvrages : il avait souligné la très récente apparition de l'*Homo sapiens*. Dans un univers né voilà quelque quinze milliards d'années, le vaisseau spatial Terre, notre demeure, n'avait qu'environ cinq milliards d'années. L'histoire de notre planète commença quand des roches en fusion jaillirent des volcans qui crachaient de la vapeur d'eau, du gaz carbonique et d'autres gaz. À mesure que l'atmosphère primordiale se refroidissait, le déluge commença : les pluies créèrent les proto-océans et divers éléments devinrent des molécules capables de se reproduire. Faite de la matière des étoiles, conçue par l'atmosphère et l'océan, la vie avait fini par faire son apparition – voilà quelque trois milliards d'années. La « loi des plus aptes » engendra l'incroyable variété des espèces : corail, étoiles de mer, poissons, amphibies et reptiles. La vie vint s'installer sur terre, les reptiles devinrent des dinosaures et des oiseaux, de petits mammifères trottinaient parmi les géants pour devenir des chats, des chiens, des loups, des tigres et des singes. Mais si la vie a fait sa première apparition voilà trois milliards d'années, les premiers hominidés avancés, pour autant qu'on puisse l'estimer d'après les plus anciens vestiges découverts, n'apparurent qu'il y a environ trois millions d'années. L'être humain est un nouveau venu, un amateur dont toute l'existence n'occupe que le dernier millième du temps dans lequel la vie a régné sur terre.

Le grand défi pour cet humain retardataire, c'était simplement de survivre. La description qu'a donnée Desmond Morris de notre précurseur l'évoque de façon pitoyable mais parfaite ; il était bien « le singe nu », dépourvu d'arme pour l'attaque comme pour la défense : pas de crocs, pas de griffes, pas de carapace. Il était incapable de l'emporter de vitesse sur ses plus redoutables ennemis. Son dessein même faisait de lui une des victimes de l'évolution et il n'a sans doute échappé que de très peu à ce triste sort.

Les humains ont triomphé des obstacles accablants qui se dressaient devant eux. Ils ont capturé l'éclair dans leurs feux de camp ; ils ont taillé leurs premiers outils ; ils ont inventé des armes qu'ils pouvaient lancer comme les arcs et les flèches. Créature paradoxale, l'*Homo sapiens* trônait maintenant au faîte de la vie animale, comme la pieuvre règne sur les invertébrés et l'orchidée sur le monde des fleurs. Une fois leur position bien assurée, ils se sont attaqués au passé, au handicap que la nature leur avait imposé. L'espèce humaine s'est rebellée contre les lois impitoyables de la jungle.

La victime, l'*Homo sapiens,* a refusé la précarité que la nature lui avait attribuée : il a refusé la maladie, la mort prématurée. Il n'a pas voulu se plier à la loi impitoyable de la sélection naturelle, même si ce choix exigeait un équilibre démographique adapté de façon quasi miraculeuse aux milieux d'innombrables autres espèces. Ce n'est que très récemment que les hommes ont réussi cette extraordinaire rupture de contrat avec la nature, cette exception aux règles établies.

C'est ainsi, selon la thèse inspirée de Hamburger, que naquit le code moral de l'humanité. Après s'être dispensé des lois de la nature, l'être humain a promulgué ses propres lois.

Il a reconnu le caractère sacré de la vie de chaque homme, alors que, dans le monde naturel, des créatures isolées ne cessent d'être sacrifiées à la survie de leur espèce. Et, alors que la vie sur terre avait toujours tourné autour de la disparité des chances entre les diverses créatures, les humains ont introduit un concept nouveau pour la planète, qui n'existait pas dans la nature : l'idée de *justice.* Pour tous.

« Avec les hommes, l'esprit soufflait pour la première fois : un esprit de révolte contre les lois biologiques fondamentales, a écrit Hamburger. Cette rébellion est l'essence de la destinée de l'homme, c'est l'honneur de notre condition : elle donne un sens à notre vie. Il est clair qu'on ne saurait rejeter les normes de la vie sans prendre des risques sérieux. » Les hommes ont été très lents à comprendre que leur nouvelle voie révolutionnaire, qui remplaçait les brutales lois de la nature par des idéaux d'égalité, de fraternité et de justice, impliquait de nouveaux devoirs.

Le succès de notre précaire entreprise, le triomphe de notre audacieuse attitude morale exigent la participation de tous les êtres humains à la « plus grande aventure de tous les temps ». Il nous faut aussi trouver de façon urgente des solutions pour faire face à l'explosion démographique qui a une influence directe sur l'appauvrissement des communautés moins favorisées. Faute de quoi le ressentiment généralisé engendrera la haine, et le plus affreux génocide imaginable, frappant des milliards d'individus, deviendra inévitable.

Hamburger avait clairement senti que le manque d'action ou même des décisions improvisées compromettraient nos chances de voir notre héroïque aventure déboucher sur un âge d'or. Une aussi heureuse conclusion ne peut se produire – fût-ce dans un avenir lointain – que si nous persuadons les peuples du monde que leur sort est entre leurs mains, qu'ils doivent se faire *acteurs* pour relever le défi qui se dresse devant nous et non pas se contenter d'être du simple ballast déplacé ici et là par les technocrates. Un pareil éveil exige l'indépendance de l'information et une meilleure instruction.

Nous n'avons pas encore compris que notre divorce d'avec la nature est irréversible. Il y a longtemps que nous avons coupé les ponts et tout retour à la vie sauvage est impossible. Cela implique pour les hommes d'aujourd'hui la charge écrasante d'inventer à partir de rien un comportement qui soit en même temps compatible sur le plan biologique et satisfaisant pour ses objectifs moraux. En refusant pour nous les lois de la jungle, nous avons pris l'engagement de nous assurer que les royaumes végétaux et animaux qui nous entourent continueraient à bénéficier de ces mêmes lois de la jungle sans lesquelles il n'y a pour eux pas de survie.

S'attaquant à la première partie de cette nouvelle et double obligation, codifiant la moralité, les hommes ont franchi voilà quelque deux cents ans un pas spectaculaire : ils ont rédigé la Déclaration des droits de l'homme. Grâce à ces textes, notre espèce a remporté ses premiers succès dans la magnifique bataille que nous avons menée contre des règles qui depuis trois milliards d'années ont gouverné avec succès toutes les créatures vivantes !

Pour bien installer ces nouveaux droits contre nature, il a fallu s'acquitter de nouveaux devoirs contre nature. Au nom de la démocratie, notre espèce a noblement rempli certaines de ces obligations : les hommes ont aboli l'esclavage. Ils ont fondé la Croix-Rouge pour garantir, même à leurs ennemis, un traitement « humain » ; ils ont condamné des criminels de guerre devant le tribunal de Nuremberg. Ils ont protesté contre la discrimination raciale en Afrique du Sud. Mais le progrès ne s'est fait qu'au prix d'une escarmouche après l'autre, sans plan global, sans conscience des conséquences que cela entraînait.

Pour ce qui est de leur obligation de respecter la nécessité pour les créatures sauvages de suivre les lois de la nature, les hommes ont fait là aussi des débuts honorables en promulguant la conscience de l'environnement au cours du dernier demi-siècle.

En attendant, le besoin de protéger la nature s'est peu à peu enraciné dans nos pensées quotidiennes, de même que nous avons fini par accepter nos responsabilités envers la communauté quand on a introduit dans les écoles primaires les cours d'instruction civique. On a fait des progrès en inculquant aux peuples ce que sont les conséquences de la négligence dans le comportement quotidien ; les gens se sont rendu compte qu'il fallait garder purs rivières, lacs et côtes ; que l'air et l'eau, les « fluides de la vie », doivent conserver leur pureté ; et qu'il faut recycler ou détruire les ordures urbaines aussi bien que les déchets industriels. La pression de l'opinion a fait comprendre aux dirigeants que, même si de saines pratiques en matière d'environnement vont dans l'immédiat accroître les coûts pour les producteurs, elles pourraient aussi au bout du compte les faire baisser pour la communauté et créer des emplois. Un nombre de plus en plus grand de gouvernements ont crée des ministères de l'Environnement dans l'espoir de fournir les chiens de garde appropriés. La nécessité de telles mesures est évidente et élémentaire, aussi fondamentale pour la vie que d'apprendre aux enfants à se brosser les dents.

Il reste néanmoins des progrès à faire. Le public continue à se préoccuper davantage de bénéfices à court terme. On considère, par exemple, un nouveau barrage comme une réussite s'il produit de l'électricité – même si cela signifie faire baisser le niveau des nappes phréatiques et assèche des marais indispensables. Quand je repense à quelques projets récents, proposés sérieusement et discutés non moins sérieusement – remorquer vers le sud les icebergs de l'Arctique pour soulager la pénurie mondiale d'eau douce ; bâtir des centrales nucléaires sur le sol fragile et gelé de la toundra, même après la catastrophe de Tchernobyl ; encombrer l'espace des déchets, de petits débris qui foncent comme des fusées, en même temps que nous mettons en orbite des réacteurs nucléaires –, je ne peux m'empêcher de généraliser : la plupart des politiciens, des technocrates et des cartels industriels se soucient peu des conséquences à long terme ou à très long terme de leurs décisions.

De tels développements soulignent les deux défauts majeurs dans la façon dont nous poursuivons notre divorce d'avec la nature. D'abord, dans les indispensables conflits pour la morale et l'environnement, nous livrons une bataille après l'autre : nous n'avons pas réussi à mettre au point un plan d'ensemble. Ensuite, malgré notre ferme résolution de proclamer les droits de l'homme, nous ne sommes pas parvenus à envisager les droits des générations à venir.

Aborder les défis qui se dressent devant nous d'un point de vue global et dans une perspective d'avenir, voilà un but que la « nouvelle écologie » s'efforce d'atteindre. Les nouveaux écologistes doivent tracer un vaste plan d'avenir qui impose la loi morale humaine d'une façon qui complète les lois de la nature et qui soit compatible avec elles.

Les nouveaux écologistes ne peuvent plus se contenter de purifier une rivière ou d'adopter un bébé phoque. Voilà quelques années, mon équipe a inventé la méthode que nous avions appelée « écotechnie », étude des influences réciproques : comment, donc, les diverses cultures humaines affectent l'eau, comment l'eau affecte les diverses cultures humaines. Cette façon de voir la planète comme une somme de ses constituants miraculeux interdépendants devrait devenir un outil universel pour traiter des besoins de l'environnement.

Les nouveaux écologistes doivent renoncer à cette conception anachronique que l'environnement ne comprend que le cadre où nous vivons, la scène sur laquelle nous jouons notre existence : l'environnement, c'est aussi notre comportement, nos coutumes, nos traditions, notre langue. Nous ne pouvons plus nous concentrer strictement sur un seul problème à la fois. Nous allons reconnaître les lacets de la route qui nous mène à une meilleure qualité de vie, une répartition plus équitable pour tous des ressources naturelles. Nous n'allons pas limiter nos actions à soigner les symptômes de la pollution, comme on prend de l'aspirine pour soulager une migraine : nous allons mettre en lumière la cause même de chaque dommage. Les nouveaux écologistes devront agir comme des médecins, en reconnaissant que les principaux problèmes, comme l'appauvrissement et même le réchauffement de la Terre, sont les symptômes de maux plus essentiels. Les nouveaux écologistes devront diagnostiquer chaque maladie et s'efforcer de la guérir, en utilisant tous les remèdes à leur disposition, tous les talents que les hommes sont les seuls à posséder : les valeurs morales, l'économie libérale, la biologie, la thermodynamique, voire la prise en compte non seulement du monde qui nous entoure, mais du monde qu'il y a en nous, comme dans l'éthique de la médecine génétique.

Depuis que nous avons refusé la loi de la jungle, nous devons néanmoins prêter l'oreille à un certain nombre d'avertissements que nous prodigue la nature. Ainsi la biodiversité est un préalable indispensable à un environnement sain et que l'on peut maintenir ainsi. La biodiversité signifie la diversité des espèces, les communautés vivantes et la diversité génétique au sein d'une espèce qui garantit la faculté de s'adapter. Chaque fois que nous laissons disparaître une seule créature, nous perdons la possibilité d'étudier son rôle dans son écosystème original.

Dans la perspective de la nouvelle écologie, de Hamburger, le remède proposé par le « développement acceptable » transformerait les maux du monde en faisant d'un symptôme sérieux une maladie fatale. Le « développement acceptable », l'aspirine prescrite par les myopes au sommet de Rio, ne permettrait même pas de commencer à affronter le défi opposé par aucun des problèmes dont on a discuté à la conférence : la pauvreté, la misère, la famine, les maladies tropicales, les constantes menaces de violence, ni même le réchauffement du climat et la disparition de certaines espèces. Les nouveaux écologistes doivent poser le diagnostic de la maladie, en traiter les causes comme la spéculation et la surpopulation. L'une et l'autre ont eu un effet direct sur l'appauvrissement des communautés moins favorisées.

Que pourrait-il arriver si nous continuions à ne pas nous méfier des conséquences de nos actions pour les générations à venir, si nous ignorions les impératifs de la nouvelle écologie et si nous préservions notre *statu quo* : si nous façonnions notre avenir non par choix mais par défaut ?

Je me suis laissé gagner aux thèses de Hamburger précisément parce qu'il montrait une autre voie. Les nouveaux écologistes peuvent montrer un moyen d'améliorer la qualité de la vie et d'assurer une juste répartition des ressources naturelles pour tous en respectant l'étrange code de fraternité, d'égalité prôné par les hommes.

La vision périphérique du nouvel écologiste – sa faculté de percevoir les interactions entre toutes les formes de vie sur terre –, cela aussi peut contribuer aux efforts pour empêcher des espèces de disparaître.

La biodiversité – les variétés de communautés vivant sur la planète ; la variété des espèces qui y prospèrent ; et, surtout, la variété des dons génétiques parmi les créatures au sein d'une espèce –, tout cela permet à un écosystème de s'adapter aux modifications de l'environnement. Plus grand est le nombre d'espèces constituant un écosystème, plus vigoureusement ce système peut affronter des défis. De même, plus vaste est son *pool* génétique, plus une espèce est robuste.

Cette relation entre la diversité et l'adversité s'est révélée décisive. Les États-Unis, le Brésil et l'ex-Union soviétique, dans l'espoir d'améliorer le rendement, ont longtemps ignorer ce postulat fondamental ; ils ont lancé d'ambitieux projets, de vastes exploitations agricoles consacrées à la monoculture. Harcelées par les insectes, les exploitations périclitaient, les fermiers ont moissonné des terres incultes.

Le théorème de la biodiversité ne s'applique pas seulement à l'écosystème, mais aussi au *concept* et aux cultures des hommes. Pour survivre, une civilisation humaine, comme un écosystème, a besoin de diversité : alimentation et cuisine différentes, moyens différents de communiquer, de penser, émotions, récits et images dans la peinture, la sculpture, le théâtre et le cinéma. Pour la nouvelle écologie, il est aussi indispensable de protéger la diversité des cultures que celle de la nature. Les méthodes d'expression variées sont tout aussi nécessaires à la vie d'une civilisation que l'oxygène à la vie d'un être humain. En vertu d'un parallèle poétique, même s'il est tragique, avec les espèces d'un écosystème, les cultures les plus simples ont été les premières à subir les conséquences de cette course à la suprématie qui depuis l'Antiquité pousse les nations. Des centaines de cultures modestes, voire quelques civilisations plus puissantes, ont été écrasées par Sumer, l'Égypte, les Mongols, la Grèce, Rome et bien d'autres super-États dont chaque conquête appauvrissait à jamais notre patrimoine.

Naviguant sur les mers du monde, j'ai assisté à bien des naufrages culturels. Même si chaque désastre a sa propre histoire – certaines catastrophes étant provoquées par la cupidité ou l'hostilité, d'autres par de bonnes intentions erronées –, toutes se sont déroulées sur le même modèle : une confrontation entre deux peuples aux cultures différentes, dont l'un proclamait unilatéralement sa supériorité.

Quand mon navire, la *Calypso*, aborda la Terre de Feu en 1972, j'ai tenté de nouer des rapports avec les Indiens de cette région appelés Unas, que quelques années auparavant m'avait décrits le père Lempereur. Je constatai qu'il ne restait qu'une seule Una, une femme âgée de quatre-vingt-deux ans. Tous les autres avaient été abattus à coups de fusil comme du gibier ! Le prétexte ? Darwin avait écrit que les Unas étaient plus proches de l'animal que de l'homme...

Nous jetâmes l'ancre dans la baie de Lagundi, sur l'île de Nias, à l'ouest de Sumatra ; nous découvrîmes que les Niassis avaient été dépouillés de leur héritage, qu'on ne pouvait maintenant les décrire que comme des citoyens d'Indonésie. Les anciens du peuple Niassi avaient érigé des monuments de pierre pour laisser un témoignage durable de leur passage sur la Terre, mais, voilà un siècle, des missionnaires convertirent le chef Niassi et l'on détruisit l'essentiel de cet antique patrimoine. Ces intrus détruisirent le mode de vie des Niassis plus vite et plus complètement que ne l'auraient fait des siècles de guerre : aujourd'hui, les Niassis qui survivent n'ont gardé aucun souvenir de leur héritage ancestral.

Au Chili, en 1973, nous avons étudié la musique monocorde traditionnelle des trente-sept Kawashkars survivants. Tout juste quinze ans plus tard, il ne restait plus un seul Kawashkar. On avait imposé à la tribu des travaux forcés comme l'exploitation des mines, et ces indigènes avaient été incapables de s'adapter.

Dans la forêt tropicale du Brésil, les Yanomani ont trop longtemps été persécutés et massacrés par ceux qui voulaient faire main basse sur l'or que l'on trouve sur le territoire traditionnel de la tribu.

Comme le montrent bien des exemples contemporains d'exterminations culturelles, quand de puissantes nations ont cessé de piller les pays qu'elles avaient conquis, qu'elles ont commencé à les coloniser, elles n'ont pas pour autant cessé de perdre des cultures. Comme le dit le vieil adage, la colonisation a remplacé les fusils par l'argent.

On pourrait dire aujourd'hui que ceux qui poursuivent la domination culturelle du globe – avec l'aide de l'argent – ont remplacé les fusils par les médias.

Seule la nouvelle écologie peut faire échec aussi à l'assaut de plus en plus vigoureux du marketing de masse contre la culture. Même freiner l'emballement de notre économie exige de façon urgente que nous comprenions la base de la théorie de Hamburger sur notre rupture avec la nature.

C'est de nos esprits, pas de nos gènes, qu'est issu notre refus de la loi de la nature. Cela a été notre *choix*, non pas un élan instinctif, qui nous a amenés à remplacer la sélection naturelle par la moralité. Il faudra bien des générations pour que la loi morale s'inscrive dans les gènes humains. D'ici là, l'instinct d'obéir à la loi de la nature reste codifié dans la structure complexe de notre ADN.

Nous ne réussissons pas toujours à sublimer cet appel génétique de la forêt. Tout récemment, cela a réapparu dans la façon dont nous faisons fonctionner notre économie. La loi de sélection naturelle, qui dans la jungle a fait de l'homme primitif une victime, fait de l'homme moderne une victime dans l'économie de marché de masse.

Par une ironie du sort, les premiers hommes ont créé leur économie en respectant la justice et la moralité, pour rendre honneur à son divorce d'avec la nature. Au début, la monnaie était la graine de la civilisation, et non pas la racine du mal. Depuis l'âge néolithique, la monnaie, sous toutes ses formes variées – coquillages, pièces, bons, billets, chèques, cartes de crédit –, a facilité les échanges, accélérant ainsi le développement de ce qu'on appelle le progrès.

Ceux d'entre nous qui ont vécu en France durant la pénible période de l'occupation allemande ont eu droit à une leçon fondamentale dans ce système d'échange. Dans ces années-là, il était souvent plus difficile d'obtenir des tickets pour se procurer l'essentiel que de trouver l'argent censé représenter la valeur de nos maigres rations. À la fin de la guerre, à Toulon, ma famille a publié dans un journal l'annonce suivante :

« Échange dix mètres de tuyau d'arrosage
contre lapine pleine. »

Le marché fut conclu et nous mangeâmes souvent du lapin. Ni l'argent ni les tickets ne figurèrent dans ce pittoresque troc, mais ce fut un échange qui se fit à la satisfaction des deux parties.

L'argent servait de symbole abstrait plus que pour la valeur des marchandises : il était soumis aussi à l' « étalon du travail » qui donnait la mesure de la valeur des services rendus, puisque les hommes gagnaient leur vie à la sueur de leur front.

En fait, de grosses quantités d'argent – autrement dit, la richesse, l'instrument idéal de la domination – ont toujours été fondées sur le travail des autres. En outre, comme les années passaient, il fallait de moins en moins d'efforts pour produire les biens de consommation et un métal magique – étincelant, rare et résistant à la corrosion – vint remplacer le travail comme étalon monétaire : l'or.

Accumulé dans les coffres des banques nationales, l'or commença par rassurer les populations sur la stabilité de leurs économies. Pas longtemps. La valeur du métal jaune trébuchait et s'envolait malgré des spéculateurs qui pouvaient dans l'instant réaliser leurs caprices grâce à la multiplication des téléphones.

L'argent en tant que symbole utile pour faciliter l'échange de biens et de travail perdit toute signification concrète. Le marché aujourd'hui est entré dans le domaine de la réalité virtuelle. Qu'est-ce d'autre que les « actions pourries », les « marchés à terme » ou les « produits dérivés », sinon des moyens de spéculer sur des concepts virtuels, sans réalité, dont les gains profitent à ceux qui ne se sont pas donné de mal, dont les pertes sont absorbées par des contribuables, ou par ceux qu'on a attirés pour jouer à la Bourse ?

Tout au long de cette histoire, comme nous nous efforcions de civiliser notre économie et tandis que le vieux système de troc perdait de son attrait, notre tendance naturelle à la concurrence et à la victoire ne cessait de bouillonner dans nos gènes. C'est ce qui a influencé la subtile concurrence entre les économies libérales du « monde libre » et l'économie contrôlée des pays communistes. Néanmoins, pendant toute la durée de la guerre froide, le public dans son ensemble ne s'est pas rendu compte que la loi de la jungle infiltrait le comportement du marché : les peuples du monde étaient bien trop préoccupés par la menace militaire de la guerre froide pour se laisser distraire par une menace économique. Mais, presque au moment où s'effondrait l'Union soviétique, les potentats des Bourses occidentales claironnaient leur triomphe, en proclamant que les économies libérales étaient « les mieux adaptées ». Il ne fallut que quelques mois aux spéculateurs pour se retrouver griffes et dents dehors, prêts à fondre sur leur proie pour la dévorer.

L'économie libérale de l'Ouest, jadis séduisante, ne tarda pas à se métamorphoser pour devenir la brutale économie de marché qui gouverne aujourd'hui le monde. Pour être plus précis, l'économie de marché ne « gouverne » pas tant qu'elle n'impose ses « diktats ». Doué d'une influence plus grande que n'importe quel État, que n'importe quel dirigeant, ce dictateur – « Mister Market » – n'a pas de titre, pas de visage, mais son pouvoir est envahissant, son autorité planétaire. En fait, comme l'a dit Arthur Schlesinger Jr., il a transformé le présent pour en faire « une époque sordide où la tendance est de transférer le pouvoir de l'État aux services de la comptabilité ».

Comment « Mister Market », le dictateur économique du monde, s'est-il approprié ce pouvoir ? Sa tyrannie est née des règles traditionnelles du marché et des principes concernant la fixation des prix.

Les économistes ont toujours défini l'économie fondée sur le marché comme le flux de biens ou de services qu'on estime non pas d'après leur valeur ni d'après ce qu'impliquent leur création et leur production, mais en fonction de ce que le marché est prêt à supporter et l'acheteur prêt à payer. C'est ainsi que s'est généralisée une confusion dramatique entre le prix et la valeur. Les forêts, les animaux, l'eau pure, l'éducation – les inestimables trésors de l'humanité – ne valent pas grand-chose dans la mesure où les gens aujourd'hui ne sont pas disposés à les payer cher. Leurs prix ne refléteraient leurs véritables cours que dans un système de valeurs fondé sur la production : manifestement, notre économie fondée sur l'acheteur est défectueuse quand elle s'applique aux valeurs de l'environnement.

« Mister Market » a également dupé le public en l'amenant à croire à une autre définition traditionnelle du marché. L'économie de marché se définit comme un circuit : les biens et les services, le capital et l'argent circulent théoriquement des affaires vers les foyers et inversement, si bien que chacun ne cesse d'en tirer profit. En fait, l'économie globale n'est *pas* un circuit. Cette forme d'équilibre du marché existerait – tout le monde en profiterait – seulement si personne au monde ne manquait de subsistance de base, comme c'est le cas dans une communauté agraire réussie. Quand les hommes ne peuvent choisir entre le travail et le loisir, mais seulement entre le travail et la famille, le tableau est très différent. Ce n'est pas seulement que l'argent cesse de circuler avec les pauvres : il s'arrête juste hors de leur portée.

C'est pourtant absurde et même dangereux pour ceux qui vivent dans la prospérité de croire à l'idée que l'économie globale est un circuit, que ses richesses peuvent et vont éternellement circuler. Les ressources non renouvelables s'épuisent. Les déchets s'entassent. Les biens qui ont de la valeur disparaissent alors que la camelote sans valeur bourgeonne.

Nous continuons à nous bercer d'illusions sur « les prix équilibrés du marché » et « les circuits économiques équilibrés » en raison d'une longue mais trompeuse expérience. Depuis le siècle dernier, nous autres humains avons découvert de vastes réserves de sources d'énergie concentrée. Hélas, les pionniers de l'économie de marché – Adam Smith, David Ricardo, John Maynard-Keynes, Milton Friedman – vivaient à une époque où ces ressources étaient encore si abondantes qu'il était facile d'oublier que non seulement elles pouvaient s'épuiser, mais qu'elles ne se renouvelaient pas non plus ; et ces brillants esprits sont morts avant d'avoir connu par expérience ce qui va se passer quand les ressources naturelles se seront épuisées.

Le peu de valeur que « Mister Market » attribue à l'énergie non renouvelable montre bien à quel point le système est défectueux quand on le superpose aux réalités écologiques. L'économie de marché ne saurait exister sans énergie ; mais, en même temps, toutes les manipulations des prix mondiaux effraient encore les économistes impuissants à supprimer les pénuries. Pis encore, la plupart de ceux qui auront besoin d'acheter cette énergie qui va s'amenuisant ne peuvent pas participer aux décisions du marché car ils ne sont pas encore nés : ce sont les enfants des générations à venir. Les prix fixés pour l'énergie – qui reflètent ce que les gens sont prêts à payer aujourd'hui mais non pas le fait que le produit va s'épuiser demain – révèlent ainsi la dictature du présent sur l'avenir qu'exerce l'économie de marché.

Là où « Mister Market » applique avec le plus d'acharnement la loi de la jungle, en oubliant tout effort pour faire semblant de respecter les codes moraux de l'humanité, là il encourage ceux qu'on pourrait considérer comme sa garde prétorienne : les concurrents. C'est avec la concurrence que les marchands se montrent sous leur jour le plus barbare.

Récemment, pour étendre à l'ensemble des nations l'emprise de ses doigts glacés, Mister Market a fait un ultime grand écart par-dessus frontières et continents : il est apparu sous son jour le plus redoutable et avec le plus de réussite aux célèbres réunions du GATT et autres Uruguay Round. Les nations ont faiblement exprimé leurs protestations justifiées pour tenter d'empêcher leurs créateurs et leurs producteurs individuels d'être dévorés sur la place du marché. Mais la plupart des gouvernements ont capitulé devant « Mister Market », sans même invoquer la sacro-sainte souveraineté nationale dont ils ont si souvent fait fi quand on venait les importuner avec des histoires de coopération internationale.

Bien sûr, les négociateurs ont proclamé platoniquement leurs bonnes intentions en affirmant qu'ils allaient protéger les cultures de la concurrence ; mais la protection des cultures exige plus que des escarmouches sans conviction entre les David de l'individualisme et des arts, et les Goliath des géants des marchés de masse qui veulent bien d'une concurrence pour les bénéfices dans la production, mais qui ne se soucient guère de stimuler la créativité, qui ne se préoccupent que de leur prospérité et se moquent des besoins du public.

Les nouveaux écologistes doivent éveiller l'opinion publique à travers le monde, inciter les gens à reconnaître qu'il nous faut du temps non seulement pour produire les biens mais pour réfléchir, pour embellir, pour savourer ; inciter les gens à défendre leur individualisme et leur liberté de créer – une liberté qui ne doit ni ne peut se mesurer en dollars, qui ne saurait faire l'objet d'échanges ou de transactions. Bien sûr, les produits lucratifs de la technologie – notamment les moyens de communication de masse – procurent ces avantages à la civilisation. Pourtant, grâce à l'ingéniosité humaine, on peut certainement trouver les moyens de bénéficier de la technologie et de ses diverses formes de communication de masse sans nous laisser enfermer dans une culture de masse, nous laisser aller à une unique ligne de pensée, à un unique mode de vie. Les nouveaux écologistes doivent refuser de laisser l'héritage si divers de l'humanité être soldé comme un simple produit de première nécessité.

Les nouveaux écologistes peuvent aussi faire remarquer que, en se lançant dans sa quête pour l'hégémonie mondiale, « Mister Market » a commis quelques erreurs qui vont être dommageables non seulement aux individus, mais aussi en fin de compte même aux nations prospères qui jusqu'à maintenant ont été les principaux soutiens de l'économie mondiale. Il continuait à encourager la concurrence entre des pays parmi lesquels elle avait fait long feu. Les pays développés ne peuvent protéger la santé de leur économie quand des spéculateurs jouent au yo-yo avec les devises. Ces pays ne peuvent pas davantage soutenir des guerres de prix avec des États pauvres où les salaires sont dérisoires. Afin de rester à un niveau compétitif, les grandes entreprises des pays développés ont dû réduire le nombre de leurs travailleurs. Le chômage frappe le plus durement d'abord dans les pays où les salaires, la sécurité sociale et autres avantages sont élevés ; mais inévitablement le manque d'emplois s'étendra aux pays où les travailleurs gagnent moins. Entraîné dans le tourbillon de la concurrence, aucun gouvernement ne peut échapper au vertige du chômage. Comme la plupart des dictateurs, « Mister Market » entraîne droit vers le néant ceux qui sont soumis à sa poigne de fer. Les hauts et les bas qui en résultent dans notre vie économique échappent totalement aux prévisions des experts qui sont les premiers à expliquer en détail, après coup, les effondrements qu'ils ont été incapables de prédire. Les dommages qu'ils n'ont pas su prévoir n'en entraînent pas moins des conséquences que l'humanité ne devrait pas avoir à payer. Les crises économiques, l'inflation, l'augmentation du chômage résultant d'une concurrence sauvage ne nuisent pas seulement à la qualité de la vie humaine : elles menacent bel et bien l'existence en précipitant les plus démunis et les plus âgés dans des problèmes de vie ou de mort.

Nous payons cher la concurrence, le fait de considérer comme des concurrents tous ceux qui commercent comme nous et tous les concurrents comme des adversaires. Qu'y gagnons-nous ? Qu'est-ce que la concurrence, la force motrice derrière notre économie incontrôlée, apporte à la vie ? Elle encourage les pays qui bénéficient d'un provisoire surplus de ressources à les gaspiller. Elle incite les jeunes à se concentrer sur un seul but : s'enrichir, cette fin-là justifiant tous les moyens. Cela produit un déficit sans cesse croissant dans la balance annuelle des paiements des pays en voie de développement. La concurrence est censée encourager le rendement... mais le rendement pour quoi faire ? Pour faire gagner de l'argent à ceux qui spéculent sur les actions et les devises ? Pour augmenter le chômage, pour laisser des millions de gens sans travail et sans foyer ? Pour accroître la richesse du tiers le plus riche de la population qui dépend des deux tiers de l'humanité ?

Nous avons perdu de vue nos objectifs : nous ne savons plus pourquoi nous avons jamais appelé « humanités » nos arts, ni pourquoi nous qualifions d'« humain » des hommes. Dans quel but, après tout, les hommes ont-ils organisé une économie ou n'importe lequel des autres accoutrements de la civilisation ? En apparence, pour améliorer la qualité de la vie – aussi bien pour nous-mêmes que pour autrui. Le véritable objectif de la « production », comme l'a fait observer le professeur Georgescu Rœgen, « ce n'est pas le " produit ", c'est en fait la *joie de vivre* ».

Et pourtant, voilà plus d'un siècle, John Stuart Mill pouvait déjà parler de l'incapacité de l'économie de marché à progresser vers cet objectif : « Je ne sais pas pourquoi on devrait se féliciter que les personnes qui sont déjà plus riches que quiconque a besoin de l'être auraient dû doubler leurs moyens de consommer des produits qui ne donnent que peu ou pas de plaisir sauf celui d'être des symboles de richesse. »

Les bouleversements économiques qui en résultent apportent une contradiction totale au choix qu'ont manifestement fait les hommes il y a si longtemps, quand ils ont déclaré que la loi morale, la fraternité et le respect de chacun devraient régner partout. Sur le marché, c'est la sélection naturelle – la survivance des fauves – qui l'emporte ; nous avons régressé : au lieu de respecter la souveraineté de la justice et de l'égalité, nous avons capitulé devant la tyrannie des avides et des impitoyables.

De tous les éventaires qu'on trouve au bazar du monde, le marché international des armes apporte la démonstration la plus éclatante de cette fébrile adhésion à la loi de la jungle et de la concurrence. Là, ce ne sont pas tant les hommes qui manipulent le marché que le marché qui manipule et mutile les vies humaines.

Après la guerre du Golfe, quand le commerce international des armes s'est accru, j'ai été touché de lire des paroles qui promettaient un changement. Vaclav Havel, le président de la Tchécoslovaquie, le champion universellement respecté de la liberté, avait écrit : « J'ai la réputation d'être un rêveur naïf, de réconcilier les inconciliables. La politique et la morale. [Mais] la vraie politique, la seule digne de ce nom est d'ailleurs la seule que je consente à pratiquer, c'est la politique au service du peuple, au service des générations à venir. Elle est fondée sur l'éthique : elle implique la responsabilité de tous envers tous. »

Havel avait à mes yeux réussi l'impossible : il avait défini l'idéal en politique. Il avait décrit la politique comme on la voit dans le prisme de la nouvelle écologie.

Hélas, les événements et « Mister Market » intervinrent. Je me rendis à Prague pour m'entretenir avec le président Havel. « Pourquoi, lui demandai-je, aussi peu de temps après avoir écrit des mots aussi forts sur les impératifs éthiques de la politique, avez-vous repris la production d'armes dans vos ateliers Skoda ? »

Avec un chagrin évident, Havel tenta de justifier sa décision en invoquant le chômage et les pressions économiques. « Mister Market » avait réussi à vaincre même l'archange Gabriel.

Si un héros comme Havel, debout à la barre dans le souffle vivifiant qui balaie un pays récemment libéré, fait naufrage devant les forces du marché, comment des dirigeants moins idéalistes pourront-ils jamais se laisser convaincre qu'il leur faut affronter et combattre le même adversaire s'ils veulent se garder de la pauvreté et de la violence ?

Dans la seule décennie des années quatre-vingt, le nombre des réfugiés poussés par la guerre dans le monde a doublé, passant de dix à vingt millions de malheureux, fuyant la mort et la destruction, cherchant un foyer et une patrie. Pendant ce temps, tandis que gonflent les budgets militaires et que s'envolent les bénéfices des marchands de canons, l'aide au développement, des pays prospères vers les pays pauvres, n'a cessé de diminuer : certains États ne pouvant pas ou ne voulant pas même céder le minuscule 0,7 % de leur PNB recommandé par les Nations unies. Les pays en voie de développement qui bénéficiaient de ces allocations symboliques les utilisaient souvent pour accroître leur armement plutôt que le bien-être de leur population. « Nous continuons à nous armer contre des ennemis qui n'existent plus et nous restons sans défense devant ceux qui nous menacent aujourd'hui, a fait récemment observer le Dr Federico Mayor, directeur général de l'Unesco. Nos budgets nationaux comprennent des crédits pour la défense et pour l'armement, mais les montants de l'aide aux pays en voie de développement restent dérisoires. Les résultats, ce sont la pauvreté, le développement excessif de la population, une émigration massive, l'intolérance et la violence. Ou bien nous avançons ensemble, ou bien nous ne pourrons pas éviter le chaos ni la destruction. »

Jean Hamburger lui-même prévoyait l'éventualité de cette calamité. Il reconnaissait que l'inaction et l'indécision de l'homme moderne, son refus d'envisager l'avenir lointain, son obstination à ne regarder qu'à ses pieds risquaient de trahir les courageuses actions entreprises par ses ancêtres pour assurer un avenir triomphal.

Les dirigeants du monde ont tous les renseignements qu'il leur faut pour aller de l'avant. Les réunions au sommet évoquées par les organisations internationales ; les plaidoyers des savants visionnaires et des écologistes ; même les redoutables erreurs dont est responsable l'économie de marché ont annoncé les désastres qui pourraient nous attendre. Nos gouvernants connaissent nos possibilités : c'est maintenant qu'ils doivent les utiliser. Faut-il être héroïque ou juste réaliste pour reconnaître qu'il faut prendre des décisions non conformistes, impopulaires, voire radicales pour préserver notre paix, notre avenir, notre espèce ?

Pourtant, même un dirigeant énergique ne peut pas grand-chose s'il agit seul.

Les savants doivent quitter leur tour d'ivoire pour participer à l'effort. Les peuples ont besoin de connaître la vérité, même les mauvaises nouvelles : on leur a menti si souvent sur les risques qu'on fait courir au public, sur la façon dont on joue avec l'environnement qu'ils ne font plus confiance à leurs gouvernants, à leurs représentants ni aux médias. Perdu aujourd'hui dans une information instantanée provenant de sources innombrables, le public erre dans une forêt de confusions. Qui mieux que les savants pourrait lui montrer comment en sortir et aller de l'avant ? Lui traduire les sujets d'une haute technicité et qui souvent sont liés entre eux, lui expliquer comment les applications de la science peuvent développer plutôt que violer les valeurs humaines ?

Aristote, Newton et même Darwin étaient plus familiers avec les humanités que leurs homologues d'aujourd'hui : vivant à une époque où l'Église se confondait avec l'État, où l'on vénérait l'environnement comme la création divine, ces savants – étudiants de la nature – étaient les mieux placés pour comprendre les valeurs humaines, ces produits qui font divorcer l'humanité d'avec la nature. Qui mieux que leurs descendants saurait annoncer des décisions sur la fusion de la moralité humaine avec les exigences naturelles ?

Enfin, les peuples du monde doivent se rendre compte qu'ils tiennent eux-mêmes la clé de leur avenir ; il réside dans leurs choix, dans leurs exigences, dans leur participation active. Nous ne pourrons atteindre l'objectif que nous aurons choisi que si nous agissons ; jamais nous n'y parviendrons si nous nous contentons d'exister comme du lest humain, traîné dans la vie par les technocrates et les politiciens qui vont trébuchant partout où leur myopie et leur égoïsme les entraînent.

Assurément, des difficultés et des dangers nous guettent. En regardant devant nous, nous pouvons considérer ces mines prêtes à exploser sur notre route comme le destin qu'il nous faut subir ou comme un défi qu'il nous faut affronter. À travers le temps, les hommes ont témoigné d'une étrange faculté de s'arrêter au bord du désastre. Seuls dans tout le cosmos, ils possèdent aussi ce don précieux et rare, sinon unique : leur intelligence qui leur permet d'examiner, de résoudre, de réussir. Nous ne sommes pas simplement à un carrefour, mais au point de départ d'une aventure extraordinaire, même si elle est exceptionnellement risquée. Nous sommes à vrai dire au seuil de la plus grande aventure de tous les temps.

13

LES RISQUES POUR LA COMMUNAUTÉ

Un petit article de journal déclencha une chaîne d'événements qui me firent changer d'opinion sur les risques de la vie moderne et la façon dont le public réagit dans ces circonstances. Avant cette époque, j'avais fini sans enthousiasme par m'habituer aux façons dont fonctionne la « gestion du risque » par la communauté : le public découvre qu'un nouveau produit chimique ou une technologie inédite présente une menace; les ventes dispersent le produit dans tout un pays, voire dans le monde entier, tandis que le gouvernement et l'industrie en étudient les dangers et s'efforcent de prédire les possibilités d'accidents; ils contestent leurs propres découvertes, puis inlassablement recommencent. Quelques citoyens expriment leur colère ou même leur désespoir en estimant que les responsables se comportent d'une manière irréfléchie en les exposant à des dangers sans leur accord, parfois même à leur insu.

Pour finir, les autorités qualifient ces craintes de non fondées; et après tout, disent-elles, les hommes doivent accepter le risque si la communauté entend progresser.

Mais quand j'ouvris le journal, un beau matin de 1975, un drame commençait à se dérouler, qui finit par connaître un dénouement tout à fait imprévu. L'article signalait qu'un cargo, le *Cavtat*, avait été éperonné par un autre navire au large de la côte italienne; mortellement endommagé, le *Cavtat* avait coulé par plus de cent mètres de fond. Il restait là, silhouette fantomatique errant sur les sables du fond de la mer avec sa redoutable cargaison : du tétraéthyle et du tétraméthyle de plomb. Dispersés dans l'eau de mer et métabolisés par les poissons consommés par les hommes, les composés du plomb provoquent l'insomnie, une instabilité affective et des hallucinations. Un grave empoisonnement – résultant du contact direct du produit avec la peau – peut amener des convulsions, la folie, le coma et la mort.

Plus de quatre cents barils, contenant chacun deux cents litres de ces substances mortelles, s'entassaient dans les cales du *Cavtat*, avec près de cinq cents autres récipients amarrés sur le pont et coincés sous son gréement, qui donnait de la bande au fond de l'eau à moins de trois milles du port de pêche et station balnéaire d'Otrante. Si un de ces barils venait à échouer sur une plage où joueraient des enfants, les médecins seraient pratiquement impuissants. Ils ne pourraient rien faire de plus que d'administrer des doses répétées de barbituriques à titre de calmant.

Comme il arrive couramment chez les armateurs, les responsables du *Cavtat* s'étaient mis hors d'atteinte dans un épais maquis de complications internationales. Éperonné par un navire battant pavillon panaméen, le *Cavtat* avait des propriétaires yougoslaves qui prétendaient que leur cargaison n'était « qu' » un polluant, et non une gêne à la navigation, et que sa présence ne constituait donc pas une infraction. Les autorités italiennes affirmaient que le navire échappait à leur responsabilité, car il avait coulé juste assez loin de la côte pour reposer dans les eaux internationales. La législation recommandée par la Convention internationale pour la prévention de la pollution par des navires était sans effet : ces pays ne l'avaient pas encore ratifiée.

Et que dire de la petite ville d'Otrante à tout juste trois milles de là ? « Nous avons rassuré les responsables du Club Méditerranée d'Otrante, déclara un fonctionnaire italien, et l'été dernier nous avons eu une saison touristique sans précédent. » En privé, un ingénieur chimiste ayant une grande expérience dans le domaine du transport des produits chimiques dangereux s'exclama : « Dites-moi où le *Cavtat* a coulé : je ne m'approche pas à un mille de cette épave. »

Jusque-là, c'est une histoire classique : des fonctionnaires tenaient des propos rassurants sur un danger éventuel mais esquivaient toute responsabilité sur ce point : ils allaient même jusqu'à nier l'existence du danger. Personne en tout cas ne faisait rien pour le désamorcer. Nous écrivîmes un article sur ce problème insoluble dans un magazine américain, la *Saturday Review*, qui fut repris en Europe par le *Reader's Digest*.

Là-dessus, un nouveau personnage entra en scène.

Un juge de paix italien, Mario Maritati, entendit parler de cette inertie bureaucratique et refusa d'accepter la menace que le *Cavtat* faisait peser sur ses concitoyens. À lui tout seul, il lança une campagne d'opinion, travaillant d'arrache-pied pour informer et éveiller l'intérêt du public. Le tourisme dans la région déclina. Très vite, Maritati avait fait la démonstration des résultats que pouvait obtenir un citoyen actif. Il réussit à obliger les autorités à entreprendre une vaste et coûteuse opération de nettoyage. Mon équipe filma ces efforts acharnés qui nécessitaient un équipement spécial, des plongeurs entraînés à évoluer en pleine saturation industrielle, douze millions de dollars et trois semaines de tension. Aujourd'hui, quelques décennies plus tard, les enfants insouciants peuvent jouer sans risque sur les plages d'Otrante. La menace du *Cavtat* n'a pas simplement été supprimée : on a même oublié la peur qu'elle a pu inspirer.

Nul ne peut contester les déclarations officielles affirmant que, pour édifier une civilisation dynamique, les gens doivent prendre certains risques justifiés. Ceux pourtant qui voulaient négliger la redoutable cargaison du *Cavtat* n'arrivèrent à rien : le progrès fut l'œuvre de ceux qui allèrent la repêcher. Ce ne furent pas les fonctionnaires qui s'efforçaient d'anesthésier la réaction du public qui donnèrent l'exemple du sens des responsabilités mais le juge qui, au contraire, attisa cette réaction. Le public se comporte trop souvent comme si « gérer le risque » signifiait s'en accommoder. Maritati comprit que les membres de la communauté des hommes n'ont pas besoin de céder devant le destin quand ils peuvent lui lancer un défi. Ceux qui s'occupent des dangers du monde moderne sous-estiment la portée de leur mandat quand ils qualifient leurs tâches de « gestion du risque ». Ce qu'on leur demande de faire, c'est tout simplement pratiquer la démocratie directe.

Ce n'est assurément pas une tâche facile que d'estimer le degré de sécurité des nouvelles technologies sans sous-estimer le danger qu'elles peuvent présenter pour la société ni interdire inutilement au public les avantages qu'il peut en tirer. Même un pesticide toxique aussi tristement célèbre que le DDT met le public devant des choix compliqués. Le DDT a acquis sa triste réputation après son interdiction quand des savants ont découvert que le produit avait tué des oiseaux, des poissons, des grenouilles ; que les vents et les courants marins l'avaient répandu à travers le monde et qu'on en retrouvait même des traces dans la neige de l'Antarctique ; qu'il s'était concentré dans le lait des mammifères ; et qu'on l'avait décelé dans les tissus de citoyens ordinaires à l'échelon de populations entières. Mais le DDT avait également brillamment atteint l'objectif qui avait amené à son utilisation : il avait arrêté la propagation du typhus par la vermine, celle de la malaria par les moustiques et celle de la typhoïde par les mouches. L'interdiction du DDT par le gouvernement du Sri Lanka fut rapidement suivie d'une poussée explosive de malaria. Le poison ou le fléau : lequel choisir ?

Même les responsables locaux se trouvent devant des choix difficiles. Les habitants de Tacoma, dans l'État de Washington, découvrirent que leurs fonderies de cuivre – qui leur procuraient plusieurs centaines d'emplois – émettaient des vapeurs d'arsenic à des niveaux susceptibles de causer des cancers du poumon. Après avoir été bombardés par les arguments des partisans de la prospérité économique et par les défenseurs de la bonne santé, les électeurs de Tacoma se mirent à arborer des insignes sur lesquels on pouvait lire cette formule mélancolique : « Les deux. »

C'est ainsi que le domaine de la gestion du risque est né d'une bonne idée : des experts analyseraient une technologie, estimeraient la gravité des risques qu'elle comporte et l'étendue des avantages qu'elle offre ; cette expertise fournirait une documentation solide aux décideurs politiques chargés de prendre au nom de tous des décisions dont dépend littéralement la vie ou la mort de ceux-ci. Dans un monde parfait, cette forme d'évaluation des risques apporterait une solution parfaite. Pourtant, alors que les responsables continuent à rassurer le public en citant des études de risques, ils avouent rarement que ces études, fondées sur des inconnues et des estimations, ne peuvent jamais par définition être « solides ».

La faille la plus évidente dans l'évaluation des risques tient à la façon dont les statisticiens calculent les bienfaits et les dangers. Le produit de toute formule n'est jamais plus précis que les suppositions sur lesquelles il est fondé. Comment un individu – mathématicien, statisticien, homme d'État – pourrait-il supposer que des chiffres puissent jamais représenter des éléments aussi intangibles que la bonne santé, la paix de l'esprit, la joie – ou bien l'angoisse de la maladie, la mort prématurée, la disparition d'un père, d'un mari, d'un enfant ? Les statisticiens du risque franchissent cet obstacle en faisant comme s'il n'existait pas. Ainsi, on ne compte jamais parmi les bienfaits les avantages pour l'éducation, l'environnement ou la charité, mais on tient compte d'éléments quantifiables en chiffres : les bénéfices des sociétés. Pis encore, on a également pris l'habitude aussi d'estimer le coût des risques en francs ou en dollars.

Je suis encore en rage quand je repense à une réunion au cours de laquelle un « évaluateur de risques » énumérait les pertes subies par la communauté à la suite d'un scandaleux écoulement de pétrole au large de Santa Barbara, en Californie. Quand il aborda le sujet des dégâts causés à l'environnement, il remarqua en passant : « On peut, par principe, estimer à un dollar pièce chaque oiseau mort. »

Je ne pus m'empêcher d'exploser en entendant sa remarque :

« Principe ! Comment osez-vous donner une valeur monnayable à l'existence d'un oiseau ? À la vie !

– Il faut bien mettre un chiffre !

– À quel prix estimeriez-vous ma petite-fille ? » lançai-je.

À vrai dire, je savais qu'en tant qu'évaluateur de risques il en avait déjà trouvé un. Nous sommes nombreux à être scandalisés par les pays qui fixent un « prix du sang » légal en fonction du statut social. Par une ironie du sort, ce sont les pays prétendument développés qui ne manquent jamais d'estimer l'inestimable, en fixant une valeur en espèces à la vie en fonction de la situation financière du disparu : calculée sur la projection des pertes que représenterait pour l'économie la disparition de ses gains. Ainsi la Maison-Blanche a affirmé un jour que, puisque les maladies provoquées par l'amiante permettent à ceux qui en sont victimes d'y être exposés pendant une quarantaine d'années, les estimateurs de risques devraient « décompter » la valeur d'un être humain quand il s'agit de promulguer une loi concernant les produits à base d'amiante : le prix attribué à l'origine à une vie humaine allait ainsi de 1 million jusqu'à 11 millions de dollars.

Une autre analyse des coûts par rapport aux bénéfices, entreprise par la Brown University et l'hôpital de Rhode Island, arrive à la conclusion suivante : le coût pour sauver un bébé prématuré au poids trop faible excède les gains potentiels que l'enfant est susceptible d'amasser au cours de sa vie et, ainsi, le fait de sauver des bébés qui pèsent davantage rapporterait à la société plus de la moitié des frais engagés. Que la valeur inhérente d'un être humain ait quelque chose à voir avec son salaire ne supporte pas l'examen même le plus superficiel : qui oserait affirmer qu'en se fondant sur les sommes gagnées un marchand de canons vaut plus pour la société qu'une mère Teresa sans ressources ? Ou que Gandhi ? Ou que Mozart ?

Il y a peu de temps, des savants parvinrent à produire en laboratoire de l'acide urique à partir d'un liquide préparé pour être la réplique des mers primitives. L'acide urique – un simple déchet de la vie – se vit ainsi salué par nos plus brillants esprits qui n'imagineraient jamais créer la vie elle-même – pas même une seule cellule. L'humanité profite du don de la vie, mais pas de son secret. Attribuer à ce secret une valeur monnayable est un sacrilège tout simplement parce qu'il dépasse toute valeur concevable.

Calculer les bénéfices par rapport aux risques, les deux termes de l'équation étant représentés par des dollars, introduit plus qu'une note philosophique déplaisante. Additionner des dollars amène inévitablement à des décisions de politique économique. Ce sont alors des valeurs de marché plutôt que des valeurs humaines qui dictent les choix à faire. Des exemples quasi quotidiens font penser à cette histoire de l'avare qui expliquait à un voleur qui le menaçait de son arme : « Prenez ma vie. Mon argent, j'en ai besoin. »

Deux semaines après que des milliers de gens eurent trouvé la mort dans la catastrophe de l'usine chimique de Bhopal, les États-Unis refusèrent de signer un accord proposé par l'ONU pour réduire les risques – tout simplement en publiant un annuaire des produits dangereux – parce que cette mesure « pourrait créer une injuste discrimination frappant l'exportation et la vente des produits de certaines compagnies ».

L'Italie, la France et la Grande-Bretagne étaient toutes d'accord sur les dangers présentés par la pluie acide : elle réduit les récoltes, libère des métaux lourds toxiques dans les eaux de ruissellement par le jeu des précipitations et fait même peser sur des centaines, des milliers de villages des Alpes la menace des avalanches que les arbres rabougris ne peuvent plus contenir. Malgré tout cela, ces pays ont retardé la date proposée pour limiter les émissions de gaz d'échappement des voitures en Europe : parce que les pots catalytiques nécessaires réduiraient les ventes d'automobiles en augmentant le prix des voitures bon marché.

Dans l'analyse de l'énergie nucléaire, la ridicule idée qu'on peut donner un prix à la vie a conduit, comme on pouvait s'y attendre, à la conclusion non moins ridicule que, si une « catastrophe extrême » devait frapper la même usine tous les trois ans, les décès qu'elle entraînerait seraient « acceptables » ; toutefois, les « conséquences économiques » seraient « absolument inacceptables ». Les chiffres incitèrent les techniciens à demander des règlements de sécurité plus stricts –

non pas pour protéger des vies, mais pour protéger des investissements.

Un autre point mort vient déséquilibrer la balance qu'utilisent les évaluateurs de risques pour estimer les coûts et les profits. Les gens qu'on oblige à supporter les coûts ne sont pas ceux qui recueillent les avantages. Ceux qui prennent des risques ne sont pas ceux qui en tirent profit.

La répartition inéquitable des profits et des risques apparut clairement à un gouverneur adjoint de Californie lorsqu'il se trouva confronté à ce qui semblait en apparence être le choix classique entre risques et profits. D'un côté, des milliers de Californiens étaient exposés à une mort prématurée due au cancer provoqué dans leur État par la pollution chimique; d'un autre côté, le principal pollueur assurait la moitié des emplois et un quart des revenus de toute la Californie. Il poussa alors les choses plus loin. Il découvrit que, pour chaque dollar apporté à la Californie par l'expansion économique, les habitants de l'État dépensaient deux dollars pour soigner les cancers provoqués par les produits chimiques, pour imposer une gestion périlleuse des déchets, pour creuser de nouveaux puits afin de remplacer l'eau potable contaminée. Les actionnaires et les employés des compagnies intéressées tiraient profit de cette expansion; mais le prix à payer sortait des poches et des souffrances de tous.

Dans notre nouveau petit univers, ces inégalités menacent les relations extérieures et sapent même l'économie mondiale. Au cours d'une conversation de près d'une heure, le président Boumediene me raconta le scénario scandaleux qu'il avait vu jouer et rejouer sous ses yeux. Les multinationales, me dit-il, proposent de construire une usine, de créer des emplois et d'investir des capitaux dans son pays : en toute logique, elles demandent qu'en échange l'Algérie leur permette de rapatrier une partie des bénéfices. Les fonctionnaires de Boumediene étudient les propositions, décèlent les risques de dommages pour leurs ressources naturelles et répondent à la multinationale qu'elle peut aller de l'avant à condition d'investir simultanément dans des mesures propres à prévenir la pollution. Il s'ensuit une sorte de chantage : la multinationale réplique que, dans ces conditions, le projet lui semble moins séduisant sur le plan économique, et place Boumediene devant le choix suivant : ou bien accepter le projet sans restriction, ou bien renoncer à l'usine, aux emplois, aux revenus, au bénéfice d'un pays voisin à qui la société s'adressera ensuite.

Cette tyrannie des grosses sociétés vient démentir l'affirmation officielle selon laquelle on doit prendre des risques pour progresser. Même les manuels stipulent qu'une économie efficace exige que les coûts de production d'un produit doivent être supportés par ceux qui le fabriquent. Cette politique amène les entreprises à améliorer leur conception technologique, par exemple pour éviter la pollution, évitant ainsi les frais qu'elles devraient engager après coup pour lutter contre ses effets. Lorsqu'une société contourne les règlements sur l'environnement, en implantant ses usines – ou même en payant pour se débarrasser de ses déchets toxiques – dans un État en voie de développement et qui n'a pas de législation sur l'environnement, elle se prive ainsi d'un aiguillon qui l'incite à améliorer l'efficacité de sa production. Elle bénéficie aussi d'une subvention – c'est le pays pauvre qui règle l'addition – et d'un injuste avantage sur les entreprises qui renforcent l'économie en fonctionnant efficacement. Les sociétés qui économisent de l'argent de cette seule façon n'ont pas de vraie politique comptable : elles jouent. Les sociétés parient sur des risques redoutables. Quand les dés tombent comme il faut, elles encaissent. Elles ne font pas de bénéfices. Elles raflent des gains. Quand elles perdent, elles quittent le casino. On laisse la population payer les accidents qu'elles ont provoqués, sous forme d'impôts et de primes d'assurance plus élevées. Les malades paient de leurs souffrances. Ceux qui meurent paient de leurs vies. Provoqués par des gens avides de bénéfices à court terme, ces risques-là sont pris par des citoyens qui ne font qu'entretenir les coûts à long terme.

Certains penseurs de l'école de « Mister Market » comparent les risques dus à l'homme avec l'éventualité d'un météore tombant sur la terre ! « Ces risques-là sont inévitables et incontrôlables, a écrit un conseiller gouvernemental : la société doit donc les accepter et en général les ignore. »

C'est là un raisonnement d'une fausseté évidente. Qui a « accepté » la mort par météorite ? Les gens n'acceptent pas les catastrophes naturelles : ils les subissent. Quand un conseiller gouvernemental a déclaré que « les tremblements de terre, les ouragans et les tornades ont plus de probabilités de survenir et peuvent avoir des conséquences comparables ou même plus graves qu'un accident nucléaire », il a omis une vérité qui sape la valeur de son argument : on ne peut pas éviter les tremblements de terre, les ouragans ni les tornades. On peut éviter les catastrophes techniques inutiles. Les uns, c'est la nature qui nous les inflige ; les autres, nous les déchaînons nous-mêmes.

Certains évaluateurs de risques, reconnaissant qu'il est mal venu de mettre en parallèle les catastrophes provoquées par l'homme et les catastrophes naturelles, ont proposé une autre comparaison. Les gouvernements et les industries, disent-ils, peuvent imposer un nouveau risque technique si les probabilités de catastrophes ne sont pas pires que celles de risques infligés au public par les gouvernements et les industries dans le passé. « La communauté, explique un spécialiste, en est déjà arrivée à considérer les dangers passés avec résignation et les a acceptés à contrecœur. C'est ce niveau d'acceptation qui doit fournir une référence pour déterminer puis comparer le nouveau risque à prendre. »

En vertu de ce scénario, nous nous « résignons » à un risque imposé sans notre consentement ; nous sommes censés l'avoir accepté « à contrecœur » ; les étalons de mesure pèsent ; la résistance diminue ; comment le progrès si vanté par le gestionnaire des risques pourrait-il croître ? Le raisonnement du gestionnaire des risques ne s'accorde guère avec l'argument claironné à tue-tête selon lequel les hommes doivent prendre des risques s'ils veulent améliorer la condition humaine. Ses objectifs, ce ne sont pas les critères de sécurité les plus élevés que puisse concevoir l'ingéniosité humaine : ce sont seulement les plus bas que puissent tolérer des êtres humains.

Cette façon d'accepter de nouveaux risques parce que nous avons toléré des risques anciens ne se contente pas de paralyser tout progrès : elle introduit encore plus profondément l'influence du marché dans le débat public et dans notre avenir. Elle fausse le poids de risques qui ont été acceptés non pas par une option consciente mais par la puissante force de persuasion de la publicité. Les risques s'incrustent dans la vie publique non pas par un choix unanime mais par une manipulation politique.

Le défaut dans l'estimation du risque a les conséquences les plus lourdes pour le public, défaut dont on parle rarement : les prédictions du risque ne sont pas fiables. Pour parler net, les statisticiens ne sont pas des voyants. Ils sont incapables de prévoir l'avenir, surtout étant donné la complexité croissante des technologies nouvelles. Ainsi, à travers le monde, les projections de sécurité des centrales nucléaires omettent, selon les cas, les risques d'accidents provoqués par des inondations, des séismes, des catastrophes aériennes ou un sabotage. Un tortueux calcul des possibilités d'un accident nucléaire grave avait laissé de côté de si nombreux facteurs que les mathématiciens ne pouvaient arriver qu'à une seule conclusion : les probabilités d'une catastrophe se situaient quelque part entre l'impossible et l'inévitable.

Il y a plus déconcertant encore que les manipulations délibérées auxquelles les statisticiens se livrent sur leurs chiffres. Ce sont celles qu'ils commettent par inadvertance : les probabilités qu'ils excluent des projections d'accident, non pas parce qu'ils ne savent pas comment les calculer mais parce qu'il leur faudrait encore les imaginer. C'est ce qu'ils appellent les « inconnues qu'on ne connaît pas ». Des dizaines de milliers de produits chimiques, par exemple, sont communément utilisés par l'industrie ; les savants doivent encore tester les effets sur la santé de près de 80 % de ces produits employés dans la vie quotidienne.

Sans la moindre notion sur les effets respectifs de ces substances isolées, comment quelqu'un peut-il prévoir quelle peut être leur puissance quand on les mélange, suivant des combinaisons infinies, à l'air libre ou dans l'eau, quand nous les pulvérisons, quand nous les répandons, quand nous les déversons ?

Bien sûr, la question clé, c'est moins de savoir comment sont calculées les équations de risque que de savoir quelle utilisation on fait des résultats qu'elles donnent. Évidemment, toute erreur commise dans l'analyse de la gravité du risque pourrait être compensée tout bonnement par ceux qui utilisent l'information. Hélas, les décideurs fixent souvent le manque de fiabilité des estimations du risque non pas comme une raison de prendre des mesures de prudence et de protection, mais comme un argument pour retarder le moment où, en les appliquant, on chargerait l'industrie de frais supplémentaires.

Un responsable de l'environnement a osé déclarer que son agence souffrait d'un lourd handicap de l'analyse du risque. La paralysie par l'analyse. Quand les responsables viennent ajouter le goût du secret à leur lenteur traditionnelle, non seulement on refuse aux citoyens le droit qu'ils ont de se protéger, mais on leur refuse leur droit même de citoyens, le droit de savoir. Pas toujours pour des raisons inavouables : on impose souvent le secret par simple opportunité politique. Le public ne peut pas vérifier ce que disent les experts car on garde le secret sur leurs rapports.

Jamais la paralysie, l'analyse et la censure n'ont quelque part eu de démonstrations plus frustrantes que dans la succession des événements concernant les études et les utilisations d'une des substances les plus toxiques que l'on connaisse : la dioxine PCB :

• 1965 : les États-Unis chargent un laboratoire de faire une étude sur la dioxine, déjà produite en quantités abondantes. Le laboratoire signale que même de petites quantités de dioxine augmentent dans de grandes proportions les défauts de naissance chez les animaux. Le gouvernement américain demande au laboratoire de poursuivre son étude.

• 1968 : le laboratoire fournit de nouvelles preuves montrant que la dioxine provoque des défauts à la naissance. Une étude indique que l'hexachlorophène, un produit chimique apparenté à la dioxine et utilisé dans des lotions et dans certains savons, provoque des lésions cérébrales chez l'animal et que l'homme peut l'absorber par la peau.

• 1969 : on transmet enfin à une commission gouvernementale les rapports du laboratoire : elle recommande que l'on prenne des « mesures immédiates de restriction pour empêcher toute exposition des hommes à ces produits ». Le gouvernement américain classe comme secret la recommandation de sa propre commission.

• 1971 : après deux nouvelles études et rapports concernant les effets de la dioxine sur la santé, le gouvernement américain demande des précisions sur la nécessité de réglementer ou non la vente de cette substance.

• 1972 : en France, quarante-deux bébés meurent à la suite de doses excessives d'hexachlorophène accidentellement ajouté à la poudre de talc. Le gouvernement français déclare catégoriquement que « la dioxine ne présente de danger ni sur le plan écologique ni sur le plan de la santé humaine ».

• 1976 : explosion dans une usine à Seveso, en Italie : un nuage de dioxine se répand sur les environs. Le propriétaire, la société Givaudan, qui a son siège en Suisse, possède aussi l'entreprise française distribuant la poudre de talc : on garde néanmoins le silence, tandis que les enfants jouent dans une brume de dioxine et qu'on les hospitalise dans un état grave. Ce n'est que près de deux semaines plus tard qu'on annonce à la population que le nuage contenait de la dioxine. Le gouvernement français, qui un an plus tôt a assuré que la dioxine ne présentait aucun danger, demande de nouvelles recherches.

• 1990 : des camions chargés de dioxine passent en contrebande en France, venant d'Italie. On découvre que les déchets allaient être déchargés sur le territoire français et on les retourne à l'expéditeur.

Ils mesurent, et nous, nous pleurons.

Le scandale de la dioxine n'est pas la seule preuve anecdotique de l'arrogance dont dans le passé ont fait montre les autorités. Elles n'ont cessé de prodiguer des propos rassurants, en annonçant *urbi et orbi*, avant même de connaître les faits, que les dangers étaient inexistants. Le temps a constamment montré que ces prédictions catégoriques ne reposaient absolument sur rien :

• Les techniciens américains des fusées avaient annoncé que leur navette spatiale connaîtrait 1 « défaillance » sur 100 000 lancements. La navette *Challenger* a explosé lors de son vingt-cinquième lancement : 99 975 lancements trop tôt.

• Six semaines après l'explosion de Tchernobyl, l'ambassadeur soviétique en Grande-Bretagne annonçait que les paysans avaient recommencé leur activité dans la région et que l'on avait « exagéré » l'importance des dégâts causés par Tchernobyl à l'agriculture soviétique. En 1996, dix ans après l'accident, le secteur de Gomel, en Biélorussie, à quelque 110 kilomètres au nord de Tchernobyl, restait la région la plus sévèrement touchée, et dont le sol conservait encore presque toute la radioactivité qu'il avait absorbée. Jadis les terres les plus fertiles de la région, vingt des vingt et un districts agricoles ne produisaient rien : les malheureux fermiers ne pouvaient même pas manger les produits de leurs jardins. Les prédictions des soviétiques concernant ces exploitations agricoles n'ont pas été les seules à être erronées.

Après l'accident nucléaire du réacteur de Three Mile Island aux États-Unis, les autorités soviétiques ont fait observer que pareil événement ne pourrait jamais se produire dans un État communiste : l'indifférence à la sécurité de la centrale, affirmaient-elles, était typique du capitalisme : « Les normes de sécurité soviétiques éliminent bel et bien tout risque de voir des radiations s'échapper des installations. » Proclamation faite sept ans et trois semaines avant que Tchernobyl ait irradié soixante-quinze millions d'individus en Union soviétique seulement : à en croire certains experts, cet accident a contribué à détruire l'URSS et à mettre un terme à la guerre froide.

Mais nos décideurs politiques avancent, imperturbables, oubliant leurs erreurs du passé, continuant à prodiguer d'inébranlables assurances pour l'avenir. D'après la légende,

Denys l'Ancien, le tyran de Syracuse, décida de faire comprendre à ses sujets que nul dans son royaume ne pouvait s'estimer en sûreté. Il attacha une épée nue à un crin de cheval et la suspendit au-dessus de la tête de Damoclès. Nos gestionnaires du risque aujourd'hui fabriquent à la chaîne des épées de Damoclès :

• Sur les quarante-trois réacteurs nucléaires qu'on estime avoir été lancés dans l'espace par les Soviétiques et les Américains en 1986, un dixième d'entre eux se sont brisés en laissant se répandre leur contenu radioactif. Les responsables américains n'en ont pas moins affirmé avec entrain au public qu'ils peuvent sans risque utiliser leur navette spatiale pour en lancer d'autres. Le premier ensemble radioactif qu'ils avaient prévu de propulser avec une navette, un double générateur thermonucléaire, devait partir dans le vol avorté de *Challenger*. Après l'accident, les autorités jurèrent que, même si un réacteur s'était trouvé à bord de *Challenger*, il aurait « certainement » résisté à la rupture. Cette déclaration était en contradiction flagrante avec les essais auxquels elles avaient elles-mêmes procédé. Leur maquette de réacteur grandeur nature non seulement explosa, mais projeta des débris transformés en poussière sur une surface de 125 sur 330 kilomètres.

• Ajoutez à l'épée de Damoclès des réacteurs en orbite une menace que les technocrates avec leurs œillères envisagent séparément : leurs programmes de satellites ont jonché l'espace de centaines de milliers de petits débris fournis par les États-Unis, l'ancienne Union soviétique, la Grande-Bretagne, l'Agence spatiale européenne, la France, l'Allemagne de l'Ouest, l'Inde, le Japon et la Chine. Ces fragments – qui peuvent rester dans l'espace pendant trois cents ans – tournent en orbite autour de la Terre à plus de Mach 20, dix fois plus vite que le Concorde. Une collision avec un éclat métallique gros comme une bille volant à cette vitesse anéantirait un satellite ; et un satellite brisé pourrait à son tour déclencher une cascade de destructions. Les décideurs ont-ils envisagé le risque d'un accident entre leurs réacteurs en orbite et ce shrapnel également en orbite ? Les responsables ont reconnu qu'ils n'avaient guère étudié le problème.

• Après des décennies au cours desquelles les hommes ont avec insouciance pollué l'air et l'eau, ravagé les terres et les forêts, appauvri à grands renforts de produits chimiques la couche d'ozone qui protège la terre des brûlants rayons du soleil, les environnementalistes nous mettent en garde : il se pourrait bien que nous soyons maintenant en train de franchir la marge d'erreur permise pour la Terre, en poussant l'exploitation de ses ressources naturelles jusqu'à des seuils au-delà desquels elles ne pourront plus se renouveler. Le résultat, déclare le Worldwatch Institute, c'est que la Terre connaît un changement climatique, des extinctions massives d'espèces végétales et animales et qu'elle se trouve aujourd'hui confrontée à la perspective à long terme d'un déclin de la qualité de la vie qui « pourrait bien dépasser la capacité à s'adapter des gouvernements et des individus ».

« Les choses sont en selle et chevauchent l'humanité », a écrit Emerson. Plus de cent ans ont passé et tout ce qui a changé, c'est l'accélération. Le problème essentiel aujourd'hui n'est plus celui que pose un scandale individuel mais le modèle qu'ensemble les décideurs ont incontestablement mis en selle. On ne peut plus imposer à notre avenir le modèle du passé. Jusqu'à une époque récente, le citoyen moyen aurait pu considérer tout pari stupide pris avec la sécurité du public comme une erreur simplement découverte aujourd'hui mais commise en fait voilà longtemps. La technologie ne permet plus une telle indifférence. Aujourd'hui, les risques inconsidérés n'affectent pas le seul pays où un dirigeant a décidé de les prendre. Les techniciens d'un pays ne prennent plus seulement en otages ceux des pays voisins. Ce sont nos enfants qu'ils gardent en otages. C'est notre avenir.

Les décideurs eux-mêmes aggravent encore la situation par la façon qu'ils ont d'imposer leur volonté, en écrasant toute objection, en utilisant la raillerie pour discréditer tout individu qui proteste. Dans un texte destiné aux gestionnaires du risque, l'auteur – un conseiller gouvernemental – a institutionnalisé cette attitude en qualifiant les protestataires de

« rouspéteurs » : il désigne ainsi tout groupe qui estime un risque « affreux ou inacceptable » et qui « anéantit un projet en annonçant qu'il peut avoir des conséquences néfastes, prédictions basées essentiellement sur des demi-vérités ». Les « rouspéteurs », déplore ce conseiller gouvernemental, « accablent la société d'un lourd fardeau », car leurs accusations obligent « le gouvernement ou d'autres organismes à réfuter leurs accusations ou à les évaluer raisonnablement ». Quand Rachel Carson a publié *Cette mer qui nous entoure*, ceux qui croyaient obstinément à l'utilité des pesticides ont affirmé en ricanant que son chef-d'œuvre était un canular, plein d'informations erronées, déformées, et entaché de fanatisme. Quand l'usine appartenant à Hoffman-Laroche inonda de dioxine les habitants de Seveso en Italie, le directeur général de la compagnie déclara en plaisantant à la télévision : « Tout le monde sait que les Italiens, et surtout les Italiennes, se plaignent sans cesse. On sait bien que les gens sont extraordinairement émotifs. » Quand la compagnie Monsanto se mit à fabriquer des bouteilles en plastique dont on s'aperçut qu'elles imprégnaient leur contenu de produits chimiques aux effets inconnus, le président de la firme dit d'un ton moqueur : « Voilà que les grands bienfaits de la chimie sont victimes d'une poussée aiguë de "chimiophobie". » Quand des sénateurs américains exprimèrent leurs inquiétudes à l'idée qu'un plan de développement de l'industrie nucléaire pourrait mettre en péril les villes avoisinantes, le responsable de ces installations riposta en ricanant : « Nous sommes une nation de héros, mais malheureusement nous avons notre lot de lâches. »

Les Américains, semble-t-il, se sont obstinés à situer le cœur de l'industrie californienne sur des failles tectoniques si instables qu'on a baptisé la région « Cercle de feu » de la Terre.

Ainsi le citoyen moyen à son tour reste muet devant les dangers que lui imposent ses gouvernements et ses industries. Quand les herbicides se sont infiltrés dans le système d'alimentation en eau de douze villes au sud de Milan, se concentrant à des niveaux qui rendaient l'eau impropre à la consommation humaine, de nombreux habitants ont continué à en boire ; un des villageois expliquait le raisonnement que tenaient ses voisins : « Si je ne suis pas mort avant-hier, je ne serai pas mort demain. » Après Tchernobyl, les autorités ont accablé de reproches la population de plusieurs régions gravement contaminées, en qualifiant ses inquiétudes de « radiophobie ». Un grand nombre de Biélorusses ont réagi, non pas en protestant avec colère, mais en sombrant dans une sorte de « syndrome de Tchernobyl », une existence débilitante faite de peur et de désespoir.

Ces opinions sur les risques ont pris une étrange tournure. Plus encore qu'ils redoutent le danger en soi, les gens ont peur d'affronter les autorités qui le leur imposent. Les « rouspéteurs » se voient accusés de bloquer la version officielle du progrès alors qu'en fait c'est au vrai progrès qu'ils aspirent, en poussant les technologies à des niveaux de sécurité toujours plus élevés. Nulle part on n'a vu preuve plus évidente de cet effritement des valeurs que sur un panneau planté à l'entrée d'une Exposition universelle qui avait pour thème « Un siècle de progrès ». On pouvait y lire :

La science découvre,
La technologie exécute,
L'homme se conforme.

Est-ce là le « progrès » que nous voulons acheter en payant avec les risques qu'on fait courir aux hommes ? Soumission et résignation sont-elles les buts sur lesquels il nous faudrait jouer nos vies et celles de nos enfants ?

Au cours de ma carrière, l'expérience m'a cruellement montré comment choisir les efforts qui méritaient de courir le risque en travaillant avec d'autres. J'ai compris cela après que notre volontaire Jean-Pierre Servanti eut trouvé la mort en plongeant trop profondément, trop longtemps, pour rechercher l'ancre que nous avions perdue en fouillant une épave grecque au large du Grand Congloué. Après l'angoisse, après le remords et le chagrin, nous draguâmes le secteur avec un solide grappin et nous accrochâmes la chaîne de l'ancre à plus de quatre-vingts mètres de fond.

La veille, cette périlleuse plongée avait tué Servanti. Qui maintenant allait plonger pour fixer l'ancre à une lourde corde pour nous permettre de la remonter au bout d'un treuil ? Plonger à cette profondeur, à une époque si avancée de l'automne, cela voulait dire lutter contre un violent courant à une profondeur où l'azote sature le sang, égarant le jugement pour l'ivresse des profondeurs. Je savais que, si j'étais le véritable chef de mon équipe, il n'y avait qu'une seule solution : je devais y aller moi-même.

Je me coulai dans l'eau froide, descendis jusqu'au fond : je m'aperçus alors avec consternation que j'étais allé à l'autre extrémité de la chaîne d'ancre, que l'ancre elle-même était à une certaine distance. Je me hissai péniblement le long de la chaîne, traînant derrière moi des jambes déjà fatiguées, m'efforçant de ne pas perdre le fil de mes pensées dans la brume de mon cerveau gorgé d'azote. J'étais bien décidé à garder mon calme, à préserver autant que possible mon énergie. Quand je parvins à l'ancre, je l'attachai à notre corde, remontai vers la surface, en m'arrêtant dans le froid qui m'engourdissait aux divers paliers de décompression.

J'arrivai à la surface pour découvrir que mon nœud n'avait pas tenu et que les hommes avaient remonté ma corde comme un ruban dénoué qui battait mollement dans le vent. L'ancre était restée au fond. Je remontai à bord dans un silence embarrassé. Les hommes évitaient mon regard. Je leur annonçai que j'allais prendre trois heures pour purger mon corps de l'azote avant de redescendre.

Trois heures plus tard, encore transi et épuisé, j'affrontai une nouvelle plongée glaciale et épuisante. Tout en luttant contre les courants pour arriver jusqu'au fond, en serrant avec soin le nœud de ma corde autour de l'ancre, en refaisant surface et en regardant les hommes actionner le treuil, je savais que ce fichu morceau de ferraille ne valait pas le risque que je venais de prendre.

Mais ce n'était pas pour l'ancre que je l'avais fait. L'ancre était devenue un symbole. Je devais montrer à mes hommes que, si j'accordais une grande valeur à nos objectifs finaux, j'en accordais une plus grande encore à leurs vies. Il me fallait prouver que si jamais je laissais de nouveau quelqu'un prendre un risque, ce ne serait qu'après avoir tenté le premier l'entreprise et en avoir identifié les écueils. Alors et alors seulement, je pourrais dire : « Suivez-moi. »

Ceux qui planifient les risques publics, qui ne sont pas souvent en mesure de dire « excusez-moi », se contentent de lancer un impérieux « faites-moi confiance ». Ils n'ont pas le sentiment de faire corps avec la communauté dans la grande aventure du progrès. Ils ne nous entraînent pas dans des risques vraiment calculés, pour lesquels ils ont isolé puis éliminé les dangers éventuels : ils nous poussent à une partie de roulette russe, nous invitant à presser des détentes techniques sans nous dire qu'il y a des balles dans le chargeur. Ce n'est pas de la démocratie. C'est de la technocratie.

Le *New York Times* a publié un jour un article contenant une intéressante statistique sur la nouvelle technocratie : non pas à propos de ceux qui l'exercent mais à propos des citoyens qu'elle permet de manipuler. À la suite d'une enquête portant sur des milliers d'adultes, le quotidien signalait que 1 % seulement des Américains interrogés croyaient que la Maison-Blanche leur avait constamment dit la vérité. De même, plus de 60 % des Français n'étaient pas d'accord avec la décision prise par leur gouvernement de reprendre les essais nucléaires souterrains à Mururoa.

Le gros titre explosif qui aurait dû annoncer de tels chiffres n'a toujours pas été publié. Aucun journaliste qui se respecte ne pourrait considérer vraiment comme une information le fait que les responsables du gouvernement mentent et que les gens le savent. Le fait surprenant – pour ne pas dire choquant –, c'est que les gens savent que leurs responsables leur cachent la vérité pour protéger des intérêts particuliers mais qu'ils ne font rien pour y remédier.

Le public – sans élection, sans révolte ni révolution, sans coup d'État – a calmement accepté un changement de gouvernement qui l'a fait passer d'une république démocratique où le gouvernement est au service de la volonté du peuple à une technocratie où le maître – le peuple – reçoit des ordres de ses serviteurs au gouvernement.

Même les fondateurs des démocraties qui se sont épanouies au cours des deux derniers siècles avaient prévu le jour où les cadres gouvernementaux qu'ils avaient édifiés se démoderaient ; aussi avaient-ils imaginé des amendements à leurs Constitutions. Néanmoins, quand on envisage un changement pour l'avenir, il n'est pas inutile de méditer sur les idées durables du passé, un passé au cours duquel intellectuels et patriotes ont bâti avec soin leurs gouvernements : la France étudiant la philosophie d'Américains comme Franklin, Jefferson, Madison ; et les Américains se penchant sur les textes de Montesquieu, Hume, Périclès. Ils discutaient longuement du pour et du contre concernant chaque poste qu'ils créaient, chacun de ces postes naissait de leur désir d'imposer des restrictions, des équilibres et des contrôles afin d'éviter la perspective d'un pouvoir sans limite. Il était plus facile de surveiller un unique Président que les membres d'un conseil présidentiel ; les législateurs pouvaient contrôler les pouvoirs d'un président ; leur nombre devrait être élevé pour protéger l'État contre les cabales de quelques-uns. Et « faire confiance au peuple est à n'en pas douter le moyen essentiel de contrôler le gouvernement ».

Dans les *Documents fédéralistes*, les Pères fondateurs de la démocratie américaine évoquaient même la possibilité de désigner des représentants du peuple dans chaque classe de la société – envisageant une Chambre des représentants constituée de mécaniciens, de fabricants, de savants, de propriétaires terriens. Ils estimaient que des représentants pourraient « acquérir peu à peu une dangereuse prééminence au sein du gouvernement et finir même par le transformer en une tyrannie aristocratique », mais leurs craintes ne tardèrent pas à se dissiper : avec tous leurs contrôles et leurs contrepoids, écrivirent-ils, il faudrait, pour que se produise une telle atteinte à la liberté, que le Sénat « se corrompe lui-même, qu'il corrompe ensuite les législateurs, puis la Chambre des représentants et qu'enfin ils corrompent le peuple lui-même ».

Aujourd'hui, bien sûr, seul un extrémiste ou un romancier pourrait soutenir que tous les gouvernements et tous les agents des gouvernements baignent dans une corruption criminelle. C'est en fait l'idéal que nous avons corrompu. Nous ne sommes plus représentés par nos représentants. Nous n'allons plus les chercher parmi les commerçants. Ceux qui nous représentent aujourd'hui ne viennent pas de l'ensemble de la population : ils sont issus d'un groupe de politiciens professionnels. Ces politiciens, en outre, ne jouissent pas de l'écrasant support de leur électorat. On ne remporte maintenant les élections qu'avec une faible majorité, le vainqueur récoltant bien souvent 51 % des voix contre 49 % pour le perdant. On a pu dire que notre démocratie était une dictature alternée. Souvent les politiques prônées par les différents partis sont impossibles à distinguer les unes des autres et parfois même sont interchangeables : la politique qui domine, c'est celle du souverain officieux, dont personne ne parle mais qui est bien réel : l'anonyme mais tout-puissant « Mister Market » qui reçoit son mandat non pas de la volonté du peuple mais des impératifs économiques.

Pendant ce temps, le citoyen moyen continue à croire que, si le gouvernement a approuvé un produit, c'est qu'il est sans risque, et nous continuons à revêtir nos conseillers politiques du manteau de l'autorité. En réalité, les conseillers politiques n'ont aucun talent particulier pour orienter justement notre politique. Quand il était directeur du brillant *Bulletin des savants atomistes*, Eugène Rabinowich a insisté sur le défaut majeur de l'idée que nous nous faisons des décideurs d'aujourd'hui. Il évoquait le cas d'une commission d'experts chargés de dire s'il fallait poursuivre les essais de bombe atomique dans l'atmosphère. Aussi bien les savants qui estimaient que les essais étaient trop dangereux que ceux qui étaient partisans d'en faire de nouveaux étaient d'accord sur les faits : personne ne contestait les informations concernant le nombre de cancers des os et de leucémies ayant pour origine les radiations que risquait de provoquer la poursuite des essais. Ils n'étaient en désaccord que sur les conclusions morales qu'ils tiraient de ces faits : un désaccord où le jugement des savants n'est ni plus ni moins valable que celui de *tout autre citoyen au courant des faits.*

Bref, décider en fin de compte s'il faut ou non entraîner le public dans des entreprises dangereuses n'est pas une opération d'ordre technique, ni d'ordre économique, mais un choix. Il ne devrait pas être opéré par ceux qui fabriquent une technologie dangereuse, ni par ceux qui en tirent profit. Les décisions sur l'acceptation d'un risque devraient être prises par ceux qui auront à le supporter. La connaissance requise, c'est la connaissance de la condition humaine : c'est un savoir que possède naturellement chaque membre de la communauté humaine.

Quand un gouvernement parle en ricanant de « chimiophobie » ou de « radiophobie » et de lâcheté du public, quand le public réagit en se montrant déçu ou affligé, personne ne comprend ce que représente le risque, ce que représente la démocratie, ce que représentent la fraternité humaine et l'esprit collectif.

L'importance qu'on attachera en fin de compte à chacune de nos existences individuelles ne se mesurera pas tant en fonction des problèmes que nous aurons affrontés durant notre temps sur terre, ni même du stoïcisme ou de l'héroïsme avec lesquels nous les avons affrontés, elle se mesurera à l'aune de ce que nous aurons accompli en les surmontant. C'est cela – et cela seul –, le progrès.

Un fait stupéfiant illustre bien la maîtrise du risque collectif par le peuple grâce aux authentiques idéaux démocratiques : jamais une grande famine n'a frappé une démocratie. Sans presse libre, sans critique, sans aucun moyen pour leurs sujets de déceler les signes avant-coureurs de la catastrophe, les despotes n'ont jamais eu à rendre compte de leur échec pour nourrir leur peuple. Les sociologues ont avancé que l'arme la plus efficace contre la famine, c'est la participation populaire aux affaires publiques.

Clemenceau a écrit un jour que la guerre est une chose trop importante pour qu'on la confie aux militaires. Peut-être la politique aussi est-elle trop importante pour qu'on la laisse aux politiciens. Peut-être, nous préparant un nouveau gouvernement pour l'avenir, devrions-nous puiser des idées dans notre passé. Peut-être devrions-nous être gouvernés comme nous sommes jugés : par un jury de nos pairs, par des mécaniciens, des fabricants, des marchands, des intellectuels et des propriétaires terriens – par des menuisiers, des astronautes, des poètes et des peintres.

Cette étrange idée pourrait paraître plus sérieuse si seulement nous nous posions quelques questions :

– Qu'est-ce qui vaut le plus sur terre ? La vie d'un être humain.

– Dans une république démocratique, qui applique la loi quand on a supprimé une vie humaine ? Les membres d'un jury.

– Et, enfin, qu'est-ce qui, par ordre d'importance, vient juste après la vie d'un être humain ? La politique de l'État, car c'est elle qui détermine la qualité de la vie humaine. Qui, dans une république démocratique, devrait rendre son verdict sur la qualité de la vie humaine ? Peut-être un jury composé de ses pairs ? On pourrait très facilement utiliser l'avènement de l'électronique dans la vie quotidienne pour organiser des votes. Chaque semaine à une heure fixée, les émissions de télévision pourraient fournir des informations aux citoyens et restaurer ainsi leur autorité. Les nouveaux jurys nationaux, dont les membres seraient issus du public dans son ensemble, pourraient remplacer Sénat et Assemblée et être protégés de la corruption et de l'influence d'intérêts particuliers si l'on procédait tous les deux ans à une nouvelle sélection des jurés.

Si l'idée d'un gouvernement populaire, fondé sur un jury populaire, peut au premier abord sembler un peu primitive, nous pourrions toujours continuer à nous abandonner à notre meilleur des mondes : ce monde dont les dirigeants nous persuadent que nous n'avons aucun droit de juger par nous-mêmes des risques et des avantages, que nous ne progresserons que si nous nous soumettons à la volonté des autorités.

L'image de ce monde moderne « progressiste » que les autorités cherchent à nous imposer me rappelle le sort d'une tribu indienne que mon équipe a filmée jadis. En 1968, nous avions chargé notre équipement de plongée sur un train de montagne qui bringuebalait à près de quatre mille mètres d'altitude dans les Andes où nous comptions explorer le lac Titicaca et ses ruines incas. En naviguant sur la vaste étendue d'eau, nous tombâmes sur un petit groupe d'indigènes, les Urus, survivants d'une ancienne peuplade. La tribu ne comptait plus que deux cents Indiens, réfugiés dans un mode de vie qu'on n'avait vu nulle part ailleurs. Les Urus bâtissent leurs villages sur des radeaux flottants qu'ils confectionnent avec des couches de tortora, les tiges de papyrus qui poussent dans les hauts fonds marécageux du lac. Si les Urus vivent sur l'eau, ils vivent aussi dans la crainte de l'eau : ils sont convaincus que quiconque glisse dedans va connaître une mort instantanée.

Ils mènent la vie que leur imposent leurs Anciens : confinés entre leurs canots de papyrus et leurs îlots de papyrus, réparant leurs radeaux en posant des roseaux frais sur le dessus quand ceux du fond pourrissent, élevant pour se nourrir des cormorans comme des poulets, cuisinant sur les feux qu'ils allument sur les tiges sèches de tortora. Quand une étincelle jaillit de leurs feux, les roseaux de leurs îlots de papyrus s'enflamment aussitôt : les Urus se réfugient sur leurs canots. Ils attendent là que le feu s'éteigne. Puis ils déposent des tiges fraîches pour constituer un nouveau radeau, une autre île, un autre village. Une génération après l'autre brave les flammes. Mais personne n'ose braver les diktats des Anciens. Cette épreuve par le feu n'a jamais mené au triomphe. Il est plus probable qu'elle mènera à l'extinction.

14
CONSCIENCE GLOBALE

Éblouissant, le soleil surgit de la mer. Comme tous les marins, j'ai passé le plus clair de ma vie à fixer une ligne lointaine, l'horizon, qui semble séparer le ciel de la mer. Réduit à cette simple combinaison, le monde s'éclaircit, tout nous incite à la patience et à reconnaître l'immortalité. Mouettes et frégates donnent vie à ce symbole quotidien, comme toutes les créatures marines, même si elles restent dissimulées sous un miroir étincelant.

J'ouvre un ouvrage de Théodore Schwenck, *Le Chaos sensible*. L'auteur explique de façon convaincante que la matière a été créée pour prendre spontanément les formes des organes les plus complexes de toutes les créatures vivantes. En bref, la vie, si compliquée qu'elle soit, ne serait au bout du compte que de « l'eau organisée ». Mais pourquoi s'arrêter là ? Si il y a eu création, ce serait l'univers – y compris le temps, dont Stephen Hawking s'est acharné sans relâche à déchiffrer l'histoire –, ce serait l'univers tout entier qui, comme vous et moi, ne serait que néant organisé.

« Viens me donner un coup de main ! » dit Francine à notre fils Pierre-Yves. Il s'agit de battre des œufs en neige pour un délicieux gâteau qui, en bref, ne sera que de la farine organisée. Mais organisée par qui ? Par Francine, en ce qui concerne le gâteau. Par la sélection naturelle, si nous envisageons l'évolution de l'espèce... mais personne à ce jour n'est parvenu à comprendre, à dater, à décrire ni à percevoir les mécanismes responsables de l'organisation du néant. « Si la science pouvait s'attaquer à ce problème, écrit en substance Hawking, alors nous tous, philosophes, savants et simples mortels, nous serions en mesure de discuter la question : " Pourquoi l'univers existe-t-il ? " Si nous trouvions la réponse, ce serait l'ultime triomphe de la raison humaine, car nous connaîtrions alors l'âme de Dieu. »

Un auteur moins prestigieux mais fort connu, Frank Tipler, professeur de physique mathématique, annonce tranquillement que la théorie de la relativité, associée à la mécanique quantique, nous apportera la solution définitive.

Le soleil va bientôt se coucher sur le versant occidental de mon île. Un autre somptueux spectacle va me permettre d'oublier le « néant organisé » pour rendre sans prétention grâces à Dieu et pour me délecter du gâteau de Francine. Ma carrière, longue et agitée, m'a donné bien des occasions de méditer sur l'histoire, le développement et l'avenir de la conscience universelle de l'humanité.

Lors d'un automne au début des années soixante, bien après que les couleurs sanglantes du soleil africain eurent disparu derrière l'horizon, ceux d'entre nous qui se trouvaient à bord de la *Calypso* s'apprêtaient au travail de nuit. Il n'avait pas été facile de piloter le navire le long des côtes dangereusement découpées des îles du Cap-Vert. Maintenant pourtant, tandis qu'il se balançait sans risque sur ses amarres, les gracieux contours de sa coque blanche étincelant au clair de lune, je me sentais envahi d'un renouveau d'énergie, excité, comme je le suis toujours, par la perspective d'une plongée de nuit. Chargés de notre matériel, quelques-uns d'entre nous passèrent lourdement et maladroitement par-dessus le plat-bord. Puis nous disparûmes, mes amis et moi, engloutis l'un après l'autre dans les ténèbres d'un noir d'encre de l'Atlantique tropical.

Sous la surface, là où l'eau de mer partage la lourde charge de ses visiteurs, nos mouvements s'effectuaient dans une sérénité sans effort et j'agitais doucement mes palmes pour descendre. À mes pieds, un jaillissement de lumière. Même dans le monde fantasmatique des eaux de la nuit, il y avait une excitation scientifique bien simple devant une énigme que j'avais étudiée des années avec mon ami Harold Edgerton : de microscopiques créatures de l'océan sont bio-luminescentes. Cela veut dire que, quand on les dérange, elles émettent des éclairs argentés, comme des lucioles sous-marines. Leurs lueurs étincelantes sont particulièrement belles dans la mer la nuit. Je glissai de quelques pieds encore vers le fond et me retournai pour regarder. Un traînée étoilée s'effilochait derrière moi. En décrivant de la main une petite spirale, je fis apparaître une Voie lactée en miniature. Bientôt j'agitai mes bras d'un geste nonchalant, réprimant une envie de rire tout haut tant le résultat me ravissait : autour de moi jaillissaient de la mer des milliers et des milliers de lueurs étincelantes et clignotantes. J'avais créé un cosmos.

Plus tard, quand je me retrouvai sur la passerelle du navire, je songeai à mes galaxies sous-marines tout en contemplant l'immensité bleu-noir des cieux africains. Tacheté d'ombre et de lumière, constellé d'étoiles trop nombreuses pour que même la fière intelligence humaine puisse les compter, le ciel nocturne était jumeau de la mer nocturne.

Parmi les infinités d'étoiles, l'une d'elles me tira de ma rêverie : elle s'était isolée et se déplaçait à travers les cieux. Ce ne pouvait pas, je le savais, être une étoile filante ni une comète : contrairement aux cendres d'un soleil épuisé, cette lumière ne fonçait pas à travers l'espace mais glissait doucement, presque avec lenteur, sur le fond sombre du ciel. Son éclat se fraya un chemin parmi les autres étoiles pour disparaître enfin au regard. Je compris seulement alors que mon étrange étoile était en fait un satellite, le premier que j'eusse jamais vu. Comme elle est sans défaut, l'unité qui imprègne l'univers ! me dis-je. Les humains pouvaient tracer des cercles de lumière étoilée sur les ténèbres de l'espace tout comme je l'avais fait dans les ténèbres de l'océan.

En ces premiers jours des voyages dans l'espace, je n'étais pas seul à sentir le lien entre la mer et le ciel. Avec chaque être humain qui s'aventurait vers les étoiles, des milliers d'êtres humains en bas cédaient plus nombreux à la fascination de ce que John F. Kennedy appelait le « nouvel océan », de l'espace. Cela avait commencé dès l'instant où Youri Gagarine était devenu le premier homme dans l'espace ; la fascination s'était accentuée quand, à peine quelques semaines plus tard, Alan Shepard avait foncé dans le cosmos à bord d'une fusée. Puis, en rapide procession, suivirent d'autres noms figurant sur une longue liste d'aventures historiques : John Glenn, le premier Américain en orbite autour de la Terre ; Valentina Terechkova, la première femme dans l'espace ; Alexei Elenov, le premier humain à flotter librement dans l'espace ; Neil Armstrong et Edwin Aldrin, les premiers à marcher sur la surface de la Lune.

Leur mission avait des objectifs ; l'entraînement requis pour chaque voyage variait ; la concurrence entre les États-Unis et l'URSS était intense et soulignait les distinctions et les différences entre les deux nations. Ces pays pourtant, ainsi que chaque voyage, chaque cosmonaute et chaque astronaute, apportaient une égale contribution à un exploit commun, un exploit que, par une ironie du sort, personne à l'origine n'avait cherché à accomplir. Les États avaient dépensé des milliards pour envoyer des humains regarder la Lune : pourtant, ce qui comptait le plus, c'était la vision qu'ils avaient de leur propre planète Terre. Les explorateurs de l'espace avaient quitté leur atmosphère pour donner à leurs semblables prisonniers de la Terre un aperçu des cieux : mais, plus important, ils avaient donné à ces Terriens un aperçu d'eux-mêmes.

Les deux heures passées par Gagarine à tourner en orbite autour du globe ; la photographie prise par Armstrong de la Terre se levant à l'horizon lunaire ; la vue qu'avait Edward White de la courbure de notre planète tandis qu'il flottait dans les cieux, qu'il « marchait » dans l'espace : tout cela nous apportait un unique et précieux cadeau, une perspective cosmique sur nous-mêmes. Les descriptions et les images, d'une richesse et d'une beauté exceptionnelles mais aux ressources limitées, qu'ils rapportaient popularisaient l'idée que nous sommes tous passagers du même vaisseau spatial.

Tout au long de l'histoire de la Terre, des millions d'hommes sont morts en se battant pour leur patrie : pour défendre les frontières de leurs États, de leurs communautés, de leurs empires, de leurs principautés, de leurs tribus. Mais sur les photographies de la Terre prises par les explorateurs de l'espace, les frontières n'existent pas. La seule patrie, c'est la planète. Les Soviétiques ne sont pas plus visibles sur ces photos que les Américains, les Français, les Italiens, les Égyptiens ou les Indiens ; en fait, la puissance de l'espèce humaine n'apparaît ni plus ni moins que celle d'aucune autre espèce animale. La seule indication qu'il y a de la vie sur la planète, c'est le large tourbillon de bleu qui strie le globe : l'eau – l'eau dont ont un égal besoin toutes les espèces vivantes, la communauté de la vie tout entière.

Ainsi l'extraordinaire somme de connaissances nécessaires pour repousser les frontières cosmiques de l'homme permettait aussi de le restituer à sa juste place. Comme l'a fait observer un commentateur : « Quand il marchait dans l'espace, l'homme n'a jamais paru plus minuscule, ni plus important. » Avec les voyages dans l'espace, nous autres humains avons appris que nous ne sommes pas les seuls phénomènes de l'univers ; nous n'en constituons qu'un des aspects. Gagarine et les autres ont tracé une nouvelle route vers l'extraversion ; ils nous ont fourni enfin un autre itinéraire, une solution de rechange à la voie rapide du regain d'égoïsme et d'introversion que nous suivons depuis des millénaires. Avec le voyage dans l'espace, on nous a finalement infusé une conscience *globale*.

On admet généralement que même les créatures vivantes les plus simples et les plus primitives ont besoin – ne serait-ce que pour survivre – d'appréhender un peu leur proche environnement, autrement dit d'avoir une esquisse de conscience. Je me souviens d'avoir été stupéfait et fasciné, au début des années cinquante, par un film noir et blanc en trente-cinq millimètres tourné dans son laboratoire avec un microscope par le docteur Comandon sur les amibes. Pendant cinq à dix minutes, j'ai pu observer de surprenants comportements sociaux de deux ou trois douzaines d'amibes, la plupart d'entre elles tout à fait paisibles, tandis qu'une querelle sans fin opposait deux des minuscules rhizopodes, qui se poursuivaient inlassablement.

Pendant quelque trois milliards d'années, cette sensibilité à l'environnement de chaque créature a fini par aboutir à ce que nous appelons notre conscience. Nous sommes fiers aujourd'hui de cette conscience qui nous permet de concevoir et d'embrasser une vaste part de l'univers, mais nous ne tenons pas vraiment à en étudier les origines, l'histoire, ni l'avenir. Au cours du laborieux processus de l'évolution, la conscience de chaque créature a élargi son territoire, mais tout en restant prisonnière de la relation fondamentale de cause à effet, c'est-à-dire captive d'une « méthode de pensée verticale ».

L'avènement des premiers êtres humains a bouleversé cette routine : en effet, les nouveaux venus étaient doués d'une faculté nouvelle, la « pensée latérale » décrite par Edward De Bono, qui leur permet d'associer des événements qui n'ont d'autre lien entre eux qu'une certaine ressemblance. Le sacro-saint rapport de cause à effet s'était effondré : il se trouvait réduit au rôle d'un outil essentiel mais primitif, cédant la place au monde sans limite de l'imagination, de la création, de l'invention. La pensée verticale nous a permis, comme aux amibes, de survivre et de nous améliorer ; la pensée latérale a déclenché les explosions culturelles et techniques symbolisées par Mozart, Gagarine, Hawking ou Bill Gates.

Ainsi la conscience, fondée sur la connaissance d'un environnement limité par la portée de nos sens, est longtemps demeurée instinctive. À ce stade élémentaire, nous la partagions avec les plantes et les animaux : pour les plantes, la survie s'acquiert à deux niveaux, aux racines et au faîte des arbres éclairé par le soleil. Cette prise de conscience s'est étendue avec le regard acéré de l'aigle, l'ouïe fine du dauphin, la sensibilité du papillon aux signaux olfactifs. Dès l'apparition des humains, leur conscience a mieux synthétisé les sentiments élémentaires et a peu à peu assimilé les informations provenant de diverses origines. Nous vivons aujourd'hui une sorte de mutation, due à l'adjonction d'un sixième sens – information électronique – doté d'une portée sans limite et d'une étonnante sensibilité. Cette évolution a conféré aux êtres humains la possibilité de se libérer de leur destin naturel ou de se lancer dans leurs périlleuses aventures. Les premiers acteurs de notre saga vivaient dans des cavernes et n'avaient pas le temps d'être obsédés par eux-mêmes. S'ils voulaient survivre, force leur était de se montrer extrêmement sensibles à la terre qui les entourait. Avec quelle force ont-ils dû observer la nature avant d'apprendre à extraire le blé d'un brin d'herbe... Les premiers humains devaient être aussi extravertis que le seront sans doute dans l'avenir les humains interplanétaires.

C'est avec l'agriculture que les humains se sont détournés du monde extérieur pour se concentrer sur l'intérieur. Un vieux proverbe arabe dit : « La honte a pénétré dans la tente avec la charrue. » Avec la culture des champs, avec la sécurité, les gens avaient des loisirs et pouvaient se permettre le luxe de l'introversion. Avec des bouts de terre, des troupeaux, ils ont acquis le sens de la propriété. Pour protéger ces possessions, ils ont érigé des barrières : non pas pour garder leurs animaux à l'intérieur mais pour en interdire l'accès aux intrus. Ils ont organisé des tribus pour unir leurs forces contre des intrus maraudeurs. Un tel bouleversement a-t-il eu pour effet d'exacerber le solipsisme des hommes ? Voilà un intéressant sujet de discussion pour les socio-psychologues : en tout cas, il a donné un sérieux coup de fouet au développement de notre conscience qui jusque-là traînait un peu. Au cours des deux ou trois cents siècles qui ont suivi ce grand bouleversement, la conscience que nous avons de notre place et de notre rôle dans la vie est passée du niveau individuel à celui de la tribu, du niveau de la province à celui de la nation et aujourd'hui, depuis Neil Armstrong, de la conscience continentale à la conscience planétaire. Chacun de ces développements s'est accompagné de conflits ou d'exploits précis. Les philosophes grecs ont incontestablement tissé à partir de l'intellect humain une somptueuse étoffe. Mais en mettant l'accent sur nos capacités, ils ont trop insisté sur nos tendances personnelles. La joie qu'éprouvaient les penseurs grecs à voir les humains capables de façonner leur destin – pour le bien de tous – a abouti à l'idée que nous avons la prérogative de faire ce que bon nous semble, pour notre propre bien.

Les premiers érudits médiévaux n'ont pas, comme l'avait prôné Aristote, reconnu les possibilités d'avenir de l'être humain : ils vénéraient ses idées plutôt que de les mettre en pratique. En faisant d'Aristote un simple héros littéraire stagnant, ils élevaient un hôtel à la grandeur du passé au lieu de regarder vers l'extérieur pour prévoir ou créer la grandeur de l'avenir.

La féodalité aussi a poussé les citoyens de la Terre à devenir les esclaves de leurs possessions. Si les premiers manoirs étaient des centres de fraternité où le village tout entier se rassemblait pour festoyer et où les serfs payaient leur seigneur en apportant de la nourriture pour les fêtes, la monnaie n'a pas tardé à bouleverser leur monde. Les serfs devinrent des fermiers indépendants ; les seigneurs se mirent à récolter des loyers au lieu du pain ; et l'accent mis sur l'argent créa une nouvelle aristocratie : celle des marchands. Avec les marchands arrivèrent leurs marchandises. Avec celles-ci, un orgueil encore plus marqué de la propriété. Avec la propriété vint un égoïsme accru.

Les érudits de la Renaissance poussèrent encore plus loin la célébration – et l'interprétation erronée – des Grecs. Alors qu'Aristote parlait des talents de l'homme, les érudits de la Renaissance se réjouissaient de la sacro-sainte valeur de l'homme. Même si certains grands humanistes, comme Érasme, enseignaient l'amour, la paix et la simplicité, d'autres – comme Pétrarque – se laissaient obséder par des chants passionnés, se réjouissant gloutonnement des effets flatteurs de l'amour romanesque sur l'individu.

Le paroxysme survint avec la fameuse affirmation de Descartes : « Je pense, donc je suis », et son enseignement qui affirmait que tous les animaux sont purement, simplement et fondamentalement des mécaniques.

Le problème avec l'égoïsme, c'est qu'il n'est pas seulement complaisant. La célébration de l'individu dresse une âme contre une autre. Les prétendus besoins d'« espace vital », le « problème » de la couleur de peau, les différences de culture, l'intolérance des chefs religieux ou les ambitions personnelles, tout cela aboutit à des guerres qui devinrent sanglantes avec le développement de la conscience, ainsi qu'aux concepts inadmissibles d'une hégémonie militaire, religieuse ou économique.

À la Renaissance, où une distribution inégale de la richesse était la source de conflits constants, César Borgia se trouva pris par l'arrogance et l'ambition qui s'épanouissaient avec l'introversion : cet homme qui massacra sans pitié ses compatriotes dans sa quête acharnée du pouvoir politique devint le héros de Machiavel qui prétendait que la puissance souveraine de l'État devait avoir le pas même sur la religion.

Peut-être le moi et les biens qu'on utilise pour le décorer ne semblent-ils pas être la cause fondamentale des dissensions et des destructions. La nature n'est pas de cet avis. Il est intéressant de noter que seules deux espèces font la guerre : les hommes et les fourmis moissonneuses qui manifestement subissent aussi la malédiction de la culture. « Chez l'homme, comme chez la fourmi, a écrit Julian Huxley, la guerre, au sens sérieux du terme, est liée à l'existence de biens accumulés pour lesquels on veut se battre... »

Le développement et l'expansion de la conscience humaine ont bien des objectifs : j'ai évoqué d'abord l'accès à l'énigme fondamentale : « Ne sommes-nous rien qu'un néant organisé ? » Il nous reste encore à répondre à des questions aussi essentielles : quelle est la raison de vivre, mourir riche ou vivre heureux ? la rivalité sociale ou l'émulation amicale ? Ces questions ébranlent les fondements mêmes de notre conscience : nous vivons aujourd'hui dans un état de confusion générale. Comment les hommes et les femmes d'aujourd'hui qui souhaitent jouer un rôle dans l'édification de leur avenir pourraient-ils supporter les absurdités de notre organisation sociale ? Comment pourraient-ils tolérer que des armes sophistiquées (c'est-à-dire des machines à tuer) soient en vente comme le seraient des machines agricoles ? Comment pourraient-ils accepter que le progrès finisse par enrichir les riches et par appauvrir les pauvres ?

Quand les mots ont perdu leur sens originel, quand des décisions politiques simultanées sont souvent contradictoires, quand l'information devient universelle tout en cessant d'être fiable, les citoyens perdent leurs références, le vertige les prend, mais ils peuvent s'éveiller pour émettre de violentes protestations. Il faut associer les peuples du monde, en tant que partenaires responsables, à toutes les décisions difficiles à prendre, y compris celles qui impliquent l'acceptation de certaines catégories de risques.

Il est urgent d'introduire en politique internationale un nouveau concept : la gestion du risque, qui exige nécessairement une soigneuse estimation des conséquences d'accidents possibles, non seulement à court terme mais aussi à long terme – et même à très long terme –, c'est-à-dire depuis notre génération jusqu'aux générations suivantes.

Mais avons-nous le temps de choisir ? Avons-nous la possibilité d'émerger de la confusion dans l'ordre pour prendre des décisions qui ne dépendront pas des groupes de pression ? Avons-nous déjà accès à cette confiance globale qui se développe rapidement en nous ? Il nous faut nous débarrasser de l'arrogance des technocrates. Quand un accident survient, nous voulons connaître la vérité. Nous réclamons le droit pour tous de décider quels risques nous sommes prêts ou non à prendre et le droit de protéger la qualité de vie de notre progéniture.

Lentement les gens émergent de l'ignorance, mais ils sont inondés par des informations incohérentes. Les peuples ont besoin de clarté, ils veulent des faits, même s'il s'agit de mauvaises nouvelles. On leur a menti si souvent qu'ils ne se fient plus ni à leurs dirigeants, ni à leurs représentants, ni aux médias. Les relations entre la science et les médias sont à tout le moins aussi confuses. Les deux communautés – celle de la science et celle de l'information – ne parlent pas le même langage, il ne suffit pas d'une poignée d'interprètes spécialisés pour rassurer le public.

Les savants ont une nouvelle responsabilité : aider les gens dans l'ensemble à émerger d'un dangereux manque de foi, à dissiper la confusion qui embrouille les pensées, à restaurer dans chaque être humain la foi en notre destinée et l'orgueil individuel.

Il existe aujourd'hui parmi les savants une opinion communément répandue selon laquelle la science doit se développer dans l'isolement. Mais la science est imparfaite. Il nous faut trouver des moyens d'intégrer la recherche ou la connaissance dans les valeurs humaines.

Le long développement de la conscience a été entravé par d'innombrables obstacles, la plupart du temps absurdes. Mais ils sont sur le point de disparaître. Il y a seulement vingt-cinq ans qu'Armstrong et Aldrin ont marché sur la Lune. Comme ce n'étaient pas des poètes, leurs rapports ont passé pour du piètre journalisme : le monde est encore loin d'avoir compris quelle extraordinaire photographie de notre planète prise depuis la Lune par les astronautes allait au moins permettre à la conscience universelle de se développer et d'inciter les humains à croire en leur avenir.

L'exploration spatiale a commencé avec le rêve ambitieux de débarquer sur la Lune, puis sur Mars et, plus tard, d'organiser la vie dans l'ensemble du système solaire. Le projet était un luxe incroyable alors qu'un tiers de l'humanité mourait encore de faim, quand 15 % de la population des pays les plus riches du monde vivaient encore dans un état d'indigne pauvreté, quand 80 % de l'humanité ne disposaient pas de soins médicaux appropriés. Mais l'exploration de l'espace nous a valu le plus opportun des cadeaux : une vision cosmique de notre Terre.

Notre Terre est là depuis quelque quatre milliards d'années, ce qui nous rend responsables de sauvegarder sa biodiversité pour d'innombrables générations à venir. Rien dans le système solaire ne peut la remplacer. Il faut manifestement, si nous devons survivre à notre propre développement, devenir conscients de l'eau, de l'énergie, de la terre. La magnifique photo prise d'*Apollo* est le plus somptueux symbole dédié à l'existence de l'humanité.

Notre conscience enfin est devenue globale et nous permet de concevoir une nationalité « terrestre », de réduire l'importance de nos querelles, de nos conflits, et de les traiter comme de simples mutineries d'un nouvel « équipage » qui n'est pas encore, mais qui va devenir, une « équipe ». Les mésaventures qu'a connues l'humanité ont fini par nous mener à la prise de conscience de ce que la vie devrait représenter, de notre place dans l'univers et de la nouvelle morale qu'il nous faut concevoir et léguer à nos enfants.

15

BONHEUR

L'homme est la mesure de toute chose.

PROTAGORAS.

Pourquoi les anguilles d'Europe et d'Amérique du Nord feraient-elles tout le trajet jusqu'à la mer des Sargasses pour pondre leurs œufs ? Pourquoi le saumon franchirait-il des rapides pour parvenir à ses frayères d'eau douce ? Pourquoi un homme sain d'esprit choisirait-il de traverser un océan à la rame ? La plupart des défis auxquels nous sommes aujourd'hui confrontés sont dus à l'homme : surpopulation, gaspillage des ressources, destruction de son environnement. Notre profonde motivation est de surmonter ce genre de problèmes, même si c'est en nous-mêmes qu'ils ont leur origine. Ce sont cette quête, ce combat, et non pas l'exploit ni la victoire et, qui nous apportent ce qu'on appelle le bonheur. Nous ne pouvons pas nous passer de défis. S'il n'y en avait pas, le monde deviendrait sans objet : il obéirait simplement à la seconde loi de la thermodynamique et finirait lentement par s'arrêter.

Le bonheur a la réputation d'être subjectif, personnel, abstrait : mais l'est-il vraiment ? Plus nous en savons sur l'univers, plus nous nous interrogeons sur la possibilité que nous avons de plonger aussi loin que nous le faisons dans le cosmos ou dans les éléments fondamentaux de la matière vivante, mieux nous comprenons que notre petite personne à elle toute seule ne signifie pas grand-chose, mais que nous pouvons prendre plaisir à déployer notre activité dans la communauté vivante du monde. Je l'ai personnellement expérimenté, et je ne l'oublierai jamais, en passant un après-midi dans la maison de mon collègue Joly, à l'École navale française. Il y avait là sept ou huit enfants. Joly jouait du violoncelle, sa femme du piano : tous les enfants étaient des virtuoses du violon, de la flûte, de la trompette ou de la batterie. La famille rayonnait de joie et de bonheur à jouer de la musique chaque fois que ses membres étaient rassemblés : je ne pouvais m'empêcher de penser que nous interprétions tous un rôle grisant dans la « symphonie du monde ».

Je me souviens aussi d'une façon très différente d'atteindre au bonheur. J'avais dans mon immeuble parisien un voisin. Il vivait en reclus, célibataire, et personne n'avait jamais eu l'occasion de lui parler sauf peut-être quelques lointains parents. Il était devenu légendaire dans le quartier, on l'appelait « le père Michel ». On l'entendait chanter ou siffloter, mais on n'avait aucune idée de l'activité qui le rendait si joyeux. Puis il mourut. Surprise : le père Michel avait été un sculpteur d'un certain talent. Son appartement était empli de bustes, de bas-reliefs et de sculptures en telle abondance que la plupart d'entre eux s'entassaient en désordre et étaient couverts de poussière. De toute évidence il aimait créer ces personnages mais il n'essayait pas de les vendre ni d'atteindre à la réputation qu'il méritait. Dès l'instant où ils avaient pris forme, ils perdaient tout intérêt aux yeux de Michel qui les mettait de côté.

Cette conception éthérée du bonheur est-elle spécifiquement humaine ? Comment, par exemple, peut-on comparer le destin d'un bébé humain et celui d'un bébé dauphin nés aujourd'hui au même moment ? Le sort du jeune dauphin est assez facile à prévoir : il passera ses premières années à voyager avec sa bande originelle sous la tutelle et la protection des adultes. Puis il se regroupera avec d'autres jeunes pour former une bande avide capable de semer la dévastation parmi les poissons. Ensuite il deviendra parent. Durant son passage en ce monde, voyageant presque tout le temps, le dauphin mène une vie facile, il joue la plupart du temps car la recherche de la nourriture lui demande rarement plus d'une demi-heure par jour. À l'exception de quelques parasites, les dauphins n'ont pas de prédateurs : est-ce une version du bonheur ? Le bébé humain d'aujourd'hui n'a pas devant lui un avenir aussi stéréotypé. Bien des choses dépendent de l'endroit où l'enfant est né, sur le plan géographique et/ou social. Il a 75 % de chances de passer tout son temps à lutter contre la famine, la pauvreté ou la discrimination. Peut-être sera-t-il tué dans une guerre ou dans un conflit culturel qui ne semblera pas le concerner. Mais il a une chance de connaître une carrière passionnante comme astronaute ou dirigeant, comme artiste ou comme inventeur. Entre Mozart et un mendiant du Bangladesh, existe-t-il une similitude de destinée ? De toute évidence, oui. Riches ou misérables, nous avons tous reçu le don de la vie, avec l'occasion de venir au monde et de vivre.

Même ceux qui grommellent à propos de leur destin montrent bien quel cadeau sans prix est la vie, rien qu'en rêvant du bonheur... Le mot en soi n'a pas encore un sens unanimement accepté ; cette confusion trouve sans doute son origine dans un conflit d'intérêts : comme le bonheur est hors d'atteinte de ceux qui vivent dans le plus grand besoin, les affairistes en ont déduit que plus on est riche, plus on sera heureux ; cette absurdité logique a été à l'origine de la société de consommation. En fait, moins on s'intéresse à la réussite matérielle, moins on a de liens et plus on devient sensible. Les statistiques démontrent avec éloquence que crimes et suicides sont plus fréquents dans les pays riches que dans les pays pauvres. Ce qui compte, ce n'est pas la profusion des accessoires de la vie, mais la profondeur avec laquelle nous apprécions les cadeaux, d'ordre matériel et spirituel, que la vie nous offre. Même ceux qui connaissent les souffrances d'une maladie parvenue à sa phase terminale et qui ne cessent de se plaindre se cramponnent jusqu'au dernier souffle dans l'espoir de savourer une fois de plus l'éclat du soleil.

Mon père m'a raconté un jour qu'il avait été invité en Angleterre à l'anniversaire d'une femme âgée de cent dix ans. Elle sirotait un verre de liqueur en fumant un petit cigare. Un journaliste la félicita de son âge et de son étonnante santé. Il lui demanda alors : « Madame, si vous pouviez revivre votre vie, que feriez-vous ? » La réponse allait loin dans sa simplicité : « La même chose, mais plus souvent. »

Une telle foi dans le bonheur est essentielle pour améliorer non seulement nos existences individuelles, mais aussi nos structures sociales, voire politiques. D'où notre besoin de mieux comprendre ce qu'est vraiment le bonheur. Les méthodes éprouvées de recherche peuvent nous fournir la réponse et aboutir à la « démocratisation de la joie ».

Il y a trois façons différentes de profiter de cet extraordinaire don qu'est la vie. L'homme contemple une pierre, dure et rugueuse, née du feu. Ensuite, il y a une autre pierre, tendre et mince, née de l'eau. Qu'elles soient nées du feu ou de l'eau, les pierres sont l'origine de la première des philosophies, voilà dix ou douze mille ans, de notre révolte contre les lois inexorables de la nature. C'est notre lutte pathétique contre la maladie, la mort et le temps qui a nourri la philosophie de la pierre.

La pierre, symbole d'éternité, nous a permis de bâtir des abris plus sûrs que les cavernes de nos ancêtres : elle nous a inspiré l'ambition de construire des temples dignes des dieux à l'image desquels nous avons été créés.

Mais l'érosion réduit les roches en poussière, les temples s'effondrent en ruines, la pierre se révèle être aussi fragile que nos corps. Les édifices, si fiers qu'ils puissent être, ne seraient-ils qu'une caricature de l'immortalité ?... D'ironiques témoignages de notre orgueil et de notre arrogance ?

La deuxième philosophie est celle de la rose. Éblouis par la splendeur de son symbole, les disciples de la rose chantent l'extase de l'instant suprême qu'ils opposent à la monotonie et à la tristesse de la sécurité. Vivre avec la pierre, disent-ils, c'est comme peiner à creuser notre tombe. Vivre avec la rose, c'est avoir accès, même brièvement, au nirvana, c'est accepter la mort comme le prix à payer pour l'émotion, la passion, l'héroïsme et la poésie. La rose, c'est l'arôme avant le goût. La pierre, c'est le Parthénon : la rose, c'est mère Teresa.

Les roses toutefois, comme les traditions, s'épanouissent là où elles sont nées. Notre soif inextinguible d'atteindre l'intérieur et d'aller plus loin a donné naissance à la troisième philosophie, celle du vent. Dans le vent, nous reconnaissons notre désir de paix, nos explosions de brutalité, nos besoins de calme et de changement. Nous rêvons d'être le souffle qui parcourt notre planète, de sentir le parfum des montagnes, de savourer la fraîcheur des cascades ou les caprices des nuages, de redouter la proximité du ciel, de nous effrayer des rafales de vent sur la mer, de tressaillir à la mélodie de la brise dans les nids d'oiseaux. Le vent, plus subtil que les rochers, plus puissant que les pierres, inspirait des trésors culturels plus proches de l'éternité que les cathédrales ou les merveilles de la nature.

Essayistes et philosophes ont évité le sujet du bonheur : les rares à en avoir discuté le décrivent comme n'étant guère plus qu'une illusion, un lutin espiègle qui nous incite à le poursuivre et puis qui disparaît juste au moment où nous croyons le tenir. « Nous sommes depuis longtemps convaincus, écrivait cyniquement Samuel Johnson, que le bonheur est introuvable ; chacun est persuadé que d'autres le possèdent, afin de garder vivant l'espoir de l'obtenir soi-même. » Pour finir, nombre d'entre nous ont tristement accepté les conclusions des érudits qui s'enferment dans les couvents : le bonheur, si on le mérite, nous ne pourrons l'atteindre que dans l'autre monde, pas dans celui-ci.

On observe toutefois une surprenante absence d'intérêt pour ces problèmes ; et il faudrait en rendre responsables non pas ceux qui recherchent le bonheur, mais ceux qui estiment que c'est une abstraction hors d'atteinte. On déclare volontiers que la psychiatrie, la psychologie, voire la sexologie sont des « sciences », même s'il ne s'agit que d'études subjectives, ayant pour tout fondement des opinions sur les recoins secrets de l'esprit. Mais celui qui s'en irait suggérer que l'étude du bonheur est un sujet au moins aussi complexe, fascinant, aussi digne de recherche et de méditation, celui qui suggérerait qu'on crée dans nos établissements d'éducation un département de « félicitologie » – celui-là se verrait promptement fermer au nez les portes de l'académie et dénoncer comme un rêveur.

Pourtant l'idée d'étudier officiellement le bonheur n'a rien de fou : quand on adopte sa perspective, elle ne manque pas en fait d'une élégante logique. Le psychologue – dont on estime les travaux d'une importance vitale pour la société – est un rêveur, lui aussi.

La seule différence entre un psychologue et un félicitologue, c'est que l'un étudie les cauchemars et l'autre les visions. La tâche d'un psychologue est d'identifier ce qui est mauvais pour nous, les étincelles d'émotions qui enflamment nos esprits de névroses et de peurs. En revanche, le félicitologue recherche le commun dénominateur du bonheur, puis esquisse les tendances que l'on peut développer pour rendre le bonheur atteignable et même à la portée de tous.

Une fois notre félicitologue bien en place dans l'université, et dès l'instant qu'il aborde sa mission – atteindre au bonheur dans cette vie –, par où doit-il commencer ?

Manifestement, sa tâche exige toute la concentration, toutes les subtilités de pensée dont peut être capable un chercheur. Mais la félicitologie est loin d'être ingérable.

Le concept même de bonheur est récent. Il a tout au plus douze mille ans. Avant que les hommes primitifs aient trouvé la sécurité et inventé la charrue, l'existence exigeait la satisfaction de nécessités essentielles : abri, nourriture, vêtements. Les prétendus « hommes des cavernes » avaient bien du mal, dans la nature, à lutter pour la simple survie de leur compagne, de leurs enfants et pour la leur. Ils n'avaient absolument pas le temps de rêver et de concevoir une abstraction comme le bonheur. Nos ancêtres par la suite se sont regroupés en communautés nomades et se sont réparti les tâches, se donnant ainsi quelques loisirs. Fut alors développée la notion de bonheur, un vague mélange de sécurité, de confort et de tendances morales et religieuses. Les hommes sont tombés assez innocemment sur un dilemme : obtenir les biens essentiels – les éléments nécessaires à la vie – engendrait un certain sentiment de soulagement, de sécurité, de réconfort. Les gens commençaient à croire que ce qui compte, c'est ce qui est sans importance.

Au début de l'ère artisanale et très récemment, lors du premier essor de l'industrie au XIXe siècle, les dirigeants de l'économie mondiale en plein développement tablaient sur cet appétit bien ancré chez l'homme de biens qui allégeraient les fardeaux et les incertitudes de l'existence. Peu à peu, sous la pression de la morale, on entreprit de produire en masse tous les articles imaginables susceptibles de satisfaire aux besoins de l'humanité. On ignora la sagesse d'autrefois transmise par les poètes et les sages tout au long de l'Histoire : on chanta les louanges du bonheur obtenu par la richesse matérielle.

Cette tendance est aujourd'hui devenue une obsession. Comment et pourquoi est-ce arrivé ? La publicité illustre bien une partie du problème. La publicité et l'industrie sont des commensaux : chacune soutient et nourrit l'autre. Les magnats de l'industrie savent depuis longtemps que les gens essaieraient d'acheter le bonheur s'ils croyaient la chose possible. Les publicitaires ont inventé des moyens de les convaincre que c'est possible. En liant leurs produits à des objectifs que les gens confondent avec le bonheur, ils arrivent à vendre plus de produits que le consommateur ne peut raisonnablement en utiliser. Leurs promesses manquent en général de subtilité : cette voiture va vous rendre puissant ; cette toilette va vous rendre belle ; ces vacances vont vous donner du prestige ; cette pâte dentifrice va vous rendre séduisant ; ce déodorant vous donnera la sécurité ; cette montre-bracelet vous vaudra l'admiration.

Achetez cette scintillante camelote, disent les publicitaires, et vous serez heureux. Mais la triste vérité, c'est que les égocentriques ne sont jamais heureux. Nous avons façonné une civilisation qui à son tour nous a façonnés, en faisant de nous des introvertis. Nous sommes aujourd'hui obsédés et consumés par des choix : choisir quel bien nous devrions acquérir, quels emplois salariés nous devrions rechercher, quel but nous devrions poursuivre avec acharnement pour trouver le bonheur. Pourtant, la seule forme de bonheur que nous proposent ces choix, c'est un mirage artificiel qui ne tarde pas à s'évanouir.

On voit bien le résultat dans les rues des villes opulentes : les gens traînent, avec des visages sévères et tendus, des couples dînent face à face dans de grands restaurants sans échanger un mot, des automobiles bousculent les piétons, une jeunesse sacrifiée cherche une diversion dans la violence, la drogue, voire le suicide. Un de nos malentendus fondamentaux vient d'une confusion bien entretenue entre le plaisir et la joie. Le plaisir est par définition ce qui plaît aux sens, il a un prix et on le commercialise. La joie est contagieuse, c'est une expérience de l'âme. La gaieté débordante, comme un feu qui se propage, lors de repas à bord de la *Calypso*, n'a pas grand-chose à voir avec la qualité de la nourriture : elle a son origine dans la joie commune d'être ensemble et de participer à des découvertes insolites.

Réagissant contre l'obsession de la société usant le luxe et l'abondance, beaucoup se tournent vers les œuvres de charité. Mais la charité n'est pas l'altruisme : ce n'est rien de plus qu'un égocentrisme anobli. C'est souvent un piètre moyen de parvenir à des fins égoïstes, un effort désespéré pour apporter quelques améliorations esthétiques à sa propre image. Bien des personnes charitables ne tendent la main que pour saisir l'autosatisfaction.

D'autres croient pouvoir trouver le bonheur dans l'attention, la célébrité, la gloire. Voilà qui ne rime à rien. Ceux qui courent après la célébrité courent après une chimère, un rêve impossible : jamais ils ne seront heureux.

Il ne faut pas considérer comme des chroniques du désespoir ces efforts maladroits pour atteindre au bonheur : il existe une vérité éblouissante, un précieux dogme de sagesse que nous ne pouvons acquérir qu'en examinant nos erreurs. L'introversion et l'égocentrisme ne mènent qu'à des plaisirs creux. Jamais l'obsession de soi-même ne conduira au bonheur : tout au contraire, on y parvient sans mal, confortablement et joyeusement, par l'ouverture à autrui. Nous enrichissons notre âme quand nous faisons un effort pour enrichir l'âme d'autrui, pour recueillir, apprécier et assimiler non pas la richesse fabriquée de la société, mais la richesse naturelle de l'univers.

Une fois de plus, il ne faut pas nous laisser duper par ceux qui voudraient nous amener trop hautement à croire que cette idée – l'idée de nous développer nous-mêmes – n'est rien de plus qu'un calmant tout juste bon pour une carte de vœux. Les moyens de se développer soi-même sont aussi vrais, aussi faciles à définir que leur importance est incalculable.

Développement par la connaissance

La quête grisante de la découverte – la recherche de la magie qui se cache au-delà des étoiles et au cœur de l'atome – est quelque chose de tout à la fois merveilleusement insatiable et merveilleusement satisfaisant. On ne peut pas trouver le bonheur en essayant de se comprendre soi-même : mais on peut le trouver en contemplant l'infini. En nous projetant avec notre imagination vers sa majesté, l'infini à son tour va nous étreindre et nous inspirer. Il faut du temps et des efforts pour s'informer des progrès de la connaissance, pour finir par y apporter sa contribution professionnelle. Mais les récompenses sont les résultats typiques d'un état d'esprit occidental, par opposition à la méditation et à l'accès des Orientaux à la « connaissance immédiate ».

Développement par l'amour

Tous les hochets de la société, les produits que nous sommes censés acheter, les films qui sont censés nous distraire, n'ont pour but que de nous persuader que c'est la recherche du plaisir physique qui nous conduira à l'amour et par là même au bonheur. L'obsession moderne du sexe, pourtant, ne sert qu'à séparer deux êtres, chacun se concentrant seulement sur l'apaisement de ses désirs individuels.

Unis par des liens plus forts, ils auraient pu constituer un ensemble solide. Un véritable amour engendre la passion : il n'en dépend pas. Il n'exige pas d'obligations réciproques, il n'a même pas besoin d'être toujours payé en retour : un être peut aimer simplement en trouvant sa joie dans l'existence d'un autre. La tendresse, la complicité, le courage de chérir quelqu'un, voilà les véritables éléments de l'amour, qu'il s'agisse de l'amour d'un père pour un fils, de celui d'un frère pour une sœur, de celui qu'éprouvent les amants et les amis.

Aimer une femme, ce n'est pas seulement aimer une femme. À travers elle, ce sont toutes les femmes que l'on aime. J'ai un ami parce que à travers lui je peux mieux comprendre les hommes. Ce n'est pas de l'égocentrisme : tout au contraire, c'est de la générosité que de découvrir à travers les gens l'image d'ensemble. Si vous comprenez que vous n'êtes qu'un violon, vous pourrez devenir extraverti en jouant votre rôle dans le concert général.

Développement par le partage

La différence entre le mot « partage » et le mot « charité » est, comme nous l'avons déjà remarqué, d'un ordre autre que sémantique. Pour être capables de partager spontanément, il nous faudrait accepter une conception différente de la propriété, comme les Indiens d'Amérique du Nord en avaient avant le débarquement des hommes blancs. Savourer tout seul un bon repas ne vous donne que du plaisir. Partager le même repas avec des amis vous donne la joie, le sentiment le plus proche du bonheur.

Cette idée trouve une magnifique illustration dans l'histoire de saint Martin, le saint patron de la France. Un jour de froidure, Martin tomba sur un mendiant frissonnant de froid. Martin déchira son manteau en deux et en offrit la moitié au mendiant. On voit la quantité de bonheur que cet acte de partage donna à Martin – jusque-là un athée – lorsqu'on sait qu'il déclara que cet incident l'avait mené au Christ.

L'idée de partage peut aussi s'appliquer au monde moderne. Dans toutes les analyses que j'ai lues, la question de nourrir un monde affamé est toujours déformée. En ce qui concerne la quantité, il n'existe pas aujourd'hui de problème de nourriture.

Le seul problème consiste à partager les surplus qui peuvent exister avec des gens qui n'ont pas de quoi les payer. Pour le moment, tout ce que nous savons faire, c'est donner. Les gens à qui vous donnez quelque chose vous en veulent toujours un peu, mais ils vous aiment si vous avez partagé avec eux. Par-delà la démonstration d'un comportement digne de louanges, partager a une signification plus large : nous partageons et nous savourons tous l'air que nous respirons. Pourquoi, en élargissant le partage, ne pas englober toutes les merveilles du monde, celles que nous connaissons comme celles dont nous rêvons ?

Développement par la création

Mettre un enfant au monde, écrire un livre, assembler une machine, construire une chaise – celui qui crée a le sentiment particulier de jouer un rôle qui le dépasse. Ceux qui ne font aucun effort pour créer, qui ne sont pas prêts à prendre une part d'eux-mêmes – qu'il s'agisse d'un embryon, d'une pensée, d'un talent – pour produire une nouvelle entité s'efforceront vainement par d'autres moyens de devenir quelque chose, mais ils ne seront rien. Ils resteront misérables.

Développement à travers les générations

Après nos ancêtres et avant nos descendants, nous sommes des administrateurs provisoires de ce monde merveilleux. Nous pouvons aussi nous développer en apprenant qui étaient nos parents et nos grands-parents. C'est ce que, dans une certaine mesure, représentait pour divers pays d'Orient le culte des ancêtres : il aidait leurs habitants à mieux comprendre leur identité. Se procurer des renseignements infimes sur le genre de personne qu'était un grand-père, ce n'est pas de la curiosité déplacée : c'est un moyen de mieux connaître ce que nous sommes, d'être un relais dans la procréation.

En ce qui concerne notre progéniture, nous n'avons aucun moyen d'étudier ce qu'elle n'est pas encore, mais nous avons l'impérieux devoir de veiller sur l'héritage que nous lui transmettrons, de nous assurer que notre égoïsme et notre cupidité ne priveront pas les générations à venir d'options essentielles.

Toutes ces méthodes de développement de soi ont un point commun : les gens qui développent leur personnalité sont des participants, des acteurs, pas simplement des êtres isolés. Ils se servent de leur imagination, de leur esprit, de leur intellect pour découvrir des moyens de s'unir à l'univers et au reste de l'humanité. Ils ne se voient pas comme des cellules isolées dans un océan d'humanité : à leurs yeux, l'humanité fonctionne comme une cellule unique.

J'ai passé des jours entiers à observer la mer. Quand la houle faiblit, la surface de l'eau forme des millions de vaguelettes sans prétention, à peine crénelées d'écume blanche. Pendant des heures, je fixe mon attention sur une des vagues et je laisse mon regard la suivre jusqu'à ce qu'elle disparaisse. D'abord, comme les fourmis ou les abeilles, elles sont toutes pareilles. Mais quand on les étudie avec attention, elles ont chacune leur individualité. Vue de face ou de profil, aucune vague n'est exactement identique à une autre. Elles viennent au monde, elles prennent plus ou moins d'ampleur, selon leur destin, et c'est cette dimension que les gens, s'ils étaient des vagues, appelleraient « réussite sociale ».

Cette ampleur, d'ailleurs, varie comme la destinée et, en fin de compte, chaque vague aboutit au néant, soit de façon spectaculaire en se brisant sur la grève, soit anonymement, en s'épuisant dans la haute mer. Même celles qui ont modifié l'univers en participant un peu à l'érosion d'une falaise, au naufrage d'un navire ou au désespoir d'un enfant sur la plage, même celles qui ont ce privilège ne laissent aucun souvenir. Les vagues, parfois, viennent se mêler au ressac et cette union éphémère donne naissance à une somptueuse guirlande.

Ô amants fugitifs, unissez donc vos forces pour engendrer librement une magnifique guirlande ! Vous craignez qu'on vous reproche cette brève et grandiose apothéose ? Éclatez de rire, lancez haut vers le ciel des myriades de perles étincelantes au soleil qui seront fières de retomber en autant de larmes. Les poètes percevront le fracas de votre union avant qu'il ne se fonde dans le vent. L'explosion de votre amour a pour seule ambition d'être, en renonçant pour demain à l'orgueil d'avoir été.

Nous nous rendons bien compte que nos guirlandes de solidarité participent du grand courant de la vie qui embrasse l'univers tout entier. Les vagues et les ressacs de l'humanité qui viennent se fracasser sur la grève nous incitent à y bâtir des jetées à l'abri desquelles se construira l'avenir.

TABLE

Cet ouvrage a été réalisé par la
SOCIÉTÉ NOUVELLE FIRMIN-DIDOT
Mesnil-sur-l'Estrée
pour le compte des Éditions Robert Laffont/Plon
en juillet 1997

Imprimé en France
Dépôt légal : juin 1997
N° d'édition : 38228 – N° d'impression : 39325